한국민중사의 새로운 모색과 역사쓰기

한국민중사의 새로운 모색과 역사쓰기

초판 1쇄 발행 2010년 12월 16일

편   자 | 역사학연구소
펴낸이 | 윤관백
펴낸곳 |

편   집 | 이경남·김민희·하초롱·소성순·주명규
제   작 | 김지학
표   지 | 김현진
영   업 | 이주하

인   쇄 | 한성인쇄
제   본 | 바다제책

등록 | 제5-77호(1998.11.4)
주소 | 서울시 마포구 마포동 324-1 곶마루 B/D 1층
전화 | 02)718-6252/6257   팩스 | 02)718-6253
E-mail | sunin72@chol.com

정가 24,000원
ISBN 978-89-5933-411-7 93300

·잘못된 책은 바꿔 드립니다.

한국민중사의 새로운 모색과 역사쓰기

역사학연구소 편

책을 내면서

이 책은 2008년 11월에 열린 역사학연구소 창립 20주년 심포지엄 '위기에 선 역사학: 민중사의 새로운 모색'에서 발표된 글과 종합토론을 수록한 것이다.

역사학연구소는 1988년 11월 구로역사연구소라는 이름으로 창립한 이래 "우리 민족의 역사를 민중주체의 입장에서 연구하고, 민족통일의 참 방향을 열기 위해 민족사를 체계적이고 과학적으로 연구, 정리……민중사학의 이론적 진전은 물론 사회운동의 과학적 전진에 이바지하고자" 활동해 왔다. 연구소는 1984년 12월 창립한 망원한국사연구실을 계승하여 출범하였고, 창립선언에서 민중주체의 입장을 천명한 까닭으로 자의반 타의반 민중사학의 산실로 여겨졌다. 특히 『바로보는 우리역사』(바보사, 1990)의 출간은 연구소의 이름을 널리 알렸고, 이를 바탕으로 왕성한 활동을 전개하였다.

그러나 1991년 이후 맑스주의 위기는 진보적 학계와 사회운동에 커다란 충격을 주었다. 연구소 또한 이러한 위기에서 예외일 수 없었다. 노동운동, 민중교육운동이 퇴조하면서 대중교육의 장이 급격히 무너지는 등 초기 연구소 사업에 침체가 가속화되었다. 1993년 8월 연구소는 우여곡절 끝에 한국노동운동의 상징성을 띤 '구로'란 이름을 떼고 역사학연구소로 거듭 태어났다. 이후 연구소는 역사의 새로운 방향을 고민하면서 이를 대중과 함께 나눌 방안을 모색하였다.

연구소가 매년 개최하는 정기 심포지엄은 이러한 문제의식을 함께 하는 소중한 자리가 되어왔다. 심포지엄의 주제로 1950년대 반공이데올로기와 감시·동원체제, 역사 속의 여성노동, 코민테른과 한국민족해방운동 등을 택하여 지속적으로 역사 속에서 우리의 방향과 미래를 찾고자 하였다. 2008년 연구소 창립 20주년을 맞이하여 기획된 '민중사의 새로운 모색' 또한 이러한 연구소 활동의 역사 속에서 1980년대 중반 이후 역사연구의 주요한 흐름을 형성한 민중사학에 대한 성찰과 비판을 통해 새로운 역사 연구방법의 이론적 지평을 확보하기 위한 것이었다.

주지하듯이 민중사학은 민족과 민중이라는 주체적 관점을 통해 '아래로부터의 역사'를 새롭게 발견하고 서술함으로써 한국 역사연구를 새로운 단계로 발전시켰다. 그러나 민중사학이 '아래로부터의 역사'라는 시각에도 불구하고, 여전히 '근대주의-실증주의-국가주의'의 지평 안에 머물러 있었던 것도 사실이었다. 이 점은 진보적 역사연구가 자기 역할을 찾지 못하는 근원적 한계로 작동하였다.

민중사학은 역사의 가능성 자체에 대한 다양한 탈근대주의적 시도와 도전에 대해서 적합한 이론-방법론적 대응을 하지 못하였다. 민중사학은 실증주의에 대항하는 다양한 이론-방법론을 모색하였지만, 우리의 역사와 경험에 기초한 발본적인 방법론과 이론을 구축하려는 시도는 부족하였다. 또한 민중사학은 국가권위주의에 대항하는 역사의 '1차 민주화'를 이룩하였지만, 보다 급진적이며 확장된 민주주의를 요구하는 새로운 도전과 시도 앞에서 아직 체계적인 답변을 내놓고 있지 못하다.

학문의 탈식민화와 주체화를 위한 다양한 노력들이 전개되고 있지만, 우리는 아직 우리들의 역사를 체계화할 이론과 그것을 구축할 방법론을 갖고 있지 못하다. 이러한 한국역사학의 위기적 현실 속에서 민중사의 새로운 방향을 위한 다양한 대안들을 학술대회를 통해 모색해보고자 하였던 것이다.

이 책은 크게 세 부분으로 구성되었다. 1부 민중사의 새로운 전화를 위

● ● ● 책을 내면서

하여에서는 그동안 민중사에 대한 여러 논점들을 정리하고 민중사를 새롭게 전화하기 위한 이론적, 방법론적 문제를 제기하였고 2부 민중사의 재발견과 새로운 역사쓰기에서는 한국근현대사의 새로운 영역, 새로운 글쓰기 방법을 제시하고자 하였다. 3부는 심포지엄 발표자, 토론자, 청중의 종합토론을 실었다.

1부의 1장 〈'민중사' 논의와 새로운 모색〉에서는 1987년 '한국민중사 사건'을 전후한 시기 민중사에 대한 논점과 1990년대 이후 최근 포스트모던 역사학에 이르기까지 민중사에 대한 여러 이론적 논점들을 정리하고 민중사에 대한 새로운 모색을 위한 고민의 지형이 무엇이고, 오늘날 민중사가 다시 부활할 수 있는 조건에 대하여 문제를 제기하였다.

2장 〈'민중'에 대하여: '국가-없는-자'들과의 조우〉에서는 민중과 민중사 개념에 대한 실재를 이론적으로 천착한 글로서, 샹탈 무페의 '구성적 외부'와 랑시에르의 '포함-배제'라는, 정치적 지배와 피지배의 적대적 이중성 속에 내재한 전복의 정치학이란 개념을 빌려와 민중의 개념을 재구성하려 하였다. 결론적으로 2장에서 민중사는 국가로 환원되지 않는 다양한 이질적인 존재들의 흐름을 포착하는 경계에 대한 발견이고, 외부를 은폐하고 외부를 내부화하려는 모든 지배의 프로젝트에 대항하는 유의미한 비판이자 저항의 무기로 작동할 가능성을 지닌 실재로 바라보았다.

3장 〈사상과 운동으로서의 한국 역사학을 위해〉에서는 1987년 이후 학술운동의 흐름 속에서 이른바 '진보적 역사 3단체'인 역사문제연구소, 한국역사연구회, 역사학연구소 등의 출현 과정과 활동 등을 언급하고, 과연 오늘날 이들 진보적 연구자 조직이 표방하는 실천의 내용이 무엇인지 일갈하면서 연구에만 매몰되지 말고, 오늘날 제기되는 다양한 현실적 사회적 의제와 결합해 실천을 전개할 필요성을 제기하였다.

2부의 1장 〈중세해체기 농민항쟁 연구와 서술방향〉에서는 최근 19세기 농민항쟁을 비롯한 민중운동사 연구의 위축과 정체의 원인이 무엇인지 성찰해 보면서 침체된 민중운동사 연구의 진전을 위한 새로운 방법론에 대한 검토와 더불어 민중운동사가 어떤 방향으로 연구되어야 하는지 제시하였다. 예컨대 민중의 일상생활과 그 속에 형성된 민중의식에 대한 해명과 새로운 자료의 발굴과 농민의 입장에서 새로이 해석하여 재구성하는 작업이 여전히 유의미함을 언급하였고, 나아가 자기 존재의 역사성을 이해하고 타자에 대한 이해와 공감을 확대하는 지속적 노력이 요구됨을 주장하고 있다.

2장 〈해방 이후 지방지 편찬의 추이와 시기별 특징〉에서는 전통적으로 지방의 역사를 기록한 지방지(誌)를 역사적으로 해방정국기의 민주적 민족 지방지, 한국전쟁 직후 복고적 지방지, 5·16 이후 관치적 지방지, 지자체의 부활과 새로운 지방지 편찬의 4시기로 구분하면서, 각 시기별 지방지 편찬의 추이와 특징을 검토하고 지방지가 재지세력이 추구했던 지역의 정체성 수립 및 그들의 이해관계를 반영할 수밖에 없지만 어떠한 형태로든 해방 이후 오늘날까지 집단 기억을 둘러싸고 벌어지는 지역 내 계층·집단의 동향 및 중앙과 지방의 정치적 역학관계를 추적할 수 있음을 밝히고 있다. 또한 지방지를 통해 지역의 삶, 가족, 마을, 일상생활 등 미시사, 민중사를 재발견할 수 있는 가능성을 제시하고 있다.

3장 〈제노사이드와 한국현대사〉에서는 최근 진실화해를위한과거사정리위원회 등에서 다루었던 한국전쟁 전후의 민간인학살을 제노사이드(genocide)의 차원에서 분석하고 있다. 이를 위해 유엔 제노사이드협약의 정의(definition)를 둘러싼 논쟁, 이에 대한 학계의 제노사이드 정의논쟁과 범위논쟁을 비판적으로 검토하면서 여러 제노사이드 관련 학자들의 견해를 비판적으로 발전시켜 새로운 제노사이드 정의를 제시하고 있다. 이를 통해 한국전쟁 전후의 집단학살 사건들을 별개의 제노사이드로 규정하기보다 그 사건들이 국가 및 전쟁 형성 과정 속에서 발생한 하나의 제노사이드로 보는 것이 타당하다는 의견을 제시하고 있다.

4장 〈구로동맹파업과 노동자 자기역사쓰기〉에서는 노동자가 '말하기'와

● ● ● 책을 내면서

 '글쓰기'를 통해 스스로 역사를 서술하는 주체로 서야한다는 생각을 바탕으로 접근하고 있다. 특히 1985년 구로동맹파업을 중심으로, 투쟁 주체들의 구술 작업으로 정리한 집단기록물과 기존 문헌 중심의 연구물을 비교 분석하였고, 또한 개별 주체들의 자기 역사 쓰기를 분석하여 말하기와 글쓰기의 공통점과 차이, 그리고 그 특징 등을 도출하였다. 이러한 비교분석을 바탕으로 새로운 역사구성의 가능성과 한계 등을 지적하였다. 이 글은 노동자 자기 역사쓰기는 노동자들의 주체적 역사인식을 위한 하나의 실천이고 그 과정을 만드는 것이 하나의 운동이라고 밝히고 있다.
 무엇보다도 이 책의 백미는 마지막 3부의 종합토론에 있다. 민중사에 대한 다양한 생각들이 제시된 종합토론을 가감 없이 기록, 게재함으로써, 민중사에 대한 여러 논자들의 목소리를 들을 수 있게 하였다. 발표자와 토론자는 물론 청중석에서 발언한 여러 연구자들의 고견 또한 그대로 전달하여 민중사의 현주소를 생생하게 느낄 수 있으리라고 본다.
 심포지엄이 끝난 후 발표된 논문들을 『역사연구』18호(2008. 12)에 실어 간행한 바 있으나 다시 이 글들을 세상에 펴내는 이유는 좀 더 많은 이들이 민중사에 대해 돌아볼 수 있는 기회를 제공하기 위함이다. 인문학의 위기, 역사학의 위기라는 오늘날 다시 민중사를 돌아봄으로써 앞으로 새롭게 구성될 역사, 민중사는 어떠한 내용과 형태를 갖추어야 할지 그 길을 함께 찾고 싶었기 때문이다. 끝으로 이 책이 나오기까지 모든 수고를 다해준 연구소장을 비롯한 연구원들과 집필을 맡아 준 필자와 토론자 그리고 선인출판사에게 감사의 말씀을 전한다.

2010년 10월 19일
연구소에서 필자들을 대표하여 전명혁 씀

1부: 민중사의 새로운 전화를 위하여

'민중사' 논의와 새로운 모색 / 전 명 혁
    Ⅰ. 머리말 ·· 19
    Ⅱ. 1987년 전후시기 '민중사' 논의 ·· 20
    Ⅲ. '맑스주의 위기'와 '민중사' 논의 ·· 35
    Ⅳ. 맺음말 ·· 41

'민중'에 대하여 '국가-없는-자'들과의 조우 / 장 훈 교
    Ⅰ. 서론: 민중의 실재와 개념의 내적갈등 ·· 49
    Ⅱ. 공간적 은유의 전환: "상부-하부"에서 "구성적 외부"의 발견으로 ········ 55
    Ⅲ. 구성적 외부의 적대형태: 내전과 정치성 ···································· 65
    Ⅳ. 민중: 내전적 분열의 존재 ·· 70
    Ⅴ. 민중-정치/역사프로젝트의 모순과 아포리아 ···························· 77
    Ⅵ. 민중과 민중사의 대안모델 ·· 83
    Ⅶ. 민중의 재정치화: 정치의 귀환 ·· 88
    Ⅷ. 현재: "민중"의 형성, 그리고 우리들의 과제 ······························ 94
    Ⅸ. 토론으로 결론을 대신하며: "국가-없음"과 민중 ···················· 101

사상과 운동으로서의 한국 역사학을 위해
1987년 이후 학술운동과 한국사연구단체에 대한 단상 / 박 한 용

   Ⅰ. 위기에 선 역사학 – 무엇이 위기인가? ················· 107
   Ⅱ. 진보적 학술운동조직의 등장 ································· 113
   Ⅲ. 진보적 한국사연구단체의 등장과 의의 ··················· 119
   Ⅳ. 전환기에 선 '사상과 운동으로서 한국역사학' ········· 135

2부: 민중사의 재발견과 새로운 역사쓰기

중세해체기 농민항쟁 연구와 서술방향 / 송 찬 섭

   Ⅰ. 머리말 ··· 145
   Ⅱ. 연구성과의 흐름과 새로운 방법론의 제기 ··············· 147
   Ⅲ. 농민항쟁 연구의 모색과 서술방향 ························· 152
   Ⅳ. 맺음말 ··· 177

해방 이후 지방지地方誌 편찬의 추이와 시기별 특징 / 김 태 웅

   Ⅰ. 머리말 ··· 183
   Ⅱ. 해방정국기 民主的 民族 地方誌의 모색
      (1945년 8월~1952년 4월) ································· 186
   Ⅲ. 6·25남북전쟁 이후 復古的 地方誌의 부활
      (1952년~1961년) ··· 196
   Ⅳ. 지방자치제의 중지와 官治的 地方誌의 득세
      (1961년~1995년) ··· 202
   Ⅴ. 지방자치제의 부활과 지방지 편찬의 새로운 경향
      (1995년~2008년 현재) ······································ 210
   Ⅵ. 맺음말 ··· 219

제노사이드와 한국현대사—제노사이드의 정의와 적용을 중심으로 / 강 성 현
　Ⅰ. 제노사이드=집단학살? ·· 225
　Ⅱ. 유엔 제노사이드협약의 정의를 둘러싼 논쟁과 비판 ··············· 229
　Ⅲ. 제노사이드에 대한 새로운 정의 ···································· 256
　Ⅳ. 제노사이드 시각에서 바라본 한국현대사 ·························· 275

구로동맹파업과 노동자 자기역사쓰기
『아름다운 연대』, 『같은 시대 다른 이야기』를 중심으로 / **유 경 순**
　Ⅰ. 들어가는 글 ·· 287
　Ⅱ. 기억과 기록: 노동자가 왜 '자기 경험'을 말해야 하나
　　　『아름다운 연대』의 구동파 구술 작업을 중심으로 ················ 295
　Ⅲ. 노동자의 말하기와 글쓰기
　　　『같은 시대 다른 이야기』의 5인의 구술 자료와 글을 중심으로 ···· 333
　Ⅳ. 나오는 글 ··· 360

3부: 종합토론

역사학연구소 창립 20주년 심포지엄
"위기에 선 역사학: 민중사의 새로운 모색" ·························· 367

찾아보기 ··· 411

1부

민중사의 새로운 전화를 위하여

'민중사' 논의와 새로운 모색

전명혁
한국외국어대학교 겸임교수

Ⅰ. 머리말

이 글을 준비하는 과정에서 나는 ('구로')역사(학)연구소 창립 20주년의 의미와 연구소 창립의 우여곡절을 비로소 이해하게 되었다. 그것은 매우 때늦은 것이었지만 나에게는 새로운 발견이며 나와 연구소를 되돌아 볼 수 있는 중요한 성찰의 시간이었다.

이 글에서 나는 1980년대를 겪으면서 성립한 '민중사'에 대한 여러 논의들을 정리하고 오늘날 민중사의 의미와 성립가능성을 탐구하려 하였다. 이용기는 1980년대 '변혁과 역사의 주체'로 호명되던 '민중'과 '민중사학'의 오늘날의 의미와 위치를 다음과 같이 표현하였다.

> 1990년대를 지나면서 현실 사회주의권의 붕괴로 인한 '사상'의 혼란, 절차적 민주주의의 확보와 사회적 역동성의 퇴조에 따른 '전선'의 혼란, 그리고 민중의 분화와 대중운동의 침체로 인한 '실천'의 혼란을 겪으면서, 우리의 머릿속에 뚜렷하게 각인되어 있던 그 '민중'은 신기루처럼 사라졌다. 그리고 민중이 스러지자 그것에 발 딛고 서 있던 민중사학 역시 과거의 전설이 되었다.[1]

오늘 우리는 '신기루'처럼 사라진 '민중'과 '과거의 전설'이 되어버린 '민중사학'이라는 '유령'을 다시 호명하고 있다.

---

1) 이용기, 「민중사학을 넘어선 민중사를 생각한다」, 『내일을 여는 역사』, 2007년 겨울호, 202쪽.

Ⅱ. 1987년 전후시기 '민중사' 논의

1. '한국민중사 사건'과 민중의 '재발견'

　1987년 2월 12일 『한국민중사』(풀빛, 1986)의 출판인이 구속되는 '한국민중사 사건'이 일어나자 1987년 5월 29일 전국역사학대회에서 역사연구자 550여 명은 '우리의 견해'라는 성명문을 채택하여 "'한국민중사'에 대한 평가는 사법적 판단에 의해서가 아니라 학계에 의해 내려져야 한다"고 하였다. 이후 이 사건은 증인으로 출석한 정창렬, 강만길, 김진균 교수와 담당변호사인 조영래, 박원순, 한승헌 변호사의 '역사적 변론'으로 이어져 법정에서 '한국민중사'가 논의되는 획기를 그었다.
　정창렬 교수는 1987년 5월 18일 1심공판에서 증인으로 출석하여 민중과 계급의 차이에 대하여 다음과 같이 답변하였다.

　　민중과 계급은 다른 것입니다. 다를 뿐 아니라 역사 속에서 민중과 계급이 차지하는 차원이 저는 다르다고 생각합니다. 민중이 계급에 비해서 훨씬 더 넓은 차원, 훨씬 더 깊은 차원, 즉 폭이 넓고 깊은 차원의 역사적 실체이고 개념이라 생각합니다.[2] ……계급이란, 계급 자체만으로서 볼 때는 계급 자체의 이익, 계급적 해방 그 차원에서만 끝나는 개념이라고 볼 수 있습니다. 그러나 민중이란, 한국역사의 과제가 계급해방에서만 끝나는 것이 아니고, 인간해방과 민족해방이라는 두 과제를 계급해방이라는 과제와 더불어 이 세 개를 유기적인 통일로써 해결해야 한다는 요구에서 민중이라는 것이 형성되었습니다. 예를 들면 노동자, 농민, 민족자본가, 청년, 학생, 지식인 등의 광범한 사람들이 위의 세 가지 과제를 위해서 하나의 민족 문제의 해결을 위한 동일한 힘이 되었는데 그것이 민중이라고 생각합니다.[3]

　민중이란, 계급보다는 훨씬 차원이 넓고 깊은 개념입니다. 그것은 경제적

---

[2] 정창렬, 「유물사관과 한국사학」, 『역사비평』 제1집, 1987년 가을호, 351쪽.
[3] 정창렬, 위의 글, 352쪽.

인 면에서만 규정되지 않고, 예를 들면 역사전통 속에서 민중의 생활감정, 민중의 축제나 놀이를 통한 상호간의 공감을 불러일으켰던 역사적인 경험 그 자체도 계승하는, 계급적 요인 이외의 문화적, 종교적, 민속적인 여러 규정을 동시에 받고 있는 존재가 민중이라고 할 수 있습니다. 따라서 민중과 계급은 다릅니다. 근본적으로 동일 차원에 구별할 수 있는 것이 아니다. 차원이 다르다 하는 면에서 구별하는 것이 마땅하다고 생각합니다.[4]

정창렬은 '민중'을 계급 문제를 포함하는 포괄적인 개념이라고 보았다. 그는 민중은 18세기 봉건체제의 해체기에 등장하고 1894년 농민전쟁시기에 '민중의식'의 원형이 형성되어, 1919년 3·1운동을 거치면서 "인간해방의 의식, 계급해방의 의식, 민족해방의 의식이 서로 유기적인 적합관계를 이루면서 하나의 체계로 통일된" '민중의식·민중문화'가 확립되었다고 하였다.[5]

강만길은 '민중사 사건' 공소장에서 노동자를 역사주체로 파악하는 것을 이적행위로 평가한 것에 대하여 다음과 같이 언급하였다.

> 근현대에 들어와 역사서술을 하면서, 실제로 일어나고 있었던 노동운동을 빼버리고 근현대사를 서술한다는 것은 불가능합니다. 왜냐하면 근현대사의 노동운동은 민주화운동의 중요한 부분이기도 하기 때문입니다. 또한 노동자·농민이 역사 주체의 한 부분이라는 것은 근대사회에 들어와 너무나 당연한 사실이 되었습니다. 그런데 이것을 빼고 근대사를 서술한다는 것은 있을 수 없는 일입니다. 그리고 근대 인간의 근대사라는 것은 결국 크게 보면 인간의 역사가 민주주의로 가기 위한 역사발전의 길이라고 볼 수 있는데, 노동운동, 민주주의운동이라는 것이 결국 다른 말로 표현하면 인간해방운동이며 결국 인간해방운동, 노동운동을 근대사 서술의 중요한 부분으로 다루어야 한다는 것은 너무도 당연한 사실입니다. 그것이 왜 문제가 되는지 이해할 수 없습니다.[6]

---

4) 정창렬, 위의 글, 352쪽.
5) 정창렬, 「백성의식·평민의식·민중의식」, 『한국민중론』, 한국신학연구소, 1984, 174~177쪽.

또 김진균 교수는 1970년대에 4·19를 반성하는 과정에서 '민중'이란 개념이 사용되어 이후 역사학 뿐 아니라 사회과학에서도 '민중'이라는 개념이 '우리나라 역사 주체'를 설명하는 중요한 개념으로 사용되었다고 하며,[7] "……민중을 역사의 주체로 본다는 것은…… 사회구조를 규정하는데 외부 규정성이 강하다는 것에 대한 내부의 주체적인 대응 세력으로 파악하는 것이기 때문에 반드시 계급의식이라든지 계급투쟁과 같다고는 말할 수 없습니다. 그러나 민중을 구성하는 여러 구성원들은 자기의 계급적 위치가 있고, 자기가 역사의 주체로서 인식될 때 계급의 위치를 통해서 생각할 수가 있습니다. 그러나 그것이 곧 계급의식, 계급투쟁으로 설명하기는 곤란하다고 봅니다."[8]라고 말하였다.

당시 한승헌, 조영래, 박원순, 홍성우 등 7인의 변호인의 '변론요지서'는 다음과 같이 끝을 맺고 있다. "실로 역사는 시공을 초월한 절대 가치평가의 기준으로 이 지상에서 인간이 저지르는 모든 행위를 기록, 분석, 비판하는 임무를 지닌 최후의 심판관입니다. 역사 앞에서 심판받지 않을 존재는 없습니다. 진실로 이 법정은 역사를 재판한 것으로 하여 다시 역사의 법정에 서게 될 것입니다. 이 심판은 후대의 역사가가 아니라 당대의 역사가들에 의해서 이미 이루어지고 있습니다."[9]

『한국민중사』가 '민중사관'을 채택했다고 하여 국가보안법상 '이적표현물'로 기소되었던 '한국민중사 사건'이 법정에서 '무죄'를 선고받았던 것은 결국 '민중사관'이 시민권을 획득했음을 의미하였다.

---

6) 강만길, 「한국근현대사와 민족해방운동」, 『역사비평』 제1집, 361~362쪽.
7) 김진균, 「한국사회에 대한 사회과학의 인식」, 『역사비평』 제1집, 368~369쪽.
8) 김진균, 위의 글, 369쪽.
9) 87고단 1515호, 「변론요지서」, 『역사비평』 제1집, 389쪽.

2. 망원한국사연구실의 분화와 '민중사'

1984년 12월 8일 '민중 중심의 역사 연구·서술과 그 성과의 대중화'를 목적으로 '망원한국사연구실'(이하 '망원')이 창립되었다. 망원은 창립 당시 '민중사학'이라는 '암묵적 동의'를 가지고 있었고, 1985년 5월 민중사학론을 공개적인 토론의 장에 붙여 논의하였다.[10]

'망원'은 1986년 '한국근대민중운동사'를 서술하기로 합의하고 다음의 세 가지 사항을 결정했다. 첫째, 우리는 철저히 민중이 만든 역사를 민중의 손으로 씌어질, 복원될 역사를 지향하고자 하였다. 둘째, 민중운동사는 민중들이 자신의 대립물과의 상호연관성으로부터 필연적으로 발생할 수밖에 없는 사회운동과 그것을 통해서 민중 스스로가 해방되는 과정 그리고 그 법칙성의 해명을 중심내용으로 한다. 셋째, 민중해방운동 전체를 염두에 두면서 운동론적인 분석을 하려고 하였다.[11]

그러나 『한국근대민중운동사』는 1989년에 출간되었다. 그 사이에 '망원'은 한국역사연구회와 구로역사연구소(1993년 역사학연구소)로 나뉘어지는 과정을 밟게 되었다.

"1987년 겨울 한국근대사연구회와 망원한국사연구실을 중심으로 한국사 연구자들을 조직적으로 통합하자는 논의가 제기되었고, 나아가 1988년 5월에는 한국사 전시기를 포괄하는 연구자단체의 건설이 추진되어 이해 9월 새 단체 창립을 이루었다."[12] 1988년 9월 3일 창립된 한국역사연구회는 "올바른 세계관에 입각한 과학적 역사학을 수립하고 끊임없는 실천을 통해 우리 사회의 진정한 민주화와 자주화에 적극 동참(창립취

---

10) 「과학운동의 새로운 지평에 서서: 망원한국사연구실 제4차 총회 일반보고」, 1986년 7월 26일, 12~14쪽.
11) 망원한국사연구실 한국근대민중운동사 서술분과, 「책을 내면서」, 『한국근대민중운동사』, 돌베개, 1989, 4쪽.
12) 한국역사연구회 약사(http://www.koreanhistory.org/) 참조.

지문)하고자 하는 한국사 연구자 대중단체"13)를 지향하였다.

그런데 '망원'과 한국근대사연구회와의 통합논의는 '망원강화론', '선결속 후통합론', '전면적통합론'의 세 가지로 분화되어 1988년 2월 28일 제7차 망원정기총회에서 결국 부결되었다.14) 그러나 우여곡절 끝에 '망원'의 독자적 발전을 유지해야함을 주장한 그룹은 '우여곡절' 끝에 1988년 11월 12일 구로역사연구소를 창립하였다. '창립선언문'에서 "구로역사연구소는 우리민족의 역사를 민중주체의 입장에서 연구하고 민족통일의 참 방향을 열기 위해 민족사를 체계적이고 과학적으로 연구, 정리해 내는 일에 온갖 힘을 쏟아 부을 것이다. 또한 우리는 사회적 실천을 통해서 연구결과를 검증받고 그것을 바탕으로 민중사학의 이론적 진전은 물론 사회운동의 과학적 전진에 이바지하고자"15) 함을 천명하였다.

한편 1986년 7월 26일 '망원한국사연구실 제4차 총회'에서 '과학운동의 새로운 지평에 서서'라는 문건이 제출되었다. 이 문건에서는 '민중운동의 급속한 발전'에 따라 '문화운동'의 한 범주로 "부르주아적 이데올로기, 관념, 학문 등 극소수를 위해 봉사하는 부르주아 문화일반을 타파하고 광범한 민중들에 의해 향유되는 새로운 민중문화와 학문의 창출을 위해 분투하는", '현 단계의 실천 운동과 새로운 민중사회의 건설에 기여할 수 있는 진보적 과학이론의 확립'을 목적으로 '과학운동'이 제기되었다.16) 이 문건은 "해방된 민중사회가 내다보이는 과학운동의 새로운 지평에서 과학운동의 전사로서 다시 만나자"17)라고 끝을 맺고 있다.

'망원' 4차 총회 이후인 1987년 초에는 '망원의 전진을 위한 우리의 제

---

13) 한국역사연구회 약사(http://www.koreanhistory.org/) 참조.
14) 한국역사연구회, 『회원교육자료』, 1988년 11월 6일, 29쪽.
15) 구로역사연구소 연구원일동, 「창립선언문」, 1988년 11월 12일.
16) 「과학운동의 새로운 지평에 서서: 망원한국사연구실 제4차 총회 일반보고」, 1986년 7월 26일, 2쪽.
17) 위의 글, 15쪽.

언'이라는 문건이 제출되었다. 이 문건에서는 "지금까지 망원의 목표 즉 기본원칙은 무엇이었는가? 지난 4차 총회에서 추상적 차원이나마 그 원칙을 제시한 바 있고, 회원들은 그것을 당위적 차원에서 받아들였다. 즉 '사물론'과 '노급의 지도성'이 그것이며 이 기본원칙을 관철시키기 위해 망원의 운동체로의 조직적 전환, 연구자에서 운동가에로의 변신을 그 과제로 설정하였다. 그러나 안타깝게도 우리자신의 것으로 체득화되지도 못한, 구체적 내용성(실천)이 방기된 속에서 마련된 이 원칙은 대중의 통일된 합의를 거친 것이 아니었다. 그 결과 우리 내부에는 이 원칙에 대한 이해의 다양한 편차와 실천에 대한 제편향—관념성, 기회주의, 지식인주의—등이 만연하였고, 이런 점에서 혹자는 '원칙의 부재'를 주장하기도 했다."[18]

이 '제언'에서는 '과학운동'의 제기가 조직적 협의가 아니라 한 두 사람의 문제의식에 의해 '돌출적'으로 제기되었다는 절차상의 문제와 그 내용이 관념적, 추상적이라고 하며, 올바른 '망원의 자기운동론을 실천적으로 확보한 연후에 '과학운동'의 개념을 재검토하자고 제의하고 또 '망원' 조직체계의 개편을 주장하였다.[19]

이 '과학운동'의 문제제기는 이후 한국역사연구회 창립 모토인 '과학적·실천적 역사학'의 이론적 기반인 '과학운동론'[20]으로 구체화되었다. 또 '제언'의 주창자들은 '망원'의 독자성을 주장하여 '구로역사연구소'를 창립하게 되었다. 이들은 대체로 역사연구자들의 독자성 보다는 '현장성'의 강화를 주장하였다.

---

18) 미상, 「망원의 전진을 위한 우리의 제언」, 연도미상, 1~3쪽.
19) 위의 글, 3쪽.
20) 한국역사연구회, 「과학운동론」, 앞의 『회원교육자료』, 32~42쪽.

3. '한국민중사 사건' 이후 민중사 논의

1987년 6월 항쟁과 7~9월 노동자대투쟁 그리고 1987년 12월 대선시기에 한국사회의 민주주의와 변혁을 갈망하는 목소리가 곳곳에서 일어나기 시작하였다. 진보적인 학계에서는 '학술운동'으로 '인문사회과학 학술단체협의회 창립을 위한 추진위원회'를 구성하여 1988년 11월 5일 '학술단체협의회'를 창립하기에 이르렀다.[21]

1988년 6월 3일 '학술단체연합심포지움'에서 김진균은 '민족적·민중적 학문을 제창한다'라는 기조발표에서 "1980년대는 단절된 변혁운동의 전통이 복원되면서 한국의 사회운동이 변혁적인 민족·민중운동으로 비약하는 시기이며, 동시에 그 규정력 아래서 혹은 그의 일부로서 변혁적인 사회적 인식 내지 학문이 확고하게 정착되어가는 시기로 파악할 수 있다"[22]고 하였다.

이 '심포지엄'에서 이세영은 '민중사학론'의 출현을 "1980년대…… 사회변혁운동의 질전 전환 속에서 사회적 모순과 민족적 모순을 해결할 수 있는 사회적 실체로서 노동자, 농민을 중심으로 하는 '민중' 세력이 등장하였"고 "그 생활상의 요구는 민중민주주의운동으로 나타났고…… 이러한 변혁운동에 조응하여 이른바 '민중사학'론이 대두하게 되었다."[23]라고 설명하였다. 그는 『한국민중사』가 "한국사회에서 민중이란 신식민지 하에서 민족해방의 주체로서, 노동자계급을 중심으로 하여 농민, 도시빈민, 진보적 지식인 등을 포괄하고 있는 개념"[24]으로 '민중'을 파악한 것에 대해 다음과 같이 비판하였다.

---

21) 조희연, 「책을 펴내면서—연합심포지엄과 서관모 교수 소환사건을 돌아보며—」, 『80년대 한국인문사회과학의 현단계와 전망』, 역사비평사, 1988, 20쪽.
22) 김진균, 「민족적·민중적 학문을 제창한다」, 위의 책, 20쪽.
23) 이세영, 「현대한국사학의 동향과 과제」, 위의 책, 88쪽.
24) 한국민중사연구회, 『한국민중사』 1, 풀빛, 1986, 32~33쪽.

이처럼 민족 문제를 중심으로 파악된 민중은 민족모순해결의 주체일 뿐이며, 따라서 그 구성은 일부 매판적 세력을 제외한 모든 민족적 세력으로 확대될 수 있다. 그러면서도 노동자계급은 다른 계급·계층과 차별성이 부각되지 못한 채 연대·제휴의 대상으로 파악될 뿐이다. 이것은 기본적으로 민중재생산의 물적 기초를 해명하지 않았기 때문에, 즉 사회구성론을 결여한 데서 민중개념설정에 있어서 주관주의적이며, 또한 실천에 있어서 개량주의에 빠질 위험성을 내포하고 있다.[25] 그는 『한국민중사』의 '민중' 개념이 '민족모순해결'의 주체이지 노동자계급을 비롯한 '계급 문제'를 포괄하지 못하는 한계를 지니고 있다고 하였다. 또 그는 민중사의 서술이 '급진적 포퓰리즘적 접근방식'을 보이며 이것은 노동자나 인민투쟁사 등의 역사서술에서 보이는 '온정주의적 에토스'에 기인하는 것으로 "피압박대중의 저항과 투쟁만을 보며 그들의 지배질서에의 적응과 흡수의 실상을 보지 못하는 따라서 지배계급과의 상호관련 속에서 계급경험과 계급대립의 변증법적 측면을 보지 못하는" '대중추수주의에 매몰'되었다고 비판하였다.[26]

결론적으로 그는 "현 단계 한국사 연구자들의 실천성은 우리 사회의 당면과제인 민중주체의 민주주의사회의 실현과 통일민족국가건설에 대한 전망을 가질 수 있는 반제민족민주사학의 수립에서 확보될 수 있을 것이다. 그것은 반제민족사학의 전통 속에서 민중을 중심으로 역사를 이해하며, 사회구성체론·계급결정론적인 시각에서 역사 발전을 설명할 것을 요구하고 있다"고 하며 "민중재생산의 물적 기초에 대한 해명과 더불어 민중의 생활, 경험 그리고 투쟁과 또 한편으로는 지배질서에의 적응과 흡수의 참담한 실상을 설명하면서 특정한 시간지속 안에서 특정한 현실이 구조화되어가는 과정의 논리와 운동방식의 논리를 밝혀야 할

---

25) 이세영, 앞의 글, 89쪽.
26) 이세영, 위의 글, 89~90쪽.

것"27)을 강조했다.

　최근 이세영은 1970년대 중반부터 1990년까지의 '민중' 개념을 계보학적으로 정리하였는데 그에 따르면, "1970년대의 민중론이 민중을 '소외론'의 시각에서 파악했다면, 1980년대의 민중론은 민중을 '저항·변혁 주체론'의 시각에서 파악하였"고 "1987년 '6월 항쟁'의 주역인 민중은 '지식인'(학생)·중산층·중소상인·수공업자·노동자·농민·도시빈민의 연합 세력으로서 '민주주의 혁명적' 인식을 가졌다"고 하면서 이러한 민중론은 '박현채의 민중론으로 수렴'된다고 하였다. 따라서 첫째 민중개념은 역사적 변화 속에서 파악되어야 하고 둘째, 민중인식은 변화하는 주요모순에 대응하는 확정되지 않은 개념이며 셋째, 민중은 계급·민족·시민 등 여러 개념을 포용하는 상위개념이고 넷째, 민중은 민중이 갖는 계급·계층적인 복합성 때문에 보는 위치에 따라 그 표현이 대중, 평민, 서민, 피억압계급, 소외층, 하층계급, 빈민 등으로 달라질 수밖에 없는 개념으로 결론지었다.28)

　이병천은 『한국민중사』에 대한 서평에서 "1960년대와 달리 1970년대에 들어와 민중논의가 새로이 대두된 것은 분명히 일보 전진이지만 1970년대의 민중론은 계급론의 기초위에 서 있지 않음으로써 민중을 단지 권력·정부와의 대립관계에 있는 무정형의 통일물로 인식하는 인민주의(populism)적 한계를 지닌 것이었다. 계급론의 기초위에선 민중론, 민중을 그 내부에 계급적 지위를 달리하는 제계급의 동맹으로 파악하는 과학적 민중론은 1980년대의 민중운동에 의해 새로이 얻어진 것이다."29)

---

27) 이세영, 위의 글, 91쪽.
28) 이세영, 「'민중' 개념의 계보학」, 『학술단체협의회·민주사회정책연구원 공동학술대회 자료집 : 창조적 개념 개발을 통한 학문주체화 전략』, 2004년 12월 17일, 148~149쪽 ; 박현채, 「민족경제론적 관점에서 본 민중론」, 앞의 『한국민중론의 현단계』, 44~45쪽.
29) 이병천, 「한국근대현대사연구의 몇 가지 문제―민중시대 선언하는 '한국민중사'」, 『실천문학』 1988년 봄호(통권 9호), 1988년 3월, 329쪽.

라고 1980년대 민중론을 '과학적 민중론'으로 개념 지으면서, 한국사회에서 민중의 범주를 "종속적 독점자본주의하에서는 매판독점부르조아지와 대립하는 모든 민족구성원 즉 노동자, 농민, 소부르조아지와 함께 심지어 중소민족부르조아지도 민중구성에 포함될 수 있는 가능성을 지니고 있다"고 하였다.

그는 『한국민중사』의 내용을 '민중형성 및 민중해방의 과정으로 되는 민중운동사로서의 의미'와 '역사에 대한 과학적인 이해라고 할 때의 사회구성사로서의 의미'의 두 가지로 파악하여 살펴보고 있다.[30] 그리하여 그는 '한국민중사'가 한국현대사회의 성격을 '신식민주의적 지배논리의 관철에 의해 예속(관료)독점자본이 지배하는 사회로 파악'하고 있다고 하면서 한국사회를 종속적 독점자본주의이며 제국주의에 대한 국민국가로서의 일정한 '상대적 자율성'을 지닌다는 것과 한국독점자본주의의 특질을 나타내는 개념으로 '관료성'이라는 세 가지 측면으로 규정하였다.[31]

1988년 11월 7일 한신대학교 제3세계문화연구소에서 '한국민중론의 학문적 정립을 위한 대토론회'를 개최되었다. 이 토론회에서 정창렬은 "1970~1980년대의 사회현실의 객관적 구조에 대한 과학적 인식이 역사주체에 대한 인식을 보다 심화시킨 결과, 민중을 자각 또는 발견해갔던 것이다"[32]라는 이만열의 논문을 인용하면서 1970년대 후반에서 1980년대 초반에 들어서서 "첫째는 민중이 체제를 변혁시키는 세력으로 확고한 자세와 실천성을 갖는 존재로서 역사 속에서 정립되었다는 것이고, 둘째는 그러한 현상을 목도한 역사연구자들이 '민중이 역사의 주체이다'라는 관점에서 한국의 역사상을 재구성하게 되었다"[33]는 점을 강조하였다.

---

30) 이병천, 위의 글, 330쪽.
31) 이병천, 위의 글, 333~334쪽.
32) 이만열, 「한국사 연구대상의 변화」, 『한국근대학문의 성찰』, 중앙대학교 중앙문화연구원, 1988, 14쪽.

정창렬은 특히 1980년대 중반부터 '새로운 민중론'이 대두하게 되었다고 하면서 "오늘의 민중론·민중사학에서도 관건적 문제는 민족모순과 계급모순을 어떻게 변증법적으로 통일시켜서 한국의 근대사·현대사를 파악·인식할 것인가 하는 문제로 귀결"되고 그 문제의 해결은 "궁극적으로 한국의 민중이 앞으로의 한국사회를 어떠한 모습으로 창출해 나가게 되는가 하는 것에 달려 있는 것"34)이라고 하여 실천성을 강조하였다.

박현채는 '민족경제론'적 관점에서 민중을 민족경제론의 주체로 보았다. 민중이 기본적으로 역사의 주체, 진보의 주체, 역사에서 인간해방의 대상이고 민중은 인간의 원초적 존재양식이었으며 이것이 계급사회로 이행함에 따라 계급적으로 소외·억압당하고 있는 직접적 생산자이기 때문이다. 그는 민중은 변화하는 역사적 존재이고 사회적 실체이다. 그러나 민중이 지니는 역사에서의 의미는 지배계급이 아니고 억압받고 사회적 생산의 결과에서 소외된 직접적 생산자로의 역할에 있다고 하였다.35)

김진균은 한국사회에서 역사적으로 민중에 대한 역사적 인식이 생성되어 왔고 이것이 변혁운동의 실천적 영역과 이와 상응하는 이론적 영역에서도 이론화의 요구가 제기되어왔기 때문에 이러한 차원에서 '민중사회학'의 이론적 정립 가능성을 제기하였다.36)

1989년 10월 2일 역사문제연구소에서 '1980년대 민중사학론, 무엇이 문제인가'라는 주제로 좌담회가 열렸다. 이 좌담회에서 강만길은 "민중이란 시대적인 상황에서의 하나의 변혁의 주체일 뿐이지, 민중사학, 민중사관이란 것을 가지고 우리 역사 전체를 보는 것은 상당한 무리가 있다고 생각합니다. 그러나 적어도 근현대사회의 민중개념은 일단 정립될

---

33) 정창렬, 「한국에서 민중사학의 성립·전개과정」, 한신대학교 제3세계문화연구소 엮음, 『한국민중론의 현단계』, 돌베개, 1989, 12쪽.
34) 정창렬, 위의 글, 40쪽.
35) 박현채, 「민족경제론적 관점에서 본 민중론」, 위의 책, 42~58쪽.
36) 김진균, 「민중사회학의 이론화 전략」, 위의 책, 61~80쪽.

수 있을 것 같습니다"37)라고 하여 '민중사학'을 하나의 사론으로 보는 데에 문제를 제기하였다.

김성보는 "『한국민중사 1, 2』에 대해서는 많은 비판이 제기되고 있기도 합니다. 첫 번째로는 급진적인 민중주의의 수준에 머무른 것이 아닌가, 민중의 범주를 고대사에서부터 현대사까지 무조건 적용시키려는 무리 때문에 온정주의적인 경향을 갖는 것은 아닌가라는 비판이 제기되고 있습니다. 두 번째로는 통사임에도 불구하고 북한사가 빠져 있습니다. 말하자면 한국민중사 중에서도 반쪽의 역사에 불과한 것이죠. 세 번째로는 이시기 연구의 한계이기도 하겠습니다만, 현대사 연구가 적극적으로 이루어지면서도 당시의 민중의 문제, 신식민지주의의 문제, 외세를 문제를 올바른 관점에서 바라보지 못하고 민족 문제가 하나의 외인으로서만 파악되고 있는 한계를 지적할 수 있습니다."38)라고 하여 '한국민중사'에서 '북한사'의 결여와 '민족 문제'를 주요하게 다루지 않은 점 등을 지적하였다.

그는 1990년대 역사학이 지향해야할 방향을 첫째, 국가론 등 사회과학 이론을 적극적으로 수용하고 '대중 스스로의 역사인식을 공유'하면서 '민중주체적인 역사서술'이 이루어져야 할 것과 둘째, 개인적인 연구와 공동연구를 적절히 배합하는 문제 셋째, 현대사의 연구의 필요성, 특히 "한국변혁운동의 줄기를 어떻게 잡을 것인가, 즉 변혁운동의 주류의 문제가 시급하게 해결되어야 할 역사학의 독자적 과제"39)라고 지적하였다.

김성보는 "한국사의 발전과정에 대한 과학적인 인식을 토대로 하여 우리나라에서의 변혁의 경로와 그 주체를 해명하는 작업"으로 파악하면서 1980년대 '민중사학론'을 첫째, 소시민적 민족주의 관점의 '민중사학

---

37) 김인걸·강만길·배영순·윤한택·김성보,「권두좌담 80년대 민중사학론. 무엇이 문제인가 —한국 역사학계의 새 기류와 90년대 전망」,『역사비평』, 1989년 겨울호, 34쪽.
38) 김인걸·강만길·배영순·윤한택·김성보, 위의 글, 38쪽.
39) 김인걸·강만길·배영순·윤한택·김성보, 위의 글, 53쪽.

론' 둘째, 통일전선론적 관점의 '민중사학론' 셋째, 도식적 사적유물론의 대안으로서의 민중사학론의 세가지로 구분하였다. 그에 따르면 '도식적 사적유물론적 이해방식'을 극복은 '사적유물론의 창조적 재해석'과 '한국사의 발전전망에 대한 주체적 재해석'에 있다고 한다. 그는 민중사학이 단순한 민중의 '아래의 역사'와 전위의 '지도의 역사'를 결합하는 것이 아니라, 민중의 '아래로부터 위로의 역사', 즉 민중이 지배계급과의 관련 속에서 능동적 주체로 발전해 가는 과정을 중심으로 역사를 이해하는 관점이 요구된다고 하며 영국 맑시스트 역사가들의 역사이론의 필요성을 지적하기도 하였다.[40] 윤한택은 다음과 같이 당시 '민중사학의 수준'과 당시 구로역사연구소의 지향성을 이야기 하고 있다.

> 민중사학은 아직 모색 단계에 있고 하나의 사관으로 정착하기에는 역부족인 상태입니다. 민중사학이 만약에 과학적 실천적 역사학이라고 한다면 과학적이라는 것과 실천적이라는 것 사이의 괴리가 얼마나 심각한가는 개설서 작업을 하면서 뼈저리게 느꼈습니다. 한쪽은 그냥 저항성만을 강조하고 그러면서도 실천성을 표방한 실무주의로 빠지고, 또 한쪽에서는 과학성이라는 이름하에 역사적 계기성·합법칙성 이런 것만 얘기하면서 실천과 괴리되어 가는 부분이 있어요. 결국 작업반 내부에서 사상적 통일, 조직적 통일을 이루어내지 못하고 절충하는 형식으로 이루어 질 수밖에 없었습니다. 이를 올바르게 해결하기 위해서는 살아있는 역사주체인 기층대중과의 접촉이 좀 더 조직적으로 광범위하게 이루어져야 합니다. 아울러 연구성과를 차분히 흡수해서 정리해 내는 작업도 게을리해서는 안 된다고 생각합니다.[41]

구로역사연구소의 김무용은 "민중사학은 역사발전의 주체로서 각 시대 모순해결의 주체로서 민중을 설정하고 역사발전에 있어서의 민중의

---

40) 김성보, 「민중사학 아직도 유효한가」, 『역사비평』 1991년 가을호, 53~55쪽 ; 하비 J. 케이, 양효식 옮김, 『영국의 마르크스주의 역사가들』, 역사비평사, 1988.
41) 윤한택, 위의 좌담, 54쪽.

역할을 과학적으로 해명하는 사학"42)이라고 정의하며, 민중사학에서 민중의 개념은 연구의 산물이 아니라 민중운동의 성장, 변혁운동의 과정에서 얻어진 실천적 개념이라고 하였다. 또 그는 민중사학에서 민중은 '민중사학의 당파성'43)을 나타내는 용어라고 하며 민중이라는 용어는 지배와 예속, 억압과 착취로 점철된 우리 근현대사의 민중운동 과정에서 얻어진 역사적 산물이라고 했다. 따라서 그는 "민중사학은 이런 점에서 억압받고 고통받는 민중의 현실을 직시하고 민중이 해방되는 역사적·필연적 과정을 과학적으로 해명하는 사학이다. 민중사학의 실천성도 이러한 민중의 현실을 혁명적으로 변화시키는 데 봉사하는 사학이라는 점에 있다. 따라서 민중사학은 민중의 요구, 민중의 계급적 이익, 민중이 해방되는 사회를 적극적으로 옹호한다."44)고 하였다.

한편 정용욱은 민중사관과 주체사상의 형성과정을 비교 설명하면서 1980년대 중반 이후 사회운동의 대중적 고양과 이에 따른 인식의 심화 속에서 민중론을 과학적으로 엄밀화 시키려는 노력이 계속되었고 이 심화과정에서 민중사학의 주요한 과제가 되었던 것은 민족 문제에 대한 좌우편향적 인식경향을 극복하는 것이었다고 하였다.45)

1990년 12월 7일 한림대학교 한림과학원에서 열린 '비공개 세미나'에서 이기동은 민중사학을 민중론·계급투쟁론, 현재성·실천성, 근대화론, 정치사적 파악의 몰각 등 네 가지의 측면에서 문제점이 있다고 하였다.46) 그는 민중사학은 '민중해방 내지 민중혁명 전략을 모색하는 작

---

42) 김무용, 「민중사학의 성과와 과제」, 『계명』 22집, 1989, 135쪽.
43) 김무용은 '민중사학의 당파성'을 "역사연구의 서술에서 민중의 계급적 이익을 철저하게 옹호하여 민중의 계급적 입장을 일관되게 적용하며, 이에 대립되는 사학들을 화해시키려는 어떠한 타협이나 절충도 거부하는 것"이라고 설명한다(김무용, 위의 글, 137쪽).
44) 김무용, 위의 글, 136쪽.
45) 정용욱, 「민중사관과 주체사상의 민족해방운동사 인식」, 『한국민중론과 주체사상과의 대화』, 풀빛, 1989, 23쪽.
46) 이기동, 「민중사학론」, 『현대한국사학과 사관』, 일조각, 1991, 160~211쪽.

업'에 다름아니며 "현재 세계적으로 진행되고 있는 신조류를 철저하게 외면하고 있는 '한국판' 마르크스주의 역사학의 성격을 띠고 있는 것이다"47)라고 비판하였다. 이윤갑은 '한국현대의 역사적 과제는 자주적이고 민주적인 민족공동체의 형성과 발전'으로서 "객관적 과학적 역사연구를 통해 시대적 과제 해결에 실천적으로 동참하는 역사학을 민족사학으로 부르고자 한다"고 하며 현대의 민족사학의 발전을 다루려면 남한과 북한의 역사학을 망라해야 하며, "남한의 민족사학은 당해 시기의 사회변동과 역사학의 발전을 반영하여 내재적 발전론에 입각한 반식민사학, 분단극복사학, 민중사학 등등의 형태를 띠며 발전하였다."48)고 하여 민중사학을 '민족사학'이라는 범주의 한 유형으로 분류하고 있다.

조동걸은 1980년대 진보주의 역사학의 한 갈래로 민중사학을 언급하고 이를 네 가지 유형으로 구분하였다. 첫째는 역사학에서 계급해방 문제에 중심을 두고 있는 유형으로 '민중민주주의(PD)'적 경향, 둘째는 식민지 또는 신식민지에 대한 자주적 민족해방론에 연원을 두고 있는 민중적 민족사관의 유형으로 '민족해방(NL)'적 경향, 셋째는 민중을 계급연합으로 보고 식민지시기에는 민족해방운동으로 해방 후에는 민주화운동으로 결집된 '범계급적 연합체'로 '민족주의 중도좌파'적 경향 넷째는 민중을 시민계급이 성장하지 못한 한국사적 특수 존재로 이해하여 시민과 민중이 운동단계에 이르러 연합하는 '운동연합'론으로 '민족주의 중도좌파와 중도우파'가 혼재된 경향으로 보았다.49)

---

47) 이기동, 위의 글, 211쪽.
48) 이윤갑, 「한국현대의 민족사학의 전개와 민중사학」, 『한국학논집』 22집, 1995, 49~50쪽.
49) 조동걸, 『현대한국사학사』, 나남출판, 1998, 439~450쪽.

Ⅲ. '맑스주의 위기'와 '민중사' 논의

1. 1990년대

1980년대 중반 이래 사회구성체논쟁을 비롯하여 한국사회의 변혁전망에 대한 치열한 고민과 모색이 진행되어왔다. 진보적 역사학계의 '민중사'에 대한 논의도 이러한 맥락에서 이루어져왔다. 그러나 1989년~1991년 동유럽사회주의국가와 소련의 해체라는 '현존사회주의'의 몰락은 진보학계뿐 아니라 전체 사회운동의 커다란 충격이었다.

이 무렵 현존사회주의에 대한 해석은 대체로 세 가지 경향으로 구분되었다.[50] 첫째는 라클라우와 무페의 담화이론에 대한 비판적 정정을 통해 포스트 맑스주의와 급진적 민주주의론의 발전을 의도하는 경향,[51] 둘째는 알튀세르 이론에 기반하여 '맑스주의의 위기' 속에서 맑스주의를 '전화'시키고자 하는 경향,[52] 셋째는 '현존사회주의'를 노동자계급에 대한 관료적 국가자본가의 독재기구인 국가자본주의로 파악하면서 그것의 붕괴는 사회주의의 부활도 아닌 자본주의의 재편성에 불과하다고 보는 견해이다.[53]

이 시기 수많은 '세미나그룹'들은 '해체'를 선언하고 '새로운 모색'을 기약하기도 하였다. 당시 필자는 서울사회과학연구소의 역사분과에서 배성준, 김정 등 몇몇 동료들과 역사이론, 사회주의운동사 등을 학습하였다. 당시 서사연에는 윤소영, 서관모 교수를 중심으로 알튀세르세미나가 이루어지고 있었는데 1991년 6월 세미나 도중에 경찰이 연구소를

---

50) 전명혁, 「1920년대 공산주의운동의 기원과 조선공산당」, 역사학연구소 편, 『한국공산주의운동사연구-현황과 전망-』, 아세아문화사, 1997, 115~117쪽.
51) 이병천, 「민주주의론의 새로운 발전을 위하여-프롤레타리아 독재론을 비판한다-」, 『창작과비평』, 1992년 봄, 403~410쪽.
52) 윤소영, 「알튀세르를 다시 읽으며 '마르크스주의의 위기'를 생각한다」, 『이론』 1, 44~62쪽.
53) 정성진, 「다시 '10월로'」, 『창작과비평』, 1992년 봄호, 88~97쪽.

침탈하는 '서사연사건'이 벌어졌다. '서사연사건'은 당시 소장이었던 김진균 교수에 대한 타격을 가하려는 것이었는데 결과적으로 '서사연'의 노선분화를 가져왔다. 윤소영 교수를 중심으로 한 경제분과는 탈퇴하여 과천연구실로 역사분과는 1993년 구로역사연구소에 합류하였다. '서사연'의 기관지『현실과 과학』은 10호(1991년 6월)를 마지막으로 종간되었다.
김세균 교수는 당시 진보 학계의 분위기를 다음과 같이 말하였다.

> 1991년 이후의 한국의 이론적 정세는 포스트주의의 범람과 시민사회적 문제설정의 본격적인 대두에 의해 특징 지워진다. 그러나 다른 한편으로는 '구좌파적 문제설정'과는 구분되는 '신좌파적 문제설정'이 다각적으로 모색되고 발전해 왔는데, 이러한 신좌파적 문제설정은 대체로 마르크스-레닌주의와 구분되는 유럽의 다른 마르크스주의 조류에 대한 관심, 계급 문제로 모두 환원 불가능한 제반 사회 문제들에 대한 관심, 계급적 대중운동과 정치운동 이외의 다른 사회적 실천들에 대한 관심, 거시적 문제에 대한 관심이 소홀히해 온 미시적 문제들에 대한 관심의 증대 등으로 대표된다. 다른 한편으로는 토니 클리프 등으로 대표되는 트로츠키주의 조류가 마르크스-레닌주의를 대체하는 새로운 구좌파적 견해로서 일각에서 강력하게 제기되어 왔다.[54]

1992년 3월 창립된 『이론』은 「이론동인」 창립선언문에서 "진보진영이 위기를 맞고 있다. ……우리는 이런 위기의 인정이 노동해방, 인간해방을 위한 이론과 실천에 간직된 위대한 전통의 청산이 아니라 오히려 올바른 계승의 조건이 된다고 생각한다. 바로 이 위기 속에서 해방을 향한 역사의 새로운 순환을 준비하고, 이를 위한 이론적 작업을 더 효과적으로 수행하려고 이렇게 모였다"[55]고 선언하였다.

'이론동인' 중 역사학 전공자인 이세영, 최갑수 교수는 '실천을 위한

---

54) 김세균, 「『이론』지 발간 이후 한국의 이론적 정세」, 『진보이론정론지 발행을 위한 간담회 자료집』, 1999년 3월 6일, 4쪽.
55) 「이론동인 창립선언문」, 『이론』 1호, 1992, 7쪽.

역사학'에서 "1980년대 이후 변혁운동은 질적으로 발전하였다. ……민족적 계급적 모순을 해결할 수 있는 역사적, 사회적 실체로서 민중 세력이 등장하였다. ……일부의 역사학자들은 지금까지 은폐, 왜곡되어 온 '민중의 과거'를 찾아내어 민중의 역사를 새로 쓰고자 하였다. ……그런데 이 새로운 역사연구의 '실천성'에도 여전히 문제가 있다. 국가와 지배계급에 대한 충성을 민중으로 옮긴 것 외에 이전의 역사학과 큰 차이가 없다."56)가 말하였다. 또 "그렇다면 우리는 이제 어떻게 하면 새로운 역사인식과 이에 기초한 역사연구를 올바른 사회적 실천과 결합시킬 수 있을까? 우선 학술적, 전문적 역사연구자로서의 '특권적' 지위를 포기해야 한다. 그 대신 우리를 '유기적으로' 현실과 민중의 투쟁에 수렴시키고 그러한 투쟁을 통하여 그리고 억압받고 있는 모든 사람들과 함께 '과학적 이론'의 기초 위에서 노동과 인간해방의 사회수립에 참여해야 할 것이다."57)라고 하였다.

2. 최근의 '민중사' 논의

현존 사회주의의 몰락, 역사유물론이라는 거대담론의 붕괴는 한국에서 포스트모던 역사학이 새롭게 등장하는 조건이 되었다. 그러나 이미 40여 년 전 미국에서 반전운동과 유럽의 1968년 5월 혁명을 전후한 시기 뉴레프트의 등장은 권위주의적 정치질서에 반대한 정치운동이며 동시에 문화적 저항운동이었다.

최근 서양사와 문화이론은 민족주의의 탈신화화, 민중 또는 시민의 이름으로 주변화되거나 배제되었던 소수자에 대한 관심, 포스트모더니즘의 근대비판 등을 수용하는 새로운 흐름을 형성하기도 하였다. "인간

---

56) 이세영·최갑수, 「실천을 위한 역사학」, 위의 책, 20~22쪽.
57) 이세영·최갑수, 위의 글, 23쪽.

의 다양한 정체성과 복잡한 사회적 관계망을 '민족'이나 '민중'과 같은 거대담론으로 환원시키거나 귀속시킬 때 발생하는 배제와 억압의 폭력에 대한 성찰적 논의들"58)이 제기되었다.

또 새로운 '저항적' 역사담론을 모색하던 역사연구자들은 인도의 '하층민'을 의미하는 '서발턴' 연구집단의 문제의식을 수용하여 '민중사와 유물론적 역사연구의 비판적 재사유에 일정한 시사점'을 제공하려고 하였다.59)

이러한 최근의 논의를 한국사연구에 적극적으로 적용하려고 한 것은 윤해동의 '식민지근대'에 대한 새로운 문제제기로부터 본격화되었다. 윤해동은 식민지 사회 인식에서 '수탈론'과 '근대화론'이라는 이분법적 인식을 비판하며 식민지민의 일상은 저항과 협력이라는 선명한 양 극단의 어느 지점이 아니라, '협력적 저항'과 '저항적 협력' 사이의 넓은 프리즘 위에 존재하는 나아가 저항과 협력이 교차하는 지점, 즉 '회색지대'의 존재에 주목하였다.60) 최근 그는 이러한 문제의식을 '식민지근대'라는 개념으로 확장하여 "서구와 식민지는 동시적으로 발현한 근대성의 다양한 굴절을 표현하고 있으며 근대는 특정한 지정학적 위치에만 결부시킬 수 있는 주제는 더 이상 아니다. 그리하여 모든 근대는 당연히 식민지 근대이다. 이는 식민지를 사회진화론적 문명론의 발전단계론에 따라 하위에 위치시키지 않는다는 것을 의미한다"고 하였다. 그는 이 개념이 '제국과 식민지를 관통하는 공시성'과 '식민지와 후기 식민지를 연결시키는 통시성'을 동시에 지니는 '탈근대적 개념화'의 시도라고 파악하였다.61)

---

58) 이상록·이유재 엮음, 『일상사로 보는 한국근현대사』, 책과함께, 2006, 16쪽.
59) 김택현, 「서발턴 연구: 근대성과 식민성을 넘어서」, 『포스트모더니즘과 역사학』, 푸른역사, 2002.
60) 윤해동, 『식민지의 회색지대』, 역사비평사, 2003, 25쪽.
61) 윤해동·천정환·허수·황병주·이용기·윤대석 엮음, 『근대를 다시 읽는다』, 역사비평사, 2006, 31쪽 ; 윤해동, 『식민지근대의 패러독스』, 휴머니스트, 2007, 52쪽.

또 최근 역사문제연구소 '민중사반'은 탈근대, 탈식민주의적 논의를 일정 정도 수용하여 그동안 민중사 논의의 수준을 한층 끌어 올렸다.

허영란은 구술사의 이론에서 제기되는 '多聲性'에 주목하여 "1980년대 역사의 주체로 상정되었던 민중은 변혁운동을 실천해나가는 단일주체였지만, 이제 민중은 이질적인 정체성과 경험을 갖고 있으며 구조적 한계 속에서도 나름의 미시적 맥락에 따라 선택하고 행위하는 일상의 주체로서 재인식되기 시작했다"62)고 한다. 그는 이제 현실은 새로운 민중사, 즉 '민중생활, 문화, 의식, 관계, 행위' 등 '민중경험'을 포괄하여 '어떻게 민중으로 하여금 자신들의 역사를 스스로 말하게 할 것인가' 하는 '민중사의 化生'을 전망하였다.63) 최근 그는 민중사의 확장이라는 입장에서 "체제(제도·정책·담론)와 다양한 사람들의 일상(경험·행위)의 접점을 내부의 시선, 주체의 시선으로 파악하고자 하는" 생활사 연구의 필요성을 제기하였다.64)

이용기는 "민중사학이 생명력을 다한 지금, 우리가 여전히 '민중(사)'을 붙잡고 있는 것은 하층민에 대한 관심과 배려, 민중의 저항 가능성에 대한 신뢰, 엘리트 중심의 역사 인식에 대한 비판 등 민중사학이 제기한 기본 정신을 현실에 맞게 재해석하고자 하기 때문"이지만, 민중사학을 넘어서 새롭게 추구하려는 민중사는 '민중'과 그들의 '실천'에 대해서 기존의 민중사학과는 '사뭇 다른 인식의 지반' 위에 서 있다고 하면서 첫째, 민중의 '일상성'에 주목하며 둘째, 민중의 다양성과 중층성을 인식하고 셋째, 민중의 '자율성'과 '실천'을 새롭게 바라보아야 한다고 말한다.65)

---

62) 허영란, 「민중운동사 이후의 민중사―민중사 연구의 현재와 새로운 모색―」, 『역사문제연구』 제15호, 2005년 12월, 313쪽.
63) 허영란, 위의 글, 313쪽.
64) 허영란, 「일제시기 생활사를 보는 관점과 민중」, 『역사문제연구』 제20호, 2008, 136쪽.
65) 이용기, 앞의 글, 204~205쪽.

그는 기존의 민중사학이 민중을 변혁주체로 고정함으로써 민중의 실제적인 삶을 고려하지 않던 한계를 극복하기 위해서는 도식적인 민중운동사의 지평을 넘어선 민중사가 필요하고 따라서 민중의 역사는 민중의 평범한 일상성에 주목하면서 거대한 사회구조와 권력의 지배가 어떻게 그들의 삶을 규정하며 또한 바로 그곳에서 어떻게 인간의 능동성과 지배에 대한 저항이 형성되는지를 밝혀야 한다고 말한다.[66]

또 그는 기존 민중사학은 민중을 민족·계급모순에 의해 구조적으로 주조된 유기체적 존재나 통일적 실체로 파악했고, 구체적으로는 사회구성체에 조응하는 특정한 계급연합으로 보았기 때문에 민중의 다양한 내적 구성을 단순화·획일화시켜 이들 사이의 차이를 무시하고, 나아가 역사가가 판단한 '본질적' 또는 '핵심적' 계급을 특권화시키는 문제가 있다고 하였다. 따라서 그는 이러한 한계를 극복하기 위해서는 민중을 하나의 집단 주체가 아니라 다양한 정체성을 갖는 집단 주체—계급, 직업, 지역, 성, 세대 등—에 의해 끊임없이 구성·재편되며 구체적인 국면 속에서 다양한 인간 집단들에 의해 형성 해체 재편되는 유동적이고 계기적인 존재로 파악할 필요가 있으며 따라서 "민중은 단일한 목표를 향해 달려가는 단일한 주체가 아니라 다양성과 다성성을 특징으로 하는 복합적 중층적 구성물"로서 "민중의 통일성을 일면적으로 강조하는 것이 아니라, 민중을 구성하는 다양한 주체들 사이의 차이와 균열, 연대와 소통의 긴장 관계에 주목"해야 함을 강조한다.[67]

역사학연구소의 김득중은 1980년대 이후 진보적 역사학계가 축적한 성과를 첫째, 해방 후 혁명적 대중운동에 대한 관심과 평가 둘째, 반공이념에 대한 문제제기 셋째, 민중을 탄압한 국가권력의 정당성과 국가의 역할에 대한 주목 등 세 가지 점을 지적하였다.[68] 또한 그는 『해방

---

[66] 이용기, 위의 글, 205쪽.
[67] 이용기, 위의 글, 205쪽.

『전후사의 재인식』의 편집인들인 뉴라이트의 역사인식은 "민족주의 이데올로기를 비판하고 한국의 국가형성 과정이 대단히 폭력적으로 진행되었다는 '탈근대주의 문제의식'을 그대로 빌려온 것"인데 이 같은 탈근대주의 문제의식은 뉴라이트 세력의 정치성 앞에서 좌초된 채 우익적으로 왜곡되어 정치적으로 융합되어 버렸다고 비판하였다.69)

그는 1980년대 이후 민중사학의 대상이었던 '진보'의 개념은 이제 변화의 시기를 통과하고 있으며 이제는 "노동자, 농민뿐만이 아니라 비정규적 노동자, 여성, 이주노동자, 성적 소수자, 혼혈 등으로 재형성되는 과정에 있다. 역사의 긴 안목으로 보면, 사회에서 주목받지 못하고 긍정받지 못하는 소수자야말로 민주주의와 인권의 영역을 확산시킨 주역들"로서 민중사학이 이들을 연구 대상으로 삼음으로써 연대의 손을 내밀어야 함을 강조하였다.70)

IV. 맺음말

'한국민중사 사건'이 일어났을 때 550여 명의 역사연구자가 서명 한 지 20년이 지난 오늘, 정부의 검인정 국사교과서 수정권고안에 대해 전국의 역사학자 660여 명은 '학문의 자유와 교육의 중립성을 훼손하는 교과서 수정작업을 중단하라'71)는 선언문에 서명하는 사건이 일어났다.

역사에서의 '반복'은 같은 사건이 되풀이 된다는 것을 의미하지 않는다. 반

---

68) 김득중, 「1980년대 민중의 발견과 민중사학의 성과와 한계」, 『내일을 여는 역사』 24호, 2006년 여름호, 56~61쪽.
69) 김득중, 위의 글, 66쪽.
70) 김득중, 위의 글, 64쪽.
71) 『한겨레신문』, 2008년 11월 11일자.

복이 가능한 것은 사건(내용)이 아니라 그 형식(구조)에서다.72)

헤겔은 어딘가에서 모든 위대한 세계사적 사건과 세계사적 인물은 말하자면 두 번 나타난다고 서술하고 있다. 그러나 그는 이렇게 덧붙이는 것을 잊었다. 한번은 비극으로 다음은 참담한 희극으로라고. 당통대신에 코시디에르가 로베스피에르 대신에 루이 블랑이……73)

가라타니 고진은 '공산주의체제'가 붕괴하고 프랜시스 후쿠야마의 '역사의 종언론'으로 대표되는 의회민주주의와 자유주의적 시장경제의 세계화에 의한 낙관적 전망이 이야기될 때 맑스의 『자본론』이나 『루이 보나파르트의 브뤼메르 18일』과 같은 저작이 그 의미를 잃어버린 것처럼 보였지만 이들 저작이 희미하지만 강한 광채를 발하기 시작한 것은 오히려 '그때부터'라고 이야기 한다. 그는 이 저작들의 '징후적 독해'를 통해 1930년대 파시즘의 문제가 1870년 보나파르티즘의 등장과 유사하고 오늘날에도 시사점을 제공하는 '근대정치학 비판'이라고 하였다.74)

1980년대를 '지배'했던 계급의 언어인 '민중 담론'의 시대는 1990년부터 서서히 쇠락해져 가고, 2000년대부터 '민중'은 그 계급의 요소를 벗어버린 순수한 '民・衆'으로 탈바꿈하는 것처럼 보인다. 그러나 "사회주의가 착취와 억압, 폭력이 횡행하는 세계에서 새로운 삶의 모델이 되어주었고, '정통성'이 올바른 맑스주의의 척도가 되었던 시간, 죽은 자들의 유령이 산 자들과 함께 싸우고 산 자들에게 목숨을 걸 것을 유혹하던 시간, 원칙도 전략도 근본적인 방향도 없이 그저 달리던 운동에 '올바른' 원칙을 수립하고, '올바른' 방향을 부여하고 올바른 전략을 수립해야 한다는 요구에 모든 걸 던져 넣어야 했던 시간, 그 모든 시간의 흔적", 즉

---

72) 炳谷行人, 조영일 옮김, 『역사와 반복』, 도서출판b, 2008, 18쪽.
73) 칼 맑스, 『루이 보나파르트의 브뤼메르 18일』, 태백, 1987, 11쪽.
74) 炳谷行人, 앞의 책, 17~21쪽.

'보편성에 대한 확신'의 시간은 존재했었다.75)

'촛불시위'에서 보여진 자율적 대중처럼 '민중'은 다시 부활할 것이다. 그것은 반복되는 것은 아니고 구조 속에서 '生環'76)되는 것이다. '역사는 만들어가는 것'(making history)이다. 우리 시대의 '민중사'는 쓰여지는 역사가 아니라 만들어지는 역사일 것이다. 역사 속에서 '과잉결정'된 역사인 것이다.

---

75) 이진경, 『증보판 사회구성체론과 사회과학방법론』, 그린비, 2008, 10~15쪽.
76) "역사란 과거가 아니다. 역사는 현재를 살고 있는 사람들이 생환(生還)하는 것이다.……" (신영복)

'민중'에 대하여
"국가—없는—자"들과의 조우

장훈교
성공회대 사회학과 박사과정 수료

1990년대를 경유하면서 본격화된 민중과 민중사에 대한 비판은 단일한 지평에서 파악될 수 없는 복수적인 형태로 전개되었다. 새로운 형태로 진화하는 자본주의와 결합된 민주주의는 민중과 민중사가 기반하고 있던 1980년대 마르크스-레닌주의의 토대를 외파(exclusion) 시키기에 충분했다. 내부로부터는 민중사가 공유하던 근대 역사과학의 역사주의/과학주의/계몽주의 자체에 대한 문제제기로부터 근대성 자체를 폭력적인 시선으로 바라보면서 역사 그 자체의 불가능성을 선언하는 비판, 민중 개념에 내재된 민족주의/국가주의의 경향성을 비판하는 다양한 형태의 새로운 역사들의 출현으로 인해 민중사의 핵심개념인 민중은 1980년대를 경유하면서 획득했던 혁명성을 상실했을 뿐만 아니라 민중 그 자체의 실재성까지도 의심받는 단계로 접어들었다. 1970년대 재발견된 민중의 개념을 무정형성에 기초하는 민중주의로 비판하면서 계급론에 기초한 과학적 민중론의 전환을 주창한 1980년대 민중사는 1990년대를 경유하면서 그 과학성의 토대 자체에 대한 비판과 회의주의로부터 자신을 방어하지 못했다. 비판은 복수적인 형태로 전개되었지만 그 결론은 동일했다. 민중은 더 이상 전복과 저항의 주체성일수 없다. 민중의 역사학은 존재하지 않으며, 오히려 민중의 이름으로 은폐되었던 다양한 주체성들의 역사로 전환해야만 한다. 민중의 역사학은 1990년대를 경유하면서 정치성을 박탈당한다. 1990년 초·중반을 경유하면서 급격하게 주변화된 민중운동의 현실은 이러한 사실을 정당화해주는 것이었다. 민중은 그 비판의 진영에서만 소멸해간 것이 아니었다. 민중과 민중사 동시에 민중의 정치학을 옹호하는 이들도 민중으로 호명할 수 있는 존재들이 누구인가에 대해 의심하기 시작했다. 그들은 현실에서 자신들이 민중이란 호명을 사용하는 횟수가 줄어들고 있다는 사실을 깨닫기 시작했으며 이전에 민중으로 호명하던 이들을 다르게 부르고 있다는 사실을 알게 되었다. 민중은 우리에게 그러한 존재로 전환되었다. 여기에서 우리들의 모든 갈등이 시작된다.[1]

---

1) 이 원고는 2008년 11월 역사학연구소 20주년 심포지엄에서 민중사에 대한 토론을 위해 제출했던 발표문이었다. 하지만 사실 발표문이라기보다는 토론을 위한 토론문의 성격이 강하고, 어떤 의미에서 본다면 당일 종합토론을 통해 이 토론문의 유효기간은 끝이 났다 불안은 현실로 다가왔고, 탈출구가 존재하지 않는 듯하다. 탈출구가 존재하지 않는 상황에서 나 자신을 위한 마지막 변명을 한다면, 민중 그리고 민중사와 함께 엮여 있는 여러 이름 없는 이들의 피와 희생의 가치와 그 역사적인 무게감을 여전히 공부하는 학생의 입장에서 하나의 부채감과 원인모를 죄의식의 원천으로 여전히 갖고 있다는 사실이다. 전공의 영역을 불문하고 민중과 민중사에 대한 새로운 시각과 도전을 갈망했던 우리 역사학연구소의 개방성이 나와 같이 이제 갓 학문의 길에 접어든 대학원생에겐 하나의 재앙으로 다가왔다는 말도 잊지 않고 싶다. 민중과 민중사를 과거에 대한 기계적 반복이 아닌 새로운 현실과 조건 속에서 차이를 생산하는 새로운 무기로 사유하고 실천하고자 하는 이들에게 짧은 사유의 계기를 제공하는 것, 이 텍스트를 통해서가 아니라 이 텍스트를 경유해서 서로 분리되어 있던 다양한 고민과 문제설정들의 지평이 융합될 수 있는 하나의 계기를 확보하는 것, 그 이상의 어떤 의미도 이 원고에는 없다. 한 대학원생의 무모한 문제제기를 통한 토론공간의 창안이라는 측면에서 이 원고를 활용해주셨으면 한다. 이 원고를 바탕으로 민중에 대한 문제의식들을 발전시키고 싶었지만, 여전히 부족한 공부와 기타의 조건들이 허락하지 않고 있다. 많은 이들과 토론을 했고, 특히 성공회대 대학원 정규식, 이하영, 김봉렬, 김재민, 김연수 군의 조언을 받았다. 조언의 대부분은 이해할 수 없는 원고라는 것이었고, 그 조언으로 인해 상당한 정도의 개인적인 재정파탄이 있었음을 고백한다. 동국대 대학원의 한재헌 군은 지금까지도 여전히 무의미한 원고를 무책임하게 생산해내고 있는 선배에 대한 가장 충실한 조언자로 존재하지만, 내가 칭찬에 목말라 있다는 사실을 공개지면을 통해 말해주고 싶다. 이종영, 서영표, 김보현 선생님의 지적을 받았고, 모르는 것은 쓰지 말아야한다는 소중한 결론을 얻었다. 개방적인 태도로 여러 번에 걸친 역사학연구소 내부토론회에서 이 원고에 대한 기대를 표명하셨던 선생님들께 모든 책임을 떠넘기고 싶다. 생전 처음 발표무대에 선 제자의 고민과 불안을 뒤로 하고 민중에 대한 새로운 문제제기들을 공유하는 토론을 하자고 제안하셨던 지도교수이신 조희연 선생님이 배후조종자라는 사실도 기록으로 남긴다. 동료들의 살벌한 독해와 개인적인 재정파탄, 공개적인 배후조종과 개방적인 책임전가, 학교 앞 술집들에서 이루어진 폭탄발언의 어두운 분위기를 뚫고 이 원고가 빛을 발하게 만든 모든 이들에게 책임을 떠넘긴다.

Ⅰ. 서론: 민중의 실재와 개념의 내적갈등

한국 민중사 연구는 1980년대 중반 이후 다양한 역사적 현장에 대한 탐구들을 발전시키면서 다양한 변이(mutation)들을 발전시켜왔다. 동시에 기존 민중사의 한계를 극복하기 위한 다양한 형태의 역사연구와 서술, 그리고 방법론을 모색해왔다. 하지만 민중과 민중사의 개념 그 자체에 대한 논의는 1990년대 초반을 경유하면서 정체된 것으로 보인다(이러한 개념의 저발전으로 인해 새롭게 확장된 민중사와 개념으로서의 민중 및 민중사 간에 괴리가 발생하고 있다).2) 이 논문은 이러한 개념과 실재간의 괴리가 요청하는 민중과 민중사에 대한 더욱 엄밀한 개념-노동을 발전시키기 위한 단계로서, 공간적 은유로서의 장소적 표상체계인 "내부-외부"라는 은유의 도입을 통해 민중과 민중사에 접근해보고자 하는 것이다.

1. 민중사와 가시성: 보이지 않던 자들의 귀환

민중의 개념이 재발견된 1970년대 중반을 경유하면서 민중사가 지배에 대항하는 하나의 대안역사로 작동할 수 있었던 것은 민중사가 근본적으로 지배에 의해 은폐되고 망각되었던 '사건'들을 드러나도록 했기 때문이다. 지배적 시각과 관점에서 구성되었던 사건의 계열을, 은폐되고 망각된 장소에 위치하는 자들의 시선과 목소리를 통해 "사건의 재구성"을 시도한다. 새로운 사건의 계열학을 구성해내는 것, 이것이 민중사

---

2) 민중사의 개념이 저발전 혹은 정체되었다는 뜻은 민중과 민중사에 대한 새로운 정의가 1990년대 이후 존재하지 않았다는 뜻이 아니다. 오히려 1990년대를 경유하면서 민중의 개념에 내재된 한계들을 비판하면서 실재로서의 민중이 가지는 (1)다양성과 중층성 (2)그것으로부터 연유하는 다성성 (3)권력과의 관계에서의 복합성을 민중의 특성으로 정의하는 흐름이 주되게 발전하였다.

의 목적이자 전략이었다. 민중사가 지배적인 계열과 대항하는 새로운 사건의 계열학으로 존재함으로 인해 민중사는 정치로 전환된다. 민중사는 랑시에르가 "정치란 보이지 않았던 것을 보게 만드는 것, 그저 소음으로서만 들릴 뿐이었던 것을 말로서 듣게 만드는 것"[3]이라고 말했던 정확히 그 차원에서 정치다. 민중사는 비가시성의 '가시성'으로의 전환 역사이다. 보이지 않던 것을 보이게 하는 것, 들리지 않던 것을 들리게 하는 것. 하지만 지배에 의해 은폐되고 망각되었던 사건들의 계열학을 재구성해는 과정에서 민중은 지배권력으로부터 억압되고 고통 받은 단일한 보편적 희생자의 이름으로 호명된다. 민중은 비정규직, 철거민, 불법 체류자, 동성애자, 장애인 등과 같은 사회적 약자/소수자들과 즉각적으로 동일시된다. 지배에 의해 은폐되고 망각되었던 사건들의 역사를 드러내기 위해 민중의 내적구성을 통일하는 목소리를 전제하는 것, 즉 민중에 대한 민중사의 '전략적 본질주의'. 역설적으로 민중사의 내적체계에서 민중은 공백으로 존재하고, 민중에 대한 분석은 지배권력에 대한 비판과 고발로 대체된다. 민중 그 자체는 분석의 대상에서 배제된다. 이런 문제로 인해 민중사는 민중의 역사에서 '민중 그 자체'의 역사적 구성과정에 대한 연구로 전환되었다.[4] 여기에서 발생하는 질문은 이런 것이다. 〈가시성의 역사로서의 민중사, 가시성으로부터 비롯된 민중사의 정치성과 전복성을 유지하면서, 민중 그 자체를 민중으로 환원될 수 없는 종별성을 갖는 주체들과의 직접적인 동일시를 어긋나게 하면서도

---

3) 자크 랑시에르, 양창렬 역, 『정치적인 것의 가장자리에서』, 길(박우정), 2008, 253쪽.
4) 이것이 1990년대를 경유하면서 발생한 민중사의 패러다임의 교체이다. 윤택림은 1980년대 이후로 1990년대를 경유하면서 민중사의 패러다임이 다시 한 번 변화하고 있다고 진단한다. 그 근거로 윤택림은 사회경제사 중심의 분석에 치중했던 민중사가 1990년대를 경유하면서 연구주제를 가족, 친족, 성, 지방, 민속, 의식 등 기존의 민중사가 관심을 갖지 않았던 분야로 확장되고 있는 것을 지적한다. 이러한 연구주제의 확장은 동시에 새로운 이론적 시각과 방법론을 요청하는 것이기도 했다. 이에 대한 자세한 논의는 윤택림, 『인류학자의 과거여행: 한 빨갱이 마을의 역사를 찾아서』, 역사비평사, 2003, 101~106쪽 참조.

민중이란 개념을 유지할 수 있는가?〉 이것이 나의 언어로 한다면 1970년대의 제1세대 민중사, 그리고 1980년대의 제2세대 민중사와 구별되는 1990년대 이후의 제3세대 민중사가 직면한 문제이다. 제3세대 민중사는 제1, 2세대 민중사가 전제한 민중의 개념을 비판하면서 다양한 연구들을 진척시켰지만 반대로 자신들의 발견이 민중의 개념을 그 내부로부터 위협하는 단계까지 발전하였다.[5]

2. 민중사와 정치성

새로운 민중사의 발전 및 성과가 민중사의 개념을 유지할 수 없도록 만드는 이 내적 갈등,[6] 나의 연구는 바로 이 내적 갈등에서 출발한다.

---

[5] 김성보의 주장처럼 민중사는 역사발전의 주체는 민중이라는 선언적 명제에 기초한 다양한 경향성들의 집합으로 존재할 뿐, 그 내부는 통일적이지 않다. 하지만 그럼에도 불구하고 1970년대 민중주의적 민중관에 기초한 민중사를 나는 1세대, 그 이후 계급-민중론에 기초한 민중사를 2세대 그리고 1990년대를 경유하면서 민중사의 내포와 외연을 확장한 이후의 민중사를 제3세대로 세대유형할 수 있다고 본다. 제3세대 민중사는 제2세대 민중사에 내재된 (1)계급중심성 (2)지도-대중의 관계에 설정된 대중으로서의 민중에 대한 이해 (3)민중운동사와 일체화된 민중사 (4)민족과 국가운동의 하위체계로의 민중사에 대한 비판을 다양한 측면에서 전개하였다. 제3세대 민중사는 이러한 비판들의 복수성과 이질성으로 인해 단 하나의 세대유형으로 파악되기 힘들수도 있지만 그들이 민중사 그 자체의 개념을 포기하지 않는다는 측면에서 이질적인 민중사들의 집합으로서 자기 세대를 형성한다고 볼 수 있다는 것이 나의 생각이다. 김성보, 「민중사학의 문제의식과 과제」, 『언론과비평』 10, 언론과비평사, 1990 ; 「민중사학 아직도 유효한가: 전환시대 민족사관의 중립을 위하여」, 『역사비평』 14, 역사비평사, 1991

[6] 이 갈등을 가장 명시적으로 언급한 사람은 이용기다. 이용기는 "다만 단일주체로서의 민중 개념을 폐기한다면, 거대 서사로서의 민중사를 거부한다면, 민중의 재현 가능성이 만만치 않은 것임을 인정한다면, 과연 '민중사'는 가능한가, 가능하다 해도 그것을 '민중사'로 부를 수 있을까 하는 문제"를 제기한다. 그의 대답은 불확실하지만 회의적이다. "그렇지만 '새로운 민중사'가 민중사학의 패러다임과는 너무나 이질적일 뿐 아니라, '민중'은 80년대의 시대적 의미와 한계가 강하게 투영된 개념이다. 지금 우리가 '민중사'라는 개념을 놓지 않는 것은 과거 민중사학을 단순히 폐기하는 것이 아니라 그것에 대면하여 한계를 넘어서려는 자세를 담고 있기도 하고, 다른 한편으로는 '민중'을 대체할 개념이 부재하거나 모호한 현재의 상황을 반영한 불가피한 선택일 수도 있다. 따라서 새로운 민중사는 의미 있는 결실을 거두는 순간 더 이상 '민중사'로 불리기를 거부할 수도 있다."우리는 이 질문에 답하

민중사 내부에서 발생하는 분화들과 연구주제들의 확장 그리고 새로운 이론 및 방법론의 도입으로 인해 개념으로서의 민중 및 민중사와 실재로서의 민중 및 민중사 연구에서 발생하는 내적 갈등을 해결하기 위해 민중이란 개념을 발전시키는 것이다. 나의 과제는 제3세대 민중사의 등장과 발전으로 이룩된 민중사 내부의 다양한 형태의 차이들과 변이들을 인정하면서 새로운 형태의 진보적 역사연구 및 서술 그리고 연구방법론으로 작동할 수 있는 민중 및 민중사를 재정의하는 것이다. 다른 측면에서 나의 과제를 다시 정의한다면 제3세대 민중사의 실증성과 제1, 2세대가 공유하던 대항의 역사로서의 민중사의 정치성을 결합하는 것으로 정의될 수도 있다(우리에게 부여된 것은 단지 민중 및 민중사의 개념을 재정의하는 것이 아니라 민중 및 민중사가 현재 질서에서 정치성을 획득하는 방식으로 정의하는 것이다). 바로 여기서 나의 질문은 정치적으로 번역된다. 나의 언어로 환언한다면 이것은 민중의 정치학을 구성할 수 있는가의 문제이다. 〈이론의 정치학이 아닌 현실에서 운동의 정치학으로 작동할 수 있는 민중의 정치학을 구성할 수 있는가?〉 이것이 나의 문제(問題)이다. 나는 민중과 민중사의 문제를 정치학의 문제로 전환한다. 민중 정치학의 구성 가능성에 대한 질문으로 민중과 민중사의 문제를 재정의 하는 나의 문제설정은 민중사 그 자체와 민중 정치학이 직접적으로 동일시될 수 없다는 측면에서 부당한 것이다. 하지만 민중 정치학의 구성 가능성이 해명될 수 있다면, 민중과 민중사는 그 개념 자체에 내재된 한계들과 그것과 관련된 비판으로부터 새로운 단계로 진화할 수 있게 된다. 우리들의 궁극적 질문은 결국 민중과 민중사가 현재 지형에서 저항과 전복의 정치로 작동할 수 있는가에 있기 때문이다. 따라서 민중의 정치학은 민중사와 구별되지만 그것과 분리될 수 없다.

는 것이다. 이용기, 「민중사학을 넘어선 민중사를 생각한다」, 『내일을여는역사』 제30호, 내일을여는역사, 2007.

3. 개념과 공간적 은유

"개념의 논리와 실재의 논리의 괴리가 우리에게 요청하는 것은 개념의 포기가 아니다. 그것이 우리에게 요청하는 것은 더욱 엄밀한 개념적 노동이다."[7] 1990년대 중반을 경유하면서 민중사 내부에 도입된 다양한 문제들과 대결하면서 동시에 그것을 해결하는 과정으로서 민중 및 민중사를 재정의 하는 과정은 민중과 민중사에 대한 선언적 종합으로 귀결될 수 없다. 따라서 그것은 끊임없이 자신을 새로운 현실과 논의들에 노출시켜야만 하는 개방적 담론체계로서 작동해야만 한다(정당화의 맥락). 동시에 민중 및 민중사의 정의가 새로운 연구와 역사적 발견을 촉진하는 개념으로 작동하지 못하고 기존의 연구들을 고정하는 범주로만 작동해서도 안 된다(발견의 맥락). 민중 및 민중사는 발견과 정당화의 모든 맥락에서 작동할 수 있는 방향에서 정의되어야만 한다. 나의 연구는 이러한 개념-노동을 발전시키기 위한 일종의 공간적 은유로서의 장소적 표상체계로 민중 및 민중사를 묘사하는 것이다. 알튀세르의 표현처럼 우리들의 연구는 정확히 은유적이라는 지점에서, 즉 '묘사적'이라는 점에서 이론 그 자체와 모순관계이다. 과학적 이론은 묘사적 단계를 넘어서 그것을 해체하면서 이론을 구성한다. 하지만 은유와 묘사는 과학적 이론의 성립과정의 출발점으로 여겨져야만 한다.[8] 새로운 공간적 은유는 민중 및 민중사를 새로운 위치와 각도에서 바라보게 함으로써 기존의 입장에서 발견하지 못하였던 민중과 민중사의 새로운 측면을 보여줄 수도 있다. 나의 바람은 정확히 그곳에서 멈춘다. 현재의 나는 은유를 넘어서 실재로서의 대상 그 자체에 접근할 수 있는 이론 및 개념

---

7) 이종영, 『부르주아의 지배형식』, 새물결, 2008, 35쪽 참조.
8) 구체적인 언급은 알튀세르, 『재생산에 대하여』, 동문선, 2007, 제4장 「하부구조와 상부구조」에서 찾아볼 수 있다.

을 발전시키지 못하고 있다. 따라서 나의 연구는 개념으로서의 민중에 대한 연구가 아닌 하나의 공간적 은유로서 받아들여져야만 하고, 동시에 그것도 문제를 세우기 위한 시론으로 받아들여져야만 한다.9)

4. 연구전략

민중에 대한 나의 연구는 민중을 구체적인 사회집단으로 이해하는 것과 구별되어야만 한다. 나의 접근전략은 민중을 구성하는 집단들을 규명하기 위한 것이 아니라, 민중을 이론적으로 규명하는 것을 향해있다. 민중을 구성하는 다양한 집단들의 내적관계를 해명하는 역사적 민중의 내적 구성 문제는 민중의 이론적 구성과 분리될 수 없지만 구별되어 이해되어야만 한다. 나의 관심은 사회적 실재로부터 출현하는 민중의 존재론적 구조를 이론화하는 것이다. 따라서 나의 연구전략은 민중의 개념에 대한 계보학적 탐구를 통해 민중이란 무엇인가를 사유하는 전략과는 구별된다. 나의 전략은 그 사유의 대상이 되었던 사회적 실재, 즉 민중이란 개념을 통해 포착하고자 하였던 그 대상의 내적구조와 메커니즘을 발견하는 것이다. 민중의 개념화와 민중사에 대한 새로운 사유는 바로 그 대상에 대한 인식으로부터 시작되어야 하기 때문이다. 제3세대 민중사의 발견처럼 민중의 내부에는 단일한 목소리로 환원될 수 없는 다양한 목소리들이 발견된다. 하지만 왜 그러한 목소리들이 발견되는가? 왜 민중은 단일한 목소리를 갖지 않는가? 민중의 구성과정 자체가 단일한 목소리로 귀결되지 않는 사회적 실재의 구조는 무엇인가? 나의 목표는 제3세대 민중사의 발견을 정당화할 수 있는 민중의 개념을 사회적 실재의 구조로부터 추상하는 것이다.

---

9) 따라서 우리들의 목적은 오히려 어떤 의미에서 민중과 민중사의 개념에 대한 일련의 개방적 지평들, 즉 다원적이며 서로 경쟁하는 '민중사—들'의 지평을 발명하는 것이다.

II. 공간적 은유의 전환:
"상부-하부"에서 "구성적 외부"의 발견으로

 1970년대 민중주의적 민중 개념에 반대하면서 등장한 1980년대 이후의 계급-민중론은 전통적인 마르크스-레닌주의의 [상부-하부]라는 공간적 은유에 의존한다. 토대(하부구조)를 포함하는 하나의 건축물로 모든 사회의 구조를 바라보는 이런 은유는 하부라는 은유가 발견한 이중성이 갖는 의미를 반감시킨다. 하부는 상부의 하부이자 동시에 상부의 외부로 존재한다. 하부가 외부로 확장되면, 대지와 건축물의 관계로 표상된 "상부-하부"라는 은유는 건축물과 세계 일반과의 관계로 확장될 수 있다. 외부의 입장에서 바라보면 모든 건축물의 내부는 외부와의 관계 속에서, 외부와 대항하는 과정에서 형성된다. 모든 내부는 외부의 흔적을 갖고, 모든 외부는 내부의 내적구조이다. 이러한 "내부-외부"로의 전환은 기존의 "상부-하부"관계에서 포착되던 민중과 민중사의 개념을 사회구성 특히 국가라는 정치공동체와의 형성과정과 밀접히 결합하면서 동시에 계급관계로 환원되지 않는 정치공동체의 외부를 발견할 수 있도록 하여준다.

1.

 "상부-하부"라는 공간적 은유는 토대(하부구조)를 포함하는 건축물로 모든 사회의 구조를 제시하는 하나의 묘사이다. 알튀세르는 『재생산에 대하여』 제4장 「하부구조와 상부구조」에서 마르크스의 '공간적 은유'에 대하여 다음과 같이 언급한다.

> 상부구조의 두 '층위'가 세워지는 토대(하부구조)를 포함하는 건축물로 모

든 사회의 구조를 이처럼 제시하는 것은 하나의 은유이며, 아주 분명히 말하면 공간적 은유, 곧 장소의 은유이다. 모든 은유가 그렇듯이, 이 은유는 무언가를 암시하고 보게 해준다. 그게 무엇인가? 그것은 바로 다음과 같은 것이다. 즉 상위의 층들은 확실하게 그것들의 토대와 이 토대의 기반에 의존하지 않는다면 홀로 (공중에) '서 있을' 수 없다는 것이다.[10]

알튀세르가 지적하듯이, "이러한 건축물의 은유가 지닌 목적은 무엇보다도 경제적 토대가 〈최종 심급으로 결정한다는 사실〉을 나타내는 것이다."[11] "상부-하부"라는 건축물의 은유는 그 묘사적 성격에도 불구하고 사회를 구성하는 결정의 심급을 드러내 보여준다. 문제는 다른 곳에서 발생한다. "상부-하부"라는 건축물의 공간적 은유는 이제 단일한 내부성을 획득한다. 즉 "상부-하부"라는 공간적 은유는 토대의 결정과 상부의 재생산의 기능과 역할이 결합되어 이해하게 됨으로써 단일한 '장치'로 이해된다. 그것은 단일한 '장치'의 내부에 존재하는 장소적 표상체계 일뿐, 어떠한 외부성도 갖지 않는다. 아니 토대의 외부성은 발견되었지만 토대의 결정성을 사유하기 위해 망각되었다.

"상부-하부"라는 공간적 은유는 토대(하부구조)를 포함하는 건축물로 모든 사회의 구조를 제시하는 하나의 묘사이다. 토대는 생산력과 생산관계의 통일체로서 생산양식을 의미한다. 토대는 상부구조를 결정하는 근본적 조건으로 작동하는 것이다. 동시에 상부구조의 입장에서 토대는 상부구조의 결정으로부터 상대적으로 자유롭다는 측면에서 토대는 상부구조의 외부에 존재한다. 상부구조를 결정하는 근본적 조건이지만, 상부구조의 입장에서 그것은 자신의 결정의 외부에 존재한다는 측면에서 토대는 모든 사회의 내부이면서 동시에 내부에서 배제되는 외부이다. 즉 토대는 '구성적 외부'이다. 토대가 건축물과 대지와의 관계를 포

---

10) 알튀세르, 앞의 책, 102쪽.
11) 위의 책, 102쪽.

착하는 수직적인 장소적 표상체계로서의 "상부-하부"라는 공간적 은유에서, 건축물의 내부성을 근본적으로 조건지우는 외부적 조건들의 영역으로 확장된다. "상부-하부"라는 장소적 표상체계로서의 공간적 은유가 "내부-외부"라는 공간적 은유로 전환된다. "상부-하부"가 건축물과 대지와의 관계를 대지를 포함하는 건축물로 묘사하는 데 반해, "내부-외부"라는 공간적 비유는 건축물과 대지를 포함한 세계 일반과의 관계를 포착한다. 외부라는 공간적 은유의 도입은 "상부-하부"라는 공간적 은유에서 주목하지 않던 사회구성을 실질적으로 가능하게 하는 실존의 근거로서의 외부를 발견하도록 한다. 이런 의미에서 외부는 모든 사회구성의 내적인 조건이다. 하지만 지배계급의 담론 및 역사는 이러한 외부를 은폐하고 사회를 그 구성적 외부와 분리하여 사회 그 자체를 보편적이고 일반적인 것으로 이해한다. 이런 측면에서 사회구성을 가능케 하는 실존의 근거로서의 외부를 발견하고자 하는 공간적 은유는 맑스주의 사유의 확장으로 이해될 수 있다. "이런 점에서 나는 맑스주의나 유물론을 외부를 통한 사유, 혹은 외부에 의한 사유로 정의하고자 한다."[12] 우리가 말하는 외부란 내부와의 단절된 형태로 분리되어 있는 외부가 아닌 내부를 형성하는데 필수적으로 요청되는 외부를 의미한다. 샹탈 무페는 이러한 외부 즉 정치공동체의 내부를 구성하기 위해, 내부의 존속을 위해 필수적으로 요청되는 외부를 데리다의 '구성적 타자'의 개념을 전유하여 '구성적 외부'라고 개념화한다. 모든 사회구성 및 정치공동체는 내부의 존속과 유지를 위해 필수적으로 "구성적 외부"를 요청한다. 바로 이것이 '하부'가 '상부'의 '하부'이자 동시에 '상부'의 '외부'로 작동하는 이유이다. 우리는 "하부"의 은유를 포함하는 형태로 외부의 은유를 발전시킬 수 있다.

---

12) 이진경, 『철학의 외부』, 그린비, 2003, 6쪽.

2.

 사회를 규정하는 '하부'라는 공간에서 '외부'로의 공간적 은유의 전환을 계급분석 자체에 대한 비판으로 이해하여서는 안 된다. 계급-민중론에 대한 비판과 계급 분석은 구별되어야만 한다. 계급-민중론을 비판하면서도 우리는 여전히 민중 연구에서 계급 분석을 유지할 수 있다. 우리는 계급 중심성과 계급 분석을 혼동하면 안 된다. 1970년대 후반 이후, 특히 사회 이론과 연구에 있어 젠더의 중심성과 중요성을 강조하는 여성주의자들의 등장은 계급 분석에 대한 가장 중대한 도전이 되어왔다. 여성주의자들은 특히 맑스주의에 내포된 '계급 중심성(class primacy)'을 중심적으로 비판하였다. 계급 중심성은 인종, 성, 환경, 종교, 도시, 공간 등과 같이 그 자체로 비계급적인 범주들을 계급으로 환원하는 과정에서 발생한다. 즉 중심성(primacy) 혹은 환원주의(reductionism)는 단일한 독립변수로 모든 결과변수들을 설명하려는 과정에서 발생한다. E. O. 라이트(Erik Olin Wright)의 지적처럼, 우리는 계급과 젠더와 같은 비계급적 변수들 간에 무엇이 더 중요한가라는 위계를 설정하려는 시도와 이별하고 계급과 젠더의 상호연관성에 대한 연구로 나아가야만 한다. 즉 특정한 사회현상과 역사적 사건들을 해명하는 과정에서 계급과 젠더의 상호접속성(inter-connection)을 이해하기 위한 방향으로 나아가야만 한다.[13] 따라서 계급 중심성은 상실하지만 계급은 다양한 사회현상과 갈등 및 역사적 사건들을 설명하는 중심변수로 설정될 수도 있다. 하지만 그것은 모든 사건들을 포괄하기 위한 것이 아니라 계급과 다른 변수들과의 접속과정에서 발생하는 다양한 변이들과 상태들을 계급의 관점에서 파악하기 위해서이다. 따라서 계급-민중론을 비판하는 것이 민중연구에 있어 계급 분석의 필요성을 부정하는 것은 아니다. 단지 우리는 계급에

---

[13] E. O. Wright, Class Counts, Cambridge, 1997, p.39.

토대해서 민중을 구성하려는 계급-민중론의 내적한계가 그 계급 중심성에 대한 테제로부터 나오는 것이며, 이러한 중심성으로 인해 환원주의적 경향성이 발생한다는 것을 지적하는 것이다. 계급은 민중론의 토대(하부구조)로부터 민중과 계급과의 관계로 재설정되어야만 한다.

이러한 민중과 계급과의 관계 재설정은 1970년대 민중론을 민중주의(populism)라고 비판하면서 출현한 계급-민중론이 계급과의 관계에서 발생하던 두 문제를 해결한다. 계급론을 통해 민중론은 민중을 단순한 피지배의 동일성에 기초한 무정형의 집단으로 파악하던 민중주의적 개념으로부터 생산관계의 착취관계와 그 착취관계로부터 비롯되는 다양한 비경제적 억압관계들을 위계화/구조화하는 계급-민중론으로 발전하였다. 하지만 역설적으로 계급론의 도입은 민중 개념의 적합성에 대한 의문을 발생시켰다. 이로 인해 계급-민중론은 계급론으로 전환되거나 계급 개념에 의해 민중 개념은 주변화되는 역설이 발생했다. 동시에 민중개념을 유지하기 위해서는 계급으로 환원되지 않는 민중의 고유한 실체를 인정해야만 했는데, 이것은 다시 계급과 민중의 불일치를 그 이론 구성 자체 내에서 인정해야만 하는 것이었다.[14] 민중은 계급론에 토대하는 순간 자신의 사회적 실재성을 부정당하거나(계급론으로의 전화), 혹은 계급론의 외부를 인정함으로써(민중 고유성의 실체화) 계급론을 무력화시켰다. 이러한 역설을 해결하기 위해서는 민중론의 토대로 계급을 규정하는 시각으로부터 계급과 민중을 구별은 되지만 분리할 수 없는 관계로 파악하면서 민중과 계급의 상호접속과정을 발견하는 방향으로 나가야만 한다. 윤택림의 다음과 같은 지적은 민중과 계급론 사이에 존재하는 불일치로부터 발생하는 갈등을 잘 보여준다.

계급이 보편적인 개념으로 사용되기 때문에 민중이라는 개념에는 긴장이

---

14) 김세균, 「계급 그리고 시민 민중 다중」, 『진보평론』 제20호, 현장에서 미래를, 2004.

맴돌고 있다. 민중은 도시 중산층 지식인, 소시민, 농민 노동자를 포함하는 비계급적 대중집단이다. 민중은 계급적 분리가 어려운 집단으로서 지배자들과 피지배자들과의 관계성 속에서 파악할 수 있는 역동적인 존재이다. 그렇기 때문에 민중은 다수의 경험을 가지고 있는 다중적 주체이다. 민중에게 노동자, 농민 중심의 변혁 주체론으로 마르크시즘의 계급적 틀을 강요한다면, 그것은 민중의 역동성과 잠재성을 거세시키는 것이다.[15]

하부에서 외부로의 공간적 은유의 전환은 계급을 내부를 규정하는 개념으로 유지시키면서도 동시에 민중을 계급으로 환원되지 않는 계급 외부의 존재로 설명할 수 있다. 계급을 유지하면서 민중과 어긋나게 하기. 우리에게 중요한 것은 민중 분석에서 계급의 중심성을 확인하는 것이 아니라, 계급-민중론이 역사와 사회에 대한 비판의 무기로 작동할 수 있었던 지점들을 재전유하여 그것을 계급으로 환원되지 않는 외부성을 발견하는 방향에서 사유하는 것이다. 착취관계는 "상부-하부"의 공간적 은유가 비판의 무기로 작동할 수 있었던 핵심개념이었다. "내부-외부"의 공간적 은유는 이러한 '착취'관계의 개념을 전유함으로써 계급-민중론의 비판적 성격을 계승한다.

3.

"상부-하부"의 공간적 은유는 하나의 건축물로서의 사회구성체가 생산관계에 내재된 착취관계에 의해 유지-존속되고 있다는 것을 폭로한다. 착취관계라는 개념에는 생산관계라는 개념에 결여된 '비판'의 개념이 결합된다. E. O. 라이트의 지적처럼, 하나의 사회적 관계가 착취관계로 판명되는 순간 그것은 부정의하며 해로운 관계라는 것을 함축한다.[16] 따라서 상부-하부의 공간적 은유는 단지 생산관계가 모든 사회

---

15) 윤택림, 앞의 책, 97쪽.

구성의 토대라는 것을 드러내는 것뿐이 아니라, 사회구성 및 발전의 숨겨진 착취관계로부터 사회를 재구성하는 시각을 갖게 한다. 그것은 부정의하며 그것은 해롭다. 따라서 그것은 비판의 대상이 되어야 한다. "생산관계→착취관계→비판"으로의 전개는 맑스주의 정치경제학이 근본적으로 비판경제학으로 작동하는 근본토대이다. 논쟁의 대상이지만 이런 측면에서 착취라는 개념은 맑스주의의 핵심토대이다. 계급분석의 양대 계열인 M. 베버로부터 마르크스의 계급 개념을 구별하도록 하여주는 것은 바로 이 착취 개념이다. 베버의 계급 개념은 삶의 기회(life chance)에 주목하는 대신 마르크스의 계급 개념은 착취를 강조한다. 베버 계열이 시장(market)을 강조하는 이유는 시장이 직접적으로 삶의 기회 형성 과정과 결합되기 때문인데, 반해 마르크스 계열이 베버 계열보다 생산에 중심적인 강조점을 두는 이유는 시장이 착취라는 개념을 보여주는데 충분하지 않기 때문이다.17) 따라서 "상부-하부"라는 공간적 은유를 이해함에 있어 '하부'적 관점으로부터 획득되는 비판적 시각 및 입장의 정립이 하부구조(토대)에 내재된 착취관계로부터 가능하다는 사실을 인정하는 것은 매우 중요하다. 동시에 "상부-하부"라는 공간적 은유를 "내부-외부"라는 공간적 은유로 전환함에 있어 이러한 착취의 개념이 상실된다면, 그것은 "내부-외부"의 공간적 은유가 "상부-하부"의 공간적 은유가 드러내지 못하던 다양한 공간들을 드러낸다고 하더라도 그 공간의 가시화는 그 자체로 비판적 성격을 획득하지 못하게 된다. 하지만 하부에서 외부로의 관점의 전환이 비판전략의 확장 및 심화를 사유하는 공간적 은유로 작동한다면 그것은 바로 이 '착취'개념의 존속 때문일 것이며, 그것은 동시에 어떤 측면에서 마르크스주의의 발전으로 이해될 수도 있을 것이다.

---

16) E. O. Wright, op. cit, p.10.
17) E. O. Wright, Ibid, p.31.

착취는 특정한 관계 형태이다. 이 관계 형태를 이해하기 위해서는 착취와 구별되는 관계 형태로서의 경제적 억압을 동시에 살펴보아야만 한다. E. O. 라이트는 착취라는 관계 형태를 다음과 같은 3가지 규준에 의해 정의한다.[18]

> (1) 집단 A 구성원들의 물질적 복지가 또 다른 집단 B에 대한 물질적 박탈에 의존한다.
> (2) (1)의 관계는 특정한 생산 자원들(productive resources)로부터 집단 B의 구성원들을 배제(exclusion)하는 것을 포함한다. 일반적으로 이러한 배제는 소유의 권리(property rights)와 같은 형태의 힘(force)에 의해 유지되지만, 그렇지 않은 경우들도 있을 수 있다.
> (3) (2)와 같은 배제를 (1)과 같은 차등화된 물질적 복지(differential welfare)로 전환시키는 메커니즘은 생산 자원들을 통제하는 집단 A에 의해서 집단 B 구성원들의 노동의 결과가 전유(appropriation)되기 때문이다.

집단 B와 이러한 관계 형태를 맺는 집단 A는 집단 B를 착취하고 있다고 말하고(착취자), 집단 B는 집단 A로부터 착취 받는다(피착취자)고 말한다. 이러한 관계 형태로서의 착취를 비(非)착취적 억압(non-exploitative oppression)과 구별하여 주는 것은 바로 (3)의 조건이다. 즉 (1), (2)의 조건을 모두 충족한다고 하더라도 집단 A의 물질적 복지가 집단 B 구성원들의 노동에 의존하지 않을 때, 그 관계는 억압형태일 뿐, 착취형태는 아니다.[19] E. O. 라이트가 북아메리카 지역에 정착한 유럽 정착민들과 인디언들과의 관계를 통해 탁월하게 예증하는 것처럼, 억압관계에서는 "좋은 인디언이란 죽은 인디언"이라는 명제가 성립하지만, 착취관계에서는 "좋은 노동자란 단지 죽은 노동자"라는 명제가 성립하지 못한다. 왜냐하면 자본계급의 물질적 이해관계 그 자체가 노동자들의 노동에 의존하고 있기

---

18) E. O. Wright, Ibid, p.10.
19) E. O. Wright, Ibid, p.11.

때문이다. 따라서 라이트에 의하면 제노사이드(Genocide)는 비(非)착취적 억압형태에 늘 잠재된 하나의 전략이다. 유럽 정착민들이 인디언들에 행한 학살은 그 대표적인 예가 될 것이다. 하지만 착취관계가 피착취자의 노동의 산물에 의존하고 있다는 측면에서 착취관계 그 자체가 착취집단과 생산관계를 변형할 힘(power)을 피착취집단(집단 B)의 구성원들에게 부여한다. 착취집단 A는 피착취집단 B를 완전 소멸시킬 수 없는 동시에, 집단B가 자신의 노동과정 및 노동산물에 대한 근본적인 통제의 권한을 갖는 한 집단 A와 집단 B의 관계인 착취형태는 집단B에게 힘을 부여하며, 이러한 힘은 집단 B의 전략과 결합하여 다양한 형태로 드러난다. 역설적으로, 착취관계 그 자체가 착취집단 A의 실천과 전략을 제한하는 힘으로 전환되며, 이것이 피착취집단의 권력형성과정의 근본토대가 된다.[20]

"상부-하부"라는 공간적 은유는 이러한 착취관계라는 개념을 매개로 관계의 담지자들인 자본계급과 노동계급 사이에 발생하는 계급갈등의 근본이유를 설명한다. 동시에 생산관계 내에서 발생하는 노동계급의 권력형성 근본조건으로서 착취관계 그 자체를 고찰하도록 한다. 그것은 하부에서 발생하기에 동시에 모든 사회구성을 전복시킬 수 있는 보편적 해방의 힘이기도 하다. 역설적으로 착취관계로부터 해방의 정치학이 가능한 존재이유가 밝혀진다. 이것이 착취관계다.

"내부-외부"라는 공간적 은유는 착취관계를 경제적 관계로부터 내부-외부의 구성관계 그 자체로 전환한다. 착취관계는 생산관계라는 하부구조에 내재된 것이지만, 동시에 모든 사회를 생산하는 다양한 생산관계들에 내재된 것, 즉 외부의 공간이기도 하다. 외부라는 공간은 모든 사회들의 내부성을 외부라는 관점에서 비판하며, 그러한 내부성이 외부라는 공간에 대한 착취관계로부터 비롯되는 것으로 비판한다. [외부는

---

20) E. O. Wright, Ibid, p.12.

모든 사회들이 내부성을 생산하기 위해 필요한 다양한 생산관계들의 공간이다. 내부-외부의 공간에서 착취관계는 (3)의 전유(appropriation)관계를 확장한다. 그것은 집단B 구성원들의 노동을 전유하는 것을 넘어서 그 존재 자체에 의존한다. 즉 그들의 존재 자체가 착취관계를 구성한다. 착취관계는 그들의 존재 자체를 전유하는 관계이다.

4.

이런 착취개념을 매개로 하는 내부-외부의 관계형태는 내부/외부의 식별을 불가능하게 만든다. 외부와 내부는 단지 어떤 사회적 상태나 특정한 사회적 자원들의 박탈이나 결핍, 혹은 배제로부터 결정되는 실체가 아니라 착취라는 특수한 관계 형태로부터 비롯되는 것이다. 집단B가 착취의 대상으로 존재한다는 점에서 그것은 내부이지만 그것은 집단 A와 평등한 관계로 설정되지 않는다는 점에서 단일한 규칙들과 규범들의 체계에 접속하지 못한다. 그들은 포함되는 동시에 배제된다. 따라서 그들은 외부이다. 내부-외부의 공간적 은유는 외부를 발견하지만 그것은 역설적으로 내부-외부의 경계를 의문스럽게 만들기 위해서이다. 동시에 외부는 모든 내부가 조우할 수밖에 없는 공간이라는 측면에서 토대(하부구조)의 착취관계가 갖고 있던 보편적 해방의 힘은 상실된다. 보편성을 주장하는 그들의 존재가 늘 그 자신들의 외부와 조우하기 때문이다. 내부-외부로의 전환은 보편적 해방의 가능성 그 자체를 박탈한다. 유토피아는 배제되면서 유토피아를 향한 열정대신 착취관계가 내재된 모든 생산관계들과 조우하면서 그것을 극복하고자하는 구체적인 희망들의 열정이 요구된다. 외부의 전략은 착취관계에 토대하고 있다는 점에서 비판과 해방을 향한 관계를 발견하고 있지만, 그것은 상부-하부라는 공간적 은유가 도입한 보편적 해방의 유토피아와 결별함으로써 그 자체의 특정한 윤리체계를 확립한다.21) 지금 우리에게 필요한 것은 이러한 윤리체계와 결합된 정치의 가능성이며, 동시에 외부를 발견하기 위해 내부-외부의 경계를 의문스럽게 만드는 이론이다. 내부-외부의 경계를 노동과 국경, 인종과 성, 자연과 인간과 같은 모든 고정된 실체성에 의해 분류—나누는 모든 질서들을 의문스럽게 바라보면서 그 질서를 생산하는 다양한 생산관계—들에 내재된 외부의 관점에서 그 질서에 저항하고 전복할 수 있는 입지점을 발견하는 것, 즉 구성적 외부의 발견. 모든 내부에 각인된 외부의 구조, 외부의 창출을 통해 유지-존속되는 내부의 구조를 재구조화할 수 있는 이론과 실천 전략의 입지점으로서의 구성적 외부. 어떤 측면에서 구성적 외부는 착취관계의 공간적 은유형태이다.

Ⅲ. 구성적 외부의 적대형태: 내전과 정치성

상부-하부에서 내부-외부로의 공간적 은유의 전환은 토대(하부구조)에 입각해서 토대를 포함하는 하나의 건축물로서 사회구성을 바라보는 관점에서, 사회구성을 가능케 하는 외부적 관점에서 사회의 내부를 바라보도록 한다. 내부에 있다는 것은 "어떤 경계 안에, 어떤 하나의 원

---

21) 민중을 모든 정치공동체 구성과정에서 발생하는 구성적 외부의 공간에서 파악하는 우리의 입장은 민중의 역사를 바라보는 새로운 윤리를 발생시킨다. 민중의 발생을 완벽하게 제거하려는 모든 시도는 전체주의로 귀결된다. 민중권력을 지향하는 좌파프로젝트가 민중의 권력이 발생시키는 또 다른 민중들의 존재를 은폐하거나 그것을 완전히 제거하려고 할 때, 민중의 공간은 민중에 의한 폭력의 공간으로 존재한다. 민중은 모든 정치공동체의 외부이다. 그 외부를 은폐하거나 제거하려는 모든 시도는 스스로를 〈평등한 단일한 민중들의 공동체〉로 정의한다. 하지만 이 언급을 지지하기 위해 폭력이 발생한다. 민중의 존재는 모든 정치와 역사로부터 유토피아를 추방한다. 하지만 이러한 유토피아의 추방이 모든 희망의 제거는 아니다. 유토피아를 넘어선 희망의 윤리학에 대해서는 야니 스타브라카키스, 『라캉과 정치』, 은행나무, 2006, 참조.

리나 법칙, 메커니즘이 작용하는 영역 안에 있음"22)을 의미한다. 따라서 내부에 있다는 것은 사회로 구성되는 경계 안에, 즉 일정한 원리로부터 발현되는 힘과 메커니즘의 작동구조, 사회의 내재적 구조 안에 위치하고 있다는 것을 의미한다. 외부에서 내부의 작동구조를 바라보고 그것을 통해 내부를 새롭게 재구조화하기 위한 전략들을 발전시키는 것, 이것이 상부-하부에서 내부-외부로의 전환이 가져오는 전략의 전환이다.

1. 구성적 외부의 이중성

이러한 전략이 가능한 이유는 외부, 보다 정확히 말하면 내부의 실존적 조건들의 공간으로서의 외부가 갖는 이중성에 의한 것이다. 샹탈 무페(Cnantal Mouffe)는 "어떤 정치공동체의 구축, 어떤 통일성의 창출을 겨냥하더라도, 그 존재를 가능하게 해 주는 어떤 '구성적 외부', 즉 공동체의 바깥"23)을 이야기 한다. 모든 정치공동체의 실존을 가능하게 하는, 즉 하나의 '우리'를 건설하기 위해 '우리'는 '그들'과 구별되어야 하며, 이는 경계를 설정하는 것, 즉 하나의 '적'을 정의하는 것을 요청한다. 무페는 바로 이러한 '적'의 존재, '우리'라는 공동체를 실질적으로 구성하기 위해 필연적으로 요청되는 공동체의 외부를 "구성적 외부"라고 일컫는다. 내부는 단일한 우리라는 통일성을 창출하기 위한 사회적 문법들의 체계이며, 이 사회적 문법들의 통일성은 외부의 적의 발견 및 규정을 통해 획득된다. 내부와 외부사이의 경계는 적과 동지의 이분법에 근거한 정치적인 것의 경계이다. 모든 사회구성의 과정은 우리라는 단일한 통일성 및 보편성을 전제한다는 점에서 우리로 포함될 수 없는 적대적 외부를 요청한다. 외부없이는 내부가 구성될 수 없다는 측면에서 외부

---

22) 이진경, 『미래의 맑스주의』, 그린비, 2006, 23쪽.
23) 샹탈 무페, 『정치적인 것의 귀환』, 후마니타스, 2007, 114쪽.

는 구성의 영역이지만, 동시에 이 외부는 적과 동지의 이분법에 근거해 있다는 측면에서 적대적 외부이다. 모든 사회구성은 적대성에 토대한다. 이 적대성으로 인해 외부는 내부를 구성하지만 그것으로 포함될 수 없는, 내부를 위협하는 적대적 공간이다.

외부의 전략은 바로 이러한 외부가 내부와 맺는 적대적 이중관계에 기초한다. 내부를 생산하는 과정은 동시에 외부를 생산하는 과정이며, 외부를 생산하는 기본구조는 바로 이러한 '포함-속의-배제'와 '배제-속의-포함'이라는 이중운동을 통해 가능하다. 외부가 내부를 위협하는 저항의 공간으로 전략화될 수 있는 이유는 바로 이러한 포함과 배제가 만들어내는 이중운동이 사회구성의 필연적 관계양식 때문이다. 이런 의미에서 G. 아감벤이 지적하듯, "외부성[…]이란 사실상 정치체계의 가장 은밀한 핵심이며, K. 슈미트에 따르면 규칙이 예외를 통해 연명하듯, 정치체계는 외부성을 통해 연명한다."[24]

2. 구성적 외부의 적대형태: 내전

1980년 5월광주는 이러한 사회구성의 필수적 메커니즘으로서의 구성적 외부의 발생 및 외부공간의 혁명화가 발생하는 과정을 직접적으로 보여주는 사례이다. 광주는 구성적 외부의 내부에 대한 관계를 명확하게 보여주는 역사적 경험이다. 사건으로서의 광주를 이해하기 위해서 우리는 한국전쟁 이후 또 다른 수단에 의해 지속되어온 내전의 구조로서의 분단을 먼저 사유해야만 한다. A. 기든스의 탁월한 지적처럼, 국가의 경계는 군대의 공간적 분포와 배치에 의해 결정되는 것이며, 국가의 내부와 외부를 결정하는 것은 경찰과 군대의 경계에 의한 것이다. 따라서 국가의 내부에서 발생하는 다양한 정치적 현장들에 투입되는 것이

---

[24] 조르지오 아감벤, 『호모사케르-주권권력과 벌거벗은 생명』, 새물결, 2008, 94쪽.

경찰이 아닌 군대일 때, 그곳은 국가의 내부가 아닌 외부가 되며 바로 그곳이 국가의 경계를 둘러싼 전장이 된다. 내전이란 이런 의미에서 국가의 내부에서 만들어지는 외부이다. 이 내전의 존재로 인해 반대로 국가는 완성되지 않고 늘 그 존립을 위협받게 된다. 클라스트르의 명제를 빌려 표현한다면, "전쟁은 국가에 반대한다. 그리고 국가를 불가능하게 만든다."[25] 왜냐하면 내전의 종결 없는 국가는 늘 완성되지 않은 국가임을 자임하는 또 하나의 세력에 불과하기 때문입니다.

 분단이 또 다른 수단에 의해 존속되는 '내전의 구조'라고 했을 때, 그것은 북한이라는 외부에 존재하는 적과의 항구적 대립상황의 구조가 국가와 사회의 구성과정에 존재한다는 것뿐만 아니라, 바로 이러한 국가의 내부에서 발생하는 다양한 정치적 현장들을 순수화하려는 모든 폭력들이 내전의 이름으로 규율되고 정당화된다는 것을 의미한다. 내전의 폭력구조는 내부를 순수화하려는 모든 폭력을 정당화하지만, 동시에 그러한 폭력은 국가의 내부를 순수화하기 위한 내부의 외부를 창출해야만 한다. 즉 내부를 순수화하고 규율하기 위한 외부가 요청되며, 이러한 외부의 존재로 인해 내부를 순수화하지만 반대로 그러한 외부의 존재로 인해 국가의 성립과 건설이 안으로부터 불가능해지는 이런 역설의 발생, 이것이 '내전의 폭력구조'이다. 즉 내전의 폭력구조는 내전을 지속적으로 재생산한다.

 1980년 5월 광주는 바로 이러한 내전의 폭력구조로부터 잉태된 또 하나의 내전이었다. 내전의 창출을 통해 통치의 조건을 확보하고, 내부를 순수화하기 위한 모든 폭력을 정당화하기 위한 '전쟁상황'의 창출, 이것이 항쟁 이전의 광주의 본질이었다. 즉 광주는 국가의 내부에 존재하는 외부, 외부의 적으로 범주화된 광주를 군사작전의 대상으로 호명되었으며 이러한 외부의 창출을 통해 신군부는 안정적 통치의 사회적 기반을

---

25) 들뢰즈−가타리, 『천개의 고원』, 새물결, 2001, 684쪽

확보하려 한 것이다. 이것은 홉스가 전쟁상태의 종결을 위해 시민들의 계약으로 출현하는 국가의 성립을 이론화했을 때, 홉스가 사실상 선언한 것은 국가의 건설과정이 은폐하는 전쟁상황이라는 대중들의 공포였던 것과 마찬가지로, 유신체제를 대체하는 새로운 독재체제의 사회적 기반이 사실상 대중들의 공포에 기반을 둔 내전의 규율체계였다는 것을 입증하는 것이다. 이런 의미에서 광주는 샹탈 무페가 말하는 구성적 외부의 가장 직접적인 역사적 경험이다. 구성적 외부란 모든 공동체를 가능하게 하는, 그 공동체의 실존의 근거를 제공하는 공동체의 바깥을 의미하며, 그 외부의 존재로 인해 그 공동체의 구성이 가능해 지는 그런 외부를 말한다. '우리'의 구성은 필연적으로 '그들'과의 경계와 구별을 요청하며, 이런 의미에서 '그들'의 존재 없이 '우리'의 구성은 불가능하다는 측면에서 '그들'은 '우리'의 구성적 외부인 것이다. 자국의 국민을 군사작전의 대상으로 범주화하고, 직접적 폭력의 행사를 통해 인위적 전쟁상황을 창출함으로써 군사작전의 대상으로서의 '적'을 창출해낸 광주는 국가의 내부에 존재하는 외부였으며, 동시에 그 외부의 존재로 인해 그것과 구별되는 내부를 순수화하기 위한 모든 폭력을 정당화할 수 있는 구성적 외부였던 것이다.

광주가 국가 내부에 대한 '내전규율체계'를 구성하기 위한, 즉 내전의 규율체계가 실질적으로 작동하고 가능하게 하기 위한 실존의 근거였다는 측면에서 광주의 항쟁은 단지 지역으로서의 광주로 국지화되지 않는 전국적 의미를 확보하게 된다. 즉 그것은 사회를 구성하기 위한 필수적 요청으로서의 외부가 역설적으로 국가권력의 성립과 지속을 위협하는, 규율체계로부터의 이탈과 균열을 발생시키는 외부로 작동할 수 있는 근거이자 동시에 국가권력의 탄생의 비밀을 간직한 국가에 대항하는 외부의 성격을 갖기 때문이다. 광주는 '자유계약'이라는 형태로 은폐되었던 국가건설과 존속의 또 다른 비밀, 즉 '전쟁상황'의 성격을 드러냄으로써 한국 사회의 내전적 성격을 폭로한다. 이제 국가는 국가임을 자임하는 특수한 세력들의 집단으로 상대화/특수화되며 한국 사회는 그 세력들과의 내전게임을 통해 새로운 국가권력을 수립하고자 하는 세력들 간의 내전의 장으로 인식하게 된다.

내부를 순수화하기 위한 내전규율체계의 확립을 위해 구성된 외부로서의 광주가 역설적으로 내부의 관리와 규율을 위협하며, 그에 기반을 두고 성립된 권력체계를 위협하고 그것과 대항하는 대항권력의 근거로서 상징성 및 물질성을 획득한다. 실제적인 정치적 동원의 모멘텀으로 작동하면서 이제 외부로서의 광주는 내부를 새롭게 규정하고, 재구조화하는 공간으로 재전유된다. 즉 외부는 사회의 민주화를 위한 새로운 근거지로 전환되며, 그곳으로부터 통치의 조건을 위협하는 지배체제로부터 배제되었던 새로운 정치적인 것이 출현한다.

이러한 1980년 5월광주의 경험은 구성적 외부와 내부가 맺는 적대적 이중관계가 국가라는 정치공동체에서 발생하는 과정을 보다 엄밀하게 이해할 수 있도록 한다. 내전은 외부와 내부사이에서 발생하는 특정한 적대의 형태/성격을 의미하는 것으로 발전한다. 국가라는 내부를 위협하는 외부의 존재는 바로 이러한 내전의 성격으로부터 비롯되는 것이다. '포함-속의-배제'와 '배제-속의-포함'이라는 포함과 배제의 적대적 이중관계는 국가의 내부에 이러한 내전관계가 내재되도록 한다. 내전은 국가와 분리될 수 없으며, 국가는 내전과의 대응과정을 그 내부에 각인한다. 내전은 구성적 외부의 영원한 적대형태이다.

Ⅳ. 민중: 내전적 분열의 존재

전통적으로 민중은 정치적 피지배 집단 일반을 의미해왔다. '정치적 피지배'를 정치적 지배로부터 배제된, 정치적 지배의 대상으로 존재하는 상태를 지칭하는 개념으로 본다면, 민중의 개념은 필연적으로 정치적 지배의 개념, 보다 확장한다면 정치의 개념과 분리될 수 없다. 국가라는 정치공동체서 발생하는 '포함-속의-배제'라는 적대적 이중관계는 정치적 지배라는 모호한 개념을 보다 적합한 방향에서 재검토할 수 있는 가능성을 발전시킨다. 지배와 피지배의 경계를 정치의 영역에서 설정하는 정치적 지배의 개념은 정치의 주체로서의 '지배'와 정치의 대상으로서의 '피지배'라는 이분법에 근거한다. 정치의 대상은 정치공동체의 내부에 포함되어야만 하지만, 정치의 주체로 작동해서는 안 된다. 대상을 포함하지만 대상의 주체화를 억압하는 억압형식들에 기초하여 대상은 정치공동체의 외부로 배제되어야만 한다. 즉 정치적 피지배는 '포함—속의—배제'와 '배제—속의—포함'이라는 포함과 배제의 이중운동에 의해 형성되는 구성적 외부 메커니즘의 정치적 측면이다. 하지만 여기서 전복이 발생한다. 정치적 지배가 '포함—속의—배제'라는 구성적 외부에 근거하고 있다는 차원에서 정치의 주체로서의 '지배'는 실제로는 치안의 주체로 전환된다. 이것은 '포함-속의-배제'라는 적대적 이중관계가 내전관계라는 적대의 형태를 갖기에 발생하는 필연적 전환이다. 정치공동체의 내부는 정치를 치안으로 전환시킨다. 랑시에르의 탁월한 지적처럼, '포함—속의—배제'와 결합된 모든 정치공동체의 정치적 지배는 이미 정치적 주체로 받아들여진 공동체 주체들 사이의 통치행위일 뿐이다. 이 통치의 목표는 기존 사회질서의 유지와 정치공동체의 경계를 확정하려는 치안에 불과하다.[26] 정치적 피지배의 대상이란 이러한 치안의 대상, 통치의 대상을 의미한다. 정치는 오히려 정치로부터 배제된 즉 탈주체화된 대상들이 주체화되는 순간 발생한다. 정치의 대상이 정치의 주체로

---

[26] 랑시에르, 앞의 책. 이에 대해서는 〈정치에 대한 열 가지 테제〉와 〈정치, 동일시, 주체화〉를 참조.

전환되는 순간 정치의 주체는 치안의 주체로, 치안의 대상은 정치의 주체로 전복된다. 이런 측면에서 정치적 지배와 피지배의 관계는 치안과 정치의 경계를 확정하는 내전관계이다. 따라서 정치는 통치와의 관계에 의해 내전적 구성관계를 갖는다.

1. 민중과 구성적 외부

일반적인 의미에서 아리스토텔레스는 『정치학』 제1권에서 정치적 지배를 '평등한 자들의 지배'로 설명한다. 시민이란 〈지배하는 일과 지배받는 일에 참여하는/몫을 가진〉자들이다. 시민은 지배를 통해 종속된 자들이다. 그들의 종속의 조건은 자신들의 지배이다. 자신들의 결정에 대해 시민은 종속되어야만 한다. 정치적 피지배란 바로 그 평등한 자들의 지배 외부에 위치한 자들이다.27) 정치적 피지배 집단 일반을 의미하는 대상적 집단으로서의 민중은 여기에서 발견된다. 즉 민중이란 평등한 자들의 지배 외부에 존재하는 자들이다. 다음 그림은 위의 논의를 도식화한 것이다.

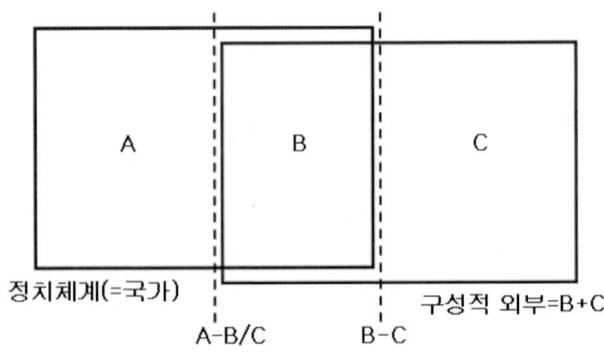

---

27) 랑시에르, 앞의 책, 234쪽

정치공동체와 구성적 외부의 관계는 포함과 배제라는 이중운동으로 규정된다. 정치공동체의 내부에서 포함되지만 배제되는 관계(A/B)와 정치공동체 일반으로부터 배제되지만 그 구성에 포함되는 (A+B/C)관계가 형성된다. 민중의 영역은 [구성적 외부=B+C]의 영역이다. B와 C는 A의 통치대상으로 존재하지만 정치는 오로지 A−B와 B−C사이에서만 발생한다. 따라서 B와 C는 정치를 발생시킬 수 있는 잠재적 공간이다. 정치는 오직 통치의 주체들과 구성적 외부의 존재들이 만나는 경계에서만 발생하기 때문이다.

따라서 민중은 국가와의 관계에서 통치의 대상으로 존재하지만 정치의 주체로 전환될 수 있는 적대적 이중관계에 위치한 이들의 집합체이다. 이에 따라 민중의 개념은 통치의 대상과 정치의 주체라는 내전적 구성관계에 기초한다. 민중의 정치성은 국가의 구성적 외부를 발생시키는 '포함—속의—배제'라는 적대적 이중관계로부터 비롯되는 것이다. 민중의 개념이 이러한 사회구성의 적대적 이중관계에 근거하고 있다는 측면에서 민중은 서로 이질적인 두 계보의 가능성을 동시에 포함한다. (1) 전체로서의 민중−포함관계 (2 전체에 포함될 수 없는 이질적인 복수성−배제관계. 정치성은 포함과 배제의 경계에서, 그 이중운동이 통치와 조우하는 관계에서 발생한다. 우리가 발견해야하는 것은 바로 민중을 가로지르는 두 계보의 내전적 분열이다. 민중은 내전적 분열의 존재이다.

2. 민중의 또 다른 계보

네그리와 하트는 다중에서 '다중'의 개념을 민중(people), 군중, 대중, 폭중과 비교하면서 오늘날의 변혁과 해방을 목표로 하는 정치행위는 다중을 기초로 해서만 수행될 수 있다고 언급한다. 특히 '다중'은 사회적 차이들을 하나의 정체성으로 환원하는 민중과 구별되는 것으로서 하나로 환원될 수 없는 특이성들의 집합으로 구성된다고 설명한다.

> 오늘날 변혁과 해방을 목표로 하는 정치행위는 다중을 기초로 해서만 수행될 수 있다. 다중 개념을 가장 일반적이고 추상적인 형태로 이해하기 위해서 먼저 그것을 민중(people) 개념과 대조해보자. 민중은 하나(일자)이다. 물론 인구는 수없이 많은 다양한 개인들과 계급들로 구성되어 있다. 그러나 민중은 이 사회적 차이들을 하나의 정체성으로 종합하고 환원한다. 이와 달리 다중은 통일되어 있지 않으며 복수적이고 다양한 상태로 남아 있다. 정치철학의 전통에 따르면, 이것이 바로 민중이 주권적 권위로서 지배할 수 있고 다중이 그럴 수 없는 이유이다. 다중은 특이성들의 집합으로 구성되어 있다. 그리고 여기에서 특이성은 그 차이가 동일성으로 환원될 수 없는 사회적 주체, 차이로 남아 있는 차이를 뜻한다. 민중의 구성 부분들은 무차별적으로 통일되어 있다. 그리고 그것들은 자신들의 차이를 부정하고 단념함으로써 하나의 정체성이 된다. 따라서 다중의 복수적인 특이성들은 민중의 획일적인(undifferentiated) 통일성의 반대편에 서 있다.28)

민중이 주권적 권위로서 지배할 수 있는 이유는 민중이 사회적 차이들을 하나의 정체성으로 종합하고 환원할 수 있기 때문이라는 네그리와 하트의 논증은 국가의 내부에서 바라보는 민중의 구성을 포착한다. 하지만 민중은 국가와 내전적 구성관계를 맺는 적대형태들의 집합체이기에 단일한 이런 계보로 통합될 수 없다. 조정환에 의하면, "민중 개념은 그것이 적극적으로 활성화된 때에도 주권합성의 일부였다. 민중(people)은 단일하고 통합된 정체성이며 대의되고 종합된 주민(population)을 지칭한다."29) 이것은 민중 내에 존재하는 포함관계로서의 민중만을 의미한다.

하지만 조르조 아감벤(Giorgio Agamben)에 의하면, 이탈리아어 'popolo' 라는 개념은 "근대 유럽어에서 이 용어는 항상 빈민, 상속권이 없는 사

---

28) 네그리-하트, 『대중』, 세종서적, 2009, 135쪽
29) 조정환, 『제국기계비판』, 갈무리, 2005, 345쪽

람들, 배제된 자를 동시에 지칭했다는 독특한 사실에서 출발해야 한다. 하나의 동일한 말로 구성적(또는 제헌적)인 정치 주체와 사실상 혹은 법률상 정치로부터 배제된 계급을 동시에 지칭하는 것이다."30)근대 유럽어에서 'popolo', 프랑스어 'peuple', 스페인어 'pueblo'는 "일상어로서건 정치적 어휘로서건 단일한 정치체로서의 시민이라는 집합뿐만 아니라, 하층 계급들의 성원을 동시에 가리켰다. 심지어 다소 덜 차별적인 의미를 가진 영어 'people'조차도 여전히 부유층과 귀족에 반대되는 '일반 서민(ordinary people)'이라는 의미를 간직하고 있다."31)이것은 'popolo'32)라고 부르는 "개념의 본성과 기능 속에 내재되어 있는 모호함을 반영하는 것"이라고 조르조 아감벤은 설명한다. 그는 이 개념 안에서 다음과 같이 서로 대립적이면서 갈등하는 두 개의 축을 발견한다.33)

(1) 대문자 'Popolo' : 통합적인 정치적 신체(정치 조직)로서의 'Popolo'라는 전체집합
(2) 소문자 'popolo' : 가난하고 배제당한 신체들의 단편적인 복수성으로서의 'popolo'

'popolo'라는 개념은 이렇게 양극단적인 두 개의 대립적인 축을 모두 포함하는 "양극단 사이의 이중적인 운동과 복합적인 관계를 가리키는 개념"이다. 따라서 'popolo'엔 "이미 자체 내에 근원적인 생명정치적 분열을 수반하고 있다. popolo는 자신이 전체의 일부임에도 그러한 전체 속에 포함되지 못하는 것이며, 또한 자신이 집합에 항상 이미 속해 있음에도 그러한 집합에 속할 수 없는 것이다."34)하지만 이러한 모순과 아포리아

---

30) 조르조 아감벤, 앞의 책, 332쪽
31) 위의 책, 332쪽
32) 번역서에서는 '인민'으로 번역하였다.
33) 조르조 아감벤, 앞의 책, 334쪽

를 포함하는 'popolo'의 개념이 "프랑스 대혁명 이후 '인민(Popolo)'이 주권의 유일한 담지자가 되면서 '인민(popolo)'은 처치 곤란한 대상으로 바뀌어버렸으며, 또한 역사상 처음으로 비참함과 배제가 용납될 수 없는 추문으로 부상했다"고 아감벤은 지적한다. 우리시대의 '인민(Popolo)'는 "인민을 가르고 있는 이러한 분열을 배제당한 인민을 철저하게 제거함으로써 극복하려는 시도에 다름 아니며", "이러한 시도는 각기 다른 방식과 지평에 입각에 우파와 좌파 그리고 자본주의 국가들과 사회주의 국가들을 하나로 묶어주었는데, 그들은 모두 일종의 단일한, 분열되지 않은 인민의 창출이라는 프로젝트 속으로 결합되었다."[35]

지배의 프로젝트는 통치의 대상으로 존재하는 민중의 계보를 호명하려하였고, 지배에 대항하는 대항 프로젝트는 적대적 이중관계로부터 발생하는 민중의 정치성을 자신들의 국가프로젝트와 결합하려고 하였다. 하지만 민중은 국가와의 내전적 적대관계로 구성되는 존재들이기에 국가프로젝트와 결합되는 순간 민중은 지배의 프로젝트와 동일한 과정으로 호명된다. 국가를 매개로 지배와 대항프로젝트는 민중의 동일한 계보를 절대화한다. 국가는 외부를 내부화, 혹은 내부를 외부화하는 이중운동의 핵심매개이다. 평등한 자들의 공동체에서 배제된 자들의 운동은 국가를 매개로 통치로 전환한다. 두 개의 국가프로젝트 모두에서 국가의 구성적 외부로서의 민중의 계보는 은폐되거나 망각된다. 민중은 국민으로 호명되며, 민중은 미래의 국민이다. 국민의 구성을 가능하게 하지만 그것에 포함될 수 없는 구성적 외부로서의 민중은 정확히 그 반대 의미로 국민에 통합된다. 네그리의 비판은 민중에 대한 비판이 아니라 민중과 결합한 국가프로젝트에 대한 비판으로 독해되어야만 한다. 민중은 아감벤의 지적처럼 전체의 일부이지만 그러한 전체 속에 포함될 수

---

34) 위의 책, 335쪽
35) 위의 책, 337쪽

없는 존재들이며, 이로 인해 민중은 국가프로젝트와 결합한다고 하더라도 그것으로 환원되지 않는다. 민중은 늘 그 외부에 존재한다. 왜냐하면 민중은 바로 그 국가프로젝트로 인해 발생하는 그 내부의 외부를 가리키는 존재들이기 때문이다. 우리는 민중을 그 내부에 [P/p]의 모순과 아포리아를 간직한 채 바라보아야만 한다. 그것이 사장되는 순간 민중의 정치성 또한 동시에 사라진다. 남는 것은 대문자 [P]뿐이다. 우리는 민중을 'P/pleople' 혹은 '민(民)/중(衆)'으로 이해하여야만 한다. [/]는 바로 민과 중 사이에 존재하는 서로 이질적인 두 계열, 즉 민으로 통합되는 순간 배제되는 민중의 모순과 아포리아를 표시한다. 이런 의미에서 나의 민중론은 [/]에 대한 은유이다.

V. 민중 – 정치/역사프로젝트의 모순과 아포리아

민중에 내재하는 [P/p]의 모순과 아포리아를 은폐한 채 민중을 단일하고 통합된 정체성의 대문자 [P]로 호명하면서 민중은 그 자신의 역사와 대립하는 모순을 드러낸다. 개념과 실재는 분리되며, 실재로서의 민중은 자신의 개념과 충돌한다. 모든 문제는 여기에서 비롯되었다. 민중이란 개념이 대문자 [P]로 이해되는 순간, 민중이란 개념은 자신의 내부에 존재하는 또 하나의 민중의 계보인 소문자 [p]로서의 민중을 민중 개념 그 외부로 추방해야만 한다. 대문자 [P]에 의한 소문자 [p]의 추방, 이것이 민중의 개념을 민중사가 역사발전의 주체로 발견할 때 발생하는 근본적 문제였다.

민중이란 개념이 자주 사용되기 시작한 1920년대 이후 민중이란 개념은 그것이 지칭하는 대상은 달라졌지만 민중은 늘 특정한 역사적 과제의 해결방향과 결합되어 있었다. 특정한 역사프로젝트의 해결자로 민중이 호명되면서 민중은 자신의 실재성인 사회구성의 외부라는 자신의 공간적 지위와 위치는 은폐되고, 민중은 단순한 프로젝트의 담지자로 전환된다. 민중을 이런 단순한 프로젝트의 담지자로 전환시킴으로써, 역사적 프로젝트의 종결은 민중의 소멸 혹은 주변화라는 반복적 사건을 만들어낸다. 조희연의 지적처럼 민중을 1970년대 이후 반독재 대항투쟁의 주체로만 고정화하는 사고는 바로 여기에서 발생한다. 민중은 정치 프로젝트와 구별되어서 하지만 분리될 수 없는 상태로 존재한다. 역사 프로젝트의 해결과정으로서의 민중사는 특정한 억압형식과의 대결과정에서 대항역사로 부상할 수 있었지만, 자신의 실재인 민중들의 조건을 민중의 개념 외부로 밀어냄으로써 민중과 분리될 위험성이 그 자체 안에 존재하고 있었다. 민중사의 내부를 규정하는 외부적 조건으로서의 민중들의 실재와 분리되어 민중사 그 자체가 하나의 보편적인 것과 일반적인 역사로서의 지위를 확립하려 할 때, 민중사는 철학이 된다. "철학은 자신의 모든 사유에 내부성을, 형식을 부여하고자 한다. 즉 특정한 조건과 결부된 사유로 다루기보다는 보편적이고 일반적인 것으로, 사유 자체의 내적 성질로, 혹은 인간이나 주체 자체의 보편적 양상으로 서술하고자 한다. 마치 어떤 조건과도 무관한 보편적 진리를 자신이 설파하고 있는 것처럼 말하고자 한다. 아마도 바로 이 순간이 철학이 세계와 분리되고 이별하는 시점일 것이다. 바로 여기가 관념론이 시작되는 지점이다."[36] 민중의 개념이 재발견된 1970년대 이후 민중사의 내부논쟁들은 이런 측면에서 철학과 역사의 대립 및 갈등이라는 성격을 갖는다.

   1970년대 이후 반복되는 철학과 역사의 대립으로서의 민중사의 내부모순을 해결하기 위해서는 민중의 개념에 내재된 모순과 아포리아를 있는 그대로 직면하여야만 한다. 전통적으로 민중이 우리에게 이해되는 방식을 조정환은 정직하게 대면한다.

---

36) 이진경, 앞의 책, 23쪽

민중은 일반적으로 정치적 피지배집단으로 이해되어 왔다. 민중은 해당 시대의 지배집단과의 관계에서 볼 때 확실히 정치적 피지배 상태에 있는 집단이다. 그러나 이러한 민중 개념은 드러난 현상을 설명하는 실증범주에 지나지 않는다. 민중을 적극적으로 규정하기 위해서는 그것을 경향으로서, 요컨대 욕망과 운동으로서 규정할 필요가 있다. 이럴 때 민중은 당대의 사회적 생산의 주요한 영역을 담당하는 집단이며 동시에 그 자신의 주권적 자율성을 추구하는 집단으로 이해할 수 있다. 이런 의미에서 노동자와 농민은 근대 민중의 핵심적 구성부분이다. 그리고 이들은 민족과 국민을 구성하는 핵심적 집단이기도 하다. 이런 의미에서 민중은 단순한 희생자, 즉 피지배집단만은 아니며 그 나름의 기획을 추구하는 능동적 집단으로 이해할 수 있다. 근대 민중은 독립국가의 건설을 자기주권형성의 경로로 이해하며 이를 위해 민족적 통일을 추구했다. 민중의 추구가 국가와 민족이라는 경계 속에서 전개되는 것은 유통영역에서 세계시장이 구축되고 있었지만 생산영역에서 국가 간 분할이 강고했던 현실에서 비롯된다. 다시 말해 민족에 기초한 강한 국민국가의 구축과 그 외연의 확장으로서의 제국주의가 지배적 정치논리로 되어 있었기 때문이다. 한편에서는 방어의 필요에서 다른 한편에서는 발전의 필요에서 발생한 이러한 추구 속에서 좌우를 양극으로 하는 다양한 정치노선들이 경합을 벌여왔는바, 제국주의, 국수주의, 자유주의, 민족주의, 사회주의 등은 근대에 민중의 기획이 좌우의 여러 전문적 정치집단을 매개로 대의되어온 정치양식들이다.[37]

민중에 내재된 모순과 아포리아를 부정하고 민중 내부에 존재하는 또 다른 계보를 배제한 채 민중을 "민중→인민→국민"의 계보에서 독해할 때, 민중은 역설적으로 배제된다. 조정환이 민중문학의 종언 혹은 진화를 모색하면서 "그것은 민중문학 역시 부르주아 문학과는 다른 방식으로 국민의 구축에 봉사한다는 것이다. 민족적 수준에서 구축되는 민중문학은 민중이 주체가 되는 주권 구축의 정신적 동력이었다. 이런 의미에서 민중문학은 국민주권을 추구하는 근대문학의 한 형태"[38]라고 언급

---

37) 조정환, 앞의 책, 80~81쪽
38) 위의 책, 320쪽

했을 때, 그는 정확하게 민중 속에서 "민중-민족-국민-근대"로 이어지는 일련의 계보학을 읽어낸 것임에 틀림없다. 동시에 바로 이것이 민중을 미래의, 아직 도래하지 않은 혁명-권력의 토대이며, 곧 도래할 미래의 국민으로 이해하던 정확히 그 방식이었다. 즉 우리는 민중을 토대로 국민을 이야기하고 싶었으며, 동시에 이를 통해 아감벤의 지적처럼 민중을 배제하는 그러한 정치/사회적 프로젝트를 진행하고 싶어 했다. 그것이 우리들의 '혁명'이었던 것이다. 이러한 민중프로젝트는 국가와의 적대적 이중관계에서 발생하는 민중의 정치성을 민중에 내재된 욕망과 운동으로 이해했다. 민중의 운동은 민중의 내적본질의 발현의 운동이고, 민중의 역사는 그 본질실현의 역사였다. 하지만 그것은 사실 민중담론의 재발견을 통해 민중프로젝트를 진행하고자 하였던 우리들의 욕망과 운동이었다.

 이 때문에 민중과 민중프로젝트 사이에는 역설이 발생한다. 역설적으로 민중은 자신이 대면하는 역사적 조건으로부터 자유로워야만 한다. 왜냐하면 민중은 그러한 역사적 조건의 외부를 지향하는 존재이기에, 그러한 억압적 조건들로 규정되지만 그것을 초월해야만 하는 존재다. 즉 동시대의 다양한 억압들의 어떠한 역사적 공통성으로부터 잉태되었음에도 불구하고 민중은 그 개념 내부에 그러한 억압의 조건들과 흔적들을 지워버려야만 한다. 민중권력은 다양한 억압형식들에 대한 대항권력이지만, 그 권력이 현실화된다면 모든 억압형식으로부터 민중은 자유로워야만 한다. 따라서 민중은 자신의 내부에 어떠한 억압성의 흔적, 자취, 구조들을 간직하면 안 된다. 민중의 나라는 그러한 민중성이 실현된 국가이다. 그래서 역사 발전의 주체로 민중이 이해되는 그 순간 민중을 잉태했던 그 억압형식들의 공통성과 관련된 민중들은 민중 개념 내에서 지워지고, 배제된다. 정확하게 민중담론은 자신의 내부를 순수화하기 위해 '피지배', 즉 민중의 지배를 위한 '피지배'의 조건들과 그 주체성들은 추방해야만 한다.

　전체로서의 민중계열 (A)가 자신 안에 포함된 배제된 자들의 복수성 계열 (B)를 외부화한다. 따라서 민중은 하나의 모순, 혹은 아포리아를 동반한다. 주어진 질서를 극복하고 새로운 질서를 건설하는 혁명과 역사발전의 주체이지만, 동시에 그들은 그 새로운 질서로의 이행 이후 존재할 수 없다. 역설적으로 민중의 존재는 그 질서의 전복의 가능성을 의미하고, 따라서 이것은 민중 그 자체가 민중에 의해 부정되는 역사를 창출한다. 그래서 늘 민중은 혁명과 건설의 주체였지만, 반대로 민중은 늘 혁명과 건설로부터 배제 당한다. 그래서 민중은 늘 혁명과 건설을 향해 투쟁하는 존재를 의미할 뿐, 다양한 억압형식들과 관련된 종속적 주체위치로서 이해되는 민중은 지배질서로 포섭된 것만을 의미한다. 그것은 민중의 존재방식이 아니다. 그래서 현실에 존재하는 민중들의 계보는 민중의 계보로부터 배제 당한다. 그들은 오히려 민중을 위태롭게 하는 민중들이다. 민중의 이름은 혁명과 해방에 의해 전유되고, 실제 지배권력으로 배제된 하지만 그 배제들의 공통성, 즉 '피지배 일반'이라는 이름으로 파악되었던 그것은 그 모호함으로 인해, 즉 실천과 혁명으로 진화할 명확한 가능성들의 부재라는 이름으로 부정된다.

　그래서 민중을 위한 나라에는 민중이 없다. 자신들의 국가를 향한 민중들의 계보는 국가를 가질 자격이 없는 자들을 자신들의 계보 밖으로 추방하고, 그들로부터 국가를, 그들로부터 권력을 거세한다. 그래서 국가를 가질 자격이 없는 자들은 국가―없는―자들로 존재하고, 그들은 늘 국가의 외부에서 조우할 뿐, 국가의 내부에 존재하지 않는다. 그늘은 늘 외부적 존재들, 평등한 자들의 공동체로부터 배제된 자들의 복수성이다. 그것은 1924년 신채호가 강도일본으로부터 식민지 조선을 해방하고 민중의 조선을 건설하기 위한 조선혁명을 주창했을 때에도, 1970년대 민중의 재발견을 통해 박정희 유신체제로부터 정치경제적으로 배제당한 집단을 민중으로 호명하였을 때에도, 그리고 과학적 혁명운동의 출발을 전제로 민중을 마르크스-레닌주의적 개념으로 새롭게 정의하였을 때에도 마찬가지였다. 또한 지금도 동일하게 그들은 자신들의 국가를 구성할 수 없다는 이유로 민중으로부터 배제 당한다. 미래의 국민이 될 수 없는 자들은 민중으로 배제당하고 그들의 존재는 자신들을 은폐하는 그 민중들의 계보를 위태롭게, 내부로부터 전복시킨다. 그들의 존재 자체가 이제 저항과 전복이 된다. 이런 측면에서 바라본다면, 기존의 민중사란 사실상 "또 다른 수단에 의한 국사(國史)"로 정의된다. 그리고 그들에 의해 잊혀지고 망각된, 혹은 은폐된 자들의 계보는 바로 그 국사로 편입될 수 없는 자들이었다.

기존 질서로부터 배제당한 피지배 일반을 의미하는 모호함의 외형을 가진 민중 내에 존재하는 이런 내전적인 분열의 계보, 다시 말해 전체에 포함되지만(민중A) 그로부터 배제되는 복수적인 집단(민중B)의 계보에서 민중A의 계열이 분리되어 혁명과 건설을 통해 권력과 국가를 전유함에 따라, 국가로부터 배제된 보다 정확하게 말한다면 모든 종류의 국가 건설 및 국가의 유지를 위태롭게 만드는 이들의 계보(민중B)로서의 민중이 자신의 본래적 위치를 드러낸다. 민중-국가프로젝트로 배제되는 민중들의 존재, 그 공간. '민중사학'과 '민중운동사'는 그러한 민중들의 국가를 건설하고 지향하기 위한 사실상의 또 다른 수단에 의한 국사 프로젝트로서 존재하였던 것이다. 따라서 '민중사학을 넘어선' 지금, 그리고 '민중운동사 이후의' 민중사는 바로 그 국사프로젝트로부터 배제당하고 추방당하였던 그 '국가―없는―자'들의 존재로부터 출발해야만 한다. 즉 새로운 민중사의 과제는 늘 동시에 존재하였던 '두 개의 국가프로젝트', 지배와 피지배를 경계로 자신들의 국가를 지향하는 두 개의 국가건설 프로젝트로부터 배제당한 이들의 공통의 조건에 대한 연구로 전환된다. 바로 이 지점이 우리들의 민중사가 기존의 민중사에 대한 비판을 통해 철학으로 전환되지 않으면서, 자신의 실재성을 확보할 수 있는 입지점이 될 것이다.

VI. 민중과 민중사의 대안모델

이런 점에서 민중사는 민중에 내재된 적대적 내전관계, 대문자 [P]와 소문자 [p]사이에 발생하는 적대의 내전적 구성 그 자체에서 발생하는 모순과 아포리아를 인식하는 것에서 출발하여야만 한다. 이런 관점은 민중의 구성을 국가의 구성을 둘러싼 다양한 전략들이 교차하는 공간으로 바라볼 수 있도록 한다. 그리고 이것은 제3세대 민중사가 지향하는 민중의 개념과 일치한다. 이것은 대안이 아니라 선언된 것을 논증하는 것이고, 그것을 다른 언어로 풀어쓴 것이다.

민(民)과 결합되어 있는 중(衆)이라는 개념은 그것은 무리, 집단을 의미하는 것인데, 이때의 '무리'란 민으로 통합된, 단일한 정체성의 무리를 의미하기보다는 그 반대, 즉 민으로 통합될 수 없는 다양한 집단과 무리들을 의미하는 것으로 이해할 수 있다. 즉 민이 전체로서의 민중계열(민중A)을 의미한다면 중은 그로부터 배제되는 민중(B)의 계열을 의미한다. 중요한 것은 포함과 배제의 이중운동의 복합체로서 민중을 민/중으로 이해하는 것이다. 민과 중은 서로 대립되는 전략들의 관계로 파악된다. 왜냐하면 다양하게 존재하는 무리들과 집단들, 무리는 그 이름을 갖지 않고 있거나 혹은 그 이름을 갖는다고 하더라도 그것은 단일한 사회와 국가 내에 존재하는 것이 아니라 그것들을 가로지르면서 존재하거나 혹은 그것과 무관하게 존재하기 때문이다. 동시에 민중들의 실제를 바라보게 되면 그들의 일상 삶에서 국가의 부재 혹은 국가권력의 부재라는 상황이 일반적으로 발견된다는 것을 알게 된다. 조금 강하게 말한다면 민중들에겐 국가가 없다는 것이 보다 더 적합한 표현으로 보인다. 민중은 국가를 구성하는 장소가 아니라, 국가가 부재한 곳에서 발생하는 주체들이며, 국가의 부재를 통해 자신의 존재를 드러내는 존재들인 것이다. 따라서 민중이란 개념 그 자체는 무리들을 국가와 사회의 내부로 포섭하기 위한 사회의 국가화 프로젝트와 중첩되지만 그 내부로 완전히 포섭될 수 없는 왜냐하면 그것은 그 자체로 포섭될 수 없는 자들의 세계를 의미한다고 파악해야한다. 즉 민중이란 개념은 국가 내로 포섭되는 개념이 아니라 국가의 경계를 의문스럽게 만드는 개념이고 국가의 내부로 완전히 포섭될 수 없는 배제된 자들의 집단과 무리들을 일컫는 말이 된다. 민중은 늘 국가라는 정치공동체가 출현하는 과정에서 발생하는 외부의 공간으로 이해되어야만 한다. 민중의 공간이 구성적 외부라는 국가의 작동으로 발생하는 공간이라는 점에서 외부는 늘 내부에 대한 욕망, 내부를 복제하고자하는 욕망, 즉 질서로의 편입 및 통합을 통해 자신의 권리와 존재를 인정받고자 하는 욕망들과 결합된다. 따라서 민중은 배제된 자들의 공간이지만 동시에 그곳은 통합에 대한 욕망이 가득한 공간이며, 따라서 여기에서 민중은 사회의 정상적 구성원들에 대한 욕망 즉 '정상성'에 대한 법/제도적 권리들을 요청하는 프로젝트에 전략적 선택성을 갖는다. 따라서 구성적 외부라는 민중의 존재는 그 자체로 자동적으로 혁명성과 연결되지도 자연적인 저항 및 전복의 정치학과도 결합되지 않는다. 외부는 늘 민중이 창출되면서도, 민중을 벗어나기 위한 다양한 전략들이 교차하는 공간, 다양한 전략-관계들이 교차하는 공간으로 존재할 뿐이다. 민중의 정치성은 민중의 내적본질로부터 연유하는 것이 아니라 민중이 국가와 맺는 관계인 '포함—속의—배제'라는 적대적 이중관계로부터 출현하는 것이다.

민중이 국가구성과정에서 발생하는 [P/p]에 내재하는 적대적 내전관계의 집합체로 정의될 수 있다면 민중사는 그러한 억압양식들과 관련된 다양한 주체위치들의 입장에서 그들이 대면하는 억압양식들을 발견하고 비판하는 역사이다. 민중이 국가의 구성적 외부라는 공간적 은유를 통해 포착된다는 측면에서 민중사는 내부와 외부의 경계를 질문하고, 그 경계의 내부의 사회적 문법 속에 은폐된 외부를 발견하는 역사연구 모델이 필요하다. 우리들의 민중론에서 '경계(境界)'는 핵심적인 개념으로 부상한다. 경계는 A를 세계 일반과 분리/한정하는 규정의 경계를 의미하지 않는다. 우리에겐 세계 일반과 분리하여 독립적인 A를 실체화하는 어떤 경계들도 존재하지 않는다. 우리에게 경계란 늘 A를 독립적인 실체로 구성해내는 다양한 외부들과의 접촉면을 의미한다. 모든 A는 자신의 식민지를 갖는다. 모든 대상 A가 가질 수밖에 없는 그런 식민지, 그곳이 바로 외부의 공간이며 따라서 경계를 발견한다는 것은 기존의 공간성 그 자체에 대해 의문을 제기한다는 것을 의미한다. 들뢰즈가 말하는 영토화에 대항하는 탈영토화는 우리들에게 경계에 대한 탈경계로 번역된다. 경계를 발견한다는 것은 영토를 규정하는 다양한 문법들을 발견한다는 것을 의미한다. 따라서 우리에겐 그 경계를 발견하고 그 경계가 만들어내는 내부-외부의 공간을 의문스럽게 만들 수 있는 역사연구모델이 필요하다.

변경사는 이러한 경계발견의 역사로 민중사를 발전시킬 수 있는 하나의 사유모델을 제공한다. '변경'연구를 통해 근대국가의 경계를 그 내부와 외부로부터 새롭게 바라보면서 그 경계 설정의 계보학을 국가/국민/민족으로부터 분리하여 역으로 그것과 대항하는 역사로 전환시키는 '변경사'연구의 확장으로 민중사가 존재할 수 있다. 변경사가 근대국가의 국경을 의문스럽게 만들면서 국경으로 환원되지 않는 동시에 그것으로부터 배제된 다양한 이질적인 것들의 융합과 대립, 갈등 그리고 적응의 과정을 '변경'의 입장에서 바라보는 것처럼, 민중사 또한 삶과 노동의 내부에 위치한 '국경'의 입장에서 삶과 노동의 역사를 추적하는 것이 아니라, 그것과 대비되는 '변경'의 지역, 바로 그 공간 즉 우리 삶과 노동의 '변경'을 추적할 때, 국가/민족/국민으로 통합되는 일련의 지배적 질서를 전복할 수 있는 새로운 역사와 가능성을 탐색할 수 있다고 보기 때문이다. 민중사가 변경이란 외부로 침투할 때, 민중으로부터 국가로 나아가는 일련의 국가/민족주의적 프로젝트로부터 민중을 공간적/역사적으로 해방하여 그들의 중심으로 환원되지 않는 '주변/변경'의 성격을 확인시킬 수 있으며, 이를 통해 우리는 국가로 환원되지 않는 새로운 신체(body)를 탐구할 수 있는 새로운 가능성을 발견할 수 있다.

변경사(border history)란 무엇인가를 논하기 전에 우리는 변경이란 무엇이고, 변경의 역사가 왜 지금 우리에게 중요한 의미를 지니고 있는지를 이해하여야만 한다. 변경이란 하나의 국민국가의 경계 내로 포섭되는 공간이 아닌 다양한 문화들과 정체성이 어우러져 만들어지는 복합적인 공간을 의미한다. 사전적 의미에서 변경은 국가와 국가의 경계가 모호한 변두리 지역을 의미하고, 이곳은 한 국가의 경계 내로 포섭되지 않는 다양한 정체성들이 공존하거나 혹은 갈등하는 공간이다. 국가의 경계내로 포섭되어 있지 않은 이 공간을 근대 국가는 자신의 경계내로 포섭시키려 하였으며, 그 과정에서 단일한 국가적 정체성으로 다양한 변경의 정체성을 해체하거나 자신의 단일한 정체성으로 포섭시킨다. 변경이 국경의 확정과 연결되어 있다는 것은 변경지역이 근대 국가의 전쟁과 영토분쟁이 발생하는 현장이기도 하다는 사실을 확인시켜준다. 변경을 전쟁과 분쟁의 폭력적 공간으로부터 구출하여, 변경이 가지는 다양한 복합성과 정체성을 그대로 인정하면서 근대 국가의 경계를 넘어서고자 하는 시도가 변경사(border history)라고 할 수 있다.

임지현의 지적에 의하면, 역사의 변경을 국민국가의 근대적 국경 안으로 끌어들이는 시도는 국가주권을 강화하고 정당화하려는 국가주권의 개념적 개입과 밀접한 관련이 있다. 국가는 단일한 역사의 공간으로 주변의 변경지역을 전유하며, 이 과정에서 현재의 근대국가를 기점으로 삼아 거꾸로 역사를 거슬러 올라가는 〈거꾸로 선 계보학〉으로서의 국사(national history)패러다임이 발생한다. 그에 의하면,

> 국사의 패러다임은 이처럼 다양하고 복합적인 복수의 역사들을 국민국가를 축으로 하는 단수의 대문자 역사로 재구성하며, 그만큼 그것은 폭력적일 수밖에 없다. 누구를 위한 역사인가라는 관점에서 볼 때, 국사는 폭력적이면서도 또 정당하다. 주류가 아닌 소수자의 입장에서 볼 때, 국사의 폭력성은 두드러질 수밖에 없다. 그럼에도 불구하고 국사의 정당성이 의심의 여지없이 관철되고 수용되는 것은 그것이 그 국민국가의 주류를 역사적으로 정당화하기 때문이다.[39]

따라서 변경에 대한 연구는 국사의 정당성을 아래로부터 해체하는 결과를 가져온다. 왜냐하면 근대정치학의 핵심은 국가의 경계, 즉 국경에 관한 것이었고, 변경은 국경 안으로 포섭된 변경의 역사를 그 자체로 인정하면서 국경을 허물기 때문이다. 단일한 대문자 역사로 서술된 국사의 정당성은 변경의 시각에 의해서 해체되어지고, 그 대신 다양한 복수의 문화적 정치체들이 그 곳에 등장하며, 그들의 상호갈등과 대립, 그리고 공존의 역사가 변경 위에서 발견되게 된다. 하지만 변경사가 국사를 대체할 수 있는 대안이론과 연구의 방법으로 정착된 것은 아니다. 오히려 다양한 방면에서 국사의 정당성을 해체시키는 다양한 무기들 중의 하나라고 보는 것이 적절하다. 국사가 아닌 지역사(local history)도 국사를 해체시킬 수 있는 힘을 가지고 있다. 중요한 것은 국가의 이름으로 단일한 질서로 거꾸로 재편된 '신화'를 해체하고, 그 아래에서 살아 움직이며 꿈틀대는 인간의 목소리를 담아낼 수 있는 다양한 방법론에 대한 모색이다.

---

[39] 임지현, 「고구려사의 딜레마」, 『근대의 국경, 역사의 변경』, 휴머니스트, 2004, 20쪽.

나의 민중론은 구성적 외부의 민중론이고, 이 민중론이 토대하는 공간은 바로 변경사가 발견하였던 '변경'과 유사하다. 변경이란 공간적 특성은 내부와 외부가 중첩되면서 내부를 순수화하기 위한 다양한 폭력들과 전략들이 교차한다는 측면에서 그 속성은 일면 구성적 외부와 유사하다. 나의 제안은 민중사를 변경사로 대체하라는 것이 아니라 민중사가 국가로 환원되지 않는 다양한 이질적인 존재들의 흐름을 포착하는 하나의 '경계'에 대한 발견과 그 연구로 확장될 때, 민중사는 민중에 내재한 국민/민족의 지향과 대결하면서 그것으로 환원되지 않는 동시에 하나의 단일한 정체성으로 그 분열을 은폐하려는, 즉 분열되지 않은 민중과 국민을 창출하려는 두 개의 국가프로젝트 모두에 대항하면서 외부를 내부화하려는 지배의 프로젝트에 대항하는 가장 유의미한 비판이자 저항의 무기로 작동한다는 것이다.

Ⅶ. 민중의 재정치화: 정치의 귀환

다른 의미에서 본다면, 우리들에게 주어진 과제는 민중사가 또 다른 수단에 의한 저항, 즉 하나의 급진적 정치프로젝트로 존재할 수 있는가라는 질문에 답하는 것이었다. 즉 여전히 민중사가 현재의 지형에서 현 질서에 대한 전복과 저항의 무기로서 작동할 수 있는가? 작동할 수 없었다면 그 이유는 무엇이고, 현재의 지배적 질서를 전복하는 저항의 무기로서 민중사가 작동하기 위해 민중과 민중사는 무엇이 되어야만 하는가라는 요청에 부응하는 형태로 민중과 민중사를 재사유하고, 재정치화하는 것이었다. 우리는 '민중운동사 이후의 민중사'가 아닌 민중운동사의 내부의 민중사, 혹은 민중운동과의 결합을 지향하는 민중운동사로서의 민중사를 지향하기 때문이다. '민중사의 재정치화'라는 우리의 문제설정은 분명 최근의 민중 및 민중사에 대한 논의지형과는 다른 것이다. 1990년대 중반을 경유하면서 우리들은 민중과 결합되었던 모든 정치프로젝트를 민중과 분리시키면서 민중에 대한 이해를 발전시켜왔다. 민중은 정치프로젝트의 단순한 산물, 즉 사회-역사적 실재를 결여한 이데올로기적 실재로 파악되기도 했고, 민중을 구원하기 위해 민중과 결합하였던 모든 정치프로젝트에 정치적 책임을 묻기도 했다. 이 모든 것은 민중을 정치프로젝트와 분리하여 사회적으로 실재하는 민중의 구체성을 획득하려는 시도였지만, 반대로 이것은 민중에 기초한 정치프로젝트의 불가능성을 의미하는 것이기도 했다. 이런 측면에서 바라본다면, 우리들의 연구는 분명 민중에 기초한 정치의 귀환이란 측면에서 기존 논의들과 차별적인 성격을 갖는다. 우리의 연구는 민중의 정치성을 국가구성과정에서 발생하는 이중적 적대관계 그 자체에서 찾고 있기 때문이다.

1.

현존하는 지배의 질서에 대항하는 저항의 무기로 민중사가 작동하기 위해서는 지배계급과 구별되지만 분리할 수 없는 지배프로젝트라는 차원에서 지배를 분석하는 것이 필요하다. 다양하며 이질적인 지배프로젝트들의 교차와 관계 속에서 성립되는 지배를 지배계급과 민중의 단순한 대립과 갈등의 역사로 파악하고 그것을 서술할 때 역사연구와 서술은 지배와 피지배의 도덕적 이분법에 갇히게 된다. 민중의 정치성은 국가구성과정에서 발생하는 이중적 적대관계라는 관계에서 발현되는 것일 뿐, 민중의 구성과정이 지배프로젝트의 외부에서 이루어지는 것으로 이해되어서는 안 된다. '포함—속의—배제'와 '배제—속의—포함'이라는 포함과 배제의 이중운동에 의해 구성되는 민중은 그 내적구성 과정에 필연적으로 국가와의 관계, 다양한 지배프로젝트를 포함한다. 민중의 내부에 위치한 이러한 지배프로젝트들의 구성효과를 민중의 외부로 추방하고 민중을 지배에 대항하는 단일한 내적본질을 가진 단일한 신체로 전제할 때, 민중사는 그 민중들의 내적본질의 발현의 역사로 귀결되고, 이것은 다시 '역사'를 '철학'으로 귀환시키며, 동시에 민중사를 국사-민족사의 하위체계로 편입시킨다. 민중은 지배의 내부에서 이해되어야만 한다. 민중은 국가구성 과정에서 필수적으로 요청되는 국가의 "구성적 외부"지만 이것이 지배의 외부로 파악될 수는 없다. 민중의 존재형태 그 자체가 지배의 구성에 의한 것이기 때문이다.

2.

동시에 지배가 국가로 환원되지 않는다는 사실은 중요하게 언급되어야만 한다. 환언한다면, 국가(권력)는 전략들이 교차하는 중심적인 관계적 형태이지만, 그것은 모든 권력의 중심이 아니다. 국가의 구성적 외부로 추방당한 자들은 자신들의 이름을 갖는 구체적인 타자들일뿐, 그 타자들이 형성하는 이름 없는 공통성들 모두가 민중이라는 이름으로 포함될 수 없다. 하나의 공통성과 연대성의 주체로서 민중이 발생하는 과정은 구체적인 타자들을 발생시키는 다양한 억압형식들의 공통성이 국가와의 관계에서 파악될 뿐이다. 즉 개별적이고 구체적인 타자들을 범주화하는 억압형식들의 공통성이 국가와의 관계에서 파악되는 그 순간에서만 이름 없는 공통성들은 민중성으로 전환된다. 우리는 모든 이름 없는 공통성들을 민중성으로 환원해서는 안 된다. 오히려 우리들은 민중성으로 환원될 수 없는 다양한 타자들의 공통성과 연대성 즉 이름 없는 공통성이 갖는 급진성을 적극적으로 사유해야만 한다. 이것은 민중성 그 자체의 외부가 존재한다는 것을 의미한다. 즉 민중은 자신의 내부로 포섭할 수 없는 타자들이 존재한다는 사실을 인정해야만 한다. 민중(성)이 자신의 내부로 환원할 수 없는 이 이름 없는 공통성들을 자신의 단일한 경계 내로 포섭하려 할 때, 민중은 다시 단일한 신체로 전환된다. 우리는 모든 단일한 신체, 모든 억압형식들을 해방시킬 수 있는 주체로서의 민중의 등장을 의심스러운 눈빛으로 바라보아야만 하며, 그들이 약속하는 유토피아에 대해 전체주의라는 이름으로 민중으로 환원될 수 없는 이름 없는 공통성들을 방어해야만 한다.

3.

민중들을 단일한 신체로 통합하는 정치프로젝트에 반대하면서 우리는 민중과 정치프로젝트 사이에 놓여있는 생물학적 경계를 극복해야만 한다. 기존의 민중과 정치프로젝트의 관계는 신체와 뇌가 맺는 관계로 표상되었다. 정치프로젝트에 있어 민중은 단순한 물리적 신체였다. 그것은 세계로부터 정보를 받아들이는 입력장치이자 세계를 변화시키는 물질적 힘으로서의 출력장치이지만 정보와 출력 사이를 매개하는 정보의 종합과 지식의 창출, 그리고 전략의 수립자로서 정치프로젝트는 그 외부에서 존재한다. 이것을 가능하게 하기 위해 민중으로부터는 자신의 일상세계를 벗어나는 지식과 전략창출의 가능성이 거세되었다. 민중과 정치프로젝트 사이에는 지식과 비-지식의 분할이 존재한다. 이런 관점에선 민중이 정치프로젝트에 반대할 권한과 권리가 삭제된다. 동시에 그러한 정치프로젝트의 조직적 구현체들 즉 노동조합이나 당과 같은 형태, 혹은 전근대적 형태의 다양한 조직들에 맞서 민중이 독립적으로 반란할 권리가 사전 봉쇄된다. 나의 민중이해는 이런 측면에서 과학주의를 반대한다. 랑시에르에 의하면 '과학주의'는 다음과 같이 말한다.

사람들은 알지 못하기 때문에, 즉 그들의 위치를 정하는 체계에 대한 인식을 갖고 있지 못하기 때문에 지배당한다. 거꾸로 그들은 지배받기 때문에, 즉 이 피지배자라는 자리가 그들로 하여금 그들이 무슨 까닭으로 그 자리에 있는지에 대한 객관적인 인식에 접근하는 것을 가로막기 때문에 이 지식을 갖지 못한다. 그들이 있는 곳에서 그들은 자신이 왜 그 자리에 있는지를 오인할 수밖에 없다.[40]

과학주의의 토대는 앎에 대한 특권적 지위이다. 이것을 극복하기 위해서는 앎에 대한 삶의 우선성, 즉 인식론적 관점주의에서 존재론적 관점주의로의 전환이 필요하다. 삶의 형태로서의 민중 그 자체에 내재된 다양한 삶의 방식들이 새로운 인식과 관점들을 창출한다. 문제는 새로운 인식을 통한 관점의 획득이 아니라 새로운 대안적 삶의 구성이다.

4.

민중의 공간에는 서로 이질적인 다양한 전략들이 교차한다. 전략들이 교차하면서 형성하는 전략-매트릭스(Matrix) 내부의 창발성(emergence)으로 인해 개별전략과 민중의 주체화 과정엔 균열이 발생한다. 민중의 주체화는 전략-매트릭스의 내부에서 발생하지만 그것은 개별 전략으로 환원될 수 없다. 민중의 주체화는 전략-매트릭스의 구성과정에 의해 결정된다. 민중의 주체화가 다양한 전략들이 교차되는 전략-매트릭스의 내부에서 발생한다는 측면에서 주체화 그 자체가 정치성을 획득하는 것이 아니다. 민중의 주체화와 정치성은 동일시되어서는 안 된다. 민중은 국가프로젝트로 통합되면서 국민으로 전환될 수도 있다. 민중을 국민으로 내부화하려는 이런 국가프로젝트를 우리는 민중-국민프로젝트라고 부를 수 있다. 이렇게 바라본다면 민중을 다양한 대안주체로 주체화하려는 다양한 프로젝트들이 존재할 수 있다. 1) 민중-국민프로젝트

---

[40] 랑시에르, 앞의 책, 256쪽에서 재인용

2) 민중-시민프로젝트 3) 민중-민중프로젝트 4) 민중-다중프로젝트 5) 민중-대중프로젝트 6) 민중-계급프로젝트.[41] 이런 측면에서 바라본다면 1990년대 중반을 경유하면서 발생한 민중의 위기는 민중-민중프로젝트의 위기로 정의될 수도 있다. 즉 그것은 민중을 민중으로 호명하는 정치프로젝트의 위기일 뿐, 민중 그 자체의 존재 소멸을 의미하는 것은 아니다. 동시에 민중-국민프로젝트 그 자체가 그 자체가 부정적으로 평가될 수도 없다. 민중-국민프로젝트는 비국민으로서의 민중에 대한 국민적 의무와 권리들의 체계에 대한 방어와 전투의 프로젝트로 기능할 수도 있다. 모든 프로젝트들은 그 프로젝트들이 구성되고 접속하는 역사적 배치 속에서만 평가될 수 있다.

국가프로젝트는 1)통합 2)배제라는 기본전략들로 구성되지만 3)학살과 4)추방이라는 부가전략들을 구사한다. 통합과 배제가 국가의 구성적 외부에 대한 기본전략이라면 학살과 추방은 '외부'를 폭력적으로 '내부'로부터 분리시킴으로써 '외부' 그 자체를 제거하려는 전략이다. 외부와 대응하는 방식에 의해 내부가 구조화된다는 측면에서, 내부에서 발생하는 사회적 갈등은 외부에 의해 부여된 형식이다. 내부의 갈등을 제거하고 순수화하기 위해 외부 그 자체를 완벽하게 제거하려는 국가의 전략은 필연적으로 공간의 분리뿐만 아니라 그 공간에 존재하는 자들, 즉 '존재하지만 의미 없는 자들'의 존재 그 자체를 제거하는 전략으로 나아간다. 학살과 추방은 국가프로젝트의 예외적/비정상적 전략이 아닌 내부를 순수화해야만 하는 국가운동의 전략으로부터 나오는 정상전략이다.

---

41) 조희연은 나와 유사한 입장을 피력한다. 조희연은 민중의 개념을 반독재 대항투쟁의 고유한 역사적 주체로 화석화하는 것에 반대하면서 민중은 다양한 형태로 전화될 수 있는 복합성을 지닌 존재로 규정한다. 나의 언어로 풀이한다면 이는 민중과 결합된 다양한 주체프로젝트들과의 결합이다. 이에 대해선 조희연, 「신보수정권 앞에서 급진민주주의의 관점에서 본 광주 5.18」, 2008, 84~90쪽 ; 조희연 외, 『5·18민중항쟁에 대한 새로운 성찰적시선』, 한옥, 2009.

Ⅷ. 현재: '민중'의 형성, 그리고 우리들의 과제

민주주의가 대중들의 삶을 방어하고 그것의 지속을 위한 대중 자신의 무기로 작동하지 못하면서, 대중들이 삶과 노동의 현장에서 축출/추방되고 있다. 이러한 대중들의 추방은 1990년대 중반 이후 한국 정치/사회 운동의 중심담론으로 군림해온 시민담론에 대한 심각한 정치적 문제제기를 하고 있다. 정치공동체의 구성원에 대한 동등한 법적-평등의 원리에 입각한 정통적인 시민담론은 삶과 노동의 현장으로부터 발생하는 대중들의 추방, 동시에 시민 내부에 존재하는 다양한 불평등과 시민적 동일성으로부터 배제된 차이들의 세계를 포착하는 데 한계를 갖기 때문이다. 삶과 노동의 현장에서 발생하는 대중들의 추방과 배제, 그로 인해 생명의 유지와 존속 그 자체가 문제되는 우리가 직면한 새로운 시대상황은 시민으로 환원되지 않는 주체성의 영역을 새롭게 탐구할 것을 요청하고 있다. 이러한 요청으로 인해 1990년대 중반을 경유하면서 주변화되었던 민중담론이 다시 새롭게 관심을 받고 있다. 삶과 노동의 현장으로부터 추방과 배제당한 자들의 공간은 민중의 공간과 구별은 되지만 분리될 수 없는 공간이기 때문이다. 실제로 동일성으로 환원될 수 없는 차이들이 차별로 현실화되고, 지배적 담론으로 은폐되었던 현실의 불평등이 드러날 때마다, 즉 피지배집단에 대한 지배집단의 동일화가 실패할 때마다 그 동일화의 실패과정에서 민중담론은 재발견된다. 역사적으로 본다면 1970년대 중반 민중담론이 재발견되는 조건과 1996년 겨울 노동자 총파업과 1997년 IMF사태를 통해 민중담론이 일정한 부활의 계기를 맞이했던 조건[42], 그리고 현재의 시대조건은 일정한 공통성을 갖

---

[42] 부활의 계기를 맞았지만 민중담론 그 자체에 내재한 내적한계들과 현실적 힘으로서의 민중운동의 주변화로 인해 민중담론은 재구성의 계기를 상실하고 말았다. 시민담론에 존재하는 내적한계는 동일하게 민중담론의 내적한계였기 때문이다. 시민 내부에 존재하는 비시민의 영역, 혹은 실질적인 계급-질서로 구획되어 있는 이등시민의 영역을 발굴함으로

는다. 민중담론이 재발견되는 시대는 다양한 억압형식들의 공통성이 발견되는 시대이다. 다양한 억압형식들과 관련된 종속적 주체위치들의 접합과정에서 민중은 발생한다. 민중은 억압형식들의 공통성을 발견하는 동시에 이질적인 종속적 주체위치들의 접합과정에서 발생하는 일정한 대항-헤게모니블록이다. 환언하자면, 정치적 피지배집단 일반의 이름으로 민중이 규정되기 위해서는 정치적 지배-피지배라는 단일한 공통의 전선이 형성되어야만 한다. "민중의 공통성은 억압의 공통성에서 유래하는 저항의 공통성"이라는 조희연의 지적처럼,[43] 민중은 억압형식들의 공통성을 발견하는 과정에서 다원화되었던 억압/종속의 전선들이 단일한 전선으로 접합될 때 발생한다. 즉 다양한 억압형식들과 관련된 종속위치들이 억압형식들의 공통성의 발견을 통해 특정한 방향과 각도로 접합됨에 따라 민중은 발생한다. 민중담론이 재발견되는 시대를 살펴보면 우리는 역으로 이러한 발생과정을 이론화할 수 있는 기본적 입지점을 사유할 수 있다. 민중담론이 재발견되는 시대는 다음과 같은 세 가지의 가능성이 발견되는 시대라는 공통점을 갖는다.

1) 탈주체화 : 피지배집단과 지배집단의 동일화에 균열이 발생한다.

써 대항담론은 지배의 재생산의 조건으로서 시민의 외부를 발견하였지만 그것은 민중이란 단일한 집합적 정체성 내부에서도 지속적으로 제기되는 문제였던 것이다. 전통적인 지배-피지배의 도덕적 이분법 위에서 이해된 민중은 정치적 피지배집단 일반을 의미했지만, 역설적으로 그 구성은 지배집단의 국민형성과정과 동일했다. 즉 민중은 피지배 국민집단으로서의 인민으로 이해되었고, 인민 내부에 존재하는 다양한 이질성과 균열은 고려되지 않았다. 여기서 영어 'People'이 우리말의 민중-인민-국민으로 동시에 번역된다는 사실은 이점에서 시사적이다. 1980년대의 국가주의-혁명프로그램과 결별한 1990년대 중/후반이후 새로운 좌파들은 민중의 내부에서 인민의 목소리를, 그리고 인민을 국민으로 전환하려는 국가/민족주의의 계보학을 발견해냈다. 그들에게 민중을 고집하는 것은 단순한 현실에서의 고립을 넘어, 대항담론 그 자체가 대항하고자 하는 대상의 일부로 전환되는 것을 의미했다. 따라서 그들의 일차적 임무는 어떤 의미에서 민중이란 이름으로 은폐되었던 하위주체들의 목소리를 발견하는 것이었다. 이것이 계급-민중담론이 주변화되면서 발생한 민중담론 내부의 분화를 의미하는 것이었다.

43) 조희연 외, 앞의 책, 88쪽.

2) 억압형식들의 공통성 : 다양한 억압형식들의 공통성이 발견된다.
3) 종속위치들의 접합 : 다양한 억압형식들과 관련된 종속위치들이 특정한 방향과 각도로 접합된다.

시민이란 국가라는 정치공동체가 부여하는 동일화의 한 형식, 즉 알튀세르의 용어로 표현하자면 국가이데올로기의 이데올로기적 호명에 의한 주체효과로 존재하는 법-권리의 체계에 기반을 둔 동일화의 형식이다. 이러한 동일화에 균열이 발생하면서 페쇠가 말하는 '비동일화'가 발생하는 순간 주체들은 기존 질서 내에서 부여된 코드(code)들을 재해석하면서 탈주체화된다. 균열의 발생은 다양한 억압형식들과 관련된 종속위치들에 부여된 특정한 주체화의 과정을 탈구축하는 과정과 동일하다. 시민으로부터 배제되고, 시민으로부터 추방된 대중들의 존재가 자신들의 위치를 비시민과 이등시민의 영역에서 발견하는 순간, 시민이 비시민과 이등시민으로 탈주체화되면서 다른 주체성으로 이행하는 순간이 대항담론이 담론적 개입을 하는 순간이다. 이러한 주체성의 이행은 시민담론 내부에서 발생했지만 그것으로 환원될 수 없다는 측면에서 시민담론의 외부를 의미한다. 민중담론은 이러한 시민의 외부를 포착하는 대항담론들 중의 하나이지만 그 전체가 될 수는 없다. 우리들의 목표는 이러한 민중담론의 재발견이 반복적으로 이루어지는 조건 그 자체를 사유하는 것이다. 이 조건에 대한 사유의 과정을 통해 우리가 해명하고자 하는 것은 사회 그 자체에 내재된 민중이란 주체성의 발생구조이다. 기존 질서로부터의 탈주체화가 발생하는 비동일화의 모든 과정이 민중이란 주체성으로 재주체화되는 것은 아니다. 민중은 그러한 비동일화로부터 발생할 수 있는 다양한 가능성들의 하나일 뿐이다. 그럼에도 불구하고 사회 그 자체는 민중이란 주체성을 발생시키는 구조를 내재하고 있다. 이것이 나의 입장이다. 구성적 외부라는 공간적 은유는 이러한 구조를 드러내 보여주기 위한 은유일 뿐이다. 이러한 구조의 실재로 인해 민중을 발생시키는 조건들은 늘 차이를 내재한 형태로 반복된다. 그 조건 속에서 민중의 주체화가 새로운 역사와 사회를 위한 방향으로 발생하는 것은 또 다른 문제일 것이다. 우리의 과제는 민중에 내재한 국가와의 본원적 적대관계에서 비롯되는 정치성을 해방과 연결시키기 위한 정치 – 역사프로젝트를 사유하고 실천하는 것이다.

지금까지의 논의를 요약한다면, 우리는 국가의 구성과정에서 발생하는 필수적 요청으로서의 구성적 외부가 민중의 공간이며, 그 공간에 내재된 포함과 배제의 이중운동에 발생하는 적대적 이중관계로 인해 민중의 공간은 정치성을 내재한다고 논하였다. 동시에 이러한 [구성적 외부]의 공간은 정치적 지배와 피지배의 측면에서 통치의 대상이자 동시에 정치에서 배제된 자들의 공간이란 측면에서 그 공간에 존재하는 자들의 이름이 바로 민중이라고 우리들은 해석하였다. 민중은 그 공간적 은유의 측면에서 국가와 맺는 내전적 분열의 존재이며 국가구성 및 그 공간을 구성하고자 하는 다양한 전략들이 교차하는 전략매트릭스의 공간이기도 하다. 이것을 토대로 우리는 위치로부터 비롯되는 민중이란 주체성의 형성과정을 다음과 같이 해석한다.[44]

우선 나는 민중을 집합적 정체성으로 파악하는 것에서 시작한다. 민중을 하나의 집합적 정체성으로 파악하는 것이 중요한 이유는 민중을 1) 집합적 정체성 자체를 본질주의와 등치시켜 이해하는 입장과 2) 다양하고 복수적인 개별성들과 대립하는 것으로 파악하는 입장, 양자 모두와 구별하기 위해서이다. 민중을 집합적 정체성으로 규정하면, 집합적 정체성 일반에 대한 부정문제와 민중의 문제를 혼동하는 2)의 입장과 구별하여 민중의 문제를 고찰할 수 있다. 동시에 민중을 집합적 정체성

---

44) 집합적 정체성으로서의 민중의 형성과정에 대한 이 부분의 고찰은 샹탈 무페의 앞의 책 참조.

으로 파악하면 집합적 정체성의 형성 및 발생이 반드시 본질주의로 귀결되는 것이 아님을 보여줌으로써 1)의 입장을 방어할 수 있다. 즉 우리의 과제는 본질주의와 사실상의 다원주의 모두에 반대하면서 집합적 정체성으로서의 민중을 정의할 수 있음을 보여주는 것으로 요약된다.

이렇다면 우리에게 주어진 문제는 다음과 같다. 단일한 정체성으로 환원될 수 없는 다양한 차원에 위치하는 주체성들을 인정하면서도 그러한 주체성들이 사실상 분리되는 것을 어떻게 막을 것인가? 본질주의에 대한 반대가 사실상의 분리로 귀결되는 극단적 다원주의에 반대하면서 집합적 정체성의 구성적 필요를 어떻게 방어할 것인가? 동시에 집합적 정체성의 구성적 필요를 인정한다고 하더라도 집합적 정체성의 구성과정에서 발생하는 것이 왜 반드시 민중이어야만 하는가? 그것은 다른 유형의 사회적 정체성 또는 사회적 주체가 될 수 없는가? 왜 민중은 그러한 집합적 정체성의 필연적 이름이어야만 하는가?

1.

민중이란 범주가 지속될 수 있기 위해서는 무엇보다도 민중 개념에 내재해 있는 본질주의와 결별하여야만 한다. 민중은 특정한 역사적 본질과 정체성을 지녔다고 규정될 수 있는 경험적 집단의 자유와 평등을 실현하려는 운동으로서가 아니라, 민중의 범주를 종속적인 것으로 구축하는 다양한 형식들에 대항하는 하나의 운동적 범주로 파악해야만 한다. 따라서 민중사의 과제는 종속을 함축하는 방식으로 민중을 구축한 모든 담론, 관행, 사회적 관계들에 대한 고발이자 그 변형을 위한 사회적 활동의 기록으로 이해되어야 한다.

2.

'민중의 역사'로서의 민중사는 '비고정'과 '고정화'의 이중의 운동으로 이해되어야만 한다. 민중사는 미리 구성된 민중의 역사가 아니라, 다양한 종속적 관계들의 접합으로 인해 민중이란 집합적 정체성을 형성해가는 주체성 형성의 역사이다. 그러한 '주체성'이 본질적 비고정성의 결과로 나타났다는 측면에서 이러한 주체성 형성의 과정을 우리는 '고정화'의 운동으로 이해할 수 있다. 여기서 말하는 '본질적 비고정성'이란 민중의 형성을 하나의 공동본질의 존재/혹은 생성과정으로 보는 것이 아니라 일종의 '가족유사성'의 관계로 파악하는 것을 의미한다. 이러한 주체성의 형성과정은 동시에 형성과정에서 발생하는 다양한 배제/포섭의 관계에 주목함으로써 민중 내부에 존재하는 다양한 억압/차이의 문제를 공동본질이라는 이름으로 배제하지 않는다. 민중사는 '종속적 관계들의 다양성'을 인식하며, 민중을 구성하는 다양한 주체위치들이 어떤 관계에서는 종속적이더라도 다른 관계에서는 지배적일 수 있다는 것을 인정한다. 이런 의미에서 우리가 새롭게 모색하는 민중사는 공동본질에 입각한 민중의 정태적 발생과정에 주목했던 과거의 민중사에 비하여, 다양한 종속관계들의 위치로부터 민중이란 본질적 비고정성의 고정화가 발생하는 동적구조를 파악한다고 볼 수 있다. 우리들의 기본 임무는 민중사를 동적구조로 파악하는 것이다.

3.

민중사는 서로 다른 억압형식들과 관련된 종속적 주체위치들의 접합과정에서 발생하는 하나의 범주이다. 민중사는 미리 고정된 공동본질을 갖지 않는다는 점에서 '본질적 비고정성'을 갖지만, 동시에 다양한 종속관계들 사이에 존재하는 공동의 정치적 정체성을 부정하지 않는다. 우리는 이것을 〈민중적 공통성〉이라고 부른다. 이러한 〈민중적 공통성〉은 서로 다른 가치와 윤리-정치적 기획을 담지하는 다양한 주체위치들 사이에 존재하는 일정한 해석의 동일성을 의미한다. 〈민중적 공통성〉이 그들의 위치로부터 연역되는 것이 아니라, 다양한 윤리-정치적 기획 간에 존재하는 공통성에 대한 해석의 문제라는 것은 단일한 민중사가 존재할 수 없음을 의미한다. 즉 이제부터 민중사는 민중사─들의 하나로 존재할 뿐, 어떠한 민중사도 민중의 역사에 대한 종합적/초월적 지위를 주장할 수 없다. 계급, 여성, 노동과 같은 특정한 주체위치들의 역사는 그것이 특정한 종속적 관계들로부터 발생하는 역사라는 측면에서 특수/개별사의 지위를 유지하며, 동시에 그것이 민중이라는 집합적 정체성의 형성과정과 결합되어 있다는 측면에서 〈민중적 공통성〉을 가진다. 따라서 민중사와 특수/개별사는 서로 공존하며 동시에 모순적으로 구성된다. 왜냐하면 완전히 포괄적인 공동체적 정체성은 존재하지 않기 때문이다. '구성적 외부' 즉 공동체의 실존 조건 자체인 그 공동체의 외부가 항상 존재한다. 따라서 민중사는 민중의 구성과정인 동시에 '민중'을 구성하는 과정에서 또 다른 적대를 산출하는 과정이기도 하다.

우리들의 일차적인 목적은 민중사를 방어하거나, 새로운 민중사를 정립하기 위해 요구되는 이론/실천적 문제들에 대해 답을 제시하는 데 있지 않다. 오히려 우리들의 목적은 어떤 의미에서 민중사의 종언이후에 가능해진 일련의 개방적 지평들, 즉 다원적이며 서로 경쟁하는 민중사─들의 지평을 '발견'하는 것을 목적으로 하고 있다. 민중사가 무엇인지, 그것이 가능한가에 대해 우리는 보편적 답을 갖고 있지 못하다. 동시에 민중이란 집합적 실체가 존재하는지, 존재한다면 그것은 과거와 같은 정치적 기획과 맞물려 있는지, 아니면 그것은 존재하나 정치적으로 의미 없는, 비정치적인 것으로 존재하는지, 이 모든 것들은 열려진 질문들이며, 이 질문들에 대한 답에 따라 민중과 민중사는 우리에게 서로 다른 것으로 존재할 것이다. 새로운 민중사는 민중이란 종속적 범주를 잉태하는 다양한 종속적 관계들에 대한 문제이자, 동시에 민중을 형성하는 과정에서 발생하는 다양한 내부의 적대들과 차이들에 주목하는 역사이다. 우리는 이러한 민중사를 과거의 민중사와 구별하는 새로운 '역동적' 민중주의에 입각한 역사연구와 서술이라고 개념화할 수 있다. 우리 시대 민중사의 과제는 바로 그러한 민중의 역동적 구성과정을 파악하고 그것을 통해 서로 다른 억압형식들과 관련된 다양한 운동들의 접합을 제시하고 그것의 실현을 위해 노력하는 것이다.

IX. 토론으로 결론을 대신하며: "국가-없음"과 민중

이것은 결론이 아닌 '토론'이다. 이 토론은 본론의 특정부분을 취하면서 본론과 관계없이 이질적인 다른 결론을 함축한다. 결론의 위치에 토론을 부여한 것은 동시에 설명하지 않은, 동시에 설명할 수 없는 개념의 도입을 통해 민중 개념을 재정의하는 것은 민중 그 자체를 보다 논쟁적인 지평에 위치하기 위해서이다. 어떤 측면에서 이 토론은 난외주석이다. 내부-외부라는 특정한 사회관계에서 본다면 '없음'이란 존재하지 않는 것이 아니라 존재함을 박탈당한 상태를 의미한다. 즉 존재하지만 의미 없는 자들로 존재하는 것은 없음이다. 그 '없음'에 의지해 '있음'을 통해 자신의 의미를 생산하는 자들은 '있음.' 그 자체가 권력이다. 생산자원(productive source). 따라서 없음과 있음의 관계는 사회적 관계에서 본다면 하나의 착취관계이다. 있음은 없음을 전제로 하는 것이다. 따라서 없음은 있음과 분리되지 않는다. 다만 구별될 뿐이다. 프롤레타리아는 생산수단-없음에 의해 파악되는 것이다. 즉 그 없음으로 인해 생산수단-있음의 관계가 형성된다. 경제적 생산관계로 환원되지 않는 다양한 생산관계들은 모두 'X-없음'의 존재에 의존한다. 여성은 '남성-없음'이며, 아이는 '어른-없음'이다. 그래서 그 없음은 박탈과 배제의 전제가 된다. 구성적 외부란 바로 없는-자들의 공간이며, 그 있음을 구성하는 구성적 타자들의 공간이다. 억압형식이란 바로 이러한 없음의 상태를 지속적으로 반복/재생산해내는 형식이자 구조이다. 모든 주체성들은 바로 이 없음과의 관계를 통해 구성된다는 측면에서 없음으로부터 절연한 그 자체로 있음으로 향해 열린 그런 주체성들은 존재하지 않는다. 즉 모든 주체성들은 '부정성'이다. 이런 입장에 선 다면, 다양한 억압형식들의 공통성이란 그 없음의 공통성이다. 존재를 부정하고 그것을 규정하는 것들의 공통성에서 주체성들의 연대성/공통성/집합성이 출현한다. 억압형식들의 '공통성'의 발견이 주체성의 공통성으로 발현되는 것은 아니다. 주체들 간의 공통성은 그것이 존재한다고 하더라도 또 다른 권력관계에 의한 구성이다. 공통성을 표상하며 실재의 권력구조를 은폐하는 집합성. 모든 집합성은 '헤게모니적 구성'이다.

정치적 피지배라는 조건의 공통성은 없음의 차원에서 바라본다면 그것은 어떤 'X-없음'으로 구성되는 것일까? 서로 상이하며 이질적인 동시에 갈등과 균열을 품고 있는 억압형식들은 정치적 피지배라는 조건으로 융합될 때 어떤 X-없음에 의해 치환되는 것일까? 그것은 "바로 국가-없음"이다. 정치적 피지배의 조건은 바로 '국가-없음'이란 상태의 공통성이다.[45] 다양한 지배관계에 토대한 억압형식들은 국가와의 관계

---

45) '국가-없음'과 '국가-없는-자'에 대한 초보적 논의는 스피박과 버틀러의 대화집(『누가 민족국가를 노래하는가』, 산책자, 2008)을 참조. 버틀러의 '국가-없음'에 대한 논의와 나의 논의는 구별된다. 나는 '국가-없음'을 국가의 법-제도 장치의 정지라는 차원에서 사용하는 버틀러와는 다르게 국가 내부의 존속을 위해 필수적으로 요청되는 국가의 외부를 지칭하는 개념으로 제한해 사용한다. 모든 국가는 그 국가구성 및 국가운동의 일부로 이러한 국가-없음의 영역을 필요로 한다. 주디스 버틀러의 '국가-없는-자'를 나의 언어로 번역한다면, 그들은 국가의 외부에 존재하지만 (국가)권력의 내부에 존재하는 자들이다. 민중

에서 국가-내에서 교차하면서 국가를 통해 통일성을 획득한다. 바로 이 국가와의 관계에서 자신들의 조건을 국가-없음이라는 조건으로 이해할 때 "국가―없는―자"로서의 민중이 발생한다. 사회를 구성하는 다양한 구성적 외부의 공간을 민중은 국가-없음의 공간으로 전유한다. 민중은 국가―없는―자들의 공통의 이름일지도 모른다. '국가―없음'은 그들의 상태이자 그들의 삶의 영역이다. 동시에 이것을 국가를 박탈당한 자들의 이름이 아니라 국가를 구성하기 위해 그것으로부터 필연적으로 배제되는 자들의 이름이다. 따라서 이 '국가―없음'은 국가로부터 자유로운 자본가계급의 국가-없음과 구별되며 동시에 제국주의와 식민지의 관계로부터 잉태되는 국가상실의 상태로서의 국가-없음과도 구별된다. 이것은 국가를 건설하고 그곳에 '있게'하기 위해 필수적으로 요청되는 '구성적 외부'로서의 '국가-없음'이다. 모든 국가는 '국가-없음'의 영역을 생산한다. 하지만 바로 이 '국가-없음'으로 인해 이들로부터 우리는 국가-없음에 대한 사유를 발견하고 그것을 급진화할 수 있는 것이 아닐까? '국가-없음'에서 진정한 국가-없음에 대한 유토피아를 발견하려는 것이 아닐까? '국가-없음'을 국가―장악―있음을 통해 극복하려는 것이 기존의 정치프로젝트였다면 지금 우리에게 필요한 전략은 무엇일까? '국가-없음'은 그 국가의 공백으로 인해 국가와 관련한 모든 전략들이 교차하는 공간이며 동시에 균열을 발생시키는 공간이다. 민중은 그 공간을 살아가는 자들의 이름이다. 이것이 나의 토론이다.

이란 바로 이러한 국가의 외부에 존재하지만, 권력의 내부에 존재하는 자들의 공통체로서, 이러한 민중에 대한 정의는 국가-없음을 발생시키는 국가권력 일반에 대한 분석 및 국가-없는-자들과 다양한 권력들의 관계를 그 중심문제로 설정케 함으로써, 민중이 재생산되는, 동시에 새로운 민중들이 등장하고 그들 사이에서 발생하는 대립, 갈등, 통합 및 융합의 과정들을 민중사의 핵심 주제로 설정하게 하여준다.

사상과 운동으로서의 한국 역사학을 위해

1987년 이후 학술운동과 한국사연구단체에 대한 단상

박한용
민족문제연구소 연구실장

Ⅰ. 위기에 선 역사학: 무엇이 위기인가?

'역사학의 위기'니 '인문학의 위기'니 하는 말이 널리 떠돌아다니고 있다. 그러나 왜 위기인지, 무엇을 위기라고 지목하는 것인지 뚜렷하지 않다. 정말 위기인지조차 잘 모르겠다.

'맑스주의 역사학의 위기'라고 한다면 소련과 동구의 몰락이라는 '사회주의의 세계사적 패배'와 연결되어 정황상 어느 정도 이해가 간다. 그러나 이는 역사학만의 위기라고 할 수 없다. 맑스주의 진영 전체의 위기이거나, 맑스주의에 기초한 분과학문 모두에게 적용되어 검토할 사안이다. 또 학문이란 다양한 세계관과 방법론이 상호 경쟁하거나 보완하는 것이기에, 특정 역사방법론의 독점이 붕괴되었다고 너무 예민하게 반응할 필요는 없다. 하루아침에 맑스주의가 사라질 것도 아니며―장담하지만 결코 사라지지 않을 것이다― 보다 심도 있는―자본주의식으로 말하면 경쟁력 있는― 연구와 연구자의 안정적인 재생산 구조의 확립, 그리고 대중과의 결합 강화를 위한 다양한 방법 모색이 필요할 뿐이다. 물론 이런 것들이 잘 안되니 맑스주의 역사학의 위기라고 말할 수는 있겠다. 그러나 이는 인과관계를 너무 단순하게 연결시키는 것일 수 있다. '잘 되면 제 탓 못되면 사상 탓'으로 돌리는 안이함은 아닐까? 현존 사회주의체제의 몰락은 맑스주의 역사학의 입지를 매우 약화시켰지만, 도전 없는 학문 발전이 어디 있겠는가. 맑스주의자라면 자기 사상에 대한 '기백'과 '신념' 그리고 이론과 실증에 대한 '절차탁마'가 요구될 뿐이다. 버려야 할 것은 사상 그 자체에 안이하게 의존하면서 타 사상과 방법론을 우습게보기만 한 특권 의식이다.

그렇다면 '신자유주의의 득세'와 관련한 역사학의 위기를 뜻하는 것일까? 김영삼 정권이 들어선 이래 세계화니 수요자 중심 교육이니 영어교육의 강화니 하는 말이 득세하면서 인문학이 천대받은 것은 사실이다. 대학의 인문교양과목은 같은 시간대에 배치되어 경쟁을 강요당했다. 예를 들면 교양 철학을 듣던지 교양 한국사를 듣던지 '택일'하라는 것이다. 결국 수요자의 입맛에 맞게 철학과 역사학 강좌는 몸치장을 새로 해야 했다(수요자가 줄어들면 '폐강'이 되니까). 이와 함께 사법고시와 외무고시 등 국가고시에서 시험과목이 많다거나 이미 배웠다는 이유로 국사·세계사 등이 시험과목에서 퇴출되었다. 외교관에게 필요한 것은 외국어이지 자국사는 아니라는 집권층의 무지한 발상이야 놀랍지만, 이런 것도 위기라면 위기이다.[1] 그러나 김대중 정권에서 노무현 정권으로 이어지면서 학술진흥재단 등을 통해 인문학 분야에 '기초학문지원'이 이루어지고 있으니 아주 위기라고 할 수는 없다. 숨통은 트이는 셈이니!

따지고 보면 김대중 정권이나 노무현 정권이 들어서면서 역사학이 정말 위기에 처해 있었는지 헷갈린다. 이른바 과거사 관련 위원회들이 만들어지고 중국의 동북아역사공정문제가 불거지면서 솔직히 역사학은, 특히 한국사분야는 위기가 아니라 '일시적 고용 증대'라는 호황국면을 맞이한 게 사실 아닌가? 고대사나 한일관계사, 영토문제, 식민지시기 전공자, 현대사 전공자에 이르기까지 위원회는 이들의 전문 역량을 발휘할 수 있는 기회를 제공했다. 물론 이러한 '호황국면'과 맞아 떨어지는 분야를 전공하지 않는 연구자들도 많이 있으니, 한국사 내에 빈익빈 부익부 현상은 분명 존재하기는 한다. 그러나 한국사 연구자들 사이에 이런 빈익빈 부익부 현상을 가슴아파하고 고통을 함께 나누려는 미풍양속

---

[1] 그러나 김영삼 정부는 기초 자연과학분야 또한 천시했으니 인문학만 위기라고 하기 어렵다.

이 넘쳐서 위기가 논해진 것은 아니리라.2)

BK니 HK니 해서 대학도 바빴다. 한국사의 경우 위원회 등 외부로 나가있는 연구자들을 다시 불러들여 대학 연구소를 중심으로 다시 재편해 프로젝트를 따기 바빴다. 세상에 박사학위 소지자를 구하기가 힘들다는 말도 있었으니! 적어도 한국근현대사 분야(연구자)를 두고 말하자면 직업·생계로서 절체절명의 위기는 아니다. 부지런히 학위를 따야 할 절박성이 커졌을 따름이다.

그러나 프로젝트 역사학은 프로젝트를 공모하는 기관의 성격이나 의도에 따라 연구 주제나 조직 결합 방식에 제약이 있다는 점에서 위기의 요인이 있다. 채택 가능한 프로젝트 주제 설정이라든지 일정 자격 요건이 있는 연구자 획득이라는 조건이 연구자들의 자유로운 문제의식과 결합 방식을 제약한다. 연구 기금을 지원하는 기관의 눈치를 살펴야 하고, 프로젝트 수행 주체인 연구기관의 존립이나 소속 연구원의 안정적 지위 유지라는 것이 연구주제나 문제의식 보다 우위에 서기도 한다. '유자격 연구자(박사학위 소지자)'를 찾기 급급한 현실을 보자면 '무엇을 위한' 연구인지 곱씹을 필요가 있다.

물론 이러한 공동 프로젝트는 개인이 하기 어려운 과제를 수행함으로써 역사학 발전을 위한 토대를 형성하는 긍정적 효과가 지대하다. 기관의 용역이 아니고는 불가능한 것들이 대부분이기도 하다. 그러나 1980년대 이래 뜻 맞고 배짱 맞는 연구자들끼리 자기 돈을 들여가면서 함께 연구하고 발랄하고 도전적으로 화두를 던지며 대중과 결합하던 열혈시대의 공동연구풍토가 새삼 그리워지는 것은 왜일까. 요컨대 의식 있는 연구자들이 자유롭게 결합해 한국 사회의 문제를 치고 나가던, 그런 운동성이 담보되지 못하다는 아쉬움이 크다. 대학연구기관을 중심으로 한 프

---

2) 교육자로서 일체의 권리가 배제된 대학 강사의 처우 문제에도 눈을 돌리지 않는 비정한 풍토를 생각해보라!

로젝트 역사학이 자칫 '대학지도(大學之道)는 재(在) 수신취업이후치국평천하(修身就業以後治國平天下)'로 치닫고 있는 것은 아닌지? 그렇다면 이건 위기다.

최근 또 다른 위기가 있기는 하다. 이명박 정권과 이른바 뉴라이트 세력이 한국 근현대사를 왜곡하고 교과서시스템에 대해 폭력적으로 개입할 뿐 아니라 각종 과거사위원회 활동을 무력화시키기 위해 온갖 방해와 압력을 가하고 있다. 이는 우리 사회의 민주화와 역사의 진실 복원을 정면 거부하는 반동화의 첨예한 양상이기 때문에 심각한 문제가 아닐 수 없다. 그러나 집권세력 자신들도 역사가 그만큼 중요하다는 것을 인정하는 셈이니, 역사학 자체의 위기는 아니다. 다만 진실을 둘러싼 역사전쟁이 시작되었다고 해야 하지 않을까? 한국 사회 전체의 방향을 둘러 싼 정권 교체와 우익의 총공세가 빚은 '전투적 위기'의 한 부분이라고 해야 옳다. 그렇다면 이것은 그냥 위기라기보다는 전투적 실천이 강조되는 위기이다.

그런데 이러한 위기를 고민하고 대응하는 조직 주체의 모호함이야말로 위기라고 생각한다. 1980년대 이래 한국 역사학 특히 근현대사 분야는 연구방법론이나 실증적 성과 그리고 실천성은 대학보다는 오히려 진보적 학술연구단체에 의해 주도되었다. 망원한국사연구실을 시작으로 한국역사연구회, 구로역사연구회(뒤에 역사학연구소), 역사문제연구소 등은 진보를 표방하며 한국근현대사의 금기 영역을 과감하게 파헤쳐 역사의 진실을 복원하고자 했으며, 이를 실천으로 이어갔다. 역사학계에서 사상과 실천의 통일을 강조하면서 이를 조직적으로 실천한 것은 '6·25전쟁' 후 처음 있는 일이었다.

학술운동을 표방한 이들 단체들은 창립 20년을 넘기고 있다. 한국역사연구회는 고대사에서 현대사 연구자를 망라한 최대의 한국사 연구자 조직으로 성장했다. 역사학연구소는 노동자 계급의 관점에서 역사학의 실천의 한 영역을 개척했다. 역사문제연구소는 초기에 『역사비평』을 통해 한국근현대사의 금기된 진실을 대중에게 알렸고, 민간 차원의 역사 전문 연구소로서 자리를 잡았다. '진보적인 역사연구 삼 단체'라는 말도 이들 세 단체를 가리키는 다소 영예로운 칭호였다.

그러나 앞서 제기한 위기 징후들은 어쩌면 이들 단체들과 관련이 더욱 큰 것은 아닐까. 아니면 이러한 위기에 대한 일단의 책임이 이들 단체에게 있는 것이던지. 맑스주의 역사학의 위기란 어쩌면 이들 조직이 추구한 역사방법론과 성과가 도전받고 있는 것을 가리키는 것은 아닌지? 사실 맑스주의 역사학 또는 민중사학이란 이들 진보적 역사연구단체가 중심이 되어 재생산해 왔기 때문이다. 대학원의 경우 제도화된 재생산구조로서 다양한 연구자들이 포진되어 있으나 사상적 결합을 전제로 한 것이 아니다. 보수적인 학술풍토와 지도교수를 정점으로 한 위계적 시스템이 유지되는 대학원의 경우 진보 학문의 재생산은 쉽지 않다. 각 학교의 풍토에 따라 성향 차이가 나기도 한다. 때문에 진보적인 한국사연구단체가 사상·이론·실천의 최전선 역할을 해왔다. 그런데 이곳이 오히려 혼란의 와중에 있는 것은 아닌지?

또 프로젝트역사학의 위험성을 얘기하자면 학교보다 재정적·조직적 재생산이 취약한 곳이 바로 이러한 민간의 연구단체일 수 있다. 학술진흥재단의 다양한 공모프로그램이나 BK/HK 등이 대체로 대학연구소를 주 대상으로 지원하는 방식이기 때문에, 민간연구단체는 연구기금을 확보하기가 매우 불리하다. 박사학위 소지자를 많이 확보하고 있고 조직 결속력이 강한 경우는 문제가 아닐 수 있어도(프로젝트 신청을 한다고 다 되는 것도 아니지만), 그렇지 않은 경우 존립조차 힘들어질 수도 있다. 기약 없는 교수자리를 기다리기보다 차라리 안정적인 조건을 확보하기 위해 HK에 눈을 돌리거나 다른 연구프로젝트팀으로 갈 수밖에 없다. 민간연구기관이 조직원의 재생산을 담보할 수 있는 안정된 재정 확보책이 마련되지 않는 한, 해마다 연구 용역 신청에 조직의 존립을 의존하는 경향이 커질 수밖에 없다.

실천 차원의 위기도 도래했다. 최근 과거사 관련 위원회의 결성이나 이른바 뉴라이트의 '대안교과서파동'과 이명박 정부의 한국근현대사 교과서에 대한 폭력적 개입 등 다양한 역사현안에 대해 진보적인 한국사 연구단체가 조직적으로, 능동적으로 대응한 경우는 드물다는 점이다. 일련의 과거사위원회의 경우 관련 피해자나 유족 그리고 이와 관련된 시민단체나 개별 연구자들이 힘겹게 투쟁해 쟁취한 것이며, 한국 사회의 포괄적 민주화의 성과에 기인한 것이기도 했다. 일본의 역사교과서 왜곡이나 뉴라이트와 이명박 정부의 교과서파동에 대한 투쟁 또한 이들 단체가 주동적 역할을 했다고 말하기 어렵다. '과학적, 실천적, 변혁적'이란 수식어를 붙이고 등장했음에도 사회운동에서 후위(後衛)일 뿐 아니라, 자기 분야에서조차 실천의 선도성이나 조직적 위력을 과시하지 못하고 있다.

물론 사회 현안이 발생하면 심포지움을 개최하거나 논문을 발표해 문제를 제기하기도 한다. 그러나 이러한 논문 발표만을 실천의 유일 방안으로 여기는 풍토가 있는 것은 아닐까? 연구자는 연구를 통해서 실천한다고 항변할 수도 있다. 그렇다면 과거 아카데미즘 비판을 하면서 등장한 과학적 실천적 역사에서 '실천적'이란 무엇을 말함인가? 일각에서는 한국사 연구자들이 이러한 투쟁에 동참하는 것이 아니라, 투쟁의 성과를 프로젝트 용역으로 전취한다는 비난도 있다. 전문가라는 기득권을 활용해서!

필자의 좁은 소견으로 보자면, 결국 위기란 역사학 일반이나 연구자 일반이 아니라는 점이다. 학문의 기저가 되는 사상과 방법론의 동요 그리고 현실에 대한 실천의 모호함, 조직적 재생산의 불안정함 등이 겹쳐져 있는 진보적 한국사 연구단체야말로 이러한 위기와 맞닿아 있으며,

동시에 이러한 위기를 고민하고 극복해야 할 주체라고 생각한다.

이 글은 1987년 전후 '진보'를 표방하며 등장한 한국사연구단체의 문제의식과 실천에 대해 개략적으로 검토하려고 한다. 학설사나 연구사가 아니라 역사학 연구자들의 조직적 실천이라는 것 – 자연히 현실에 대한 역사 연구자의 문제의식과 실천을 반성적으로 검토하려고 한다. 그러나 각 단체들의 20년에 걸친 활동을 정리하기에는 무리가 있고 필자 능력 밖이다. 다만 "사상과 운동으로서 한국사"라는 본래 면목을 찾아가기 위한 예비적 검토로서 이들이 본래 어떤 취지로 출발했던가를 되씹어 보는 것도 유의미한 일이라 생각한다.

Ⅱ. 진보적 학술운동조직의 등장

1. 학술운동의 출현 배경

학술운동을 표방한 진보적 한국사 연구단체는 1980년대의 역사 상황과 그 상황을 대면한 연구자들의 고민과 실천이 빚어낸 산물이었다. 먼저 1980년대 이후 '변혁'운동의 활성화에 따라 지식인(연구자)의 역할이 비상하게 증대했다. 1980년대 광주민주항쟁의 처절한 좌절과 전두환 군부세력의 집권은 지식인의 자기 각성과 사회적 책무를 환기했다. 지식인의 현실 참여란 비록 소수라 할지라도 그 이전부터 있어 왔으며, 민주주의를 위한 투쟁 또한 새로운 것은 아니었다. 그러나 1980년대에는 몇 가지 주목할 상황 변화가 있었다.

1980년대 중반 이래 학생운동 외에도 각 계급 또는 부문별로 운동이 활성화되었다. 1980년대에는 노동자·농민·도시빈민의 집단적 저항이 높아졌고, 이들이 사회변혁운동의 주요한 세력으로 떠오르기 시작했다.

정치적 민주주의를 넘어서 민중의 계급적 진출과 맞물려 사회·경제민주주의 문제가 본격 고민되는 시기가 도래한 것이다. 또 광주민주항쟁에서 미국의 역할 등이 거론되면서 지식인과 학생층을 중심으로 반외세 통일운동도 대중적으로 분출했다. 그리고 신군부세력의 야만적인 폭력이 이들에게 자행되었다. 캠퍼스 안에서 자신의 후배들이 경찰에게 무참하게 짓밟히고 노동자·농민·빈민들의 대중적 투쟁이 격화하는 현실을 반복적으로 목도하면서, 연구자가 사회의 방관자로 안주하는 것은 분명 괴로운 일이며 비겁한 일이었다. 지식인의 자기 책임에 대해 진지하게 검토할 수밖에 없었다. 이러한 연구자의 자기반성은 연구자의 존재조건의 특성상 일반적인 대중운동과 구분되는 지식인의 참여 형태를 모색하는 것으로 나아갔다.

이미 현실에서는 정치적 민주화와 경제·사회적 민주화 그리고 통일 문제가 상호 관계를 맺고 변혁운동으로 발전하기 시작했다. 특정 정권에 대한 도전—독재타도—만으로 해결될 수 없는 한국 사회의 구조적 모순이 드러나고 있었으며, 다양한 대중적 진출의 변혁운동 차원에서 재구성할 필요가 있었다. 이제 지식인(연구자)은 대중의 일원으로 시위에 참가하는 것을 넘어서 변혁운동에 어떻게 자신의 역할을 다할 것인가를 본격적으로 고민하기 시작했다.

한편 1980년대 중반 이후 대학원에 진보적 연구자들이 급격하게 진출하면서, 이들이 조직화하는 경향을 보이기 시작했다. 1980년대 학생운동의 '변혁적 코스'(변혁운동가로서의 자기 변신)란 일반적으로 학생시절을 '투쟁'으로 정리하고 노동 현장에 이전하는 것이었다. 그러나 현장에 이전하지 않은 상당수가 이 시기부터 대학원에 진학하는 경향이 증대했다. 이들 가운데는 '운동을 접는' 이들도 있었지만, 대부분은 학생운동의 경험(문제의식)을 자신의 연구로 이어갔다. 설령 순수 연구자로 남고 싶어도 더욱 격렬하게 발전하고 있는 현실운동 앞에서 이론과 실천의 긴장이 자신의 내면에서 요동치고 있었다. 현실로부터 자신을 차단한 채 상아탑 속의 연구만을 미덕으로 생각하던 과거 대학원과 달리 현실에 대한 고민과 실천을 연구와 결합시키고자 하는 연구자 집단이 생기는 것은 시대의 필연이었다.

물론 운동권의 대학원 진출이 연구자들을 현실 운동에 참가하게 하는 핵심 요인은 결코 아니었다. 이미 한국사회는 독재시스템이 원활하게 작동될 수 있는 시대가 아니었다. 운동권 출신이 아니더라도 한국 사회의 모순에 대해서 문제의식을 가진 연구자들이 늘었다. '순수'를 표방한 아카데미즘의 반동성과 제도학계의 보수적 학문 방법론에 대한 소장 연구자들의 불만도 커지고 있었다. 비민주적인 '도제성(徒弟性)'에 기초하고 있는 연구자 재생산구조와 학문의 자유의 제약 등도 학문의 민주적 발전을 가로막고 있었다. 또 대학원은 대학 예산 지원의 사각지대였고, 원생(연구자·강사도 포함되어 있지만)에게 어떠한 권리나 권익도 주어지지 않은 원시적 수탈지대였다. 자연과학분야에서 거액의 프로젝트가 들어올 경우 밤을 새서 고생하는 대학원생에게는 거의 대가가 주어지지 않았다. 인문계 대학원에 드는 예산은 백묵 값밖에 없다는 농담이 나올 지경이었다. 대학원이야말로 민주주의와 가장 멀리 떨어져 있었다.

발전하는 현실운동, 연구자들의 현실에 대한 긴장감 증대와 지식인의 역할에 대한 모색, 현실의 질곡으로 작용하고 있는 대학원 내의 비민주적 학술 풍토, 대학원생의 무권리 상태에 대한 불만, 대학원생의 양적 증가와 진보적인 연구자들의 상대적 증가 등이 학술운동이 출현할 수 있는 배경이 되었다.

2. 진보적 연구자조직의 태동

1980년대 중후반 진보적 연구자들은 학내(대학원)와 학외(연구회) 크게 두 가지 방향에서 조직화되기 시작했다. 각 학교 대학원의 경우 전공 또는 수업과 결합한 전통적인 세미나와 별도로 진보적 실천을 지향하는 세미나팀들이 등장했다. 전공학과 내에 만들어진 세미나팀들은 대체로 전공 학문 틀 속에서 진보적 시각과 이론을 연마하는 차원에 머물렀다. 그러나 전공학과를 넘어서 조직화된 몇몇 세미나팀의 경우 운동조직과 직·간접적으로 연계되어 있었거나, 대학원 학과를 넘어선 학술동아리라는 학내 연구자들의 횡적 조직이 존재하기도 했다. 이러한 세미나팀의 소속원들은 한편으로는 학과 내에 또 다른 세미나팀을 조직해 재생산 기반을 확대하기도 했고, 대학원총학생회를 건설하는 조직적 구심이 되기도 했다.3)

한편 학외에서는 주로 전공과 연계한 '자율적 연구자조직'이 등장했다.4) 이러한 단체들은 1980년대 후반 진보적인 전문 학회로 발전했고, 학술단체연합회의 구성 단체가 되었다. 또 전공학과와 무관하게 현장과 연계된 진보적 연구자 소모임이 학교 바깥에서 활동하기 시작했다.5) 이들은 자신들의 세계관에 입각한 연구성과를 무크지 등의 형태로 발표하면서 영향력을 넓혔다.

이러한 진보적 소장 연구자군이 조직화되고 성장하면서, 연구자들의 사회적 실천에 대한 모색도 병행되었다. 진보적 연구자의 임무를 이데올로기분야의 투쟁, 또는 부문운동으로서의 문화운동으로 규정하고 '변혁운동의 참모부' 역할을 해야 한다는 입장이 제기되기도 했다. 그러나 이 입장은 노동자계급의 지도성과 운동의 전체적 유기성을 전제하는 부문운동과 달리 인텔리겐차의 상대적 독자성을 지나치게 강조한다는 비판을 받기도 했다.

---

3) 이상은 고려대학교 대학원의 경우를 예를 든 것이다.
4) 망원사학회도 이러한 범주에 넣을 수 있다.
5) 다산보임그룹을 예로 들 수 있다.

지식인 또는 연구자의 조직적 실천을 학술운동으로 자리매김하려는 흐름도 등장했다. 학술운동은 진보적 연구자들의 조직화와 연구를 통한 실천을 강조하는 논리와 맞닿아 있었다. 해방 공간 좌파 또는 진보적 연구자들이 조직한 각종 연구자조직운동이나 일본에서의 1950년대 '과학운동' 등이 학술운동의 선례로서 검토되기도 했다. 순수 아카데미즘 탈피, 당파성과 과학성에 입각한 연구, 연구의 조직화와 현실에 대한 적극적 개입, 그리고 대중(또는 노동자대중)과 연계 강화 등이 학술운동의 주요 내용으로 자리 잡기 시작했다.[6]

연구자의 재생산 웅덩이라 할 수 있는 대학원생을 조직하려는 운동도 등장했다. 학술운동이 연구자의 기능적 결합에 주목하고 대학원이란 장을 그다지 중시하지 않았던 것과 달리, 대학원운동은 연구자의 '직업적 재생산 구조'인 대학원을 운동의 거점으로 삼아야 한다는 문제의식에서 출발했다. 특히 대학원 내의 권위적이고 비민주적인 제도의 개선, 학문·사상의 자유 쟁취, 대학원생의 권익 옹호 등을 위해서는 학과를 기초로 한 대학원생의 자치기구로서 총학생회를 건설하고 다양한 연구자 대중운동을 전개해야 한다는 입장이었다.[7] 교육현장을 기반으로 한 투쟁과 재생산 거점의 확보가 맞물려야 한다는 입장이었다. 한국 역사상 처음으로 대학원 자치조직(대학원 총학생회)의 필요성이 제기되었다. 이와 함께 대학원의 연구자들이 연합한 학술동아리들이 조직되기도 했다.[8]

연구자들의 존재 조건-계급적 조건과 맞물린 조직들도 탄생했다. 각 대학의 학과업무를 지원하는 조교들의 권익 옹호를 위해 조교협의회가 결성되기도 했다. 몇몇 학교에서는 조교협의회의 활동을 통해 조교들의

---

6) 그런데 학술운동론은 '학문 사상의 자유 쟁취'라는 과제는 그다지 강조한 것 같지는 않다.
7) 각 대학원총학생회마다 입장이 같지는 않았다. 고려대학교에서 대학원운동론이 제기되자 연세대학교 대학원생들에 의해 이에 대한 비판이 제기 되었고, 서울대학교 대학원의 경우 '과학운동'을 제기하기도 했다.
8) 고려대학교 대학원과 외국어대학교 대학원에 조직되었다.

정당한 권익을 확보하는 데 성과를 거두기도 했다. 또 전국강사노동조합이 출범한 것도 주목할 만하다. 당시 강사들은 대학 교육의 상당 부분을 담당하면서도 저임금노예로 혹사당하고 교육자로서 권리는 전무했다. 언젠가는 교수가 될 수 있다는 희망감 외에는 어떠한 현실적 보상이 주어지지 않는 현대의 지식노예가 대학 강사였다. 강사노조는 지식인 사회의 최초의 노동자조직이자 일용잡급직의 '비정규직 노동조합'의 선구였다. 이러한 연구자조직의 태동은 1980년대 초로 거슬러 갈 수 있지만 실제 결성된 것은 1987년 민주화운동 국면을 전후해서였다. 대학원생들이 집단적으로 '4·13호헌철폐'를 요구하는 성명서를 발표했고, 6·10항쟁 때는 대학원생들이 플래카드를 만들어 집단으로 거리에 나섰다. 그리고 뒤이어 몇몇 대학원에서 대학원총학생회, 조교협의회, 강사노동조합 등이 건설되기 시작했다. 물론 대학원 내의 다양한 진보적 연구자모임이 있었고, 이들의 목적의식적인 활동과 연계가 있었기 때문에 가능했다.

 대학원이 조교협의회, 학생회, 강사노동조합 등으로 조직화하는 경로와 달리 학교 밖은 노동운동그룹과 연결되어 정파의 연구 집단으로 나아가거나, 진보적인 연구자조직(학술운동조직)의 결성으로 발전했다. 이상 연구자조직은 그들의 존재 조건과 기능 그리고 실천에 따라 다양한 형태로 등장했다. 학술운동은 연구자들의 계급적 존재 조건과 매개된 대학원학생회·조교협의회·강사노동조합 등과 달리 전문적인 학술기능을 매개로 조직적 실천을 전개하는 경우를 일컫는다고 하겠다. 역사학계에서는 망원한국사연구실·역사문제연구소·한국역사연구회·구로역사연구소(역사학연구소)가 바로 이러한 운동의 중심이었다.

III. 진보적 한국사연구단체의 등장과 의의

1. 1980년대 이전 한국역사 관련 단체

'6·25전쟁' 이후 극단적 반공주의와 독재체제 아래서 진보적 연구자들이 일정한 조직 형태로 합법적으로 활동할 수 있는 공간은 사실상 소멸했다. 물론 민주주의를 수호하기 위한 지식인의 활동은 유신체제기에 절정에 이르렀지만, 그것은 재야민주운동의 한 부분이었지 이글에서 말하는 목적의식적이고 조직화한 학술운동은 아니었다. 연구란 어디까지나 개인 차원에서 하는 것이라는 인식이 1980년대 중반까지 지배적이었다.

기존의 학회 또한 연구자들의 정보 교류와 학술 발표의 장이라는 것 외에는 별다른 사회적 기능을 수행하지 못했다. 지금의 학술운동단체처럼 공동 연구와 연구자 재생산 역할을 하는 일상적 세미나 구조도 없었다. 이념의 지향성이나 조직적 결속이 없는 학회 형태는 현실에 대한 역사학자의 적극적 대응을 담지하기 어려울 수밖에 없다. 오히려 1950년대 이래 한국 역사학계를 대표하던 진단학회나 역사학회는 보수적이고 현실몰각적인 성향이 두드러졌다.

해방 후 한국 역사학계를 대표하는 조직은 진단학회와 역사학회였다. 일제 식민지 시기 반제국주의사학의 선두에 섰던 맑스주의 역사학과 민족주의사학 계열은 '6·25전쟁' 이후 남한의 제도권 차원에서는 사실상 소멸했다. 대신 일제에 협력했거나 체제순응적인 집단들이 한국 역사학계를 장악했다. 특히 진단학회를 이끈 이병도 등은 이른바 실증주의를 표방하면서 역사학을 몰가치한 학문으로 만들면서 사실상 체제(순응)의 학문으로 전락시켰다. 역사학회는 한국사·동양사·서양사 연구자들이 참여하는 포괄적 조직이었으나, 이 또한 현실과 유리된 보수 성향의 학회 이상도 이하도 아니었다.

이들 단체들은 일본제국주의의 혹독한 지배와 민족문화말살정책을 겪은 세대들이 중심이 되어 조직했지만, 식민지로부터 해방된 국가의 역사학자들이 어떠한 역사의식을 지녀야 하며 자신의 역사적 임무가 무엇인지를 조직적으로 제출하지 못했다. 권력 앞에 무력하고 순응하는 분위기가 만연했고, 어떤 역사 현안이 있어도 사회적 발언을 한 적도 없는 박제조직으로 존재했다. 예를 들어 1965년 굴욕적인 한일회담이 진행되자 전 사회가 한일회담 반대투쟁에 나섰으나, 이들 단체는 성명서조차 발표한 적이 없었다. 이들에게 일제 식민사학의 극복이나 '사상과 운동에 입각한' 역사학자의 조직적 실천을 기대한다는 것은 불가능했다.

1960년대에 등장한 한국사연구회는 이와 사정이 다소 달랐다. 한국사연구회를 주도한 층은 해방 후 한국사 교육을 받은 소장학자들이었다. 진단학회나 역사학회가 역사적 현실을 대면하고도 침묵과 체제순응으로 일관하고 있다는 점, 한국사·동양사·서양사 연구자로 구성된 역사학회와 구분되는 독자적인 한국사 연구자조직을 만들 필요가 있다는 점(진단학회는 한국사 연구자를 망라한다기보다 특정 인맥을 중심으로 한 조직이라는 측면이 강했다), 새로운 한국사 연구조직은 일제 식민사학의 극복을 일차 과제로 삼아야 한다는 점 등이 연구자 사이에 공감대를 형성하면서 한국사연구회가 조직되었다.

한국사연구회는 지금에 이르기까지 한국사 전 분야와 시기를 아우르는 한국사학계를 대표하는 조직이며, 넓은 의미의 내재적 발전론을 전개하고 식민사학을 이론적·실증적으로 극복하는 산실 기능을 담당했다. 물론 일제 식민사학의 극복이 한국사연구회라는 조직단위로 이루어졌다고 말하기는 어렵다. 자본주의맹아론의 경우 고려대학교아세아문제연구소에 포진한 일군의 (당시로는) 소장 한국사 연구자들의 집약적 노력을 주목할 필요가 있기 때문이다. 그러나 역사학회나 진단학회가 제기하지 못한 식민사학의 극복이라는 과제가 한국사연구회 참가자들에게 공유되었고, 각 연구자의 분투와 학문적 결실이 한국사연구회 학회지 등을 통해 확산되었고, 학계의 정설로 자리 잡았다. 특히 한국사연구회시대 '식민사학 극복론'은 몇 가지 주목할 '이론과 실천의 긴장'을 1980년대에 등장하는 후속 연구자 세대에게 남겨주었다.

먼저 소수 학자들이기는 하지만 이들에 의해 식민사학은 물론 실증주의사학에 대한 비판과 아울러 민족사학과 맑스주의 역사학에 대한 복권이 시도되었다. 종래 한국사학사는 일제시기 한국 사학의 경향에 대해, 민족사학은 실천성은 강하지만 비과학적이며 실증사학은 과학성은 있지만 실천성이 약했으며 맑스주의 역사학은 기계적이고 공식주의라는 견해가 지배적이었다. 이러한 견해는 실증사학을 역사학의 근본 영역에 배치하고 민족사학을 부분적으로 수용하는 동시에 맑스주의 역사학을 한국사학사의 흐름에서 배제하려는 의도가 다분했다. 그러나 한국사학사에서 맑스주의 사학의 정당한 지위를 복권하려는 시도와 그 방법론을 계승한 연구 성과가 학문적 설득력을 발하면서, 1980년대 이후 (범)맑스주의 역사학의 연구방법론이 특히 경제사나 근현대사 분야에서 주류로 떠오르는 데 크게 기여했다.9)

또 '역사의 현재성'에 입각해 - 달리 말하면 '현실에 대한 역사가의 실천으로서의 연구'라는 측면에서 식민지 시기 한국사학의 경향을 '식민사학과 반식민사학'이라는 이분 구도로 파악하는 시각도 등장했다. 일제 식민사학과 실증사학은 일본제국주의의 식민지배를 옹호·묵인한다는 점에서 이들을 하나의 묶음으로, 민족사학과 맑스주의 역사학은 반제국주의사학이라는 또 하나의 묶음으로 파악한 것이다. 실증사학에 대한 직접적인 비판이었다. 이러한 입장은 해방 후 한국 사학을 분단고착사

---

9) 물론 여기에는 일본의 진보적인 한국사 연구자들의 이론적·실증적 성과가 끼친 영향도 무시할 수 없다.

학과 통일지향사학의 대결로 파악하는 인식과 연결되어 있다.

한편 1980년대까지 식민사학의 극복 논리는 (넓은 의미의) 내재적발전론과 자본주의맹아론에 집약되어 있었다. 그러나 내재적발전론이나 자본주의맹아론에 입각한 논문이라고 해서 모두 진보성을 담보한 것은 아니었다. 1980년대까지 한국사학계는 일제 식민사학자들이 제기한 한국사의 숙명적 성격 즉 반도성론·타율성론·정체성론·당파성론에 대한 극복을 당면 과제로 삼았기 때문에, 현재와의 대결보다는 잔존한 식민사학에 대한 직접적 투쟁에 얽매어 있었다. 또 조선 후기 자본주의의 맹아를 찾아내더라도 그것이 현재의 한국사 발전 방향과 어떻게 연결되어야 하는지 고민을 확장하지 못했다. '자주적 근대화=장미빛 자본주의'라는 한국사의 가능성을 확인하는 단순 도식에 머문 경우가 대다수였지, 이러한 이행이 식민지-분단-독재-자본주의 모순의 심화로 이어지는 현실과 접목되지 못했다. 따라서 이른바 민족모순, 계급모순, 체제모순이 중첩된 한국 사회의 현실에 대해 역사가가 어떻게 대결할 것인가를 자신의 과제로 끌어안기 어려웠다.

그러나 내재적발전론 또는 자본주의맹아론을 선도한 학자들 가운데 일부가 '자본주의를 넘어서는 다른 사회로의 이행을 전망하는 내재적발전론'이나 '분단현실을 극복하는 통일지향의 역사학'을 제창했음을 주목할 필요가 있다. 이들의 한국사 연구는 식민사학의 극복을 넘어서 한국사회의 현실을 직접 대면함으로써 이론과 실천의 긴장을 한국 역사학에 부여했다. 이러한 '소수 경향'에 대해 1975년 역사학대회에서 보수 학자들은 이를 용공시하거나 공공연하게 적대감을 드러내었다. 식민사학의 극복이 현실의 모순을 극복하는 데로 나아가려는 지점에서 '반공의 벽'이 기존의 역사학계와 결합해 막아섰다.

한국사연구회는 개인 연구자의 느슨한 참여에 근거하고 있었고, 사상·이념적 정향성이 없었고, 세미나 등 지속적인 재생산구조가 없었다.

주된 학문적 관심도 식민사학의 극복에 집중되었기 때문에 한국사회의 격동적 흐름에 조직적으로 대처할 수 없었다. 무엇보다 1980년 광주민주항쟁과 1987년 6·10항쟁 그리고 중요한 정치적 국면에서 한국사연구회는 어떠한 대응도 하지 못했다. 오히려 1980년대 중반 이후의 격화한 한국의 사회운동이나 한국자 소장연구자들이 범맑스주의 연구방법론에 경도하는 현실에 대해 불안한 시선을 보내기도 했다. 그렇다고 한국사연구회가 관변화하거나 어용화한 것은 아니었다. 역사가는 현실과 일정한 거리를 유지해야 한다는 특유의 객관주의에 매몰되거나, 한국 역사학계가 시대의 과제로 제기한 식민사학의 극복을 이미 벗어나고 있는 현실에 대한 당혹함이 더 컸다고 생각한다. 과거가 현실에게 밀려나고 있었다.

2. 진보적 한국사연구단체의 출범과 의미

1980년대 중후반 한국사연구, 특히 근현대사연구는 이론, 조직, 실천 면에서 새로운 양상을 띠었다. 이론적으로는 '범맑스주의연구방법론'에 입각했고, 조직으로는 일상적 교육 또는 연구를 통한 연구자의 재생산 구조를 가졌으며, 실천적으로는 공동연구를 통한 성과물의 발표는 물론 사회 현실에 대한 적극 참여를 표방했다. 그 성과는 학술운동을 내세운 진보적 연구자조직운동으로 발전했고, 그 출발은 1984년에 등장한 망원한국사연구실이었다.

1984년 한국근현대사와 여타 분야의 소장 연구자들이 모여서 결성한 '망원한국사연구실'은 "민중 중심의 역사 연구, 서술과 그 성과의 대중화"를 표방하였다. 사상적으로는 진보(변혁의 완곡한 표현이라고 할 수 있다)를 표방하고 학문의 과학성과 대중성(실천성)을 내세웠다. '사상과 운동의 통일'이라는 기치를 내 건 망원한국사연구실은 당시 모든 분과학문을 통틀어 연구자조직운동의 선구였다고 할 수 있다. 뒤이어 역사문제연구소가 등장하고, 망원한국사연구실이 분화—또는 발전—하면서 한국역사연구회와 구로역사연구소가 창립되었다. 1988년부터 이른바 진보적 역사연구 삼 단체로 불리는 역사문제연구소·한국역사연구회·구로역사연구소가 한국사학계의 학술운동의 트로이카체제를 형성했다.

1) 역사문제연구소

역사문제연구소는 1986년 2월 발족했다. 역사문제연구소는 "우리 역사의 여러 문제들을 공동연구하고 그 성과를 일반에 보급함으로써 역사발전의 올바른 방향을 제시하고, 이를 통하여 사회의 민주화와 통일에 기여하는 것"을 기본목적으로 제시했다.10)

여기서 역사문제연구소가 지목한 "우리 역사의 여러 문제"란 소재주의나 실증주의와 무관한 것이었다. 한국근현대사는 분단과 극단적 반공주의 속에서 연구가 금기시되거나 사실 자체가 왜곡 은폐된 경우가 많다는 것이며, 역사문제연구소는 이러한 금기의 영역과 역사의 왜곡·은폐에 대해 본격 연구를 하겠다는 의지를 완곡하게 표현한 것이다. 그리고 이러한 연구 성과를 『역사비평』과 시민강좌 그리고 역사기행 등을 통해 대중과 공유함으로써 연구자와 대중의 결합을 추구하겠다는 의지를 표명하였다. '대중과의 결합'에 기초하여 '역사발전의 올바른 방향에 입각한 사회의 민주화와 통일에 기여'하는 것을 자신의 사명으로 삼음으로써 역사학의 실천성을 강조했다.

역사문제연구소는 ① 민주화운동에 헌신했던 사회 인사들의 적극적인 참여와 재정적 후원이 뒷받침 되었고, ② 역사학만이 아니라 정치학, 국문학, 사회학 등 인근 인문사회과학 연구자들이 참여함으로써 여러 분과학문의 연계성을 추구했으며, ③ 연구자 외의 시민들이 참여하는

---

10) 이하 인용부호 안의 내용은 각 연구단체의 누리집에 게시된 내용을 인용한 것이다.

회원 구조와 다양한 시민강좌 및 역사기행을 통해 '역사의식의 대중화'에 상당한 성과를 거두었으며, ④ 특히 『역사비평』(현재는 독립)을 통해 한국근현대사의 진보적 성과를 대중화하는 데 크게 기여했다. 1980년대 후반과 1990년대 초 역사학계의 학술운동을 주도한 것은 역사문제연구소와 『역사비평』이라고 할 수 있다.

그러나 역사문제연구소는 1990년 전후 분과학문 단위로 학회들이 결성되면서 연구소 내 비역사학과 분야 연구자들 상당수가 전문분과학회로 이동하면서 인적 역량이 축소되었다. 뒤이어 등장한 한국역사연구회나 구로역사연구소 등 새로운 한국사 연구단체들이 한국사 연구자들 상당수를 흡수하면서 한국사 연구자들의 재생산도 규모면에서는 축소될 수밖에 없었다. 다양한 분과세미나를 기반으로 한 재생산구조는 이후 상근 연구자 중심으로 전환되었다.

『역사비평』으로 상징되던 연구소의 출판 활동도 변화를 겪었다. 『역사비평』은 역사의 대중화를 지향하는 성격을 유지하되 독립된 출판사가 운영하는 체제로 바뀌었다. 대신 연구소는 전문학술지인 『역사문제연구』를 연간으로 간행하고 있다. 그러나 『역사비평』은 "역사의 대중화"라는 측면에서 그 명성과 영향력은 과거에 비해 약해졌고, 학술진흥재단 등재지로 등록된 데서도 알 수 있듯 전문학술지와 역사대중지 사이의 성격이 모호한 점도 있다. 『역사문제연구』는 전문 학술지라고 하지만 "한국현대사와 박정희" 등 매우 뚜렷하고 시의적인 주제를 특집 또는 기획시리즈로 제시하고 있다. 이는 연구소라는 형태가 갖는 내적 응집성과 소수이지만 집약된 기획성이라는 장점이 발휘된 것이라 할 수 있다. 그러나 이러한 성과가 누구에게 어떻게 전달되는지, 그 영향은 어떤지 평가하기 어렵다. 또 연구원 사이에 사상·방법론적으로 다양한 흐름이 존재하며, 뚜렷한 학문적 색깔을 제시하고 있지 못하다. 그러나 여전히 한국사학계의 진보진영의 한 축을 담당하고 있다.

2) 한국역사연구회

1988년 망원한국사연구실은 한국역사연구회(1988년 9월 3일 창립)와 구로역사연구소(1988년 11월 12일)로 조직적인 분화―역사학연구소측은 이를 분열로 표현하고 있다―를 겪었다.

1987년 당시 진보적인 한국사 연구자들은 대체로 역사문제연구소, 망원한국사연구실, 한국근대사연구회에 포진하고 있었다. 그러나 진보적 한국사 연구자들 사이에 고립분산적인 활동 양상을 탈피해야 한다는 인식이 확산되면서, 1987년 겨울 한국근대사연구회와 망원한국사연구실을 중심으로 한국사 연구자들을 조직적으로 통합하자는 논의가 제기되었다. 그러나 통합 과정에서 이견이 존재함으로써 망원한국사연구실의 회원 일부와 한국근대사연구회 그리고 1988년 8월 초 서울 시내 여러 대학 연구자들이 구성한 '고중세사연구자협의체'는 1988년 9월 한국사연구회를 결성하였고, 나머지 망원한국사연구실 회원들은 같은 해 11월 구로역사연구소를 따로 조직하였다.

이러한 조직적 분화 또는 분열에 대해 구로역사연구소 측은

> "학술운동의 관점, 학술운동과 민족민주운동의 결합방식, 연구자의 조직문제 등 다양한 쟁점이 복잡하게 얽혀 있었으나 크게 보면 한국사 분야에서 '연구자 대중'을 조직화하는 것을 중심적인 과제로 놓느냐 아니면 민중운동과의 결합을 통하여 한국사 연구자들의 실천성을 강화하는 것을 중요한 과제로 놓느냐의 차이에 기인한다고 평가했다.11)

즉 연구자대중조직 노선을 표방한 한국역사연구회와 진보적 연구자와 민중운동의 결합―이는 혁명적 인텔리겐차와 노동자계급의 결합이라는 러시아의 역사 경험과도 연결이 있는 것으로 보여진다. 구로라는 지역이 갖는 상징성을 생각해 보라!―을 추구하는 구로역사연구소라는

---

11) 이하 인용문은 해당 연구단체의 누리집에서 인용했다. 출전은 따로 표시하지 않았다.

두 조직노선의 분화로 보아야 한다는 것이다.12)

한국역사연구회측은 "1980년대 변혁운동에 동참하고자 한 역사학자들의 몇 년간에 걸친 조직 활동의 최종적 결과물"이자 "한국사 전시기를 포괄하는 연구자단체"로서 한국역사연구회가 조직되었음을 강조했다. 그런데 한국역사연구회측은 한국역사연구회가 세 단체(망원한국사연구실·한국근현대사연구회·고중세사연구자협의회)의 대표들이 모여 합의에 의해 새로운 연구자 조직을 결성한 것으로 규정하고 있다. 발전적 해소에 의한 통합기구 결성이라는 의미가 강하다. 반면 역사학연구소측(구 구로역사연구소)은 망원한국사연구실이 구로역사연구소를 창립한 흐름과 한국역사연구회로 합류한 흐름으로 나뉜 것으로 파악한다. 즉 망원역사연구실이 두 개의 노선 분화에 따라 일부는 구로역사연구소 창립으로 다른 일부는 한국역사연구회에 참가한 것으로 파악하고 있다. 한국역사연구회는 창립취지문을 통해 현재 한국 사회는 "진정한 민주주의의 실현과 조국의 자주적 통일을 역사적 과제"를 안고 있으며, "이 과제를 달성하기 위한 민주화, 자주화 운동이 각계각층에서 뜨겁게 일어나고" 있다고 진단했다. 이러한 "사회적 전환기"를 맞이하여 "한국사 연구자들의 소임은 그 어느 때보다도 막중"함에도, "학문이란 이름하에 비과학적인 역사인식이 횡행하고, 고립분산적인 연구풍토와 소(小)소유자적인 세계관에 둘러싸여 업적주의, 연구주의가 팽배"한 결과 "한국사의 과학적 체계화와 연구자들의 실천적인 노력은 극히 개별적인 수준에 머물렀고, 지배권력의 이데올로기 공세에 적극적으로 대처하지 못했다."고 지적했다. "올바른 과학성과 실천성을 실현하는 데에는 근본적인 한계"가 있었다는 것이다.

---

12) 필자가 보기에는 조직 노선 이상의 의미를 갖는다고 생각한다. 조직화 또는 실천의 대상을 누구로 설정하는가에 따라 연구·조직·실천이 달라지거나 강조점이 이동할 수 있기 때문이다.

한국역사연구회는 "과학적 역사학, 실천적 역사학의 정립"을 과제로 내세웠다. 과학적 역사학이란 "무엇보다도 사회의 변혁과 진보를 실현시켜 나가는 주체가 민중임을 자각하고 민중의 의지와 세계관에 들어맞는 역사학을 추구"하는 것이라고 밝혔다. 실천적 역사학이란 "우리 스스로 변혁주체임을 확신하고 이 사회가 안고 있는 모순을 극복하기 위한 실천운동을 적극적으로 실천"하는 것으로 규정했다. 곧 "역사의 진보를 이루어 나가는 사회세력에 뿌리를 내린 역사학만이 과학적인 것이며, 역사학의 과학성은 사회적 실천을 통해서만 검증된다"는 것이 과학적·실천적 역사학이었다.

역사문제연구소가 '올바른 역사방향에 입각한 민주화와 통일에 기여'한다는 설립 취지를 표방한 것에 비하자면 한국역사연구회의 그것은 이론적으로나 실천적으로 매우 전진한 것이었다. 최초로 역사학(자)의 임무를 우리 사회의 모순을 근본적으로 극복하는 변혁운동과 진보를 위한 연구와 실천의 통일임을 명확하게 표방하고, 변혁의 주체로서 민중을 제시함과 아울러 지식인(연구자) 자신을 이러한 민중의 일원으로 규정했기 때문이다. 그리고 변혁운동의 일환이자 민중의 구성 요소로서 연구자가 학술운동의 중심에 서 있어야 한다고 강조해 학술운동의 주체를 명확히 했다.

한국역사연구회가 약사(略史)를 통해 자평했듯, 한국역사연구회의 창립은 "1980년대 이래의 역사연구자의 활동에 큰 획을 긋는 사건"이었다. 1980년대 이후 진보적 연구자는 증대했으나 수공업적이고 분산적인 활동에 머물고 있었다. 한국역사연구회는 무엇보다 한국사 전 시기의 연구자들을 회원 대상으로 해 본격적인 연구자대중조직노선을 추구했다. 또 일정한 입회 과정—소정의 교육과정을 거쳐야만 회원 자격이 주어졌다—을 통해 연구회의 사상적 통일성을 꾀했다. 신입회원들은 선배 그룹의 집약된—당시로는 최신이기도 한—연구 성과를 교육 과정을 통해

체계적으로 흡수할 수 있는 현실적 이점이 있었다. 또 시기별, 주제별 연구 분과를 두어 항상적인 공동연구를 매개로 한 조직의 재생산 또한 상당한 성과를 거두었다.

한국역사연구회는 대중노선을 지향함으로써 광범위한 연구자들을 자신의 틀 안으로 끌어들였다. 이곳을 거쳐 간 연구자들 상당수가 교수가 되거나—한국사회에서 교수가 되는 것은 개인의 직업적 안정성을 넘어서 사회적으로 매우 긍정적이면서 중요한 역할을 할 수 있다—, 학계의 중진으로 활동함으로서 재생산과 세력화라는 측면에서 역사문제연구소나 구로역사연구소보다 월등한 성과를 거두었다. 또 한국사 전시기에 걸친 분과별 공동 연구나 주제별 연구 그리고 다양한 출판 활동을 통해 한국역사학계에서 상당한 학문적 권위와 입지를 확보하였다.

그러나 최근 한국역사연구회는 명성과 세력만큼의 자기 역할을 다한다고 보기 어렵다. 우선 연구자 재생산이 과거보다 매우 취약해졌다. 초기 조직을 주도한 연구자들 상당수가 조직 일선에서 물러났으나, 한참 일을 맡을 세대는 각종 과거사 관련 위원회 등에 상근직으로 빠져나갔다. 젊은 연구자들의 충원 또한 과거만큼 활발하지 않기 때문이다. 또 '과학적·실천적 역사학'을 표방했지만 진보 성향의 느슨한 전문역사단체로 가고 있다는 느낌을 지울 수 없다. 이미 내부에 다양한 학문적 경향이 존재하고 있어, '과학적·실천적 역사학'이란 무엇인지 애매해지고 있다. 특히 한국역사연구회가 1991년에 펴낸 『20세기 역사학 21세기의 역사학』의 '총론격'에 해당하는 '현대한국사학의 과제'는 1980년대 이래 역사학계의 진보적 학술운동의 사상적·조직적 출발점마저 왜곡하는 심각한 내용을 담고 있음에도, 끝내 이에 대한 내부 교정이 이루어지지 못했다.

변혁과 민중 주체와 연구자의 실천을 주창한 진보적 한국사연구단체의 맏형인데도, 현실을 추동하기보다는 현실을 따라가고 있다고 말하면 지나친 말일까? 신입회원에 대한 교육과정이 사라진 것은 취약한 재생산구조 탓인지는 몰라도 '과학적·실천적 역사학'의 조직적 함의가 더 이상 위력을 발휘하지 못하는 현실과 맞닿아 있는 것일 수도 있다고 생각한다. 그러나 한국역사연구회가 진보학술단체로서 갖는 위상과 책임성 그리고 잠재력은 여전히 크다고 할 수 있다.

3) 구로역사연구소·역사학연구소

한국역사연구회보다 약간 늦게 출범한 구로역사연구소는 "비록 막연한 형태이지만 민중운동과의 결합을 통하여 연구자의 대중성과 실천성을 확보하고 이를 기반으로 새로운 전문성을 모색"하고자 했다. 여기서 말하는 "새로운 전문성"이란 "진보적인 한국사 연구자가 활동할 수 있는 공간을 어디에 어떠한 방식으로 두어야 하는가라는 쟁점에 대한 나름대로의 문제제기"에 입각한 것이었다. 노동자 관점의 변혁운동에서 역사를 바라본다는 것, 노동자 계급을 중핵으로 하는 민중의 운동(현장)의 요구와 연구자의 실천을 통일시킨다는 의미이기도 했다.

구로역사연구소 측은 "1987년 6월투쟁과 노동자대투쟁의 거센 바람이 휘몰고 간 직후"인 1988년 11월 '구로'라는 노동운동의 상징성을 따서 연구소가 설립되었음을 강조한다. "노동자 계급의 역사적 실천"을 위하여 "실천의 현장"에 세워졌음을 명확히 한 것이다. 노동자 계급과 연구자의 결합, 변혁운동과 역사학의 만남, 연구와 실천의 이분법 배제라는 원칙이 출발부터 자리 잡고 있었다.

구로역사연구소는 활동 목표를 "우리 민족의 역사를 민중주체의 입장에서 연구하고 민족통일의 참방향을 열기 위해 민족사를 체계적이고 과학적으로 연구, 정리"하고, "사회적 실천을 통해서 연구결과를 검증받고 그것을 바탕으로 민중사학의 이론적 진전은 물론 사회운동의 과학적 전진에 이바지"하는 것으로 설정하였다. 여기서 "민중 주체의 입장·민족

통일의 참방향"에 기반한 "민중사학"은 사실 매우 모호한 개념이라고 하겠다. 그러나 "사회적 실천을 통한 연구의 검증과 이론적 전진과 사회운동의 과학적 전진"이라는 구절은 주목할 만하다. 역사문제연구소나 한국역사연구회와 달리 노동자 계급이나 사회운동세력과의 적극적 연계, 강한 현장지향성, 실천을 통한 이론의 발전 등을 전망하고 있기 때문이다.

실제 구로역사연구소 회원들은 메이데이 행사에 지속적으로 참가하고 있으며, 회보 창간호(1989년 3월)에 「우리나라 메이데이의 역사」를 특집으로 실어 메이데이 100주년을 맞아 '노동법 개정 및 임금인상투쟁본부'의 노동절 쟁취 선언을 뒷받침하기도 했다.

구로역사연구소가 1990년에 펴낸 대중용 교과서인 『바로보는 우리 역사』(1·2)는 "집단적 공동작업을 통하여 민중사학의 성과물을 생산하고 그 성과물을 다양한 방법과 경로를 통하여 대중에게 전달하고, 그 과정에서 연구소의 활동을 구체적으로 검증"받고자 한 시도 가운데 가장 성공한 사례라 하겠다.

그러나 필자가 주목하는 바는 현장운동과 연계된 대중교육사업과 역사 기행이다. 개인 차원이 아닌 연구소 차원에서 전개된 일련의 한국사 강좌는 1980년대 말에서 1990년대 초기에 특히 활발했다. 정신여고 평교사회 역사학습(1989년 1월), 춘천YMCA 춘천사회선교센타 주최 민족학교(1989년 1월~1989년 2월), 진보정치연합 안산지부 주최 안산시민학교 제1기 한국사강좌(1989년 4월~1989년 6월), 한국방송통신대학 서울지역총학생회 주최 제1회 민족민주교실 한국근현대사강좌(1989년 8월~1989년 9월), 수원사랑민주청년회 주최 제3회 수원사랑민주교실 현대사강좌(1990년 2월~1990년3월), 인천민중연합 주최 제1기 민중역사교실(1990년 3월~1990년 4월), 구로국민운동본부 주최 역사강좌(1990년 3월~1990년 4월), 민중당 인천남구을지구당 주최 제1기 민중역사교실(1991년 1월~1991년 3월), 건설 일용 노동조합 한국근현대사 강좌(1993년 2월~1993년 3월), 성남 진보

정당추진위원회 한국사강좌(1993년 4월~1993년 5월), 중부민주청년회 한국사강좌(1993년 4월~1993년 5월) 등 이러한 교육선전사업은 "연구성과를 대중에게 직접 전달하면서 연구자들이 현실의 변혁운동과 연계를 맺는 중요한 고리"로서 자리 잡았다. '6·25전쟁' 이후 한국사 연구자들이 조직 차원에서 현장 운동조직과 연계되어 역사 강좌를 지속적으로 연 것은 구로역사연구소가 처음이라고 생각한다.

구로역사연구소의 또 하나 두드러진 활동은 민중의 변혁 운동의 현장을 답사하고 민중의 역사 역량을 확인하는 역사기행이었다. 제1회 역사기행(1993년 2월)과 제2회 역사기행 주제가 '한국현대사와 지리산'이었고, 제3회 역사기행(1993년 10월)은 그 주제가 '1894년 농민전쟁, 구례 남원 농민군의 활동과 김개남'이었다.

그러나 구로역사연구소는 '사회주의의 세계사적 패배'와 더불어 침체기로 들어섰다. 사회주의권의 붕괴는 한국 진보진영 전체에 영향을 끼쳤고, 노동자 계급을 중심에 둔 민중사학을 자신의 기반으로 하였던 구로역사연구소 또한 적지 않은 충격을 받았다. 구로역사연구회 측에 따르자면 이러한 충격은 연구소의 침체로 이어졌는데, 그 핵심적 계기는 "연구의 전문화"와 관련된 것이었다고 한다.[13]

구로역사연구소는 1992년 5월 "한편으로는 현장교육의 경험을 연구성과로 재생산하고 다른 한편으로는 대내외적으로 연구소의 위상을 정립하고 일상적 연구역량을 높일 목적으로" 회지(『역사연구』)를 발간했다. 그러나 "새로운 전문성" 즉 "실천의 경험이 (조직적으로-필자) 연구 작업에 반영된 (특집 형태 등의-필자) 연구성과의 형성"을 지향한 『역사연구』가 끝내 개별 논문의 집합 형태로 간행되면서, "새로운 전문성의 창출"에 대한 의문이 제기되었던 것이다.

---

13) 이러한 침체의 현상과 원인에 대한 구로역사연구소의 자기비판은 매우 솔직하면서도 신랄하다.

"이러한 상황(동구 사회주의권의 붕괴와 소비에트 연방의 해체-필자) 속에서 그동안 우리가 내세웠던 민중 주체의 과학적인 역사연구의 진정한 내용은 무엇이며, 또 실천적 내용이 뒷받침되지 못할 때 이러한 주장이 무슨 의미를 지닐 수 있겠는가 등등의 문제에 대해서 스스로 깊이 고민"하기에 이른 것이다. 결국 『역사연구』는 "그 형식으로만 본다면 기왕의 일반 학술논문집과 크게 다를 바 없을 것"이니, 여타 학술단체와 차별성 또한 없을 수밖에 없다는 우려가 나온 것이다.

1993년 8월 구로역사연구소는 역사학연구소로 이름을 고쳤다. "구로연이라는 명칭이 지역적인 한계를 지닌다는 점"과 "'구로'라는 상징성이 가지는 의미가 부담스럽다"는 것이 그 이유였다. 대신 전문성이 강조되었다. "나라 안팎의 정세가 급변하는 요즘, 역사 연구자에게도 새로운 자세와 의식의 변화가 요구"되며, 역사학연구소는 "과학적인 역사 연구 방법을 새롭게 모색하고, 사회의 변화와 발전에 도움 되는 역사 연구를 강화"하는 방향으로 나아가야 한다는 주장이다. 이를 위해서는 "지금까지의 역사 연구성과를 다시 평가하고 아울러 다른 학문 분야와도 긴밀하게 교류할 필요"가 있으며, 앞으로 역사학연구소는 "연구성과를 가지고 대중과 만나는 한편 과학적인 역사학을 정립하는 데 더욱 힘쓸 것"을 다짐하고 있다.

이렇게 조직의 명칭을 바꾸는 것에 대해 역사학연구소 측은 "초기의 민중, 실천, 과학이라는 지향"이 "과학적인 연구라는 전문성을 지향하는 것으로 전환"한 것으로 평가하고 있다. 그리고 "1992년~1993년을 계기로 하는 전문성의 강조로의 전환"이 "진보운동의 퇴조에 따른 대중교육의 위축이라는 정치적 조건과 결합"하면서 연구소의 활동은 침체되어 갔다고 한다.

결국 "초기의 대중화작업(사회적 실천과 연구의 대중화-필자)에 기초한 새로운 전문성의 모색이 벽에 부딪히고 이에 대한 반대 편향으로 기존의 전문성이 부각되면서 연구소의 활동은 연구와 교육 모두 침체"되었다고 밝혔듯이, 대중성과 전문성의 상승적 선순환이 실패한 것을 침체의 주요 원인으로 들고 있다.

  그러나 역사학연구소의 침체가 대중화에 기초한 새로운 전문성의 모색이 실패했기에 연구소가 침체했다는 진단은 너무 원인을 단순화한 것이 아닌지 의아하다. 예컨대 역사기행이나 노동자계급에 대한 교육활동과 '첨예한 모순의 현장'을 찾는 역사 기행은 역사학연구소의 커다란 특장이었다. 그런데 이것이 이후 조직적으로 담보되지 못하고 소수의 개인 활동으로 좁아진 이유는 무엇인지 궁금하다. 또 연구자재생산이 제대로 되지 않은 이유가 새로운 전문성 창출의 실패에만 있을까? 한 때 400명이 넘던 회원들은 왜 현저하게 줄었는가? 민중과 실천에 방점이 없는 과학이란 무엇을 뜻하는지 아리송하다.

  노동자조직이 사라진 것도 아니며 진보적인 사회운동 세력이 사라진 것도 아니다. 그런데 노동자계급과 역사학의 혁명적 결합이 '새로운 전문성'의 창출이 제대로 이어지지 않았다고 조직이 휘청거린다면 대부분의 진보적 연구단체들은 모두 문을 닫아야 할 지 모른다. 역사학은 사실에 기초한 학문이다. 민중사학의 '이론적 모호함'이나 '한계'가 있다 하더라도 한국근현대사가 지닌 사실의 힘은 여전히 위력을 발휘한다. 여전히 노동자들은 자신의 변혁적 임무는 고사하고 연구자에게는 상식일지 모르는 사실조차 제대로 모르고 있다. 지금 한국사회는 근현대사의 '기억을 둘러 싼 투쟁'이 매우 치열하게 전개되고 있다. 반드시 민중사학에 대한 새로운 정립이 있어야 이러한 투쟁에 동참할 수 있는가? 어쩌면 연구소라는 조직에 대한 반성보다는 그 구성원인 연구자 자신들의 사상적 원칙이 변한 것은 아닌지? 필자가 이 부분을 제기하는 것은 역사문제연구소나 한국역사연구회와 달리 역사학연구소는 솔직히 변혁운동에 직접 복무하고자 하는 자기 원칙이 조직 결성의 동기였기 때문이다.

Ⅳ. 전환기에 선 '사상과 운동으로서 한국역사학'

1. 과학적 세계관과 인텔리겐차 오디세이에 대해

학술운동을 표방한 역사연구 삼 단체의 경우 모두 다 역사학의 '진보성' 또는 '과학성'을 표방했다. 이는 몰가치한 실증주의나 자연과학과 달리 가치지향성과 역사의 발전방향의 필연성을 통일적으로 바라보는 세계관(역사관)과 역사방법론을 지향함을 뜻한다. 그것은 유물사관의 '복권'일수도 있고 그 한국적 상황의 변용인 민중사학론일 수도 있다. 어찌 되건 크게 보아 범맑스주의 역사학을 자신의 진보성·과학성의 기저로 삼고 있다고 할 수 있다.

그러나 1990년대 사회주의권의 몰락을 목도하면서 범맑스주의 역사학은 그 위력이 크게 감퇴되었다. 대신 일상사·포스트모더니즘·탈민족 담론 등 다양한 담론과 새로운 역사연구방법론이 힘을 얻어가고 있는 것은 사실이다. 역사발전의 법칙성(필연성) 또한 '죽은 개' 취급을 당하고 있다.

그런데 솔직히 말해 한국의 맑스주의 역사학은 이론면이나 연구 성과에서 초보 단계라고 생각한다. 이제 막 사랑을 느끼기 시작하는 사춘기에 사회주의의 몰락이라는 이혼을 목도한 것이다. 사춘기 소녀에게 이혼을 설명하라는 얄궂은 상황이라니! 그러나 여전히 소녀에게 결혼과 독신과 이혼은 미래에 놓여 있다. 미래에 대한 궁극적 해답은 세계사라는 바다라기보다 소녀 자신이 그 바다를 향해 저어가야 할 인생관과 세계관이란 노에 있다. 흔히 세계관은 그 앞에 '과학적'이란 관용적 수식어가 붙는다. 그런데 '과학적'이란 용어를 자연과학처럼 해석해서는 곤란할 것이다. 사회주의권이 몰락했다는 세계사적 현상을 너무 결정적으로—'과학적으로'— 규정하는 것은 위험하다. 역사는 길게 보는 학문이다. 자본주의의 역사가 굴곡이 있듯이 사회주의 역사도 그럴 수 있다. 더구나 역사학은 예언이 아니다. 인간사회의 변화 발전은 자연의 그것보다 더욱 복잡하다. 자연의 변화조차 예측하기 어렵기 때문에 흔히 '기압은 1밀리바, 상온 15도, 진공 상태'라는 조건을 주고 결과를 도출하지 않은가? 하물며 인간사회에서야! 쉽게 미래를 확신하기도 어렵지만 그렇다고 쉽게 미래를 포기하는 것도 곤란하다.

역사연구자에겐 과학적 세계관 이전에 인생관의 정립이—물론 분리하기 어렵지만— 불가결하다. 맑스가 『자본론』을 쓰고 나서 공산주의자가 된 것이 아니다. 맑스주의는 억압받는 자의 해방, 노동하는 인간이 자신의 존엄성을 획득하고 자기 운명의 주인이 되는 가치지향적 삶을 처절하게 추구하는 실천이 사실의 실증 및 과학적 논리와 결합하면서 탄생했다. 과학적 세계관이란 인간에 대한 자신의 근본 태도를 확립하는 것(인생관)과 사회에 대한 과학적 분석이 통일되는 것을 말한다. 사회주의가 '몰락'했다고 노동자 계급의 해방은 포기해야 하는 것인가? 그것이 과학인가? 미래는 예측하기 어렵기 때문에 미래를 향한 인간의 투쟁과 의지가 돋보이는 것이다.

우리 자신이 맑스주의가 지닌 도덕적·이론적 강점에 안주함으로써 이른바 '맑스주의 역사학의 위기'를 자초한 것은 아닌지 돌아볼 필요가 있다. 사회구성체와 변혁주체 그리고 변혁운동이라는 단순 도식 위에서 우리의 논문이 너무 안이하게 쓰여진 것은 아니었던가? 수많은 논문이 양산되었지만 정작 맑스주의 역사학의 개가라고 내세울만한 기념비적 저작이 몇 편이나 나왔던가? "백척간두(百尺竿頭) 경진일보(更進一步)"이고 "시작이 반이 아니라 구십 리가 반"이라고 했거늘, 우리의 짧은 소견과 불과 얼마 되지 않은 역사 경험을 잣대로 미래를 너무 빨리 예견하는 지식인 특유의 약삭빠름은 없는 것일까?

자신이 추구하는 인간적 가치를 쉽사리 과학적이란 말에 맡김으로써 자신의 철학을 쉽게 버리는 태도부터 고쳐야 할 것 같다. 흔히 맑스주의로부터 전향하는 사람들이 맑스주의 또는 사회주의체제의 비인간성 등을 공격하면서 정작 자신은 파시스트의 앞잡이가 되는 것을 너무나 우리는 많이 보아왔다. 이른바 과학적 견지에서 사회주의의 몰락을 예단하면서 최소한의 인간성마저 팽개치는 작태를 최근에도 우리는 보고 있지 않은가! 1990년대 중반 이래 지식인의 '자기 계급으로의 귀환' 현상은 세계사에서—우리 역사에서조차—드문 일은 아니다. 노동현장에서 활동하다가 운동을 '접고' 나오는 이들, 맑스주의 사상을 버리고 소시민의 삶으로 돌아가는 사람들이 어찌 한둘이랴. 이러한 지식인의 자기계급으로의 귀환을 "인텔리겐차 오디세이"라고 불러야 할 지 모르겠다. 그래도 이러한 귀환이야 위로하고 다독일만하지만 이른바 "뉴라이트" 계열로 간 자들의 작태는 도저히 용납하기 힘들다. 이들에 대해서조차 우리의 역사관이나 연구 성과가 미숙하다고 비판하지 못한다면, 이는 수영을 배우기 전에는 물에 들어가지 않으려는 태도와 다름없다.

결국 사상은 자신이 선택하는 것이다. 다양한 사상의 경쟁 속에서 각 사상은 이론의 물질적 전화를 통해 사회적 설득력을 획득한다. 사상 또한 자기반성적이어야 한다. 역사연구 삼 단체의 경우 벌써 20년의 역사를 안고 있다. 그러나 각 단체의 20주년 기념행사가 이론과 현실의 긴장을 내포한 자신의 과학에 대한 엄밀한 비판적 검토 대신 기성학회와 크게 다를 바 없는 학술연구발표로 대체되고 있다. 적어도 20주년이면 자기 조직의 출발선에서 선언했던 창립 취지와 활동 목표에 비추어 20년을 되돌아 볼 필요가 있지 않겠는가!

2. 논문에만 귀일되는 실천성을 넘어야

역사연구 삼 단체는 '실천성'을 내세웠다. 그 내용이나 강조점이 다소 차이가 있다 하더라도 한국 사회의 '진정한 민주화'나 '올바른 통일'을 지향하는 변혁운동 선상에서 연구 활동을 중핵으로 한 다양한 실천을 전개하겠다는 의미이다. 논문을 발표하고 심포지엄을 열고 그 성과를 출판하는 것이 연구자의 실천 전부는 아닐 것이다. 한국 역사학계에서 진보를 그리고 연구자의 조직적 실천을 담지한다는 창립 취지를 보자면, 그 실천이 지나치게 논문 발표라는 형식에 매몰되어 있다. 그것을 넘어서는 실천이 점차 사라지고 있다.

한 때 대학가에서는 '각주 1번의 역사학'이라는 자조적인 용어가 떠돌았다. 진보를 표방하면서도 여전히 대학원 내의 도제적 학술풍토와 재생산구조를 넘어서지 못하는 풍토에 대한 풍자적 표현일 것이다. 진보적 역사연구단체는 이러한 풍토를 너머서는 선구적 역할을 자임하지 않았던가.

'프로젝트 역사학'이란 말도 떠돈다. 연구 용역을 중심으로 연구가 이루어지는 것을 말한다. 자신의 문제의식에서 출발한 과제의 채택보다는 수주 기관의 문제의식과 주제에 맞추는 역사연구 풍토를 일컫는 말이다. 이것을 굳이 백안시할 필요는 없다. 다만 학술진흥재단이나 각종 기관의 연구 용역부터 기웃거리고 거기에 주제를 맞추는 풍토가 만연할 때, 한국 학계에서 일정한 지위를 확보한 진보적인 역사연구단체들이 '어떤 모범'을 창출해주기를 바란다. 과거처럼 연구 용역과 무관하게 치열한 주제의식과 자발적 결합에 기초한 연구 작풍이 그립기도 하다.

그리고 무엇보다 학술운동의 실천이 연구에만 매몰되지 말고 사회적 의제와 결합해 다양한 실천을 전개할 필요가 있다. 현재 한국 사회는 역사 의제가 봇물처럼 터지고 있다. 그리고 다양한 역사관련 조직이 활동하고 있다. 박정희기념관 설립에 대한 시민사회의 강력한 저항이 있었고, 친일인명사전 편찬의 길이 막히자 자발적인 시민성금이 줄을 이었다. 통일문제와 관련해서는 남북역사학자교류협회가 있고, 일본의 역사교과서 왜곡에 대항하는 전문 기관들이 국적을 넘어 동아시아 공동 역사교재까지 만드는 성과—내용면에서는 여전히 불만스럽지만—도 있었다. 구한말에서 식민지 시기는 물론 해방 후 현대사 영역에 이르는 다양한 과거사관련위원회가 만들어졌고, 이들 기관에 너무나 많은 한국사 연구자들이 들어가 활동하고 있다. 어디 그뿐인가. 뉴라이트교과서 포럼의 『한국근현대사 대안교과서』 파동과 이명박 정부의 검인정교과서 탄압은 실로 중차대한 역사학계의 현안이 아닐 수 없다.

그런데 놀랍게도 이와 관련한 실천은 역사연구 삼 단체의 바깥에서 이루어지고 있다는 점이다(물론 상당수가 역사연구 삼 단체의 구성원이기는 하지만). 역사연구 삼 단체의 경우 이러한 실천을 만들어 내는 주체도 아니었고. 선도하지도 못했다. 물론 연구자의 임무는 연구를 통한 실천이라는 점을 내세워 관련 주제에 대해 심포지엄이나 논문 발표를 하지만, 기성의 학회의 대응과 커다란 차별성을 느끼기 어려울 때가 많다.

적어도 검인정 근현대사교과서에 관한 한 역사연구 삼 단체가 나서서 대책위원회를 조직하고 실천이 중심에 서야 할 것이다. 다른 사안이야 발생의 특수성이 있다 하더라도 이 사안은 이들 삼 단체가 전면에 나서는 것이 옳다. 역사연구 삼 단체의 조직 체계가 오로지 연구생산라인으로 계통화 되어 있지 사회운동과 연계되는 어떠한 부서조직도 가지고 있지 않다는 점도 이러한 실천의 부재 또는 연구 편향성을 보여주는 예일 것이다. 실천의 부족함이 이론의 제약을 가져오는 것 아닐까.

연구와 실천을 표방한 진보적인 한국역사연구단체의 학술운동에 대해 비판한다는 것은 곧 글쓴이 자신에 대한 부끄러운 고백이자 반성의 한 형태이기도 하다. 필자 자신도 이러한 비판에서 자유로울 수 없기 때문이다. 더구나 각 단체의 활동에 대해 깊이 검토하지 못한 상태에서 하나의 에세이 형태로 자신의 생각을 마구 내뱉는 것은 두렵기조차 하다. 그러나 남의 문제가 아니라 연구자인 '우리'의 문제이다.

2부

민중사의 재발견과 새로운 역사쓰기

중세해체기 농민항쟁 연구와 서술방향

송 찬 섭
한국방송통신대학교 문화교양학과 교수

I. 머리말

 민중운동사의 연구와 서술은 1980년대 이후 다수의 연구자들이 관심을 두었고 그 결과 많은 성과를 이루었다. 이런 연구를 이끈 것이 중세해체기의 민중운동이었으며 특히 1988년 『1862년 농민항쟁』이 간행된 뒤 수많은 연구 성과가 축적되었다.[1]
 현재 민중운동사는 연구의 정체와 여러 가지 문제제기에 직면하여 새로운 모색의 기로에 서있다. 무엇보다도 변혁주체론 중심의 민중운동사는 위축되었다고 보고 그 원인으로 시대적 상황과 더불어 연구 방법의 문제점을 제기하면서 새로운 방법론이 모색되어야 함을 주장하고 있다.[2] 여기에는 먼저 다양한 분야, 이를테면 국가권력, 민속학, 생활사, 사상사, 문화사, 여성사 등으로의 연구 분야의 확대와 이를 통한 민중운동사에서 민중사로 확대해야 한다는 주장, 경제결정론을 벗어난 도덕경제론 등을 통한 새로운 해석 등을 그 대안으로 제시하고 있다. 이는 그간의 민중운동사 연구를 돌아보고 새로운 주제를 모색하는데 도움이 되리라고 여겨진다.

---

[1] 1980년대 후반 망원한국사연구실에서는 민중운동사 작업의 일환으로 19세기 농민항쟁 분과를 만들었고, 오랜 공동작업 끝에 1988년 6월 『1862년 농민항쟁-중세말기 전국농민들의 반봉건투쟁』(동녘)을 출간하였다.
[2] 배항섭, 「조선후기 민중운동연구의 몇 가지 문제-임술민란을 중심으로-」, 『역사문제연구』 19, 2008 ; 배항섭, 「조선후기의 민중운동」, 『새로운 한국사 길잡이 제3판 한국사연구입문』 상, 지식산업사, 2008.

연구 방법론을 모색하고 새로운 연구 주제를 개발하여 연구를 다양화시키는 일은 연구자가 해야 할 주요한 역할 가운데 하나이다. 무엇보다도 1980년대 이후 민중운동을 둘러싼 다양한 논의가 제기되었음에 비해 지금은 그렇지 못하며 실제로 직접 민중운동을 다룬 연구는 그리 많지 않은 형편이다. 예전 이 부문의 연구자들의 후속 작업을 본다면 농민항쟁기에 관해 지녔던 문제의식을 근거로 이후 시기까지 연결하여 더욱 정치한 작업으로 확대해 나갔던 측면도 있다. 다만 그 같은 연구를 바탕으로 직접 농민항쟁을 다룬 새로운 연구가 잘 보이지 않는다는 점에서는 연구가 축소되었다는 평가도 가능할 것이다.
　이제는 1980년대 이래 추구되었던 민중운동사의 연구방법론의 문제가 무엇인지, 연구 위축의 원인이 무엇 때문인지 진지하게 성찰해 볼 필요가 있다. 이 글에서는 성찰의 계기를 1862년 농민항쟁에서 찾고자 한다. 1862년 농민항쟁은 중세사회의 본격적인 해체기인 1862년 이후에서 1894년 농민전쟁에 이르는 민중운동의 주된 흐름이 농민항쟁이면서 그 출발점일 뿐만 아니라, 1980년대 이후 민중운동사 연구의 중요한 계기가 되었기 때문이다. 따라서 중세해체기 민중운동사에 대한 그간 연구를 되돌아보면서 침체된 민중운동사 연구의 진전을 위한 새로운 방법론에 대한 검토와 함께 민중운동사가 앞으로 어떤 방향으로 연구하고 확대, 발전되어야 할 지 살펴볼 것이다.
　특히 올해는 역사학연구소 창립 20주년일 뿐 아니라, 공교롭게도 민중운동사 연구에 큰 영향을 미쳤던 『1862년 농민항쟁』 발간 20주년이다. 이 글은 공동작업자의 한 사람으로서 20년 전 공동작업 당시의 열정과 문제의식을 되새기면서 어느덧 세파에 녹슨 자기반성과 함께 새로운 각오를 다짐하는 장이 되고자 한다.

II. 연구성과의 흐름과 새로운 방법론의 제기

중세해체기 민중운동사에 대해서는 1960년대 이후 연구가 진전되었으며, 내재적발전론과 더불어 농민항쟁의 내면에는 삼정문란을 넘어서 지주소작관계라는 생산관계를 둘러싼 모순이 작용한다는 관점이 연구의 주된 흐름으로 자리 잡았다. 특히 1980년대의 사회분위기, 곧 군사정권시대가 오래 계속되면서 사회적 모순이 심화되고 그에 따라 사회운동이 활발하게 전개되면서 민중운동에 대한 관심이 크게 높아졌고 이를 반영하듯이 중세해체기 농민항쟁에 대한 연구가 확대되었다.

중요한 성과를 간추려 보면 농민항쟁의 배경으로서 농민층분해와 사회모순의 심화 양상, 부세체제에서 삼정을 중심으로 도결, 공동납제 등에 대한 연구가 이루어졌다. 조직에 있어서 향회의 성격 변화, 민회라는 자발적인 농민집회의 발전, 그리고 항쟁조직으로서 두레, 초군 등에 대한 새로운 연구성과가 나타났다. 항쟁의 주도층으로서 조선후기 부농의 성장에 맞춰 요호부민이 주도층으로 강하게 부상되었다. 그밖에 요구조건이나 투쟁양상, 그리고 정부의 대책 등에 대한 연구도 다양하게 이루어졌다.3) 이런 연구는 우리나라 근현대 민중운동사의 서막으로서 이후 농민전쟁, 의병전쟁, 3·1운동 등 민중운동사 연구에 직간접적으로 도움이 되었다.

한편 이 시기 농민항쟁 연구에 참여한 연구자들은 직접 이 시기가 아니더라도 이를 기반으로 연구를 확대해 나갔다는 점도 주목된다.4) 또한

---

3) 방기중, 「조선후기 수취제도 민란연구의 현황과 국사교과서의 서술」, 『역사교육』 39, 1986 ; 박찬승, 「조선후기 농민항쟁사 연구현황」, 『한국 중세사회 해체기의 제문제』, 한울, 1987 ; 한상권, 「민의 성장과 농민항쟁」, 『한국역사입문 2(중세편)』, 풀빛, 1995 ; 고석규, 「1894년 농민전쟁연구 2」 ; 정석종, 「민중의 성장」, 『한국사연구입문』, 한국사연구회, 지식산업사(제2판, 1987), 1981.

4) 대략 살펴보더라도 다음의 연구는 직간접적으로 관련되었다고 생각된다. 한국역사연구회, 『1894년 농민전쟁 1~5』, 역사비평사, 1991~1994 ; 김양식, 『근대한국의 사회변동과 농민전

이 같은 연구성과는 통사, 교과서, 지방지 등에서도 상당히 반영되어 새로운 서술로 자리잡아나갔다. 특히 지방지 가운데 상당수는 이러한 성과를 수용하고 나아가 지역의 자료를 발굴하거나 보완하려는 시도도 보인다.[5]

이러한 성과는 앞에서 보았듯이 1980년대 사회 분위기에 영향 받은 측면도 있지만 이 같은 연구를 통해 당시 사회변혁의 역사성과 방향을 제시하는데 일조하였다고 평가된다. 그러나 이 같은 성과가 연구자에게 다시 투영되어 민중운동사를 심화시키는데 그다지 활용되지 않음으로써 이후 민중운동사 연구의 위축을 가져왔다.

최근 민중운동사에 관한 연구가 정체되면서 기왕의 연구가 취해온 접근방법이나 이해하는 시각에 적지 않은 문제점이 있음을 지적하면서 민중운동사 연구의 정체를 극복하기 위한 다양한 모색이 이루어지고 있다.

첫째 민중운동사를 넘어선 민중사의 새로운 정립을 제기하고 있다.[6] 여기에는 본래 민중운동사와 민중사를 일치시켜 연구하던 데에서 벗어나 경제결정론적, 계급환원론적 시각이 강화되면서 기왕의 민중운동사가 민중사를 편협하게 인식하게 하고 민중사를 왜곡시켰다는 비판이 깔려있다. 때문에 민중사의 새로운 정립을 위해서는 민중의 일상생활과 그 속에 형성된 민중의식에 대한 해명을 중요한 과제로 제기한다.

쟁』, 신서원, 1996 ; 고석규, 『19세기 조선의 향촌사회연구』, 서울대학교 출판부, 1999 ; 정진영, 『조선시대 향촌사회사』, 한길사, 1998 ; 김용섭, 『한국근대농업사연구 3-전환기의 농민운동-』, 지식산업사, 2001 ; 송찬섭, 『조선후기 환곡제개혁연구』, 서울대출판부, 2002 ; 조경달, 『조선민중운동의 전개』, 암파, 2002 ; 배항섭, 『조선후기 민중운동과 동학농민전쟁의 발발』, 경인, 2002 ; 이영호, 『한국근대 지세제도와 농민운동』, 서울대학교 출판부, 2001 ; 『동학과 농민전쟁』, 혜안, 2004.

5) 가령 『함평군사』에서는 관련자에 관한 출신지와 가문 등을 파악하려고 노력하였으며(『함평군사』, 제6장 조선말기 지방행정의 운영과 함평농민항쟁, 1999, 1책 827쪽), 『거창군지』에서도 주도층에 대해 별도의 조사를 하고 있다(『거창군지』, 임술거창농민항쟁과 인민사 건립, 1997). 앞으로 각지 지방지의 서술에 대해 관심을 가질 필요가 있다.

6) 허영란, 「민중운동사 이후의 민중사-민중사 연구의 현재와 새로운 모색-」, 『역사문제연구』 15, 2005.

이러한 문제제기는 민중운동사를 새롭게 성찰할 수 있는 중요한 의미를 담고 있지만, 민중사와 민중운동사를 분리하는 것이 아니라 서로 긴밀히 연결해 나가야 한다는 것 또한 잊어서는 안 될 것이다. 가령 재일교포 학자 조경달은 우리나라 민중운동사를 지속적으로 연구하면서 일본의 민중사 연구경향 등을 잘 활용하고 있는데, 그는 민중운동사는 역사의 전환과 방법을 통찰하는 동시에 민중의 일상세계도 투시할 수 있는 연구영역도 있다고 말하고 있다.7) 무엇보다도 1980년대 이래 민중운동사 연구가 진전되면서 운동사라는 하나의 분야사로만이 아니라 그 시대 자체를 이해하는 전체적인 시각을 제시했다는 점도 강조하고 싶다.

둘째 사회모순보다 민중의 생활세계의 온정을 강조하는 경향으로, 그 예로서 도덕경제론을 조선후기 사회에 원용하는 경우이다. 도덕경제란 공동체적 성격이 강하고 사회보장이 부족한 전근대사회의 운영 특징 가운데 한 측면이란 점에서 이를 전근대사회, 특히 우리나라 민중운동을 설명하는 가장 중요한 요소로서 설정한다.

이를 방증하기 위해 19세기 중후반 지대수취율이 급격히 하락하였다는 연구성과를 들고 있다.8) 곧 재지적 기반을 가진 사족(곧 지주)이 자연재해 또는 개인적인 사정으로 어려움에 처한 작인에게 온정주의적 태도를 취했을 가능성을 말하면서 이를 도덕경제론과 관련지어 설명한다. 지주경영의 목표가 수익 극대화에 있는 것이 아니라 향촌사회에서 후덕한 지주라는 대접을 받고 家格을 유지하기 위해 필요하다9)고 지적하는 것이다. 이는 매우 흥미 있는 연구성과로서 당시 지주경영의 방법을 이해하는데 도움이 되겠지만 이를 시대적 특징으로 확대 해석하는 것은 아직 무리가 있을 것이다. 왜냐하면 토호, 유력관인층, 지방관청의 이속

---

7) 조경달, 『조선민중운동의 전개: 사 논리 구제사상』 동경, 암파서점, 2002, 5쪽.
8) 배항섭, 앞의 논문, 225~227쪽.
9) 김건태, 「1743~1927년 전라도 영암 남평문씨 문중의 농업경영」, 『대동문화연구』 35, 1999.

층, 상인층으로서의 지주들의 경영목표는 결코 도덕경제에 있다고 보기 어렵기 때문이다. 무엇보다도 1860년대에 들어선 시점에서 지대율이 낮아지는 것은 지주의 사회적 평판이나 온정주의적 가능성 못지않게 농민항쟁기의 사회적 분위기 때문으로도 볼 수 있다. 따라서 위의 연구를 당시 농민항쟁기의 지주소작관계의 일반적인 실태로서 적용하는 것이나 우리나라 지방사회 지배질서의 특징으로 보는 것은 적절하지 않은 듯하다.10) 온정주의는 오늘날 자본—노동관계에서도 볼 수 있지만 그것이 자본— 노동관계의 본질은 아닌 것과 마찬가지이다.

한편 인류학자 제임스 스콧의 『도덕경제론』을 우리나라에 그대로 적용해서 실증작업을 한 성과도 있다.11) 농촌사회는 호혜-재분배의 통합원리가 잘 작동하게 되는데 19세기 조선사회는 그 같은 도덕경제가 잘 작동하는 지역 가운데 하나라고 보았다. 여기서 농민들의 부에 대한 인식을 부자를 질시, 질투하고 마을의 안정을 저해하는 행위로 간주하고 자기 욕망만을 채우는 파렴치한으로 인식한다고 서술하고 있다.

조선 농촌사회에서도 공동체 내부의 형평성, 상호부조, 상호지지 등의 개념이 있었고 이에 따라 지나치게 집중된 부를 재분배하는 제도가 있었다고 한다.12) 농촌운영의 주체를 농민으로 볼 때 이런 분석은 가능하다. 실제로 조선후기에 농민들은 공동체를 형성하여 농경을 하고 경제적으로도 공동납의 형태로 부세를 담당한다. 이러한 공동체구조는 이른바 '도덕경제'에 바탕을 두며 지주들도 이를 부정하기 어려웠을 것이다. 이러한 윤리에 대해 지주들도 동조하는 것은 원활한 지주경영을 위

---

10) 가령 이 시기 수령이 자기 지역의 부세 문제를 해결하기 위해 녹봉을 일부 투여하는 「捐廩」경우도 많이 나타나는데 이를 수령의 도덕성으로 설명할 수는 없을 것이다.
11) 김성우, 「조선시대 농민적 세계관과 농촌사회의 운영원리」, 『경제사학』 41, 2006. 제임스 스콧의 『도덕경제론』(김춘동 번역, 아카넷, 2004)의 원제는 『The Moral Economy of the Peasant-Rebellion and Subsistence in Southeast Asia-』(1976, Yale University)이다.
12) 하승우, 「삶의로서의 민주주의-자급과 공생의 정치」, 『녹색평론』 101, 2008, 98쪽.

해 필요할 것이다. 그러나 농민의 사회적 관계가 공동체만으로 한정되지 않았다. 당시 공동체 안팎에는 중앙집권적인 국가체제와 지배집단이 있었으며, 지주제가 발전하였고 상업이 농촌까지 침투하였다.

이런 점에서 도덕경제라는 틀로서 농촌공동체의 현상을 설명하는 데는 적합할지 몰라도 그 구조적 본질로까지 확대하는 데는 문제가 있다. 가령 농민의 저항을 지주제에 대한 반대보다는 조세부담 증가에 대한 반대라고 설명하는데 일차적으로는 그렇게 보이지만, 조세 부담을 전가하는 힘은 권력과 토지소유에 있다는 사실을 간과해서는 안 될 것이다. 이처럼 평등한 부세제도를 수립하려는 농민들의 염원을 이전의 도덕경제로의 환원으로 보는 것은 의문의 여지가 있다. 그들은 오히려 도덕이라는 이름으로 작동하는 신분적 경제적 불평등을 타파하려는 움직임을 평가해야 할 것이다.

또한 개항 전후 외국인이 본 기행문을 통해 도덕경제를 설명하고 있는데 일견 농촌공동체 내부가 그렇게 보일 수 있을지 몰라도 읍내의 이서층과 토호층은 여기서 벗어나는 경우가 많을 것이다. 가령 1860년대 충청도에서 산림으로 인정받던 趙秉悳은 그의 아들 조장희가 노자, 비부, 식객 등을 이용한 악행을 행하다가 농민항쟁이 일어나자 농민들에게 공격당할 것을 걱정하였다.[13]

특히 어느 나라, 어느 지역에서나 정도의 차이가 있더라도 공동체적 삶은 있었으며, 이는 서양의 경우도 마찬가지일 텐데 조선을 특별히 강조하는 것은 지나치다고 본다.[14] 가령 경제학자 슐츠는 전통사회와 농

---

13) 하영휘, 『양반의 사생활』, 푸른역사, 2008, 96~97쪽.
14) 한편 이 연구에서는 논지를 보완하기 위해 중국의 사례를 인용하여(친후이·쑤원 지음, 유용태 옮김, 『전원시와 광시곡』, 이산, 2000) 비슷하게 설명하고 있다. 곧 부자들은 주구의 가혹함을 감당하지 못하여 파산하고, 헤프게 지출하여 '모두 함께 가라앉는 현상'이 나타나고, 호혜성 규범과 생계권리라는 도덕적 구성요소가 농민경제 안에서 인간적 욕구에 긴밀하게 조응하는 도덕경제라는 점을 강조하였다. 그런데 이 책에서 농민들은 공동체를 지키려는 의식과 사유화 속성이 함께 있었다고 보고 있다. 공동체를 지키려는 명분보다 공

민을 주어진 환경에서 합리적으로 대응하는 존재라는 주장도 참고할 필요가 있다.15)

한편 도덕경제론은, 정체론적인 시각에서 조선후기의 경제적 역량을 부정하는 논리로 활용되고 있다. 조선 후기 사회는 농촌시장, 화폐경제, 원격지유통, 임노동을 이용한 경영이 비록 높은 단계는 아니지만 성장하고 있었으며, 조선의 사회적, 정치적, 문화적 역량은 높은 편이었다.16) 도덕경제는 일부 한정된 자료와 이로부터 유추된 심증적인 논리로 사회관계를 소공동체의 관점으로만 파악함으로써 당시 사회를 왜소화시킬 우려가 있다.

Ⅲ. 농민항쟁 연구의 모색과 서술방향

1. 반성과 모색

최근 농민항쟁에 대한 지속적이고 체계적인 연구도 적지 않지만(주4번의 저서 참조) 이전 시기에 비해 양질적인 측면에서 연구가 크게 위축된 것도 사실이다. 또한 민중운동사에 대한 문제제기 역시 침체된 연구의 반영일 것이다. 하지만 최근 농민들의 정치의식에 초점을 맞추어 지방관의 불법에 대해 농민들이 법담론을 이끌어간 점을 주제로 삼은 연구는 대단히 의미가 있다.17) 이같이 문제의식을 확대한다면 기존의

동체의 보호 속에 생존을 유지하려고 했기 때문에 공동체를 파괴하려는 것에 저항하려 하였다. 이런 점에서 공동체 파괴에 대한 저항은 곧 자신을 지키려는 저항이었다. 이 책에서 강조하고 싶은 것은 "전산업시대 농민은 이 지구상의 주요주민이며 농민사회는 모든 유형의 현대사회의 공동조상이고 부르주아 계급과 프로레타리아 계급을 포함한 현대인의 역량도 결국 농민집단 또는 농민신분 속에서 발생하였다"(26쪽)라고 보인다.

15) 이헌창, 「조선후기 자본주의맹아론과 그 대안」, 『한국사학사학보』, 2008, 81쪽.
16) 이헌창, 앞의 논문, 119~120쪽.

자료로서도 새롭게 정리할 수 있는 여지도 크다고 보인다. 여기에는 다른 분야의 연구성과를 활용하는 것도 의미가 있을 것이다. 최근 부세 문제에 대해 조선왕조 재정시스템을 검토한 연구는 상당히 새로운 시도라고 보인다.[18] 향촌사회의 지배구조, 조세징수체계 등 운영에 관한 연구도 도움이 된다.[19]

또한 지금까지의 연구를 차근차근하게 검토하면 다음 몇 가지 문제점이 눈에 띈다. 첫째 자료에 대한 문제이다. 사실 1956년 당시 다양한 자료를 섭렵하여 1862년 농민항쟁에 관한 자료를 모아 간행한 『壬戌錄』은 대단한 안목으로 평가된다. 이를 계기로 1960년대 농민항쟁 연구가 활발하게 이루어졌고, 그 뒤로도 상당기간동안 농민항쟁 연구에 가장 중요한 밑거름이 되었다. 그 뒤 1980년대 중요한 자료들이 상당히 발굴되면서 연구가 한층 진전되었다. 『晉陽樵變錄』,『晉州樵軍作變膽錄』,『晉州民變錄』 등과 직접 농민항쟁에 관한 자료를 관청에서 작성한 책인 『汾督公彙』,『矗營錄草』 등, 그리고 농민항쟁을 70개 군현으로 확대시킨 『龍湖閒錄』, 사건에 연루된 인물이 올린 『星州民擾時前吏房徐宅鉉辨巫錄』,「被誣事實」,「前校理李命允謹再拜上書于按・閣下」 등은 매우 귀중한 자료였다. 이런 자료들이 자칫 '왕조실록'과 같은 기록에만 의존하여 지배층 입장에서 처리될 수 있었던 사건을 비록 한계는 있지만 농민들의 입장을 담고 또 사건을 풍부하게 할 수 있었다. 그러나 안타깝게도 이러한 자료들은 거의 일회적으로 사용하는데 그쳤으며, 새로운 연구에 별로 활용되지 않았다. 자료에 대한 비판과 검토도 그다지 이루어지지 않은 셈이었다.[20] 한편 연대기로서 자료의 가치가 높은 『日省錄』이 1982년

---

17) 김선경,「19세기 농민저항의 정치: 1862년 농민항쟁 관민 관계 위기와 법 담론」,『역사연구』 16, 2006.
18) 손병규,『조선왕조 재정시스템의 재발견-17~19세기 지방재정사연구』, 역사비평사, 2008.
19) 오영교,『조선후기 사회사연구』 혜안출판사, 2005.
20) 그런 점에서 근래 김용섭이 그간 발굴된 여러 종류의 '진주안핵사사계발사'를 다시 꼼꼼히

부터 1996년까지 15년에 걸쳐 간행되었다. 그간 이용하기 매우 어려운 자료였지만 간행된 뒤 이를 농민항쟁사에 적극적으로 활용한 연구는 보이지 않는다. 이런 점에서 기존 자료에 대한 새로운 관점에서의 비판과 분석이 필요하며 이는 또다른 측면에서 연구의 지평을 확대할 수 있는 계기가 될 것이다.

둘째 농민항쟁의 상황을 전체적으로 조망하는 연구가 부족하였다. 그 동안 농민항쟁 자체에 연구가 집중되고 발발의 결과 영향을 미치게 되는 사회전반에 대한 관심이 부족했다. 가령 정치사의 측면에서 항쟁시기 정치적 상황, 권력의 주체와 구조, 그리고 삼정에 대한 국가적인 파악이나 정책은 어떠했을까를 고찰한 성과가 거의 없다.[21] 그런데 당시 연대기를 보면 정치인들의 발언 속에는 이 같은 문제점을 감지한 내용들이 가끔 보인다.[22] 농민항쟁 와중에서 일어난 金順性사건, 李夏銓사건 등 정치적으로 중요한 사건, 삼정이정의 핵심이었던 파환귀결을 둘러싼 정치인들 간의 견해 차이 등에 대한 연구도 필요할 것이다.

이 점은 지방사회에 대해서도 마찬가지이다. 이미 1862년 본격적인 항쟁이 일어나기 전부터 등소 등으로 고조되는 분위기도 있었고(진주, 인동 등), 관가에 뛰어들어 단체행동으로 나아간 지역도 있었다(상주). 이런 속에서 진주에서 본격적으로 사건이 발발하고 이를 뒤이어 경상, 전라, 충청도의 수많은 지역으로 확대되면서 농민항쟁의 해로서 규정짓게 되었다.[23] 왜 여러 지역에서 연속적으로 일어날 수 있었는지 그 과

분석하여 농민항쟁의 주도층을 분석한 연구(김용섭,「철종조의 민란발생과 그 지향」,『동방학지』94(『한국근대농업사연구 3』, 2001에 재수록), 1996. 김선경이『龍湖閒錄』에서 왜 농민항쟁 지역이 그렇게 많이 등장할 수 있었는지를 자료 검토를 통해서 파악한 연구(앞 논문)는 대단히 의미 있는 작업이다.
21) 한국역사연구회 19세기 정치사연구반에서『19세기정치사』(청년사, 1990)에서 간략히 다룬 정도였다.
22) 예를 들면 1862년 1월 영의정 김좌근은 소민에 대한 환곡 등 폐단을, 3월에는 환곡, 이서, 포리, 수령, 방납 등 다양한 폐단들에 대해 발언하고 있다(『일성록』철종 13년 3월 25일).

정을 체계적으로 조망하지 않았다. 이는 한해 수십 건의 항쟁이 일어났는데 아직 진주를 중심으로 몇 개 지역 사례만이 연구되었고, 또한 사건간의 실태를 정확하게 비교 분석하는 수준까지 나아가지 못하였다는 점과도 연관이 있다.

셋째 농민항쟁과 관련하여 수많은 인물들이 나타나는데, 이를테면 항쟁의 주모자뿐 아니라 수령, 중앙파견관리, 그리고 기록이나 삼정책을 제시한 수많은 관리와 학자들이 있지만 여기에 대해서는 연구가 거의 이루어지지 않았다.24) 나아가 항쟁을 통해 자신의 이름을 남긴 많은 민중의 삶과 생각으로까지 관심을 넓혀야 할 것이다.

넷째 농민항쟁의 연속성, 곧 19세기 전반─1862년─ 그리고 이후 고종조, 개항 후 농민항쟁의 전개에 대해 성격을 비교하는 연구가 부족하였다. 그런 가운데 김용섭의 『한국근대농업사연구 3 - 전환기의 농민운동』(2001), 조경달의 『조선민중운동의 전개』(2002), 배항섭의 『조선후기 민중운동과 동학농민전쟁의 발발』(2002)은 그러한 전개과정을 체계적으로 잘 보여주는 저작이다. 그리고 지역 사례로는 진주, 단성의 경우 농민항쟁 전후 흐름을 상당히 밝히고 있고, 성주를 통해 농민항쟁 이후 1883년(계미항쟁), 나아가 1894년과의 연결까지 밝히고 있다.25) 울산의 경우는 1862년과 1875년의 농민항쟁을 연결한 연구가 있다.26) 다른 지

---

23) 우리가 1862년 최초의 항쟁은 일반적으로 단성을 들고 있는데 사실 이미 이 해 들어서 상주와 같이 항쟁 분위기에 접어든 지역이 있었다는 점, 반면 단성사건 정도는 이 시기 일상적으로 일어날 수 있었으며 중앙에서도 크게 주목하지 않았다는 점 등을 생각하면 실제 1862년 농민항쟁의 흐름은 진주에서 시작되었다고 할 수 있다.
24) 안핵사 박규수에 대해서는 김명호의 연구(『환재 박규수 연구』, 창비, 2008)가 있다, 당시 관리, 지식인들이 올린 삼정론을 포괄적으로 다룬 김용섭의 연구(「철종임술년의 응지삼정소와 그 농업론」, 『한국사연구』 10, 1974(『한국근대농업사연구』(상), 1975, 증보판 1985))가 있고 최근 진주안핵사 박규수에 대한 연구(『환재 박규수연구』, 창비, 2008)가 있는 정도이다.
25) 이윤갑, 「19세기 후반 慶尙道 星州地方의 농민운동」, 『孫寶基博士停年紀念韓國史學論叢』, 지식산업사, 1988.
26) 李有壽, 「蔚山 農民抗爭의 考察」, 『한국문화연구』 5, 부산대학교 한국문화연구소, 1992.

역에도 항쟁 전후의 전개과정을 상당히 발굴할 수 있다고 본다. 이러한 농민항쟁의 연속성은 나아가 의병전쟁, 3·1운동 등 근현대 민중운동사를 파악하는 데도 매우 유용할 것이다. 항쟁의 경험과 기억이 그 자체로 역사가 되어 민중의 정치의식을 형성하고 다음 항쟁에 영향을 미치는 측면을 파악할 필요가 있다.

1860년대는 대외관계사에도 주목할 필요가 있다. 중국은 태평천국의 난, 서구의 북경 침략 등 큰 사건이 많이 발생하였고 조선에 큰 영향을 미쳤다. 여기에 대해 동양사에서는 정리한 성과가 있는데[27] 한국사에서는 이런 연구성과가 아직 잘 보이지 않는다. 또한 동아시아 민중운동사에 대한 비교사적 관점이 필요하다. 이를 위해서는 중국, 일본 등의 민중운동사에 대한 소개가 필요하다.[28]

이러한 다양한 연구를 통해 중세해체기의 민중운동이 어떠한 성격을 지니고 있으며 민중의 삶과 사회에 어떤 의미를 지닌 것인지를 추구해야 할 것이다.

2. 농민항쟁(민중운동)의 유형과 '민란'

민중운동에 대한 인식의 경향을 잘 드러내고 또 그 인식을 집약하는 것이 용어이다. 중세해체기만 하더라도 홍경래 난과 평안도 농민전쟁, 민란과 농민항쟁, 동학란, 동학혁명과 농민전쟁 등 다양한 표현이 있다. 특히 1980년대에 들어서 이들 사건의 의미를 더욱 분명하게 자리매김하고 대중적으로 알리기 위해 농민항쟁, 농민전쟁 등 용어가 많이 사용되었다. 현재 다양한 표현마다 나름대로 의미를 지니겠지만 여기에는 좀

---

27) 하정식, 『태평천국과 조선왕조』, 지식산업사, 2007 ; 민두기, 「19세기 후반 조선왕조의대외위기의식」, 『동방학지』 52, 연세대학교 국학연구원, 1986.
28) 동학농민혁명제 113주년 기념학술대회 '국내외의 민중운동'(2007년 11월 9일)에서 중국, 일본의 사례가 잘 다루어졌다.

더 깊은 사고가 필요하다.

　과연 민란이란 무엇인가? 당시 용어라면 어떤 경우에 사용하였고 또 지금 사용한다면 어떤 뜻으로 사용할 것인가? 민란이라고 사용할 경우에는 모두 같은 의미라고 볼 수 있을까? 이를 위해서는 사례를 검토할 필요가 있다.

　조선시대 인민들의 집단행동에 대해 지배층은 民擾, 民鬧(또는 作鬧, 起鬧)라는 표현이나 때로는 民撓라고도 썼다. 民鬧는 좀 더 풀어쓴다면 '亂民起鬧'에 해당한다. 이런 용어들이 중앙에서는 일반적인 표현으로 보인다.[29] 여기에는 지방민들의 정소운동을 비롯하여 갖가지 활동들이 모두 포함되어 있다. 1862년의 경우에도 일반적으로 민요라고 하였다.

　'민요' 가운데 좀 더 심각한 경우, 곧 폭력행동으로 나아가는 경우 事變,[30] 民變,[31] 作變[32] 등 변란의 의미가 담긴 용어를 사용하기도 하였는데, 민변은 '민의 작변'이라는 뜻으로 보이므로 사실상 큰 차이가 없다. 다만 사변, 작변 등은 농민항쟁만으로 한정하기 어렵고 다양한 사건에 사용되었다. 정약용도 1796년 곡산사건에 대해 거의 작변에 가깝다고 하였고[33] 무기 소지, 수령 축출, 둔취 등 매우 과격하게 진행된 1811년 곡산농민항쟁의 경우에도 작변이라는 용어를 사용하였다.[34] 사실 작변

---

29) 가령 이삼현이 선무를 마치고 돌아와서 '亂民起鬧梗槪'를 보고하였다(「종산집초」, 227쪽). 그는 '민란'이라는 표현도 사용하였지만 중앙보고에서는 민요라고 쓴 것이다. 이에 대해 왕은 좀 더 낮은 표현으로 '群民作拏之擧'라고 하였다.

30) 박규수, 안핵사장계 5월 22일(『임술록』, 15쪽).

31) 『임술록』, 「종산집초」, 224쪽 성주사례, 박규수, 안핵사장계 5·22 『임술록』(개령민변), 『일성록』 철종 13년 6월 11일, 비변사복계 개령사례, 『일성록』 철종 13년 7월 8일 경상우도암행어사 조병옥 서계별단 중 개령사례, 충청도 문의(「종산집초」, 224쪽), 『일성록』 11월 24일, 함경감사 이종우(함흥사례) 진주민변록 등.

32) 『일성록』 철종 13년 6월 1일 전라우도 암행어사 조병식 서계, 6월 11일 개령안핵사 윤태경 장계복계, 8월 9일 호군 이원조 상소. 또한 북한에서 발굴한 자료에도 『樵軍作變謄錄』이라고 이름 붙였다.

33) 『목민심서』 봉공6조 제5조 공납 '民怨大起 幾乎作變'.

34) 『일성록』 순조 11년 3월 1·5·8·11·14일 등.

은 주로 일어난 행동을 표현하는 용어로 사용하였으므로 사건 자체를 평가하는 용어와는 구분될 수 있다. 가령 1862년의 사례에서도 作變諸囚之區別首從, 作變首倡之爲李卜大, 民鬧自負剮戮之罪一唱萬和群聚作變 등으로 나타난다. 특히 자료에서 보듯이 민요라고 규정하면서 작변이라는 용어를 동시에 쓰고 있다. 그런데 주목되는 점은 당시 사건을 경험한 지방 사족들이 만든 자료에는 『영호민변일기』, 『진양초변록』, 『진주초군작변등록』 등 작변, 민변(민의 작변), 초변(초군작변)을 쓰는 것으로 봐서 과격한 사건은 객관적으로 작변이라고 칭하는 것으로 보인다.

실제 1862년의 경우 여러 자료에 의거하여 70여 개 지역에서 일어났다고 하지만 정부에 보고된 사건은 진주, 익산, 개령, 함평, 회덕, 공주, 은진, 연산, 부안, 금구, 장흥, 순천, 상주, 선산, 거창, 함흥, 청안, 제주 등 18개 군 정도에 불과하다(〈표 1〉 참조). 그 밖의 다른 사건은 지방관이 중앙에 보고하지 않고 스스로 처리하려고 하였다.35)

---

35) 이삼현에 따르면 경상도에서는 인동, 함양, 선산, 상주 등에서도 항쟁이 있었지만 인리를 살해하지 않았기 때문에 수계를 닦지 않았다고 한다(『일성록』, 「종산집초」, 201쪽).

〈표 1〉 1862년 농민항쟁 발생지역

	경상	전라	충청	기타	비고
중앙보고 지역	진주 개령 선산 상주 거창	익산 함평 부안 금구 (장흥)	회덕 은진 공주 연산 청안	함흥 제주 광주	감사 장계, 비변사계 (『실록』 등)
파견관리 보고 지역	함양 성주 울산 인동 군위 비안 창원	고산 장흥 순천 강진 여산 고창 옥과 순창 진안 흥양	청주 회인 문의 임천 진잠 진천 부여 옥천		서계별단 (『일성록』)
중앙 미보고 지역	경주 창녕 남해 밀양 신녕 연일 현풍(함창 대구-미발)	무주 진산 정읍 장성 영광 나주 남평 장흥 낙안 창평/임피 장수 용담 고창 무안 화순 진도 순창 태인 구례 진안 금산			『용호한록』 『종산집』

* 전라도는 감영에 보고되었으나 중앙에 알려지지 않은 읍과 아예 보고되지 않은 읍이 있다.

보고된 사건들에 대해서는 앞에서 이야기하였듯이 사건전개가 심각하거나 폭력행위가 수반되기 때문에 관심을 가지게 된 것이었다. 진주에 대해서는 "병사를 위협하고 인명을 살해하였다는 점에서 난민패습이 이렇게 극에 치달은 것이 없다", "감히 칭난을 행하는 것과 다를 바가 있으리오"36)라고 하였으며, 익산에 대해서는 "병부인신을 탈취하고 관장을 끌어내니 이전에 없었던 변괘요, 통완이 극에 이른다."37) 개령에 대해서는 "옥을 부수고 인명을 때려죽여 불태우고 삼정의 문부를 불태웠습니다."38) 함평에 대해서는 "도당을 불러 모아 깃발을 세우고 죽창을

---

36) 『철종실록』, 철종 13년 2월 임오.
37) 『철종실록』, 철종 13년 4월 계축.
38) 『철종실록』, 철종 13년 4월 기사.

지니고 동헌에 난입하여 수령을 끌어내어 담가에 태워 강제로 끌고 갔습니다. 왕이 말하기를 지금 함평의 일은 칭병소란보다 심하다"39)라고 받아들이고 있다.

이처럼 중앙정부에 보고한 사건은 수령에 대한 공격과 축출, 印信兵符의 탈취, 이서층 등 인명의 살해 등의 특징을 가지고 있다. 따라서 칭병소란 등으로 일컬을 만큼 중앙에서도 대단히 심각한 사태라고 파악한 경우이다. 그런데도 중앙에서는 주로 '민요'라는 용어를 사용하였는데 이 같은 사건의 보편적인 용어는 오히려 작변, 민변이라고 할 수 있다. 실제로 1883년 성주 사례에서 감사는 民變으로 썼으나 중앙에서는 민요를 쓰고 있다.40)

한편 민란이라는 표현에 대해서도 생각해 보자. 19세기 초 정약용은 부세와 관리 탐학 때문에 백성들이 살기 어려워서 '思亂'한다고 하고, 그가 부임하기 직전인 1796년 황해도 곡산에서 군포 때문에 농민들이 관정에 뛰어든 사건을 '作亂'이라고 표현하면서 농민반란의 단초를 경계하였다.41)

그러나 민란이라는 표현은 19세기에도 중앙과 지방을 막론하고 잘 보이지 않는다. 1862년의 경우 사료상으로는 영남 선무사, 함흥 안핵사로 항쟁 지역을 자세히 살펴본 이삼현이 진주와 함흥 등에서 처음으로 사용한 것으로 보인다.42) 그밖에 암행어사 이인명이 진주에 대해43), 그리

---

39) 『철종실록』, 철종 13년 4월 계유.
40) 『일성록』, 고종 20년 8월 8일.
41) 『목민심서』, 제8부 병전육조 응변. 그런데 곡산사건이 일어난 다음 해 정약용은 곡산부사로 부임하면서 그 앞에 나타난 주모자 이계심을 옹호하였다.
42) 진주는 『종산집』, 212쪽, 함흥은 『일성록』, 철종 13년 12월 7일. 특히 진주는 '晉州之民亂'이라고 사용하고 있다. 다만 참여자를 다루는 용어로서 난민은 민란보다는 보편적으로 사용되었다. 다만 더 순화하여 쓸 때는 진주민 등 지역명을 쓰거나 群民이라는 무리를 지칭하거나 실제로 이들의 계급적 성격이 담긴 小民 등을 썼다. 이삼현이 '너희들이 읍폐로서 起鬧하였다고 하니 처음에는 매우 안쓰러웠는데 어제 喧騁하는 모습을 보니 난민이구나'라는 표현도 이와 비슷하다.

고 제주 안핵사 이건필도 민란을 사용하였다.⁴⁴⁾ 사료에서는 표현에 대한 의미를 설명하고 있지 않으니 어떤 의도에서 사용한지는 알 수 없다. 모두 파견관리라는 점에서 사건을 좀 더 정확하게 인식하려고 한 것은 아닐까 하는데 여기에 대한 중앙의 반응은 알 수 없다. 또한『용호한록』에서도 함흥농민항쟁에 대해 北伯狀啓와 비변사계를 소개하면서 '民亂事'라고 토를 달았다.⁴⁵⁾

이처럼 민란이라는 표현이 조금씩 사용되었지만 정부에서는 그 뒤로도 여전히 민요라는 표현을 사용하였다. 1894년 고부농민항쟁과 같이 난의 성격을 띤 경우에도 민요가 일반적이었다.⁴⁶⁾ 한말 황현은 여러 군데에서 민란이라고 표현하고 있으면서도⁴⁷⁾ 1862년 사건을 '임술민요'라고 하거나⁴⁸⁾ 수령을 고을 밖으로 쫓아내는 것을 민요라고 하고, 민요의 주모자는 반드시 참하였다고 하는 표현을 쓰는 것으로 봐서⁴⁹⁾ 과격하게 일어난 사건까지도 포함하여 민요를 더 일반적인 명칭으로 사용하고 있다. 그렇더라도 이 용어 또한 민요와 함께 점차 일반화되는 추세라고 보인다. 그런데 1894년 각지에서 농민들이 봉기하였을 때 현장을 다니면서 정보를 모았던 일본은 '민란', '민요' '소요' 등 용어를 사용하기도 하지만 暴動, 참가자는 暴徒라는 새로운 용어를 사용하기도 하였다.⁵⁰⁾

---

43)『일성록』, 철종 13년 7월 5일.
44)『일성록』, 철종 14년 6월 3일.
45)『용호한록』권3, 168~169쪽.『용호한록』의 저자는 전라도 금산에 거하며 송내희의 친족이라고 한다(김선경, 「19세기 농민저항의 정치: 1862년 농민항쟁 관민 관계 위기와 법담론」,『역사연구』16호, 2006).
46) 가령 '(전봉준)이 민요를 야기하다가'(『김낙봉이력』)라는 표현을 하고 있으며『고부민요일기』(파계생)같은 서명에서도 민요라는 용어를 쓰고 있다.
47)『매천야록』권2, 무술년(1898) 제주 민란. 권3, 경자년(1890) 경흥 원산 민란.『오하기문』, 697쪽.
48)『오하기문』.
49)『매천야록』권1 下.
50)『日本外務省外交史料館所藏文書(1)』, 韓國東學黨蜂起一件(역사문제연구소 편,『동학농민

전자는 당시 사료용어라고 한다면 후자는 일본의 의도가 들어간 용어라고 볼 수 있다.

민란이라는 용어는 앞에서 보듯이 그 시기에 사용하던 용어라는 점에서 역사책에서도 그대로 기록한 듯하지만, 사실은 역사용어로서 의미를 좀 더 부여한 것으로 볼 수 있다. 곧 앞에서 보듯이 실제로는 민요라는 표현이 훨씬 많이 사용되었지만, 민란이라는 용어로서 정착되어 간 것은 여기에 대한 의미부여가 있었기 때문이다. '민요'가 체제에 저항한다는 뜻을 담은 '난'을 인정하지 않는 추상적인 표현이라면 '민란'은 훨씬 명료하고 일정한 사건의 틀을 가진 셈이다. 비록 한말까지는 많이 사용되지 않았지만, 일제강점기 때를 거치고 또 역사서에 이 용어를 주로 사용함으로써 보편화한 것으로 보인다. 가령 전석담 등 사회경제사가들도 민란, 농민반란, 동학농민란이라는 표현을 쓰고 있다.[51] 앞에서 보았듯이 엄밀한 의미에서 민란은 사료용어라기보다 학계에서 일정한 의미를 부여한 역사용어로서 관행적으로 사용했다고 보인다. 오지영의『동학사』에서는 '全羅各郡의民亂'이라는 항목에서 민란이라는 표현을 아주 자연스럽게 사용하고 있다.[52] 구체적인 사건에서는 민요라는 표현을 섞어서 사용하고 있지만, 역사용어로서는 민란을 사용하고 있다. 이는『동학사』가 쓰인 시점은 일제강점기 때라는 점에서 이 책은 당시 기록이라기보다 역사서로서 취급해야 할 필요가 있다. 이런 사례로 볼 때 '민란'은 당시 역사인식의 일단을 담은 상당히 적극적인 평가라고 볼 수 있다.

농민항쟁이라는 용어는 1988년『1862년 농민항쟁』을 간행할 때 구체화되었고 그 뒤 연구에서는 대체로 이 용어를 많이 사용하였다. 국정교과서 등에서 농민운동에 대해 왜소화시키면서 민란이라는 용어를 사용

전쟁자료총서』19권, 사운출판사, 1994).
51) 전석담,『역사교정』, 을유문화사, 1946.
52) 오지영,『동학사』(『동학농민전쟁사료총서』1권에 수록), 1940.

하였기 때문에 농민운동에 대한 새로운 이해와 더불어 용어의 수정도 충분히 의미가 있었다. 그러나 여기에도 농민을 주체로 삼는 활동을 위주로 하기도 하지만 여러 사회 세력들의 다양한 계급적 저항을 뭉뚱그려 담기도 한다.[53]

한편 농민항쟁으로 평가하면서도 구체적인 사건에 대해서는 민란이라는 표현을 쓰는 경향이 있다. 최근 조경달은 민란이 당시 권력층이 쓰는 용어가 아니고(권력층이 쓰는 용어는 작뇨, 작변, 민요 등으로 봄), 농민항쟁이라는 용어는 당시 사람들이 가졌던 심성에 접근하기 어렵다고 생각하고 반면 난은 기피용어가 아니라고 하면서 1893년 농민전쟁을 계획하던 이들이 만든 '사발통문'에 담긴 '났네, 났어, 亂離가 났어'라는 구절을 그 예로 들었다. 따라서 그는 구체적인 사건에 대해서는 민란이라는 용어를 쓰고 민중의 투쟁을 포괄하여 일반적으로 표현하는 경우에는 민중운동, 농민항쟁, 민중항쟁이라고 쓰고 있다. 그렇지만 사발통문은 농민전쟁을 계획하던 단계라는 점, 그리고 그 내용이 농민들이 주체가 아니라 관찰자로서 사용했다는 점 등을 볼 때 이때 표현을 사례로 삼는 것은 적절하지 않다고 보인다. 다만 앞에서 보았듯이 민란은 민요와는 달리 사실의 본질을 담은 용어라는 점에서 농민의 시각에서 바라보면서도 민란, 폭동이라는 표현을 쓰기도 한다.[54] 곧 민란은 '민의 반란'이라고 보고 사건의 내용이 농민반란의 성격임을 강조하려는 의도를 담고 있는 것으로 보인다.[55] 김용섭은 엄밀한 의미에서 등소운동과 폭

---

[53] 고석규, 「총론: 18, 19세기 농민항쟁의 추이」, 『1894년 농민전쟁연구 2』, 역사비평사, 1992.
[54] 김용섭, 앞의 논문 및 김석형, 「1862년 진주농민폭동과 각지 농민들의 봉기」, 『봉건지배계급에 반대한 농민들의 투쟁-이조 편』.
[55] 실제로 김용섭은 '민란발생의 배경과 난 추진 세력의 지향'(48쪽) 등과 같이 '민란, 난'을 겹쳐 사용하고 있는데(49쪽), 난이라는 점을 강조하고 있다고 보인다. 이런 점에서 그의 민란은 엄밀히 사료의 민란과는 다르다. 사료는 피지배층 일반의 '반란'의 뜻이라고 한다면 그는 계급으로서 '농민반란(농민혁명)'의 약칭으로 민란이라는 용어에 가탁하여 보다 분명한 의미를 담고 있다. 이런 점에서 김석형의 농민폭동(구체적으로 진주폭동)과 같은 뜻으

력운동으로 나누고 뒤의 단계를 민란이라고 하지만 넓은 의미에서는 모두 포함하였다(김용섭, 79쪽). 사실 비슷해 보이는 농민들의 행동이지만 '민란'이 이전 시기 사건과 다른 점은 요구 내용의 정당성(균등한 부세), 의사 수합 과정의 민주적 절차, 요구 과정의 정당성 등이 포함되어 있기 때문이다.

이처럼 민란이라는 표현에도 전 단계를 포괄해서 사용할 것인가, 엄밀하게 난으로 이행되었을 때 사용할 것인가 하는 점은 여전히 문제로 남는다. 그리고 위에서 보듯이 민란은 대체로 19세기 중후반의 산물로 볼 수 있는데 그렇다면 이전 시기에 일어난 다양한 사건들에 대해서는 어떻게 부를 것인가 하는 점도 과제이다. 다양한 시기, 다양한 사건을 포괄해서 사용한다면 당시 용어에서 벗어날 뿐 아니라 명확한 역사성을 담기 어려울 것이다. 이런 점에서 농민항쟁이라는 용어를 써서 모든 농민들의 저항과 봉기를 포괄하면서 그 속에서 단계를 구분하는 용어를 사용하는 것이 좋지 않을까 한다. 앞으로 농민항쟁을 포함한 민중운동사에서 연구가의 역사인식을 담는 동시에 당대의식을 정확히 포착하기 위해 사건에 적절하게 용어를 어떻게 사용할 것인지 검토해 봐야 할 것이다.[56]

3. 농민항쟁 중요 주제의 재검토

농민항쟁의 연구성과를 수용하면서 몇 가지 중요한 주제를 중심으로

로 보인다. 또한 김용섭은 1894년 농민전쟁을 '갑오동란'이라고 표현하고 있는데 이 또한 사료용어가 아닌 사건의 성격을 표현하는 의미규정을 담고 있다.

[56] 농민전쟁과의 연관성을 두고 본다면 당연히 농민항쟁-농민전쟁으로 이름 짓는 것이 더 타당해 보이는데도 민란-농민전쟁으로 용어를 사용하는 경우는 아마도 농민항쟁이 농민전쟁보다 구체성이 드러나지 않고 따라서 보편성을 얻지 못하고 있다고 판단한 것으로 보인다(또 하나 농민항쟁과 비슷한 의미로 농민봉기와 같은 용어도 있을 수 있다). 그러나 우리 역사에서 항쟁이라는 표현이 민중운동사의 여러 사건에서 적절한 표현으로 자리매김해 나가고 있다는 점에서 농민항쟁도 좀 더 적극적으로 사용해야 할 것이다.

시각을 정리하고자 한다. 먼저 그간 항쟁의 원인으로서, 단순한 빈곤과 수탈의 문제가 아니라 생산력 발전과 농민층 분화의 진전에 따른 지주-소작관계의 확대라는 생산관계를 둘러싼 모순이 강조되었다. 그 근거로서 농민항쟁에서 직접 지주제 타파에 대한 슬로건이 없더라도 항쟁 과정에서 대민층에 대한 공격이 있었다는 점이 제시되었다. 그런데 최근에는 여기에 의문을 표시하고 있다. 이를테면 소빈농이 주도하는 시점에서도 지주소작 문제에 대한 요구가 보이지 않는다든가 지주와 부호에 대한 공격도 지주제에 대한 반대의 표현으로 해석할 수 없다는 주장이 그것이다.[57]

그렇지만 당시 이러한 항쟁이 보편적으로 일어나는 과정에서 당연히 생산관계는 짚어져야 할 것이다. 생산관계를 비롯한 사회경제적인 구조가 부세 문제에도 반영되는 상황에서 부세에 대한 저항이 생산관계와 관련이 없을 수는 없을 것이다. 가령 삼정구조의 불합리성(군현단위 정액제)은 생산관계의 정치적 표현이라는 측면이 강하다.

다음으로 농민항쟁의 주도층에 대해 살펴보자. 위에서 보듯이 농민항쟁을 대체로 정소와 폭력투쟁 두 단계로 나눈다면 앞 단계에 흔히 등장하는 요호부민의 실체에 대해 검증해 나가야 할 것이다. 아울러 '민란'으로 심화되는 후기단계의 주체들에 대해 더욱 관심을 가질 필요가 있다. 대체로 농촌지식인, 몰락양반으로 일컬어진다.

19세기 지식계층이 확산하면서 농촌에서도 각종 비리와 부정을 살필 수 있는 지적 능력이 있고, 무지한 농민을 대신하여 呈訴에 앞장서는 지식인이 광범하게 형성되었다고 보고 있다.[58] 특히 양반층의 분해에 따라 형성된 몰락양반층은 사란의식과 일정한 목표를 지향하고 있었으

---

57) 배항섭, 앞의 논문, 217쪽.
58) 고동환, 「조선후기 도시경제의 성장과 지식세계의 확대」, 『다시 실학이란 무엇인가』, 푸른역사, 2007, 267쪽.

며(다만 아직 전국적인 혁명으로 확대시켜 나아갈 수는 없었다) 이들이 정소운동에도 간여하면서 폭력운동으로 발전시켜 나갔다고 보고 있다.59)

반면 조경달은 재력도 권력도 없는 재지지식인이 덕망만으로 지도자가 될 수 있는 조선 특유의 질서관, 그리고 향촌사회의 조화로운 재생을 기대하는 심성이 소시민층에게 지속적으로 존재하고 있다고 한다.60) 그런데 1862년의 경우 실제 농민들의 지도자로서 중요한 역할을 한 대표적인 인물로서 정한순(함평), 전범조(선산), 유계춘(진주) 등을 꼽을 수 있다. 이들은 재력과 권력이 없지만 '과거의 조화로운 재생'이 아니라 기본적으로 농촌 문제를 앞장서서 해결하려는 의지가 있었기 때문에 항쟁의 지도자가 될 수 있었으며 이미 다양한 형태로 그런 활동경험을 가진 인물들로 보인다. 여기에는 균등한 부세 운영 등 농민들의 염원이 담겨 있었다. 이는 실제로 대다수의 사족들의 사회경제적 처지가 일반 농민과 다를 바 없다는 점에서 역시 사회경제적 측면에서 설명해도 되지 않을까 한다. 그런 점에서 덕망이라는 '조선 특유의 질서관'은 오히려 사회인식과 부세실태를 알고 또 등소 작성 등 농민들이 필요한 일을 앞장서서 할 수 있는 능력 등이 중시되었기 때문이라고 하겠다. 곧 재력과 권력도 없는 지식인과 향촌사회의 조화로운 재생은 바로 연결되기 어렵다고 보인다.61)

---

59) 김용섭은 세 가지 계열, 곧 1계열은 농촌유력자, 농촌중견층, 요호와 부농층(중소토지소유자, 견실한 자영농민층)(유계춘은 몰락양반으로서 지향하는 바가 같아서 내세움), 2계열은 양반토호, 양반지주층(이명윤이 대표적), 3계열은 몰락농민, 몰락양반 등 소빈농층(자칭 초군)으로 나누면서(앞의 책, 50쪽) 1계열은 도결 통환 혁파를 위한 등소운동을 주도하고, 2계열은 조관 결호 탈급운동의 차원에서 1계열과 함께 하였고, 3계열은 도결 통환 혁파를 힘으로 해결하려는 차원이었다.
60) 조경달, 『朝鮮民衆運動の展開: 士の論理と救濟思想』, 동경: 암파서점, 2002.
61) 이와 함께 조경달의 '농민들의 의식이 성리학적 세계관을 바탕으로 하고 있다는 점'도 동의하기 어렵다. 농민들이 자신들의 의식을 제대로 체계화하여 전달하지 못한 가운데, 지배층의 입장에서 성리학의 논리로 설명하게 될 수 있다. 그렇지만 그들 의식의 바탕이 바로 그것이라고 설명할 수는 없을 것이다.

농민항쟁의 운동과정을 좀 더 상세히 살펴보자. 일반적으로 농민항쟁은 등소운동과 폭력운동(민란)으로 나누어볼 수 있다. 본래 억울함을 호소하는 장치인 정소는 법적으로는 가능하지만 실제로는 문제의 당사자인 지방관이 거부하기 때문에 정상적으로 이루어지기 어렵다. 그 때문에 집단으로 몰려가는 등소운동을 벌인다. 따라서 이것이 합법이냐 아니냐를 구분하기는 매우 어렵다. 관에서 어쩔 수 없이 등소를 허용하기도 하지만 때로는 이 과정에서 폭력을 행사하는 바람에 '민란'의 단계로 나아갈 수 있다.

이런 점에서 농민운동의 유형은 사료의 용어를 원용한다면 민요형, 민란형 등으로 나눌 수도 있다.[62] 민요형은 등소운동을 비롯하여 관정에 군중이 뛰어들었더라도 큰 사건으로 폭발하지 않은 경우이다. 대부분의 사건은 여기서 마무리된다. 민란형은 앞에서 말했듯이 폭력행동으로 나아간 경우이다. 대체로 민란형이 발전된 형태를 띠고 있지만 반드시 폭력행위를 수반했다고 해서 발전되었다고 보기는 어렵다. 폭력성 여부보다 농민들의 지향, 해결방안, 의결수렴 과정이 더 중요한 것으로 보인다. 실제로 민요가 민란으로 나아가는 것은 반드시 의도하지 않은 경우도 있기 때문이다. 가령 진주의 경우도 이서 살해로 폭발한 것은 우병사의 부적절한 행동 때문으로 보인다. 때로는 처음부터 민요의 행위를 뛰어넘어 민란으로 폭발한 경우도 있다. 1862년 충청도 지역은 충분한 논의 이전에 바로 폭력행위로 진행된 듯한 경우로 보인다.[63]

그런데 등소운동조차 본래 합법적이었지만 관리들이 거부하기 때문에 으레 민란으로 갈 것을 염두에 두면서 시작하는 것이 일반적이었고 처음부터 정소를 폭력운동, 민란의 방법으로 시작하기도 한다는 것이

---

[62] 민요는 기층민이 떼를 지어 봉기하였으나 대규모 민란의 단계로까지 번지지 않는 사건으로 보기도 한다(이이화, 『한국사 이야기 16, 문벌정치가 나라를 흔들다』, 한길사, 2003).
[63] 김용섭은 등소운동-민란(1862: 수탈제거)-민란(1894: 체제변혁)-농민전쟁으로 발전단계를 설정하고 있다.

다. 따라서 정소운동은 그것을 주도하는 주체들의 학문적 수준이나 국가의 제반 통치정책에 대한 이해의 정도에 따라 그 운동의 심도에는 커다란 차이가 있었다고 보고 있다.64)

실제로 난의 시작은 정부에서 볼 때는 농민들이 읍치에 몰려들어 위와 같은 행동을 꾀하는 것에서 찾겠지만, 진주의 경우 초군을 동원하고 목봉으로 무장하는 것에서부터 시작하였다고 할 수 있다.65) 물론 읍치까지 들어가는 과정이 난의 시작이 아닌 경우도 있을 것이다. 읍치에서 상황에 따라, 때로는 우발적으로 일어나는 경우도 있을 것이다. 이런 경우 농민들의 과감한 행동을 궁극적으로 어떻게 평가할 것인가? 조경달은 농민들은 국왕을 덕정의 주체로 성역시하였다고 보았다. 사실 자칫 지배층에 의해 반역의 무리로 비칠 수 있기 때문에 국왕에게 덕정을 호소하는 모습을 드러내는 경우도 보인다. 그러나 김선경의 글에서 보이듯이 농민들이 국왕의 논리를 깨어나가려는 측면이 있다는 점도 주목해야 할 것이다.

따라서 이른바 '민란형'에서는 목민관에게 직접 폭력을 행사하는 경우도 종종 보인다. 경계 밖으로 쫓겨나가는 일은 일반적이며 크게 다치고 의관이 파손되기도 하였다. 중앙 파견관리도 예외가 아니었다. 경상, 전라도 선무사들도 농민들에 의해 여러 차례 길을 차단당하고 신변에 위협을 느끼고 임기응변으로, 또는 감영의 도움을 받아서 겨우 모면하기도 하였다. 경상우병사는 신변의 위협을 느끼자 대중의 마음을 위무한다는 구실로 병영의 서리를 그 자리에서 죽였다. 그만큼 분위기가 심상치 않았기 때문이다.

그런데 실상 농민들의 폭력성보다 더욱 주목해야 할 것은 조직과 역량이다. 정한순이 장군을 칭하고, 진주에서 초군조직을 갖추고 면이임

---

64) 김용섭, 앞의 논문, 119~120쪽.
65) 김용섭, 앞의 논문, 39쪽.

이 동원에 앞장서며, 유계춘이 군가격인 가사체 回文을 작성하였음은 조직이 잘 갖추어졌음을 보여준다. 또한 선산, 함평 등지에서 몇 달 동안 둔취하여 고을을 장악한 점, 전범조가 감영의 비장을 체포하여 주모자와 교환한 점, 나아가 선산 등에서 이방 등을 직접 선임한 점, 몇 개 지역에서는 고을 경계를 넘어선 점 등은 이전과 훨씬 다른 모습을 보여준다.66) 이른바 폭력으로 나아간 것도 일시적 충동심이 아니라 주체적 입장에서 시작한 것이다.67) 국가에서도 지방민들의 행동이 '민란'의 단계까지 오르지 않으면 간여하지 않으려는 추세가 보인다. 1862년 전라도의 실태에서 보이듯이 지방관이 보고하지 않는 것도 이런 때문이 아닐까.

고을민들이 의사를 결집해 나가는 과정을 살펴보자. 농민들이 의사를 결집하는 곳은 향회인가, 민회인가? 고을의 명망가, 기존에 고을 운영에 관여하였던 인사가 중심이 되었던 향회와 면리단위의 민회의 의사가 서로 통합되면서 전개되기도 하였다.68) 고을 운영에 일정한 책임을 진 계층의 해결방안의 모색과 고통에 직접 당면한 민들의 문제제기가 결합할 여지가 존재하였다. 특히 1862년의 농민항쟁은 이 때문에 많은 고을민들이 참여한 것으로 보인다. 등소운동 단계에서는 부민들이 기존의 향회 조직을 변화시켜서 활용해 나가는 측면이 있다. 그러나 이런 경우에도 민회가 함께 이루어져 나가고 결합하였고, 특히 '민란단계'에서는 민회의 방식으로 진행된 것으로 보인다. 농촌공동체에서 이른바 민회를 중심

---

66) 정부에서는 농민들이 둔취하면서 해산하지 않는 행동에 대해서 매우 위협적으로 바라보았다. 곧 1811년 곡산에서도 둔취는 반란에 해당하며 수령을 공격한 것보다 더 무겁다고 평가하기도 한다(『승정원일기』 1995책 순조 11년 3월 27일(한상권, 1811년 황해도 곡산지방의 농민항쟁」, 195쪽에서 재인용)].
67) 이런 점에서 김용섭은 민란의 성격을 난 추진자의 입장에서 봐야 하며 공격을 받은 국가의 입장에서 풀이하게 되면 연구방법상 근본적으로 한계성을 지닌다고 하였다(앞의 논문, 50쪽).
68) 진주의 경우는 부민들이 향회를 장악하지 못하였으며 따라서 부민들도 도회를 활용한 것으로 보인다. 부민들이 향회를 장악한 지역과 비교할 필요가 있다.

으로 의사를 결집시켜 저항의 분위기를 만들어 나가고 결과적으로 기존의 향회를 무력화시키고 의사 결집의 조직으로서 활용한다고 보인다.69)

이와 함께 농민의식의 성장을 주목해야 할 것이다. 민란의 전개과정에서 대단히 적극적인 농민들의 활동, 곧 과격한 행동뿐만 아니라 양반사족, 나아가 중앙파견관리와 논쟁을 하고 있다.70) 이는 앞서 지도부에 해당하는 몰락양반들의 참여도 있겠지만 전반적으로 농민들의 사회평등의식의 성장에서 찾아야 할 것이다.

농민항쟁의 지향을 살펴보자. 이 시기 농민항쟁의 지향점이 뚜렷이 보이는데 그것은 均賦均稅의 방향이었다. 실제로 국가의 대동법, 균역법도 그러하지만 지역에 따라 관민의 합의하에 戶布制, 軍布契, 軍役田, 파환귀결(臥還) 등을 시행하였다. 농민항쟁이 지역을 넘어서지 않으면서 조직적이고 적극적으로 행동하게 되는 이유도 현실적으로 지역을 넘어서는 행위에 대한 부담만이 아니라, 관민의 합의에 따라 지역단위로 균부균세를 시행할 수 있다는 점 때문으로 보인다. 실제로 이러한 것들이 농민항쟁을 거치면서 洞布法, 戶布法, 罷還歸結 등으로 나아갔다.

특히 몰락농민, 몰락양반이 농민항쟁을 반란으로 전환시킨 주체라고 볼 때 이들의 지향은 균부균세의 방향으로 합리화하며, 나아가 토지제도를 개혁하여 몰락농민에게 농지를 줌으로써 그들이 안정된 경제생활을 할 수 있도록 하는 것으로 보고 있다.71)

---

69) 여기에 대해서는 다음 글이 참고가 된다.
　"촌락공동체는 '공동경작이나 여러 가지 형태로 가능한 상호지지, 폭력으로부터의 보호, 지식이나 인종간의 결속 그리고 도덕 개념을 발전시키기 위한 연합'이었고 민회라는 고유한 정치질서를 마련했다. 농민들의 민회는 인공적인 정치질서가 아니라 협동노동과 공동소유에 기반한 자연적인 정치질서였다. 민회는 촌락공동체에서 가장 강력한 권위를 가지고 있었고 민회를 통해 민주적인 의사소통과 공동의 의사결정이 이루어졌다(하승우, 「삶의로서의 민주주의-자급과 공생의 정치」, 『녹색평론』 101, 2008).
70) 가령 상주, 거창, 선산 등지에서 농민들은 선무사 이삼현과 치열하게 논쟁을 벌였다(『종산집』 참조).
71) 김용섭, 앞의 논문, 75쪽.

농민항쟁 후 제출된 삼정책문을 보더라도 농민들의 요구만큼 당시의 문제를 정확히 지적하고 농민층의 입장을 반영한 해결책이 없다. 그만큼 농민들이 자신들의 요구를 정확히 표현하고 사회가 수용할 수 있는 형태로 제시하였다고 할 수 있을 것이다.
　최근 자본주의맹아론만으로 근대화될 수는 없지만 근대화 선행조건의 충족도, 사회적, 정치적 역량 등을 통해 개항 이후 근대적 국제관계 아래 조선의 대응 역량과 근대화 전망을 논의할 수 있다는 연구가 있다.[72] 그런 점에서 농민항쟁을 통해 폐막을 개혁하려고 한 것은 조선의 사회적, 정치적 역량으로 볼 수 있다. 농민항쟁을 근대화라는 시각에서만 바라본다면 문제가 있을 수 있지만 신분제를 벗어나 균등한 부세를 주장하고 대안을 제시하는 것은 사회경제적인 측면에서 보편적 가치를 지향하는 것으로 근대적인 평가를 할 수 있다.

4. 연구과제와 서술방향

　앞의 중요 주제를 토대로 하여 몇 가지 구체적인 연구과제와 앞으로의 서술방향을 예시하고자 한다.
　현재 방법론의 모색 못지않게 중요한 것은 구체적으로 항쟁사례에 대해 좀 더 세밀하게 천착하는 것이다. 19세기 들어서 수많은 지역에서 항쟁이 일어났지만 대부분 개략적으로 다루어졌으며, 자세하게 다루어진 곳은 몇 개 지역에 지나지 않는다. 그런데 이러한 지역사례를 보면 대부분의 농민항쟁은 오랜 논의와 다양한 과정을 거쳐서 전개되고 있음을 알 수 있다. 아마도 다른 지역도 그 과정 속에서 많은 사실을 담고 있을 것이다.[73] 한 사건 내에서도 제대로 밝혀지지 않은 부분도 많다는

---

72) 이헌창, 앞의 논문, 112쪽.
73) 가령 거창에서는 고문서를 통해 농민항쟁기 동안 좌수, 집강 등이 주동이 되어 부민의 재

뜻이다.

지역사례를 구체적으로 연구하기 위해서는 먼저 자료 발굴이 무엇보다도 중요할 것이다. 가령 1862년 농민항쟁의 경우에도 처음에는 20~30개 지역 정도로 알고 있었지만 『용호한록』이라는 새로운 자료가 발굴되면서 70여 개 지역으로 대폭 늘어났다. 지방에서는 파악하였지만 중앙에 보고되지 않은 항쟁 사례가 많았기 때문이다. 이는 1862년 농민항쟁에 한정된 경우이지만 아마도 1862년 외에도 중앙에 보고되지 않은 사례는 상당수 있다고 생각된다.

현재 농민항쟁의 사례연구가 이루어진 곳은 진주, 단성, 개령, 거창, 성주, 제주 등 몇 곳에 지나지 않는다. 여기에는 중앙에서 특별히 중요하게 다룬 지역, 특히 안핵사 등 중앙관리가 파견되어 사건처리 기록이 남아 있는 경우가 대표적이다.[74] 그밖에도 지역 사족 가운데 일기, 일지 등을 남긴 경우 등 자료가 뒷받침이 되어 가능한 곳이 있었다. 앞으로 이 같은 자료의 발굴을 통해 연구사례가 늘어나겠지만, 특별한 자료를 발굴하지 않더라도 한 지역을 중심으로 다양하게 자료를 모으면 보완이 되는 경우가 적지 않으리라 생각된다.

이를 위해서는 좀 더 다양하고 적극적인 노력이 필요하다. 현지답사도 중요한 부분이 될 것이다. 1980년 초 한 연구에서는 거창 답사과정에서 현지 노인에게서 들은 증언을 활용하였는데,[75] 주모자의 집안사람이었기 때문인지 그 내용은 기록 자료와 비교하면 상당히 정확하였다. 지금은 이미 140주년이 넘었기 때문에 농민항쟁에 관해 증언을 듣는다는

산을 탈취한 사건이 있었음을 알 수 있다(김현영, 「1862년 농민항쟁의 새 측면-居昌 민란 관련 고문서를 중심으로-」, 『古文書研究』 25, 韓國古文書學會, 2004).

74) 안핵사가 파견된 지역은 곡산(1811), 진주, 개령, 익산, 함평, 제주(이상 1862), 울산(1875), 동래, 성주(이상 1883) 개성, 원주(1885), 함창(1890), 함흥(1892?) 등이 있으며 이 가운데 곡산, 진주, 개령, 울산, 원주, 함창 등은 개별 연구성과가 있다.

75) 정진영, 「임술민란의 성격」(영남대학교 석사학위논문), 1981, 27쪽. 증언자(당시 87세)는 장두 가운데 한 사람의 후손이었다.

것은 거의 불가능하다. 기껏해야 설화처럼 전해지는 정도일 것이다.

그렇더라도 답사와 증언을 통해 항쟁 지역의 사회경제적 여건, 지리적 특성, 촌락의 구성 등을 살펴볼 수 있다. 이런 점에서 현실적으로 답사하기 어려운 북한 지역은 제외하더라도 가급적 전 항쟁 지역에 대해 답사할 필요가 있으며 적어도 모든 지역에서 항쟁의 중요 지역과 진행과정에 대한 지도를 만들어야 할 것이다.76) 지역답사는 민중운동사를 지역사로서 서술하여 지역민의 역사의식의 형성에까지 다가갈 수 있게 하나의 방법론이 될 것이다.

지역사례는 농민항쟁의 구체성과 함께 다양성을 찾아낼 수 있으므로 활발하게 진행되고 서로 비교되어야 할 것이다. 가령 향회의 성격을 연구할 때도, 농민항쟁 속에 나타난 다양한 집회에 대해 점검할 필요가 있다. 이를테면 〈표 2〉에서 보듯이 한 지역에서도 향회, 이회, 민회, 도회 등 다양한 형태의 집회가 있고 향회라고 하더라도 누가 참여하고 주도하느냐에 따라 성격이 다를 수 있다.

〈표 2〉 농민항쟁 전후 집회(진주 사례)

	주도	참여자	목적	사료상표현
향회1(진주목)	수령	향민/각면 훈장	도결	招集鄕民爛漫相議
향회2(우병영)	우병사	頭民*	환포 排戶白徵	招致一邑頭民
이회(산기촌)	유계춘 등	里民	모의	會坐于私奴儉同之家
이회(축곡리)	유계춘 등	里民	읍사를 논함	亂類會集
도회(수곡장시)	부민?	邑民	구체적 행동논의	多人聚市之中
도회(수청가)	빈농?	초군?	덕산장시공격	再會於德山

* 김용섭은 두민은 좌수, 별감이나 면이임이 아닌 면리의 식견이 있고 나이가 많은 사람으로 보았다(앞의 논문, 30쪽).

박규수는 이회, 도회에 대해 '亂民之所群聚而謀事'(『임술록』, 23쪽)한

---

76) 역사교육을 위해서도 농민항쟁과 농민전쟁 등도 답사 코스로 개발할 필요가 있다.

것이라고 하여 기존의 향회와 구분 지었다. 봉기 이후의 취회에 대해서 향회라고 할 것인가? 그는 진주의 유계춘에 대해서 향회, 이회를 주도하였다고 하였는데(『임술록』, 24쪽) 이때 향회는 기존의 향회가 아니라 도회를 가리키는 것으로 보인다. 성주의 경우 이삼현은 "향회가 열리지 않는 날이 없다"라고 했고 이원조는 읍회라는 표현을 썼다. 이러한 점을 무시하고 향회라는 표현만으로 모든 집회의 성격을 논하는 것은 무리라고 하겠다.

구체적인 사례가 연구되거나 새로운 사례가 발굴되면 농민항쟁에 참가한 인물과 그들의 활동 내역에 대해서도 밝혀지게 될 것이다. 이것은 아직까지 논쟁이 되고 있는 주도층에 대한 규명에도 크게 도움이 될 것이다.[77]

주도층이 아니더라도 항쟁과 관련하여 언급되는 인물에 대해 관심을 가지고 연구할 필요가 있다. 곧 농민항쟁에 직접 참여하지 않더라도 읍폐를 논의하는 과정이라든가 지방관이나 파견관리의 부탁을 받고 항쟁을 해결하는데 참여한 인물들도 유념해 봐야한다. 실제 진주 이명윤, 단성 김령, 김인섭, 성주 이원조 등은 항쟁과정에서 어느 정도 역할을 하였다. 그렇지만 이들이 역할을 할 수 있었던 점도 기본적으로는 공평한 수취를 원하는 농민들의 염원과 의지에 어느 정도 부합되었기 때문일 것이다. 이들이 항쟁에 대해 대처하고 있는 모습을 보면 농민항쟁이 그들에게 어떤 사건으로 비춰지고 있는지 지방 지식인들은 사회 문제를 어떻게 파악하고 있는지 알 수 있다. 항쟁이 발발한 지역은 물론 수령, 이서들의 문제가 두드러지지만 당시 부세 문제를 대하는 입장이 모두 비슷하다고 보기는 어렵다고 여겨진다. 또한 전통유학자거나 주변지식인들도 나름대로 견해를 가지고 토로했을텐데 그들의 입장은 어떠했는

---

[77] 주모자에 대해 관심 있게 다룬 성과는 거의 없다. 함평의 정한순을 다룬 글, 그리고 유계춘, 전범조, 정한순을 묶어서 간단히 다룬 글이 있는 정도이다.

지 궁금하다.

한편 중앙에서 파견된 관리들도 다루어볼 필요가 있다. 관리들의 지방사회 문제에 대한 관점은 그들의 당파성과도 어느 정도 관련되겠지만 한편으로는 직접 지방에 파견되어 실태를 파악하면서 적극적으로 자신의 생각을 정리하고 나아가 중앙에 의견을 제시하게 된다. 1862년만 하더라도 암행어사 10인, 선무사 2인, 안핵사 4인이 파견되었는데 그들에 대한 분석이 거의 없다. 아직은 경상좌도 암행어사(1855년)와 안핵사(1862년)를 지냈던 박규수 정도가 연구 대상이었다. 그리고 이 시기 지방관으로서 삼정개혁에 적극적으로 나섰던 인물들을 발굴하는 것도 의미 있다고 본다. 경상도 선무사와 함경도 안핵사를 지냈던 이삼현도 농민항쟁에 대한 대응적인 인물로서 그의 눈을 통해 농민항쟁을 더 구체적으로 이해할 수 있고 또 당시 중앙이나 관리들의 대응방식에 대해서도 이해하는데 도움이 된다.

궁극적으로는 농민항쟁의 사례를 모두 일정한 기준표를 만들어서 정리할 수 있어야 할 것이다. 곧 항쟁의 배경, 직접적 계기(부세의 실태, 수령의 탐학내용), 고을의 규모와 지역의 특성,[78] 항쟁의 전개과정에 있어서 집회(기존 향회 활용, 별도 민회 여부), 항쟁발발 장소(장시 등, 또한 장시일을 이용하는지 여부), 등소 형태(등소에서 시작하였는지, 그리고 고을 등소 또는 감영 정장 여부), 공격의 대상과 방식(인명 살해 여부), 주도층의 분석(양반, 평민, 이서층, 초군참여여부), 국가와 관의 대응(국가 인지, 동원 병력), 발발 후 상황(지속기간 및 특이점), 처벌자와 처벌방식 등, 인구변동의 유무 등도 조사할 필요가 있다.

---

[78] 가령 김양식은 개항 후 농민항쟁을 다루면서 민란 발생 지역의 장시 수와 주요 유통품목 및 驛의 숫자를 조사하고 있다(『근대한국의 사회변동과 농민전쟁』, 신서원, 1996, 27쪽).

〈표 3〉 19세기 농민항쟁 기준표

	곡산	진주	개령	익산	함평	성주1	성주2	상주	고부
발발일	1811.2.13	1862.2.14	1862.	1862.3.27	1862.4.16	1862.3.26 /4.12	1883.6.12 /6.25	1862.5	1894.1
고을규모	도호부	목	현(감)	군	현(감)	목	목	목	군
계기	창곡포흠	도결통환	도결 등	도결	부세(10조양진)	부세(읍폐12)	이방선임권	삼정과 대소민갈 등	군수의 탐학
집회	?	이회 도회	도회	도회	면화, 도회	도회 (장시)		읍회	?
始亂地	관	장시	장시		장시	장시→관		장시?	장시
등소여부	/	일부 지역	항쟁 후 의송	등소	감영의송, 거화	의송	이방탄핵 정문	?	등소
중심지역	북면	서부 지역		9개면/ 10면?	14개면 전체?	?		6개면/ 31면	?
참여		조관, 면이임		이서, 면유사	면훈장, 면임, 수리			풍헌	인근읍 일부
공격대상	수령 등	수령 이서	수령 이서	수령	수령, 토호, 이서	이서	수령	조관 등, 관청	수령, 이서
공격정도	符信탈취	이서 살해	이서등 살해	符信탈취	수령축출	가옥파괴	수령축출	관청, 장부훼손	동헌, 옥문파괴
관대응		수령교체	수령교체			수령교체		수령교체	
병력동원	5진영		진병력		진영 병력	보이지 않음	진영 병력	진영?	
정부대책	사관, 안핵사	안핵사 파견	안핵사 파견	사관, 안핵사	사관, 안핵, 선무사	선무사	사관파견		안핵사
농민군활동	적극대응	둔취		?	둔취	둔취?		6월 초까지?	둔취
지속기간	50~100일	수개월?	?	?	한달(5.10까지)	50일(5.13까지)		한달 정도	수개월
처벌자	79명 (중형)	47	20여 명?	30명 정도	30여 명?	없음?	63명	8명 이상?	?
처벌방식	효수 등	효수 등	효수 등	효수 등	효수 등	/	효수 등	효수 등	동도 살육
이정여부		안핵사 이정	?				결가인하	삼랑미상정가	?

곡산-안핵사 파견 후 적극 저항하여 체포자 127명에 이름. 이들을 작변인, 두류인, 관속, 읍내방민, 방송인으로 분류함. 그 가운데 난민 22명, 두류인 5명, 관속 14인 등 41명을 효수함(두류인에 대해서도 매우 높은 편).

물론 현재 자료실태로는 채워 넣을 수 없는 부분도 많다. 그러나 항쟁 지역마다 여러 가지 상황을 고려할 필요가 있고 경우에 따라서는 이를 통해 앞에서 거론하였듯이 항쟁의 유형을 나눌 수도 있다. 이런 점들이 풍부하고 다양하게 녹아들어갈 때 한 단계 높은 탄탄한 작업이 이루어질 것이다.

Ⅳ. 맺음말

지금까지 보았듯이 그간 민중운동에 대한 다양한 방법론이 논의되고 연구가 진행되었으나 충분한 성과를 거두었다고 보기는 어렵다. 이런 속에서 연구는 다소 정체되고 새로운 방법론이 제기되기도 하였다.

이제 다시 반성과 모색을 통해 민중운동사를 민중사, 전체사 속에서 새롭게 조명하고 자리매김할 때이다. 민중운동사 속에서 새로운 방법론도 포용해야 할 것이다. 먼저 앞서 중요 주제를 새로이 논의해 나가고 사례를 비교하면서 종합적인 정리를 해 나가고자 한다. 앞에서 제시한 다양한 연구를 통해 중세해체기의 민중운동이 어떠한 성격을 지니고 있으며 궁극적으로 어떠한 사회를 지향해 나갔는가 끊임없이 추구해 나가면서 그 속에서 민중의 삶과 의식을 탐구할 필요가 있다.

이 글에서 민중운동에 대한 용어 문제를 새삼 제기한 것은 농민항쟁의 성격을 다시 규명하고 개별 운동 사례의 명명, 농민전쟁이라는 용어와의 정합성 등의 문제를 동시에 고민하고 있었기 때문이다. 나아가 중요 주제를 다시 검토하고 구체적인 작업과 서술방향을 구상해 보았다.

그 작업의 첫 단계로서 1862년 농민항쟁 150주년에 초점을 맞추고 싶다. 과거 농민항쟁에 대한 종합적인 연구는 1988년 망원한국사연구실에서 작성한 『1862년 농민항쟁』이 거의 유일하다. 이 책은 간행 때부터 그 같은 역사성 때문에 대단히 긍정적인 평가를 받고 있다. 그러나 지금으로서는 보완해야 할 점이 매우 많다. 무엇보다도 지금 이 책은 더 이상 간행되지 않으니 실제 생명은 다하고 이름만 남은 셈이다. 그런데도 더 이상 작업이 이루어지지 않는다는 것은 그만큼 이 분야에 대한 성과가 부족하다는 뜻이 된다. 그런 점에서 1862년 농민항쟁 150주년(2012년)이 차차 다가오는 시점에서 '연구가 축적되는 대로, 그리고 비판을 겸허히 받아들이면서 보다 나은 내용으로 개정하려'는 20년 전의 다짐을 다시 새겨보고자 한다.

당시 서문에서 밝힌 '농민을 서술 주체로 삼고, 지배층이 남긴 사료 속에서 농민들의 모습을 올바르게 찾아내기 위해 사료의 행간을 읽으려는 노력'과 이에 따라 '농민의 입장에서 새로이 해석하여 재구성'하는 일은 지금도 여전히 필요하다고 생각한다. 그와 함께 "과연 우리는 민중주체의 역사를 주장하면서 우리 스스로 민중을 재단한 것은 아닌지, 지배층이 남긴 자료 속에서 얼마나 민중의 모습을 주체적으로 파악하려고 노력했는지, 결국 그 시대의 민중은 간데없고 연구자가 그리고자 하는 민중만 남은 것은 아닌지, 때문에 민중운동사가 침체된 보다 중요한 원인은 연구자가 방향을 상실함에 따라 '원래 존재하던' 민중이 사라진데 있는 것은 아닌지, 그리고 민중 주체 서술을 주장하면서 과연 그동안 우리가 쓴 글에서 '주어'가 그들이었는지?" 돌이켜 보고자 한다.

역사의 목표는 더 나은 사회를 향해 나아가는 모습을 찾고, 또 그를 통해 앞으로의 발전에 도움이 되기를 바라는 것이다. 최근에 제기되는 또 하나 중요한 목표는 자기 존재의 역사성을 이해하고 타자에 대한 이해와 공감을 넓히는 것이다. 오늘날 성장사학에 집착하여 사회의 다양한 역량을 오히려 성장의 족쇄로 바라보는 것은 적절하지 않다고 본다. 끝없이 성장으로 치닫는 사회가 과연 가능할 것인지, 그리고 그것이 발전된 사회이며 유일한 발전의 길은 아닐 것이다. 이제 민중운동사에 대한 검토와 더불어 우리 사회의 발전의 길을 다시 생각하고자 한다. 그리고 우리 자신의 존재와 타자에 대한 이해와 공감의 세계를 확대하고자 한다.

해방 이후 지방지地方誌 편찬의 추이와 시기별 특징

김 태 웅
서울대학교 사범대학 역사교육과 부교수

I. 머리말

우리나라에서 지방지의 전통은 중국과 마찬가지로 매우 오래되었다. 비록 지방 관아나 재지 지배층들이 남긴 기록이 조선시기에 들어와서야 두드러지게 나타나지만 『三國史記』나 『高麗史』의 地理志를 통해 보았을 때 이러한 지리지를 뒷받침할 수 있는 기초 자료들이 지방 차원에서 이미 작성되거나 편찬되었음을 짐작할 수 있다.[1] 그리고 이런 기초 자료들은 이후 지방지 편찬의 바탕이 되었을 것이다. 그래서 일찍부터 역사지리학계에서는 지방지에 관심을 두고 전통시대의 공간관과 지리적 인식을 해명하는 데 적극 활용하였다.

그러나 이런 지방지의 편찬 동기에 유의하면, 중앙 정부가 해당 지방의 사정을 소상하게 파악함으로써 집권력을 강화하는가 하면 재지 지배층이 상호간의 연대의식을 강화하고 향촌 교화를 강조함으로써 향촌지배력을 유지하고자 하는 의도에서 비롯되었음을 확인할 수 있다.[2] 요컨대 '安民善俗'인 셈이다.[3] 중국의 경우도 사정은 마찬가지였다.[4] 이는

---

1) 丁秀泰, 『谷城郡誌』(張志淵 편집 겸 발행) 序, 普成社, 1918, 1쪽.
2) 楊普景, 「朝鮮時代 邑誌의 性格과 地理的 認識에 관한 硏究」, 서울대학교 대학원 박사학위논문, 1987, 83~109쪽 ; 장동표, 「읍지와 지도를 통한 지방사 이해」, 『지방사연구입문』(역사문화학회 엮음), 민속원, 2008. 서양의 경우, 중세 말·근대 초에 작성된 일종의 踏査記가 정부의 지방 파악에 좋은 참고가 되었다. 이에 관해서는 설혜심, 『지도를 만드는 사람-근대 초, 영국의 국토·역사·정체성-』, 도서출판 길, 2007, 39~67쪽 참조.
3) 鄭述, 『咸州志』(奎 10985).
4) 이에 관해서는 稻葉一郎, 『中國史學史の硏究』, 京都大學學術出版會, 2006, 588~592쪽 ; 倉

지방지 편찬이 중앙 정부에서 개개 고을의 물정을 파악하고 기록을 수집하는 가운데 지방 사회의 주도 세력 즉 재지 세력도 그들의 교화 이념을 반영하고 이해관계를 관철시키려는 의도와 밀접하게 관련되어 있음을 말한다. 물론 지방지의 내용 구성은 시대의 특성과 중앙 정부의 관심 및 재지 지배층의 성격에 따라 달라진다. 하지만 이런 지방지는 기본적으로 중앙 정부나 재지 세력들이 각기 추구하고자 했던 목표를 실현하려는 수단임에는 분명하다.

특히 지방지의 편찬 과정에서 중앙 정부든 재지 세력이든 깊숙이 관여하여 지방의 과거 기록을 수집하고 기술하는 데 역점을 두었다. 우선 중앙의 경우, 중국이나 우리나라에서 '外史'라 하여 중앙의 관리든 수령이든 '四方之志'를 관장한다는 점에서 지방 기록물의 수집 및 역사 편찬과 무관하지 않음을 보여주고 있다.5) 또 재지 세력 역시 자료를 모으고 세세한 사실까지 수집하였을 뿐더러 지방지 편찬을 통해 자신들의 지위를 현양시키고자 하였다.6) 한편, '志' 또는 '誌'라는 용어에서 볼 수 있듯이 이것이 '史實과 史傳을 써서 남겨둠'을 지칭한다는 점에서7) 지방지는 지방의 역사를 기록한 역사책이었다. 특히 邑誌는 고을 즉 군현의 역사였다. 그래서 '誌是一州之史'라 하였다.8)

지방지에 관한 이러한 인식은 근현대시기에도 지속되었다. "夫郡之有誌 猶家之有乘 國之有史 乘以攷一家之世德 史以徵一國之文獻 誌以詳一

修良,『方志學通論』, 齊魯書社, 1986, 43~52쪽 ; 양보경,「한국 중국 일본의 지리지의 편찬과 발달」,『응용지리』19, 성신여자대학교 한국지리연구소, 1996 ; 원정식,「前近代 中國의 地方志 編纂─明淸時代 福建의 縣志 編纂을 중심으로─」,『지방사와 지방문화』4-1, 2001 참조 ; 韓承賢,「18세기 淸朝의 地方志, 地方文獻 統制策과 章學誠의 方志論」,『歷史學報』192, 2006 참조.

5) 양보경, 앞의 논문, 21쪽.
6) 위의 논문, 68·88쪽.
7) 『大漢和辭典』권10, 467쪽.
8) 『蔚山邑誌』跋(奎 1699, 1739).

郡之沿革 其義略同"이라고 하여9) 나라에 正史가 있듯이 고을에는 邑誌가 있어야 함을 분명히 하였다. 또 지방지는 國史가 나라의 역사서이자 후대의 국사 편찬에서 전거로 활용될 제2차 사료이듯이 지방지가 당대의 지역사이자 후일의 지역사 편찬에서 전거로 활용될 제2차 사료이다. 그런데 이 중 재지 세력의 주도 아래 편찬된 지방지에서는 自國史의 경우와 마찬가지로 편찬자의 역사관과 현실인식이 어찌했든 반영된다는 점에서 지방지는 재지 세력이 추구했던 지역의 정체성 수립 및 그들의 이해관계에서 벗어날 수 없었다.10) 나아가 한국현대사에서 좌우이념의 충돌, 전쟁과 독재 등이 지역 사회의 변동을 초래할 뿐더러 우리 사회 내부에서 기억의 엄청난 균열을 야기하였다는 점에서 지방지는 이런 균열을 어떠한 형태로든 간직하고 있다. 지역 내부든 외부든 이른바 집단기억을 둘러싼 제반 문제가 지방지와 무관하지 않음은 이 때문이다.

따라서 우리는 해방 이후 오늘날까지 各市郡 單位에서 편찬된 지방지를 통해11) 집단 기억을 둘러싸고 벌어지는 지역 내 계층·집단의 동향 및 중앙과 지방의 정치적 역학 관계를 추적할 수 있겠다. 나아가 지방지 편찬이 지역 사회에서 지니는 정치·사회적 의미를 추출할 수 있다. 즉 지방지는 지역의 집단 기억을 공식화하는 과정에서 지역 사회의 구조 및 변동과 연계되어 역사적·사회적 특징을 드러낸다. 그러나 주제의 밀도를 고려하고 기초 조사에 치중한다는 전제 아래 지방지에서 드

---

9) 『羅州郡誌』 序, 1955.
10) 일제강점기의 경우, 지수걸, 「충남 서산군의 '관료-유지 지배체제'-『瑞山郡誌』(1927)에 대한 분석을 중심으로-」, 『역사문제연구』 3, 1991 참조.
11) 여기서 중점 분석 대상으로 삼은 지방지는 市誌와 郡誌로서 현재 인구 50만 이내의 시군의 지방지로 한정하였다. 현행 「지방자치법」(2008년 2월 29일 법률 제8852호) 제3조에 "인구 50만 이상의 시에는 자치구가 아닌 구를 둘 수 있"다고 규정하고 있는 바와 같이 인구 50만 이상의 도시는 중간 행정 기관을 두고 있다. 또 제10조에는 "다만, 인구 50만 이상의 시에 대하여는 도가 처리하는 사무의 일부를 직접 처리하게 할 수 있다."라고 규정하고 있다. 따라서 중간 행정 기구를 거느리지 않으면서 지방지 편찬의 단위 주체라 할 인구 50만 이내의 市와 郡이 편찬한 지방지를 대상으로 검토하였다.

러난 집단기억의 재구성을 둘러싼 제반 문제는 추후 구체적으로 다루기로 하고 이 글에서는 지방지 편찬의 주도층, 편찬 방식 및 구성 체제 등을 중심으로 시기별 특징을 추출하고자 한다.12)

아울러 여기서는 중앙 정부의 지방 정책 및 지방 사회 내부의 변동 및 이를 둘러싼 지방사회의 정치·문화적 조건 그리고 국사·지방사 연구의 수준과 경향 등을 고려하여 지방지 편찬시기를 4개로 구분하였다. 이 중 중앙 정부의 지방 정책을 시기 구분의 최우선 기준으로 잡은 것은 이런 요인이 지방지 편찬에 가장 영향을 미쳤기 때문이다. 이를 시기별로 나누면 ① 1945년 8·15 해방~1950년 6·25남북전쟁, ② 1950년 6·25남북전쟁 직후~1961년 5월 군사쿠데타, ③ 1961년 5월 군사쿠데타 직후~1995년 4월 지방자치제 시행 직전, ④ 1995년 4월 지방자치제 시행 직후~현재까지이다. 이 중 ② 시기는 6·25남북전쟁 이후에 구성된 지방 의회의 실시를 염두에 두었다면 ③ 시기는 5·16군사쿠데타로 지방자치법의 효력이 정지된 시기이며 ④ 시기는 지방자치제도가 부활한 시기이다.

Ⅱ. 해방정국기 民主的 民族 地方誌의 모색 (1945년 8월~1952년 4월)

1945년 8월 15일 해방은 지방지의 편찬에서도 새로운 방향을 예고하였다. 그것은 해당 시군의 古今을 체계적으로 엮음으로써 위로는 신국가 건설과 연계하여 國史의 정립에 보태고 아래로는 각 군 행정 제반에 참고가 될 지방지를 편찬하는 방향이었다. 반면에 일제강점기 지방지

---

12) 이와 관련하여 조선 후기부터 오늘날까지 향토지 즉 지방지 편찬의 시기별 경향을 개설적으로 정리한 이해준, 『지역사와 지역문화론』, '지역문화의 교과서'인 향토사 편찬, 문화닷컴, 2001 ; 허홍범, 「지역사 연구와 지방지 편찬」, 『역사와 현실』 48, 2003 참조.

편찬의 방향은 그들의 통치 행정에 참고할 지역 단위의 기초 자료를 정리하거나 일제의 통치를 미화하는 선전 내용으로 구성되었다.13) 물론 일부 지방지의 경우, 일제의 민족 말살 정책에 대항하여 소극적인 표현이지만 書院, 祠廟, 齋室, 精舍 등을 자주 언급하였다.14) 그러나 이러한 서술 태도는 유림을 비롯한 지방 유지들이 자신들의 문중과 학파를 언급함으로써 향촌 사회의 주도권을 행사하려는 의도를 담고 있기도 하다.

그러므로 해방 정국에서 지방지의 편찬은 이전 시기 지방지의 이런 한계를 극복하기 위해 고을의 古今을 체계화하고 민족의 문화와 향토의 정취를 담아내는 데 중점을 두었다. 특히 대한민국 정부 수립 이후 제헌 의회가 1949년 7월에 제정한「地方自治法」은 신국가 건설 과정에서 고무된 향토문화 부흥운동을 촉진시켰을 것이다. 즉 이제까지 중앙 정부에 통제되거나 관리되었던 지방 사회가 획일적이고 관제적인 방식에서 벗어남으로써 민인들이 아래로부터 자율적인 방식으로 개성적인 향토사 및 향토문화를 편찬할 수 있는 기반을 조성할 수 있게 되었다. 예컨대 지방자치제 실시 이전부터 착수하여 1949년과 1950년 초에 각각 간행된『南原誌』,『始興郡誌』등은 이러한 노력의 성과물이었다.

『남원지』는 남원공립국민학교 교사들로 구성된 향토연구반이 10개월 기간의 자료 조사와 6개월 기간의 원고 정리 작업 끝에 1949년 11월에

---

13) 양보경·김경란,「일제 식민지 강점기 邑誌의 편찬과 그 특징」,『응용지리』22, 2001 ; 김현 외,『지역문화와 디지털 콘텐츠』, 북코리아, 2008, 27~35쪽. 다만 1940년대에 들어오면 사회경제사학의 영향을 받아 새로운 경향들이 보인다. 즉 일부 논자는 조선총독부의 이런 방침에서 벗어나 지방사의 사적 변천 과정에서 향토의 위치를 구명하고자 하는 차원에서 지방 문화의 고양을 목표로 지방지를 다룰 것을 제안하기도 하였다. 久慈畔二郎의 경우, 일제강점기에 편찬된 지방지들을 개관하면서 이런 문제를 제기하였다. 그러나 이는 그들의 통치 차원에서 향토사의 발전 과정을 규명하는 데 중점을 두었을 뿐 한민족의 주체적 발전 과정을 염두에 두고 있지 않다. 이에 관해서는 久慈畔二郎,「地方文化의 記錄 朝鮮의 鄕土誌·地方史誌」,『朝鮮行政』1941년 8월호. 아울러 조선총독부의 이른바 社會敎化 정책과 관련하여 일제강점기 지방지의 편찬 문제를 체계적으로 검토할 필요가 있다. 이에 관해서는 추후 별고로 다루고자 한다.
14) 양보경·김경란, 위의 논문, 108~109쪽.

편찬한 지방지이다.15) 그런데 편찬 과정에서 참고할 만한 문헌이 별로 없고 고증할 만한 유적이 적었으며 문의할 만한 곳이 거의 없었기 때문에 향토반은 유식한 옛 노인을 찾아 유래를 묻고 실지를 답사하여 단서를 붙잡고 책자를 끌어내어 옛 일을 상고하였다. 이 중 국민학교 교사 趙成敎의 역할이 컸으며16) 작업 결과물은 책자로 만들어 총 3천부를 발간하였다.17) 편찬을 총괄한 남원공립국민학교의 교장 李起弘은 『남원지』의 편찬 의도를 다음과 같이 밝히고 있다.

> 지난 사십 년 동안 뜻 아닌 외적의 침략으로 말미암아 유구한 역사와 찬란한 문화는 거의 다 말살당하고 오늘날에 이르러 고장의 예와 이제를 알려고 하여도 알 도리가 없는 채 가지로 금일의 혼란 속에서 보배는 묻어져가고 향토문화는 흩어져만 가고 있다. 이것을 퍽 유감스럽게 생각한 우리는 걱정한 나머지에 잃었던 보배를 찾기 위하여 온갖 옛 문헌을 모아 봤으나 그 가운데서 그 소식을 더듬을 수 있는 것이라고는 겨우 용성지 뿐이었다. 그러나 그것 역시 그리 자세한 것은 못되고 또 몇 부 남아 있질 않아서 못내 엇기가 어려울 뿐 아니라 그 내용이 순 한문으로 되어 있어 다대수의 사람에겐 퍽 이해하기 곤란한 형편이다. 여기서 우리는 좀 더 소상하고 정확한 향토문화를 읽기 쉽고 알기 쉬운 우리글로 소개함으로써 이것을 자손만대에 전하지 않으면 아니되겠다는 책임 앞에 서게 된 것이다.18)

이들 교육자는 일제의 민족말살 정책과 해방 정국의 극심한 대립으로

---

15) 남원공립국민학교, 『南原誌』 머리말, 1949.
16) 趙成敎는 대구사범 심상과에 재학 중 1941에 치안유지법 위반으로 중퇴하였으며 1947년 순천사범학교를 졸업한 뒤 교직에 몸을 담았다. 당시 남원공립국민학교 교사였다. 후에 1972년과 1975년에 증보판을 출간했다(趙成敎, 『南原誌』 序, 1975).
17) 위의 책, 22쪽.
18) 李起弘은 1915생 남원 출신으로 이리농림학교를 졸업한 뒤 대구사범학교 강습과를 졸업하였다. 이후 여러 학교를 거친 뒤 남원국민학교 교장을 역임하였다(大韓民國建國十年誌刊行會 編, 『大韓民國 建國十年誌』, 1957, 1057쪽). 그는 당시 언론계에서 치밀한 교육방침으로 빈약한 학교 시설을 개선함으로써 남원시민들이 경의를 표했다고 할 정도였다. 그리하여 언론에서는 그를 민족교육실천가로 칭송하였다(『朝鮮日報』 1949년 6월 21일자).

말미암아 민족의 역사와 문화가 말살될 위기에 처한 데다가 이마저도 복원하지 못하는 난국에서 향토의 역사문화를 정리하고 이를 보전하고자 했던 것이다. 특히 읽기 쉽고 알기 쉬운 한글 전용 방식으로 서술함으로써 향토문화 이해의 대중화에 이바지하고자 하였다.

따라서 체제와 내용 역시 이전 지방지의 한계를 극복하려는 시도들이 보인다. 즉 일제강점기 지방지의 근대적 요소를 받아들이면서도 남원의 역사와 문화를 대폭 서술하였다. 예컨대 戰亂史에 비중을 두고 외세 침략을 막아낸 애국 열사들을 대폭 실었다. 여기에는 황산대첩을 비롯하여 동학군의 움직임 그리고 3·1운동 등을 서술하였다. 특히 남원 지역의 동학란 및 3·1운동과 관련된 '4월 3일 의거사건'을 복원함으로써 남원이 근대민족운동사에서 차지하는 위치를 드러내고자 하였다.[19] 특히 1894년 농민전쟁을 "우리나라 근세기 끄트머리에 있어서의 평민들의 일대 혁명 운동"이라고 평가하고 있다. 또한 춘향전 등을 비롯한 소설과 설화, 생활 풍속 등을 소개하여 남원 문화의 고유한 정서를 알리고 있다. 아울러 이 지방지를 편찬하는데 남원의 읍지인 『龍城誌』와 함께 『文獻備考』, 『三國史記』, 『三國遺事』, 『太祖大王實記』, 『조선 승무제현문선』, 『조선 고금명현전』, 『대한신지지』, 『조선문화사』, 『조선종교사』, 『조선문학전집』, 『鳳城誌』, 『雲峰史料』 등 기초 자료들을 참고하여 적극 반영하였다. 특히 원문 자료와 번역문을 수록함으로써 지방지의 신뢰성을 제고하였다. 그리하여 당시 『남원지』 편찬을 두고 전 전라북도 교육국장 尹宅重은 다음과 같이 의미를 부여하였다.

> 향토의 연구란 그리 쉽사리 되는 것은 아니다. 연혁, 정치, 문화, 경제 등 모든 부면을 체계적으로 연구할랴면은 상당한 노력과 시일이 필요하기 때문이다. 더구나 국내외 정세는 날로 복잡하게 되고 정치적으로나 경제적으로

---

19) 남원공립국민학교, 앞의 책, 162~167쪽.

일대 혼란에 빠져있는 이때에 본도 남원공립국민학교장 이기홍군은 향토교육을 구현실천하기 위하여 모든 곤란을 무릅쓰고 남원지를 연구편찬하였는데 그 내용이 극히 충실하며 조리있고 평이하게 저술되어 있어서 제일선 교육자 동지의 향토교육 실천에 긴요한 참고재료가 될 것이라고 믿는 바이다.[20]

그의 이러한 지적은 단지 의례적인 찬사가 아니라 당시의 열악한 여건에서 이루어낸 성과에 대한 평가이다. 또한 이러한 작업은 여기에 그치지 않았다. 당시 행정 당국이나 교육기관에서는 이러한 지방지를 全道 차원으로 확산하여 각 군에서 편찬하도록 독려하였다. 그것은 향토문화부흥 운동에 기여하기를 고대하는 바램에서 비롯되었다.[21] 나아가 尹宅重은 "민주적 민족교육을 부르짖고 있는 이때 이 향토를 모르고서는 나라를 알 수 없을 것이며 애향하는 마음이 없을 것"이라 하였다.[22] 민족교육의 실현이었던 것이다.

아울러 지방 단위에서 이러한 시도는 여기 저기 지역에서 보인다. 우선 전 전라북도 지사 장현식의 언급에서 볼 수 있듯이 향토문화부흥 차

---

20) 위의 책, 序(윤택중).
21) 위의 책, 序(장현식).
22) 이러한 향토문화부흥 운동이 이미 1930년대 국민교육 차원에서 전개된 향토교육운동에 영향을 받았음은 분명하다. 그리하여 각 지역에 설립된 지역교육회가 중심이 되어 각종 향토지를 발간하였다. 그러나 해방 정국에서 향토지의 편찬과 일제 강점하 향토지 편찬은 그 의도가 엄연히 달랐다. 본문에서 후술하는 바와 같이 전자는 자주성에 근간을 둔 민주적 민족교육의 일환으로 진행되었던 데 반해 후자는 일제 파시즘 체제 아래 황국신민교육의 일환으로 진행되었다. 물론 전자 역시 국가주의 및 반공주의와 결합되면 후자로 기울어질 가능성이 높아진다. 실제로도 '민주적 민족교육'을 명분으로 내세운 관료 일부의 경우, 安浩相의 一民主義와 연결되어 있다. 그러나 조선 문화의 전통에 대한 이해 기반 위에서 개인의 가치와 민족의 이상을 조화시키려고 노력했던 安在鴻, 孫晉泰 등 신민족주의 계열의 영향이 적지 않다. 이에 관해서는 李康勳, 「解放直後(1945~1949년) '새교육운동'과 '生活改善論'」, 서울大學校 大學院 社會敎育科 歷史專攻 碩士學位論文, 2001, 25~27쪽 참조. 아울러 일제강점기와 해방공간시기에 향토교육에 관한 대표적인 글로 柳澤藤策, 「鄕土敎育의 使命と其の實際」, 『文敎の朝鮮』 4, 朝鮮敎育會, 1935 ; 白孝雄, 「鄕土敎育의 側面觀」, 『朝鮮敎育』 1~5, 朝鮮敎育硏究會, 1947 ; 文知恩, 「1930년대 鄕土敎育論 과 日帝의 鄕土敎育 施策」, 서울大學校 大學院 社會敎育科 歷史專攻 碩士學位論文, 2010 참조.

원에서 지방지 편찬을 장려하고 있었던 것으로 보인다. 또 남원공립국민학교 교장 이기홍은 "이러한 운동이 드디어는 이 나라의 견고한 기반으로 민족적인 힘이 됨으로써 혹은 국력의 신장으로 혹은 찬란한 국토문화로서 나타나게 되리라"고 전망하였다.23)

이 중 지방 소학교와 중학교가 그 중심에 이미 섰다. 순천중학교 1학년이었던 조명훈이 방학 숙제(인민숙제)로 작성한 『순천의 경제상황』은 이를 잘 보여준다.24) 이러한 숙제는 중앙집권적 교육관리체제를 고려한다면 비단 일개 중학교에 국한된 것이 아니라 많은 지역에서 학생들에게 이러한 숙제들이 부과되었을 것이다. 이 경우도 이를 잘 보여준다.

『순천의 경제상황』은 1945년 해방 직후 순천의 경제상황을 비공식적으로 정리한 자료집으로 기존 地誌의 형태를 고스란히 담고 있지 않지만, 地誌로서의 기본 요소를 갖추고 있어 이 시기 순천의 경제상황을 행정과 연계하여 구체적으로 파악할 수 있다. 우선 차례는 다음과 같다.

　　제1표 인구, 제2표 교육, 제3표 농업, 제4표 교통,
　　제5표 물가, 제6표 귀환동포, 제7표 사회단체, 제8표 금융기관

내용이 주로 경제 쪽에 치우쳐 있어 이전 시기의 지방지에 비하면 매우 소략하다. 그러나 체제나 구성은 기존 지방지의 축소판이라 해도 과언이 아니다. 편자가 이전 지방지를 염두에 두고 작성한 것으로 보인다. 또한 전통 지방지와 마찬가지로 여기에는 순천군 교통약도, 순천역 약도 등 각종 지도가 수록되어 있다. 아울러 각종 사회단체를 소상하게 소개하고 있다. 여기에는 한국민주당 순천지부를 비롯하여 조선인민공화국 인민위원회, 애국당, 순천군농민위원회, 조선인민당 순천지부, 순

---

23) 남원공립국민학교, 앞의 책 머리말.
24) 『순천의 경제상황』은 조명훈의 누나인 조계자 씨가 찾아낸 뒤 2007년 8월 『순천시민의 신문』에서 책으로 발간하였다. 이 원고는 조명훈이 1946년 1월 10일에 작성한 보고서이다.

천산업별노동조합연합, 순천군노농청년동맹, 순천프로예술동맹, 조선소년군동부대군연대본부, 조선공산당 순천위원회, 조선학도대 순천지부, 순천청년추진동맹 등등의 소재지와 강령 등을 전하고 있다. 그리고 당시 어린 나이로 각 당파를 돌아본 그에게 남아 있는 인상은 단 한 곳도 튼튼한 당파가 없었다는 것이다. 당시 밑으로부터 지방조직을 건설하기보다는 위로부터 하향적으로 만들어지는 지방조직의 현실적 한계를 지적하고 있는 셈이다.

그러나 이 지방지도 시대적 상황과 연관하여 저자의 현실 인식을 투영하고 있다. 즉 조명훈은 조사경위와 통계 자료에 대한 평가를 자료집에 기록해 두어 당시의 상황을 더욱 생생하게 전하고 있다.

> 군청서기 정상채는 "농업호수를 보아라. 소작 호수가 제일 많지 않느냐. 이것은 일본인 지주의 소작이 상당히 들어 있다. 일본인은 우리 손으로 해주어야 먹어. 자기들은 평안한 생활을 하였던 것이다. 이것을 생각하면 나는 불덩어리 같은 것이 끌어 오르는 것을 느낀다."[25]

이러한 서술은 당시 순천 지역에서 일제하 지주제의 유제와 함께 정상채로 대표되는 순천 주민의 농업 문제 인식을 보여준다. 이는 중학생인 필자가 의도했든 의도하지 않았든 당시 순천 지역민들의 현실 인식을 확인할 수 있는 단서가 된다.

또한 각종 교육통계를 소개함으로써 순천교육의 현실을 단적으로 보여주고 있다. 특히 여기에는 구술사의 초보적인 모습이 잘 보인다. 당시 군청교육계장의 발언을 통해 순천 지역의 교육 현실을 확인할 수 있다.

> 지금은 혹시 시설한다 하더라도 마땅한 선생이 없다. 또 학교를 시설하려 해도 요새 물가로는 돈이 많이 들 것이므로 당분간은 어디 큰 집이 있으면 이

---

25) 조명훈, 위의 책, 22쪽.

용해야 할 것이다.[26]

당시 교육자의 극심한 부족 및 교육 시설의 미비를 단적으로 알 수 있는 생생한 증언이다.

한편, 학교 차원에서만 지방지가 구상되고 편찬되었던 것은 아니었다. 지방행정기관도 지방지 편찬에 관심을 기울였다. 『시흥군지』의 경우가 대표적인 예이다.[27] 『시흥군지』는 1948년 8월 대한민국 정부의 수립을 기념하여 편찬 작업에 들어가 1950년 3월에 출간된 지방지이다. 이를 주도했던 金健烈 군수는 발간사에서 국사 연구와 학습의 필요성을 다음과 같이 강조하고 있다.

> 내 민족, 내 국가를 아는 것은 실로 위대한 힘이 된다는 것을 알아야 하겠다. 인간의 사회란 千變萬化 무상히 변천하는 것이니 이 사회가 변천하는 모습과 굵고 힘찬 전통과 조류의 줄거리와 줄기를 연구하여 선조의 유업을 계승하고 새로운 역사의 창조과정에 있는 현실사회상의 전모를 사실 그대로 묘사 표현하여 금일의 실정을 인식함으로써 우리의 귀감을 삼으며 이를 후세에 전하여 자손으로 하여금 내 고장 내 민족의 진화 경로로 탐구하려는 것이다.[28]

이어서 그는 우리나라 문화와 고을 문화를 불가분의 관계로 파악하면서 "우리 고을의 문화는 우리나라 문화의 縮圖요 우리나라의 문화는 우리 고을 문화의 延長"이라고 지적하였다. 따라서 군지의 편찬을, 후손에게 과거의 社會相을 문헌으로 전하는 일로 파악하고 있다. 그리고 이를

---

26) 위의 책, 29쪽.
27) 현재 『시흥군지』 외에 여타 지방행정기관이 편찬한 지방지를 발견하기 어렵다. 이는 이러한 지방지가 『시흥군지』 외에는 전혀 편찬되지 않았음을 보여준다. 그러나 이러한 계통의 지방지가 편찬되었음에도 불구하고 6·25남북전쟁과 오랜 세월로 인해 현전하지 않거나 발견되지 않을 수 있다. 따라서 『시흥군지』를 이런 계통의 유일한 지방지라고 판정하는 데는 유보할 필요가 있다.
28) 始興郡, 『始興郡誌』, 發刊辭(金健烈), 1949.

추진하기 위해 1949년 5월 군청 주사직을 실무로 하여 군지편찬위원회를 조직하였으며 여기에 소설가 李茂影이 참여하였다.29) 이 점에서 『시흥군지』는 『남원지』의 경우와 달리 군수 등 지방행정직들의 주도로 편찬되었다. 특히 여기에는 일찍부터 관심을 두었던 鄭寅普의 영향도 적지 않았다. 시흥군수 김건렬은 정인보가 한 집안 같이 여길 정도로 가까운 사이인 데다가 정인보에게 지방지 편찬의 재료와 방법 등에 관해서 문의하기도 하였다. 비록 정인보가 참여하지 않았지만 그는 관심을 가지고 편찬 과정을 지켜보았고 『시흥군지』의 편찬을 높이 평가하였다. 정인보는 서문에서 시흥군지 편찬의 취지를 다음과 같이 말하고 있다.

> 郡의 古今을 체계적으로 엮어 내어 위로 國史에 아래로 제반에 시흥 한 고을의 문헌으로서 보좌하는 바 크니 나는 이 일을 기리는 동시에 한편으로 군의 행정이 자리가 잡힐 것을 거듭 기쁘게 한다.30)

지방지 편찬을 국사의 체계화와 연계하여 그 의의를 언급하고 있는 셈이다. 나아가 이 책을 다음과 같이 평가하고 있다.

> 이 책을 만드는 본의가 實을 주로 하여 과거의 色誌 모양으로 일종의 浮華에 흐르지 아니하랴 하였음을 나는 잘 안다.

이러한 평가는 『시흥군지』가 정인보의 의견을 대체로 따랐던 사정에서 연유하였다. 즉 과거의 지방지가 고을의 연혁을 미화하거나 문중이

---

29) 소설가 李無影(1906~1960년)은 오래 전부터 흙에 대한 동경을 가지고 있었으며, 그가 이것을 실천에 옮긴 때는 1939년이다. 이때 그는 신문사 기자를 그만두고 경기도 군포 근처인 궁촌이라는 곳으로 솔가하여 농경과 문필을 병행하면서 본격적으로 농민소설의 창작에 전념하기 시작하였다. 이런 인연으로 그가 시흥군지 편찬에 주도적인 역할을 담당한 것으로 보인다. 한국학중앙연구원 한국역대인물정보시스템 http://people.aks.ac.kr(白鐵, 『新文學思潮史』, 新丘文化社, 1981) 참조.

30) 위의 책, 1쪽.

나 지방 유지들의 활동을 미화하거나 과장한 측면이 많은 반면에『시흥
군지』는 각종 자료에 즉하여 군의 내력과 편찬 당시 각종 현황을 상세
하게 소개하는 한편 민족 고유 신앙을 비롯한 민족 문화와 고을의 전통
설화 및 민속 등을 연계하여 한민족 일반의 문화와 시흥군의 문화를 아
울러서 서술하고자 하였다.[31] 또한 곳곳에서 일제강점기를 '倭政'기로
명명하며 해방 이후 일제 통치의 잔재를 청산하고자 하는 시흥군의 노
력을 소개하고 있다.[32] 그리고 당시의 토지 문제를 언급하면서 토지개
혁의 조속한 실시를 강조하였다. 즉 당시 토지의 등귀와 지주들의 강매
요구가 농민경제 생활에 끼치는 악영향을 직설적으로 지적하면서 조속
한 토지개혁만이 농민의 불안을 해소할 수 있는 방안이라고 주장하고
있다.[33] 이 점에서『시흥군지』는 관찬 방식의 지방지임에도 불구하고
신민족주의에 입각하여 당시 현실의 제반 문제를 해결하려는 '民主的
民族' 地方誌였다.

이처럼 이 시기 지방지 편찬의 방향과 서술 방식은 학계에서 국사를
체계화하려는 노력이 경주되는 가운데 지역사회 및 학교의 향토교육 운
동에 영향을 받아 우리 역사와 향토애의 의미를 되살리는 데에 초점을
두었다. 이는 황국신민교육을 타파하고 민주적 민족교육을 실현하려는
시도인 동시에 우리나라, 우리 마을의 情趣를 담으면서도 사회 발전의
논리가 관철되는 歷史像을 수립하려는 노력이었다. 그러나 이러한 노력
은 경제적·문화적으로 열악한 여건과 함께 좌우 대립의 심화 및 6·25
남북전쟁으로 말미암아 이후 지속되지 못했다. 이 중 6·25남북전쟁은

---

[31] 위의 책, 306~333쪽.
[32] 위의 책, 7쪽. 이에 대해서 정인보는 '왜정' 명칭도 비판하면서 일제의 지배를 '倭亂'으로
명명해야 한다고 주장하였다. 그는 일제 관료들의 통치 행위를 僞官 행위로 간주하였기
때문이다. 그래서 이에 해당되는 내용에 註를 달아 두든지 별도로 조치해야 함을 강조하
였다(위의 책, 2쪽).
[33] 위의 책, 54쪽.

결정적인 계기가 되었다.

Ⅲ. 6·25남북전쟁 이후 復古的 地方誌의 부활 (1952~1961년)

지방지 편찬에서 6·25남북전쟁과 뒤이은 일련의 정치 파동은 중요한 분기점이었다. 우선 6·25남북전쟁은 국가행정은 물론 지방행정을 마비상태로 몰아감으로써 지방지 편찬의 물리적 여건을 악화시켰다. 또한 1952년에 이르러서야 구성된 지방의회마저 이승만정부의 정치적 기반을 오히려 강화시켜 줌으로써[34] 해방정국기 지방지 편찬에서 보이는 역동성과 자율성이 약화되기에 이르렀다. 따라서 이러한 일련의 움직임은 이전 시기와 달리 지방지 편찬을 원천적으로 불가능하게 만들었다. 물적 피해도 엄청나게 크거니와 이데올로기의 대립과 지방 사회 구성원 내부의 상쟁은 지방 사회의 자율적인 緣網을 약화시키고 문화적 기반을 잠식함으로써 지방 문화를 이끌고 나갈 만한 신진 인사들의 등장을 원천적으로 봉쇄하고 말았다.

이는 1950년대 중반 편찬 여건의 호전에도 불구하고 지방지를 편찬하는 지방자치단체의 寡少와 지역별 편중으로 나타났다. 〈표 1〉은 1952년부터 지방자치법의 효력이 정지된 1961년 5월까지 지방지 편찬의 현황이다.

---

34) 지방자치제 선거가 전쟁 중에 치뤄졌기 때문에 군인들을 통해 치안과 행정을 실질적으로 장악한 여당에 절대적으로 유리하였다. 또한 이후 1958년 2월 4일 이른바 신국가보안법을 통과시키면서 지방자치단체장을 임명제로 한 지방자치법개정안도 동시에 통과시켰다. 이에 관해서는 구로역사연구소, 『우리나라 지방 자치제의 역사』, 거름, 1990, 112~113쪽 ; 서중석, 「지방자치제, 그 오욕의 역사와 한국민중 미군정·이승만정권 4월혁명기의 지방자치제」, 『역사비평』 1991년 여름호(통권 15호) ; 김병찬·정정길 공편, 『50년대 지방자치 — 지방행정과 의회활동의 실태와 의미 —』, 서울대학교출판부, 1995, 70~71쪽 참조.

〈표 1〉 1952~1961년 지방지 편찬의 현황

도별	지방지	비고
경상남도	함양(1956), 남해(1958), 산청(1958), 양산(1959)	이들 지방지는 현전하는 경우에만 해당됨
전라남도	나주(1955), 곡성(1956), 영암(1961)	
전라북도	김제(1956), 부안(1957), 순창(1957), 정읍(1957) 진안(1959), 임실(1960)	
충청남도	공주(1957)	
총수	14	

비고: 김현 외, 『지역문화와 디지털 콘텐츠』, 북코리아, 2008, 37~43쪽과 교육학술정보원 목록(http://www.riss4u.net/index.jsp)에 의거하여 작성.

 우선 편찬된 지방지가 14개에 불과하여 매년 평균 1.5개를 편찬한 셈이다. 이에 비해 일제강점기에 편찬된 지방지는 이남 지역만 하더라도 121개에 이르러 매년 평균 3.3개를 편찬하였다.[35] 또한 도별로 보면, 경상남도, 전라남도, 전라북도 등에 국한되어 있으며 그 밖의 지역은 충청남도 공주를 제외하고는 보이지 않는다.
 한편, 편찬 주체도 이전 시기의 경우와 다르다. 이전 시기의 경우, 단 두 군데에 불과하지만 전술한 바와 같이 국민학교 교사들이 주축이 되거나 군청이 주도한 반면에 이 시기의 지방지는 향교 임원들이 편찬을 주도하였다. 이 점에서 향교가 건재한 삼남 지방을 중심으로 지방지가 편찬되었다고 이해할 수 있겠다. 나주군의 경우, '羅州郡誌刊行任員'이라 하여 都有司, 副都有司, 總務, 校正, 掌財, 監印, 書記, 單有司, 顧問 등을 두고 있다. 이는 조선 후기에 향촌질서를 주도했던 향회의 구성 방식을 따르고 셈이다. 또 일제 지방 통치 기구나 일본인 유지들이 지방지의 편찬을 주도하는 가운데 일부 향교에서 지방지를 발행하였다는 사정을 감안한다면, 지방지 편찬은 새로운 방식으로 진전되기보다는 예전의 방식으로 퇴보되었다고 하겠다. 『金堤郡誌』의 경우도 마찬가지이

---

35) 양보경, 김경란, 앞의 논문, 103쪽 참조.

다. 이 경우는 김제향교 명륜당이 발행 주체이자 인쇄 주체이기도 하였다. 『谷城郡誌』, 『扶安郡誌』, 『淳昌郡誌』, 『任實郡誌』의 경우도 사정은 마찬가지였다.36) 이 중 『公州郡誌』의 경우, 이러한 사정을 잘 보여준다.37) 비록 편찬자가 향교가 아니라 公州郡誌編纂委員會였지만, 儒道會長 李啓哲이 편찬위원장을 맡았던 데 반해 군수 鄭寅權은 위원에 지나지 않았으며 발행처도 公州郡 儒道會였다. 특히 1923년에 공주향교가 편찬한 『公山誌』가 발간 부수가 매우 적은 데다 6·25남북전쟁으로 말미암아 분실되거나 소진된 점을 감안하여 『공주군지』를 편찬한 점에 유의한다면,38) 이 시기 『공주군지』의 편찬은 『공산지』의 續刊에 지나지 않았다. 또한 『公山誌』의 저작 겸 발행자가 공주의 대표적인 유지 서병호이고 인쇄소 및 발행소는 금정향교 즉 공주향교였다는 점에서 『공주군지』는 공주향교의 분신이라고 할 만한다. 아울러 여타 군지에서는 노골적으로 적시하지 않았지만 여기서는 重刊 發行하게 된 동기를 다음과 같이 말하고 있다.

> 現下 民主國家에서 道義가 너무 解弛한 感이 有하므로 歷史의 變遷狀況을 記錄하야 舊制度를 밝히는 同時에 人文篇에서 古來道義行實을 紹介하야 國民敎化의 示範的 參考書가 되어서 從來 社會構造의 典型을 알리며 倫理道德觀에서 美風과 良俗을 闡揚하야 一般의 良書가 되도록 함에 있다.39)

이처럼 『공주군지』는 전통적 도의행실의 부활을 통해 재래의 향촌교화질서를 유지하고자 하는 유림들의 바램이 담겨 있다. 그 밖에 지방지의 문체는 대부분 국한문 혼용체보다는 한문체였으며, 책의 형태도 綴

---

36) 공주향교, 『公山誌』, 1923. 이에 관해서는 池秀傑, 『韓國의 近代와 公州 사람들—韓末 日帝時期 公州의 近代都市 發達史』, 198쪽 참조.
37) 公州郡誌編纂委員會, 『公州郡誌』, 公州郡儒道會, 1957.
38) 위의 책, 公州郡誌重刊序辭.
39) 위와 같음.

絲로 꿰매는 古書 형태를 띠고 있다. 이러한 사정은 향교가 주도하여 편찬한 여타의 지방지에서도 마찬가지였다.

그럼에도 지방지의 편찬 주도층은 "郡誌誌一郡人物風土沿革"이라 하여 지방의 인물, 풍토와 연혁을 매우 중시하였다.[40] 또 "夫郡之有誌 猶家之有乘 國之有史 乘以攷一家之世德 史以徵一國之文獻 誌以詳一郡之沿革 其義略同"이라고도 하였다.[41] 이전과 마찬가지로 지방지는 재래의 읍지처럼 지방의 역사를 서술한 역사서인 셈이다.

이처럼 이 시기에 편찬된 지방지의 대부분은 향교가 주도하여 편찬하였으며 재래의 읍지와 크게 다르지 않았다. 이는 체제의 측면에서도 확인할 수 있다. 『谷城郡誌』의 경우, 구성 체제는 〈표 2〉와 같다.

〈표 2〉 한국 근현대 谷城郡誌의 편찬 현황과 구성 체제

『湖南邑誌』, 谷城(1872)	『谷城郡誌』(1918)	『谷城郡誌』(1956)
坊里, 道路, 郡名, 形勝, 官職, 山川, 城市, 風俗, 壇廟, 公廨, 堤堰, 倉庫, 物産, 橋梁, 樓亭, 寺刹, 古蹟, 人物, 孝子, 烈女, 司馬, 進供, 田稅, 大同, 均稅, 俸廩, 軍兵	郡名, 位置, 山川, 官廳, 官職, 古蹟, 官案, 佛宇, 學校, 物産, 戶總, 姓氏, 人物, 節義, 社還, 墳墓	郡名, 郡의 沿革槪要, 郡의 地勢, 郡의 位置, 郡置의 槪要, 郡及面行政區域, 戶數及人口數, 耕地面積分布狀況, 各種生産及水利, 漁箭, 軍額, 各官公署及社會團體, 敎育施設, 郡面間距離, 鐵路及陸路, 渡船, 嶺路, 山川, 名所古蹟, 壇廟, 校齋, 市場, 驛院, 佛宇, 姓氏, 官案, 鄕案, 樓亭, 壇廟追加分, 文科, 武科, 蓮榜, 社還, 人物, 節義, 儒賢, 遺逸, 學行, 文行, 名望, 善行, 善筆, 行誼, 賑恤, 孝子, 孝婦, 孝女, 烈女, 女行, 竪碑, 旌閭, 祭閣, 塚墓, 詩詠, 道禪, 異聞

1918년 『谷城郡誌』의 체제는 이전 읍지와 매우 비슷하다. 그리고 1956년의 경우도 1918년 『谷城郡誌』를 근간으로 편찬되었음을 확인할

---

40) 谷城郡老人會, 『谷城郡誌』 序, 1956.
41) 羅燾線等 編, 『羅州郡誌』, 1955.

수 있다. 특히 산천 이하 내용은 매우 유사할 뿐더러 유교적 삼강오륜 의식이 그대로 반영되고 있다. 이는 향교가 주도하면서 편찬한 결과로 보인다.

이러한 특징은 다른 지방지의 경우도 마찬가지였다. 심지어 『羅州郡誌』와 『山淸郡誌』의 경우는 전통읍지를 중심으로 구성하는 한편 속편 형식으로 1950년대 당시 군의 정형을 보여준다. 또 『곡성군지』의 편찬을 주도했던 곡성향교는 2년 뒤인 1958년에는 『谷城鄕校誌』를 편찬하였다.42) 여기서도 "有邑有誌 如有國有乘 州府郡縣 莫不有誌"라 하여 읍지가 나라의 역사처럼 고을에 반드시 있어야 함을 강조하고 있다. 향교지 역시 군지와 마찬가지로 역사 기록으로 인식하였다. 물론 『공주군지』의 경우는 기존의 지방지를 바탕으로 하면서도 체제는 이전과 달랐다. 즉 차례를 보면 第1篇 歷史篇, 第2篇 人物秩, 第3篇 郡勢一覽 竝 附錄으로 구성되어 있어 근대적 체제를 따르고 있다.43) 그러나 이 역시 구체적으로 들여다보면 재래의 항목을 篇別로 묶어 재구성한 것에 지나지 않는다. 人物秩의 경우, 『國朝人物志』와 個人文集을 참고로 取材하였다.

한편, 일부 지방지의 경우, 일제강점기와 해방 이후 시기의 역사를 간략하나마 언급하고 있다. 『곡성군지』의 경우, 郡置의 개요에서 해방 이전 시기에는 結數連名簿와 見取圖 작성, 토지조사와 토지대장 및 지적도 실시, 임야조사와 동 대장 실시, 증명법과 등기법 실시, 군행정기구 變革개요, 郡産業施設, 면행정기구연혁개요, 호적법실시, 묘지규칙 실시 상황을 서술하고 있으며, 해방 이후 시기에는 이 시기의 실황, 경지분배 실시, 병역제의 실시, 지세부과의 異彩, 國民會·婦人會와 靑年護國隊의 조직 등을 서술하고 있다. 특히 여타 지방지와 달리 해방 정국부터 6·25남북전쟁까지 전개된 역사 상황을 서술하고 있다. 관련된 내용을

---

42) 谷城鄕校, 『谷城鄕校誌』, 1958.
43) 公州郡誌編纂委員會, 앞의 책.

인용하면 다음과 같다.

건국 후 군정시부터 군인대의 경비대가 조직되야 요처에 주둔되여 있든 것이 경찰과 알력이 생겨 상호반목자가 기축 가을에 마침내 포박되야 여순반란을 만들어 피차의 살상 천여에 달하고 구례를 거쳐 我郡까지 襲來하여 불의의 혼란으로 수비의 경찰과 관공서원은 겁을 먹고…… 적은 무난히 습래하야 만행을 자행하니 방화와 약탕이 비상하여 수리조합사무소와 민간가옥 수동을 소진과 파괴하며…… 북한괴뢰 정권은 아국의 내분을 기회로 이들 무리와 연락 내응하고 6·25동란을 일으킨 것이다. 북한괴뢰군이 아군에 습래한 것은 경인 7월 27일이어서…… 지방주민은 북래군의 어육이 되야 생살여탈을 渠輩의 자유에 맡기고…… 노장 연간의 地方紳士層은 일시에 80여 명의 도륙을 당하고 계속 납치하야 광주형무소로 송치한 수난 백여 명에 달하였다.44) (맞춤법은 원문 그대로임)

여기서 '여순반란사건'을 비롯하여 북한군의 남침과 민간인 학살 등을 언급하고 있다. 당시 유림들의 여순사건 및 6·25남북전쟁에 관한 인식을 엿볼 수 있다. 이는 곡성군민의 반공주의적 역사인식을 조성하는 데 영향을 미쳤을 것이다. 이 점에서 『곡성군지』의 이러한 서술은 역사적 사건에 대한 기억들을 전승하는 방식을 보여주는 전형이라 하겠다. 이는 지역 단위에서 기억의 제도화를 본격화하는 계기가 되었다.

이처럼 이 시기의 지방지는 향교나 서원에 근거하고 있는 유림 세력이 재래의 향촌교화질서를 염두에 두고 편찬하였다. 또 체제와 구성 방식도 기존의 읍지 구성 방식에 바탕을 두고 일제강점기 지방지의 체제를 첨가하는 형태였다. 이 점에서 이들 지방지는 해방정국기 지방지의 편찬에서 드러냈던 새로운 경향은 약화되고 오히려 구래 향촌 질서로 돌아가려는 복고적 경향을 노정하였다. 또한 일부 지방지에 국한되지만 반공주의적 역사인식을 드러내기도 하였다.

---

44) 谷城鄕校, 위의 책, 1956.

Ⅳ. 지방자치제의 중지와 官治的 地方誌의 득세 (1961~1995년)

이승만정부가 훼손했던 지방자치제가 4·19혁명에 힘입어 직선제로 소생하였다. 그러나 곧이어 쿠데타로 권력을 장악한 박정희 군사정권은 지방의회를 폐지하고 지방자치법의 실시를 무산시킴으로써 지방지의 편찬은 이전과 다른 국면을 맞았다.

우선 군사정권은 5월 16일에 포고령 제4호를 공포하여 전국의 지방 의회를 일시에 해산하였다.[45] 이어서 5월 20일에는 국가재건최고회의 포고령 제18호를 공포하였다. 그 결과 읍과 면에서는 군수, 시에서는 도지사, 서울특별시와 도에서는 내무부 장관의 승인을 얻어 의회 의결 사항을 집행하게 되었다. 그리고 1961년 6월 6일에 공포된 '국가재건비상조치법' 제20조항에서는 "서울특별시장, 도지사와 인구 15만 이상의 시의 장은 국가재건최고회의의 승인을 얻어 내각이 임명하고, 기타의 지방자치 단체장은 도지사가 임명"하도록 제정하였다.

이후 1962년 10월 1일부터 시행된 '지방 자치에 관한 임시 조치법'은 사실상 지방 자치를 전혀 인정하지 않겠다는 군사정권의 의지를 담고 있다. 나아가 1972년 12월 유신헌법을 제정하면서 지방 의회의 구성을 남북통일 이후로 미루는 조항을 부칙에 두었다.

이러한 방침은 전두환 정부에서도 마찬가지여서 헌법 부칙 제10조에서 "지방 자치 단체의 재정 자립도를 감안하여 순차적으로 구성하되 그 구성시기는 법률로 정한다."라 규정하여 지방자치제의 실시를 거부했다. 이는 중앙집권적인 관료체제에 입각하여 지방행정을 통제함으로써 지

---

[45] 1961년 지방자치제 실시의 중지부터 1995년 지방자치제의 부활에 이르는 시기에 지방자치제와 관련된 중앙 정부의 조치에 관해서는 구로역사연구소, 앞의 책, 129~135쪽 ; 서중석, 앞의 논문 ; 안종석, 『지방자치제 도입 이후의 지방재정 구조 변화 분석』, 한국조세연구원, 2001, 20~24쪽 참조.

역 주민의 지방 정치 참여를 제약하고자 했음을 보여준다. 따라서 이 시기 지방지는 정부의 이러한 방침에 영향을 받아 이전 시기에 비해 훨씬 많이 편찬되었음에도 불구하고 정부의 정책을 홍보하거나 국사 일반의 내용을 지방 차원에서 축소·정리한 官治的 地方誌에 지나지 않았다.

우선 수량의 측면에서 보면, 발간된 시군지가 총 34년간에 걸쳐 180여 종에 이르렀다. 1년에 5.3종이 편찬된 것으로 이전 시기에 비하면 4배 가까이 증가한 셈이다.[46] 이 시기 고도 경제 성장과 정부의 지원이 크게 작용한 것으로 보인다.

다음 내용의 측면에서 보면, 지역적 개별성과 고유성이 약화되어 지방지의 대부분이 韓國通史 체제에 근간하여 해당 지역의 역사를 첨가한 가운데 분야별 通志 형태로 지역 정보를 수록하는 정도에 지나지 않았다. 물론 때로는 지역의 전통을 강조하여 이 부분을 기술하기도 하였다. 그러나 이 역시 박제화되거나 재구성된 전통으로서 국가 정책의 시책에 부합하는 방향에서 다루어질 뿐이었다.[47] 오히려 정부의 정책을 홍보하는 경우가 더 많았다. 예컨대 새마을운동의 경우, 그 당위성, 목표와 실천 원리, 주요 사업 내용 등을 상세히 소개하면서 '조국의 근대화', '복지국가의 건설', '민족중흥의 성취', '통일과업의 완수' 등 유신체제가 표방하고 있는 기치에 적극 부응하고 있다.[48]

한편, 지방행정기관이 일방적으로 주도하면서 여기에 교육전문직, 문인, 언론사 임원, 사회단체장들이 편찬 위원 또는 집필자로 참여하는 반면에 전공 학자들은 소극적으로 참여하는 정도였다. 따라서 이 시기에

---

46) 김현 외, 『지역문화와 디지털 콘텐츠』, 북코리아, 2008, 37~43쪽과 교육학술정보원 데이터 베이스 목록에 의거하여 50만 이하 시군에서 편찬한 지방지 개수를 추산하였다.
47) 이와 관련하여 정근식은 1970~1980년대 지역 전통의 재구성 작업에서 국가주의와 양립할 수 있는 범위 내에서 지역전통이 강조되었다고 논급하였다. 정근식 외, 『지역 전통과 정체성의 문화정치-장성 황룡연구-』서장, 景仁文化社, 2004.
48) 公州郡誌編纂委員會, 『公州郡誌』, 1979, 613~650쪽. 그 밖에 대다수의 지방지들이 이런 내용을 서술하고 있다.

편찬된 지방지의 대부분은 기초 자료를 발굴하여 정리하거나 전문적인 연구 성과에 바탕을 두기보다는 기존의 군지, 시지를 보완하는 정도에 지나지 않았다. 심지어 『群山市史』의 경우, 일제강점기에 간행된 『群山府史』의 내용을 그대로 옮기되 관점만 바꾸어 항일투쟁 사항을 보태고 해방 정국과 6·25남북전쟁을 기술하고 있을 뿐이다.49)

다만 『南原誌』의 경우는 여타 지방지와 달랐다. 이 경우는 1949년에 편찬된 『남원지』를 增補·新增하여 각각 1972년과 1975년에 발간하였다.50) 비록 군지편찬위원회가 구성되어 지역의 명망가들이 참여하였지만 실질적으로 집필한 인물은 전직 국민학교 교장인 조성교였다. 그는 국민학교 교사로서 일찍이 1949년도 『남원지』 편찬에서 주도적인 역할을 담당한 이였다. 일개인이 처음부터 참여하여 일관된 체제에 따라 집필된 경우는 『남원지』가 유일한 예이다. 또한 초판의 체제에 바탕을 두고 증보하였다. 예컨대 1894년 농민전쟁의 경우, 남원의 전통적 정서와 연계하여 동학농민군이 불렀던 軍歌가 춘향전에서 이몽룡이 거지행색으로 암행어사임을 암시하기 위해 지었던 풍자시라는 주장을 덧붙였다.51) 또 3·1운동과 관련하여 일어난 '4월 3일 의거사건'도 이를 주도한 李爽器에 대한 상세한 소개를 통해 보충하였다.52) 이처럼 『남원지』는 증보 작업에서도 사료에 입각하되 지역적 정서를 충분히 살림으로써 중앙 정부의 입김에 흔들렸던 여타 지방지와 달리 지역의 역사를 생생하게 복원하고자 하였다. 그러나 이러한 지방지의 경우는 극히 예외에 속한다. 대부분의 지방지는 획일적이고 홍보적인 성격을 여전히 지니고 있었다.

---

49) 群山市, 『群山市史』, 1975.
50) 南原郡誌編纂委員會, 『南原誌』, 1975.
51) 위의 책, 323쪽.
52) 위의 책, 416~424쪽.

이후 1980년대 신군부 집권과 함께 중앙 정부의 입김이 여전히 관철되면서 지방지는 이전 시기보다 더 나아진 것이 없었다. 자료의 충실도와 전문성의 강화에 초점을 두기보다는 국가의 문화정책을 염두에 두고 편찬되었기 때문이다. 즉 지역 사회의 필요성과 주체적인 노력에서 아니라 중앙 정부의 지시와 관 주도로 기획되고 여기에 학계가 동원되어 추진되었다. 이는 쿠데타 등 불법적으로 권력을 획득한 신군부 세력이 지방문화 통제정책의 일환으로 추진하였다.53) 대표적으로 5공화국 초기인 1981~1982년에 문화공보부가 주도하여 전국의 시도와 시군청이 교육교재로서 '내 고장 전통 가꾸기'식의 지역사를 발간하도록 한 데서 잘 드러난다.54) 여기서는 '내 고장 전통 가꾸기'가 "내 고장의 전통과 뿌리를 찾아 고장의 애착과 귀속의식을 심는 정신운동"이라고 의미를 부여하는 한편 하향식으로 각 시도와 시군에 위원회를 구성한 뒤 문화원장, 전문인사, 관계교수 또는 교사, 교육청 장학사 등이 참여토록 하였다.55) 일종의 동원인 셈이다. 그 결과 이 시기에 각 시군에서는 '내 고장 전통 가꾸기'식의 지방지가 편찬되었다.56) 또한 새로 부임한 지방행정의 책임자가 자신의 공적으로 삼기 위해 추진한 면도 없지 않다. 그리하여 1978년에 발간된 시군지가 1982년에서는 발간사가 바뀌고 편목만 조금 수정된 채 내용 그대로 간행되기도 하였다.57)

한편, 관치적 지방지가 편찬됨에도 불구하고 일부에 해당하지만 새로운 형태의 지방지들이 나타나기 시작하였다. 『始興郡誌』의 경우, 편집

---

53) 김광철, 「지역사 연구의 경향과 과제」, 『石堂論叢』 35, 2005, 259쪽.
54) 허흥범, 「지역사 연구와 지방지 편찬」, 『역사와 현실』 48, 2003, 116쪽.
55) 慶尙北道, 『慶尙北道 文化財委員會 會議錄(1981~1984)』, 2004, 58쪽.
56) 현재 교육학술정보원 목록에 따르면 '전통 가꾸기'식 지방사는 110여 종에 이른다. 그 밖에 보존되지 않는 경우를 더하면 그 숫자는 훨씬 많을 것이다. 모든 시도와 시군이 발간했다고 해도 과언이 아니다.
57) 城南市誌編纂委員會, 『城南市誌』, 1982.

위원과 집필자들이 대거 학계 전문가 집단에서 나오면서 내용의 전문성이 강화되었다.58) 우선 학계의 연구 성과가 대거 반영되었다. 이는 발간사에서 언급하고 있듯이 애향심을 키우고 향토사 연구의 문헌으로 활용할 자료를 제작한다는 취지에서 비롯되었다. 또 시흥 출신이면서 한양대학교 국문과 교수인 李明奎(국어학자 이희승의 제자)가 이를 주도하였고 학계가 이를 뒷받침하는 형세였다. 그리하여 해당 지역의 자료들을 대거 발굴하면서 지역의 정체성을 역사적인 관점에서 형성하는 데 주안을 두었다. 그래서 근현대의 경우, 조선 말기 시흥군의 토지상황, 한말 시흥의 농민운동, 일제하 시흥의 3·1운동 실태, 해방정국, 6·25전쟁을 시흥과 연관하여 서술하였다. 이 중 시흥군의 토지상황(최호), 1898년 시흥농민운동의 경우(김호일), 규장각에 소장되어 있는 量案 자료, 按覈使 奏本들을 활용하고 학계의 연구 성과를 적극 받아들여 서술한 결과였다. 또한 일제하 민족운동(이정복)도 1차 자료를 적극 활용하여 전문적 연구 수준으로 고양시켰다. 또 姜希孟의 『衿陽雜錄』을 해제하고 번역하여 수록하였다(김영진). 아울러 서술 내용에 전거를 밝혀 신뢰도를 높였다. 비록 이러한 시도에서 1949년 『시흥군지』를 직접적으로 계승한 흔적을 발견할 수 없지만 오랫동안 지방지 편찬의 방향과 체계를 고민해 온 결과로 보인다. 그리하여 『시흥군지』는 1990년대 각종 시군지에 영향을 끼쳐 시군지가 지방사 연구의 대표적인 성과물로 승격될 수 있었다. 이 점에서 『시흥군지』는 이 시기 여타 시군지와 달리 학계의 전문 연구와 1차 사료에 바탕을 두고 편찬한 최초의 전문 향토지라 하겠다. 다만 6·25남북전쟁 서술 방식은 기존의 지방지와 마찬가지로 전투사 중심으로 시흥 일반 주민의 삶이 정리되어 있지 못하였다.

한편, 이 시기에 주목할 만한 현상은 월남민들이 郡民會를 중심으로 옛 거주지였던 이북 지역의 시군지를 개정 편찬한 일이다. 〈표 3〉은 이

---

58) 始興郡誌編纂委員會, 『始興郡誌』, 1988.

시기 이북 5도 월남민들이 군민회를 중심으로 편찬한 지방지의 현황이다.

〈표 3〉 이북 5도 군민회의 지방지 편찬 현황

도별	지방지	비고
강원도	통천군지(1976)	
황해도	은율군지(1976), 평산군지(1983), 벽성군지(1987), 신계군지(1988), 수안군지(1992), 송화군지(1992)	
평안남도	강서군지(1967), 중화군지(1989, 1997), 내 고장 안주(1989), 개천군지(1992), 영원군지(1992), 순천군지(1993)	중화군지는 두 번 간행됨
평안북도	구성군지(1971, 1994), 위원군지(1971), 의주군지(1975), 정주군지(1975, 1999), 철산군지(1976), 선천군지(1977), 자성군지(1981), 창성군지(1981), 초산군지(1983), 삭주군지(1991)	구성군지와 정주군지는 두 번 간행됨
함경남도	원산시사(1968), 이원군지(1968, 1973, 1984), 신흥군지(1969), 홍원군지(1973), 정평군지(1986), 문천군지(1988), 삼수군지(1989), 단천군지(1991)	이원군지는 세 번 걸쳐 간행됨
함경북도	무산군지(1984), 길주군지(1991), 회령군지(1993), 성진시사(1993)	
합계	36곳(40회)	

비고: 교육학술정보원 목록(http://www.riss4u.net/index.jsp)에 의거하여 작성

이 지방지들은 이남의 지방지와 달리 해당 지방행정기관이나 일정 지역에 거주하는 주민들이 아니라 군민회가 중심이 되어 편찬되었다. 주지하다시피 군민회는 특정 거주지를 매개로 결집되었다기보다는 출신 지역을 연고로 하여 구성되었다는 점에서 여기서는 내부 집단간의 다양한 이해관계를 조정하면서 반영하기보다는 군민회 임원들이 지향했던 정체성과 역사의식이 동질적인 형태를 띠고 고스란히 담겨 있다.

『龜城郡誌』의 경우, 발간 취지를 다음과 같이 밝히고 있다.

하나는 월남한 우리 구성군민들의 애향심을 더욱 북돋우고, 조상의 얼을 추모하며, 군민상호간의 친목과 단합을 촉진하기 위한 것입니다. 그 둘은 구성의 역사와 지리를 기록함으로써 자라나는 우리 후손들로 하여금 망각되어 가는 우리의 향토를 재인식케 하고 그들과의 세대적 간격을 메꾸는 계기가 되게 하기 위한 것입니다. 그 셋은 민족사의 편찬에 資하고 나아가서 승공통일에의 촉진제가 되게 하려는 간절한 소망에서입니다.59)

이처럼 애향심과 승공통일을 강조하면서 다른 지방지와 달리 기억의 전승에 중점을 두고 있다. 이는 여타 이북 군민회의 지방지에도 그대로 나타났다. 따라서 이북 군민회가 편찬한 지방지의 대부분은 이남의 여타 지방지와 달리 한국근현대사와 관련한 자료들을 수집하여 내용을 정리하고 있다. 평남군민회 중에서 제일 먼저 군지를 발간한 『江西郡誌』의 경우가 대표적인 경우이다.60) 우선 시인이자 언론인인 주요한은 축사에서 다음과 같이 反北反共意識에 입각하여 북한 정권의 기억 정책을 비판하면서 기억의 단절을 우려하고 있다.

이 군지를 읽는 사람은, 강서향민뿐 아니라 한국사람된 자 누구든지 망향의 슬픔과 反徒에 대한 분노를 아울러 가질 것이요, 광복의 의분을 더욱 뜨겁게 일으킬 것이 틀림없다.
공산당 독점 하에 있는 북한은 위의 아름다운 전통과 모든 것을 말살시키고 변형화하여 일방적으로 새로운 세대에게 주입시켜 맹종하는 세력을 육성하고 있습니다. 지금 당장에 통일이 되어 고향에 간다고 하여도 계승할 만한 전통적인 것을 찾기 힘들 것입니다.

이어서 남한 주도의 통일을 대비하기 위해 월남민 세대간의 기억 전승을 통한 기억의 보전을 목표로 하고 있다.

---

59) 龜城郡民會, 『龜城郡誌』, 序文, 1972.
60) 韓宗敏(江西郡誌編修會 委員長), 『江西郡誌』, 江西郡誌編修會, 1967.

이에 지리, 풍속, 산업, 경제, 문화, 인물, 명승고적 등 광범위한 내용을 가진 강서군지는 통일의 촉진제가 될 것이며, 이남에서 자라는 뒷 세대에게도 할아버지, 아버지의 고향을 알 수 있는 실전이 될 것을 믿어마지 않습니다.

그리하여 내용을 제1편 江西舊記, 제2편 日政時代의 江西略誌, 제3편 解放以後의 江西小誌 순으로 시기별로 서술하였다. 아울러 편자가 밝히고 있듯이 '민족해방 운동' 관계 자료와 '북괴치하에서의 반공투쟁 관계 자료'가 국가적 내지 민족적 규모의 修史資料로써 크게 유용하리라 생각하고 여기에 실린 내용을 역사로 정리하고자 하였다.

이에『강서군지』는 안창호와 조만식이 출생한 지역임을 강조하는 한편 특집을 별도로 두고 항일민족해방투쟁사를 서술하였다. 여기에는 삼일투쟁, 대한애국부인회사건, 島山傳選錄, 古堂 傳撮記, 梁起鐸略傳, 孫貞道小傳, 光復運動志士, 烈士列傳, 別傳, 補遺 등등으로 구성되었다. 이어서 제3편에서는 江西小誌 형태로 서술하면서 해방 전후의 지역 기억을 공식적인 역사로 남기고자 하였다. 다음은 제3편 강서소지의 세부 차례이다.

    남북분단하에서의 여러 가지 변천
    건준에서 소위 인공까지와 그 이후(이북현지)
    북괴치하에서의 정당과 사회단체사정(이북현지)
    한국통일봉화단의 조직과 피검사건
    김일성 암살음모사건
    학생들의 반공투쟁
    전시하의 피의 숙청 참변
    삼팔이남(월남피난지)에서 일어난 일
    조선민주당의 남천과 그 후 활동
    敎勢移動의 현상
    대한민국 평안남도임시도정의 경과－그 업적

여기서는 강서군과 관련하여 적위대의 만행, 조선민주당의 결성과 소군정의 방해, 허수아비 사회단체의 현황과 함께 학생들의 반공투쟁 등을 서술하고 있다. 이러한 서술 내용은 여타 이북 군민회의 지방지에서도 보인다.[61] 심지어 세월이 흐를수록 이러한 경향이 강화되는 측면도 보인다. 예컨대 1972년 판 『龜城郡誌』에는 서술되지 않았던 해방 이후 공산치하의 정치상황이 1994년 판 『구성군지』에서는 상세하게 기술하고 있다.[62] 즉 여기서는 단독공산정권 수립, 반단정 통일운동 등이 서술되어 있다. 또한 일부 지방지에서는 '6·25動亂史'가 상세하게 서술되어 있다.[63] 그러나 1990년대에 들어오면서 이전과 달리 승공통일보다는 애향심과 기록 보존에 초점을 두고 있다.[64] 이처럼 이런 지방지는 당시 월남 실향민들의 반공의식을 강화할 뿐더러 실향민 후속 세대의 한국현대사 인식에 영향을 끼쳤을 것이다.

그 밖에 여전히 향교가 주도하여 편찬한 지방지도 더러 보인다. 비록 일부 지역에 국한되었지만 지역사회에서 향교가 지방사 편찬에서 가지는 비중이 여전히 남아 있었던 셈이다.[65]

V. 지방자치제의 부활과 지방지 편찬의 새로운 경향 (1995~2008년 현재)

1987년 6월 민주화 운동은 직선제 개헌을 이끌었을 뿐더러 중지되었

---

61) 通川郡民會, 『通川郡誌』, 1976. 그 밖에 이북 군민회가 편찬한 지방지의 대다수가 이러하다.
62) 龜城郡民會, 『龜城郡誌』, 1994.
63) 통천군민회, 앞의 책.
64) 구성군민회, 앞의 책, '龜城郡誌 發刊에 즈음하여'(龜城郡民會長).
65) 현전하는 지방지로 『密陽郡誌』(1963), 『沃溝郡誌』(1963), 『高興郡誌』(1966), 『康津郡誌』(1967), 『天安郡誌』(1972), 『務安郡誌』(1973), 『井邑郡誌』(1988) 등을 들 수 있다.

던 지방자치제 실시를 본격적으로 논의할 수 있는 계기를 제공하였다.[66] 이는 지방지 편찬 방향과 방식에 영향을 미칠 수 있는 요인으로 작용하였다. 그리고 이후 정치권의 오랜 논의 끝에 1995년 6월 지방자치단체장을 직접 선출함으로써 지방지 편찬은 행정 기관의 영향권에서 다소 벗어나면서 지역 여론의 의견들이 반영되기 시작하였다. 이른바 지방자치시대의 출발이었다.

우선 지방지는 양적으로 증가하였다. 14년간에 대략 113종이 편찬되었다.[67] 매년 8종이 나온 셈으로 이전 시기보다 1.5배나 증가하였다. 특히 이 시기에 들어와 최초로 지방지를 편찬한 시군이 20여 개에 이르렀다. 이런 양적 증가는 무엇보다 지방자치제의 시행에 부응하여 민선 시장과 군수들이 지역 사회의 요구를 적극 반영하거나 자신의 공적을 드높이고자 하였기 때문이다.[68]

또한 지방지는 질적으로도 향상되었다. 내용면에서 지방자치단체의 영향이 줄어들고 전문 연구자의 참여가 많아졌기 때문이다. 이는 내용의 전문성, 지역 역사로서의 면모가 제대로 설 수 있음을 가리킨다. 물론 시군지가 시군의 예산 보조나 용역 사업에 의해 제작되는 경우가 대부분이었기 때문에 이른바 관찬의 성격을 완전히 탈피하지 못한 측면도 보인다. 그러나 민선 시장과 군수들이 중앙 정부의 통제를 받지 않고 양질의 지방지를 경쟁적으로 요구함으로써 새로운 여건이 마련되었다.

특히 서울을 둘러싼 경기도의 시군들은 지방재정의 증가와 함께 중앙에 포진되어 있는 전문 연구자들의 참여에 힘입어 다수의 지방지들을 편찬하였다. 〈표 4〉는 이 시기 전국과 경기도 지방지 편찬의 현황이다.

---

66) 정기영, 「지방자치, 그 오욕의 역사와 한국민중 민족민주운동권, 지자제에 어떻게 대응할 것인가」, 『역사비평』 1991년 여름호(통권 15호).
67) 김현 외, 앞의 책, 37~43쪽과 교육학술정보원 목록(http://www.riss4u.net/index.jsp)에 의거하여 작성함.
68) 허흥범, 위의 논문, 121쪽.

〈표 4〉 전국과 경기도 지방지 편찬의 현황(1995~2007)

연도	1995	1996	1997	1998	1999	2000	2001
전국	11	10	14	9	6	9	10
경기도	1	2	1	2	2	2	3
연도	2002	2003	2004	2005	2006	2007	총계
전국	8	7	4	11	11	3	113
경기도	1	0	2	4	4	2	26

비고: 김현 외, 『지역문화와 디지털 콘덴츠』, 북코리아, 2008, 37~43쪽과 교육학술정보원 목록(http://www.riss4u.net/index.jsp)에 의거하여 작성.

우선 전국에서 편찬된 지방지는 지방자치제 실시 초기에는 다소 적었지만 2000년경에는 급속하게 증가하였다. 이후에도 이러한 추세는 결코 크게 바뀌지 않았다. 또한 경기도 시군에서 편찬된 지방지가 전국에서 차지하는 비율이 23%에 이르고 있다. 이러한 비율은 1945년부터 2007년까지 편찬된 지방지 전체에서 경기도 시군이 차지하는 약 10% 비율에 비하면 2배 이상 증가한 셈이다.[69] 반면에 경기도 아닌 여타 시군들은 지방자치제 실시에도 정체를 면치 못하는 경우가 많음을 보여준다.

한편, 경기도 시군의 지방지 편찬에는 학계 전문가들이 대거 참여하면서 새로운 변화들이 나타나기 시작하였다. 이는 『城南市史』의 경우에서 단적으로 드러난다. 즉 일러두기에서 "이 책은 성남 지역의 역사와 문화유산을 집대성하고, 정치, 경제, 사회, 문화 등 각 분야의 발전상과 변천사를 체계적으로 정리하여 보다 나은 지역 발전과 문화 창달에 기여하고자 편찬하였다."라고 하여 지역 관련 자료의 집대성과 지역사의 체계적 정리에 중점을 두고 있음을 밝히고 있다.[70] 이는 전술한 바와 같이 직접적으로 1988년에 편찬된 『시흥군지』에서 비롯되었음은 물론이

---

69) 김현 외, 앞의 책, 37~43쪽에 의거하여 각각의 비율을 산출하였다.
70) 城南市史編纂委員會, 『城南市史』 일러두기, 2004.

다. 그리하여 이 지역의 지방지 편찬에는 국사학 전공자를 비롯하여 국문학, 건축학 등 다양한 전공자들이 깊이 관여하였다. 1995년에 편찬된 『坡州郡誌』의 경우, 편집위원회와 집필진의 구성은 〈표 5〉와 같다.

〈표 5〉 『坡州郡誌』(1995)의 편찬위원회와 집필진

	행정직	학계	교육계	기타
편찬위원회	4	5 (상임위원 포함)	3	7
집필진	2	48		3

비고: 기타에는 지방문화원장, 지방문예진흥회장, 협회, 지회 인사들이 포함됨.

우선 편찬위원회는 행정직 공무원들과 문화원장, 교육계 인사들이 대거 참여하고 있음을 확인할 수 있다. 그러나 학계 역시 적극 참여하고 있다. 특히 편찬을 실질적으로 총괄하는 상임위원들이 학계에 종사하는 인사들이라는 점에서 지방지의 전문성을 높일 수 있는 여건을 마련하고 있다. 나아가 시간이 흐를수록 이러한 경향이 더욱 강화되었다.

다음 집필진이 대거 학계 인사로 구성되어 있을 뿐더러 이들이 자료를 발굴하고[71] 체계적으로 서술함으로써 재래 방식의 향토지에서 벗어나 전문적 지방지로 발전시키기에 이르렀다. 『坡州郡誌』를 비롯하여 『利川市誌』 등 수도권 일대의 시군지가 대표적인 경우이다. 여기서는 한말, 일제강점기, 해방과 대한민국 정부 수립, 농지개혁, 6·25전쟁 등을 다루었으며 심지어 서술의 범위를 1980년까지 잡고 서술하기도 하였다.[72] 이 점에서 1970년대 이래 한국근현대사의 체계화와 더불어 새로운 자료의 발굴이 큰 몫으로 작용했다고 하겠다. 아울러 서술 내용의

---

71) 이들 전공자는 규장각을 비롯하여 국가기록원, 국립중앙도서관 등 각지에 소장되어 있는 자료들을 발굴하여 지방지 편찬에 대거 활용하였다. 대표적인 자료는 규장각 토지문기, 각 군청의 토지조사부 등을 들 수 있다.
72) 利川市誌編纂委員會, 『利川市誌』, 2001.

범위가 확대되고, 주제가 다양화되고 내용의 수준이 제고되었다. 이는 후술하는 바와 같이 기초 자료의 발굴과 학계 전공자의 참여에서 비롯된 측면도 적지 않지만 기본적으로는 지방자치제 실시 이후 지역 사회의 요구 확대와 함께 지방재정 규모의 증가가 작용한 측면이 많다.

또한 이들 지방지 중 일부 지방지는 종래 지방지가 반공주의나 국가주의 시각에 갇혀 다루지 못한 현대사의 裏面들을 공식적인 역사서에 담기 시작하였다. 예컨대 『파주군지』의 경우, 해당 지역의 민간인 학살 문제를 언급하였다.[73] 또 한국 사회에서 금기시되어 왔던 주한미군의 문제를 다루는 가운데 주한 미군이 지역 사회에 미친 영향 및 미군범죄, 해당 지역민들의 주한미군에 대한 인식 등을 서술하였다.[74] 그리고 지역의 노동운동, 교육민주화운동, 시민운동 및 주민생존권 운동을 다루었다. 이 점에서 종래의 시군지가 전근대시기에 중점을 둔 나머지 근현대시기가 매우 소략할 뿐더러 일부 서술 내용마저 기존의 서술 경향을 답습한 측면이 적지 않은 반면에 이들 시군지는 현대사 연구 성과에 힘입어 서술 내용을 대폭 늘렸을 뿐더러 제대로 조명되지 않았던 사회 문제를 서술하였다. 이는 1970~1980년대 이래 학문적 실천의 성과라 할 '민중의 재발견'이 지방사와 결합하여 지방지 편찬에 영향을 끼치기 시작하였음을 가리킨다.

나아가 해당 지역 사람들의 구체적인 삶을 서술하기 위해 개인 생활, 가족, 마을 이야기, 일상생활 등 微視史를 다양한 차원에서 서술하고 있다.[75] 특히, 구술사 작업을 통해 망각을 강요당했던 지역 주민들의 기억을 공식적인 역사로 재현하였다. 뿐만 아니라 지방지를 해당 주민들에게 널리 보급하기 위해 동시기에 대중용 책자를 별도로 편찬하여 보급

---

73) 坡州郡, 『坡州郡誌』 上, 1995, 582~584쪽.
74) 坡州郡, 『坡州郡誌』 下, 1995, 773~791쪽.
75) 이천시지편찬위원회, 앞의 책.

하기도 하였다.76)

그러나 이들 지방지 역시 한계를 노정하고 있다. 우선 지방지의 분량이 이전에 비해 크게 늘어났으나,77) 여전히 중앙 중심의 정치적 사건과 흐름에 맞추어 서술된 나머지 지역사의 개별적 흐름과 지역민의 삶이 잘 보이지 않음으로써 지역의 개별성과 정체성이 보이지 않는다는 점이다.78) 이는 결국 지역민의 삶 및 경험과 유리된 또 하나의 박제화된 지방지가 될 수 있다. 비록 지방사 연구의 부진에도 원인이 있지만, 지역주민의 시각이 정립되지 못한 채 지역 사례 연구로서 접근되었기 때문이다. 이 점에서 극소수의 경우이지만 2007년에 발간된 『始興市史』는 이러한 한계를 극복하려는 노력이 엿보인다. 우선 편찬위원회의 부위원장을 비롯하여 많은 편찬위원들이 학계 전문가들이다.79) 또한 편찬의 방향과 내용을 기획하는 위원들의 경우, 6명 중 5명이 해당 학문의 전공자일 뿐더러 집필자 중 학계 전문가의 비율이 90%를 상회하였다. 이는 학계 인사들이 이전과 달리 형식적인 참여에 그치지 않고 적극적으로 참여함으로써 편찬의 방향을 결정하는 데 영향을 끼치고 지방지의 전문성을 확보할 수 있는 여건을 조성했다고 하겠다.

이어서 구성 체제를 보면 다음과 같다.

> 1권 시흥의 환경과 문화유산, 2권 시흥의 전통시대, 3권 시흥의 근현대, 4권 시흥시의 출범과 성장, 5권 시흥 농촌 사람들의 생활과 문화, 6권 시흥 바닷가 사람들의 일과 삶, 7권 시화공단과 노동자들, 8권 시흥의 도시공간, 도시

---

76) 파주군·파주문화원, 『파주의 역사와 문화』, 1995.
77) 『城南市史』(2004)의 경우, 무려 5권으로 구성되었다. 즉 제1권 자연과 민속, 제2권 성남의 역사, 제3권 정치와 행정, 제4권 경제와 사회, 제5권 교육과 문화로 이루어져 있다. 이러한 특징은 이후 여타 경기도 지방지의 경우에서 공통적으로 나타났다.
78) 이에 관해서는 이해준, 앞의 책, 98쪽 ; 선영란, 「서평, '새로운 역사학'과 '새로 쓰는 지방지'(『이천시지』, 이천시지 편찬위원회, 2001)」, 『지방사와 지방문화』 5권 1호, 2002 참조.
79) 始興市史編纂委員會, 『始興市史』, 2007.

민의 체험과 기억, 9권 시흥 사람들의 구술 생애사, 10권 시흥이 남긴 기록, 기록에 담긴 시흥.

지방지의 전체 분량이 1988년 『始興郡誌』에 비해 무려 5배 이상으로 늘어난 것도 커다란 특징이지만, 내용 편제가 지역민의 처지에서 구성되어 있음을 확인할 수 있다. 즉 시흥시가 지니는 都農 複合的 性格과 함께 바다를 끼고 있는 지리적 특성을 반영하여 지역 주민 즉 지역의 민중을 농촌, 어촌, 공단 등에 거주하는 주민으로 다시 분류하여 각각 그들의 처지에서 서술하고자 하였음을 볼 수 있다. 그리고 이런 서술을 위해 집필 전공 분야를 세분화한 뒤 해당 전문가가 집필에 참여하도록 하였다. 역사학을 중심으로 인류학, 민속학, 행정학, 경제학, 사회학, 지리학, 고고학, 국문학 등등의 전문가가 대거 포진되었던 것이다. 아울러 현대사 하한을 시흥시 승격 이전까지인 1988년에 두고 각 시기별 각 분야별로 상세하게 기술하였다. 아울러 새로운 문헌 자료 및 사진 자료의 발굴과 함께 지방사 연구 방법론과 성과를 대폭적으로 반영함으로써 또 한번 전문적 지방지로서의 면모를 보여주고 있다. 시흥 역사 편찬의 총결산인 셈이다. 끝으로 문헌 자료가 지니는 한계를 줄이기 위해 시흥 주민들을 대상으로 한 구술 작업을 통해 그들의 삶과 경험, 문화를 공식적인 역사로 승화시키고자 하였다.

한편, 경기도 이외의 지역에서는 편찬 주도층, 구성 체제 및 서술 경향이 혼재된 양상을 보였다. 이는 지역마다 시군 편찬위원회의 구성, 시각 및 편찬 방식의 차이 등이 내용 서술에 작용한 것으로 보인다.

우선 반공주의 시각에서 벗어나 자료에 즉하여 현대사의 또 다른 진실을 찾으려는 노력들이 보인다. 『順川市史』의 경우, 학계 중진이 상임위원으로 참여하였고 학계 전문가들이 편찬위원회에 대거 참여하였다.[80] 특히 여기에는 역사학 전문 연구자들이 집필에 참여하면서 전문적 향토사로서의 성격을 잘 드러내고 있다. 특히 최근의 지방사 연구 성과를 대거 수용하면서 질적인 면에서 새로운 족적을 남겼다. 또한 일제강점기부터 해방 이후의 역사 서술에 지면을 할애하면서 청년 운동 및 농민 운동과 함께 순천의 대표적 좌우대립이었던 여순사건을 자료에 입각하여 체계적으로 기술할 수 있었다. 다만 1950년대 이후 역사 기술은 누락되어 있다. 그리고 이 사건을 경험했던 이 지역 주민들의 구술을 수록함으로써 사건을 다양한 각도에서 볼 수 있도록 배려하고 있다.

반면에 『慶州市史』의 경우, 문화원장이 집필위원장을 맡아 편찬사업을 주도하였다.[81] 여기서는 기존의 시각과 방법을 고수하였다. 심지어 학계의 연구 성과 및 국사 개설서와도 부합하지 않은 방향을 취했다. 이는 편찬위원들의 시각이 반영된 것으로 보인다. 단적으로 해방 이후 한국 현대사의 흐름을 다음과 같이 정리하고 있다.

> 인민위원회는 치안유지와 국민의 계몽보다는 좌익의 사상 선전과 조직 확대에 전력하였다. 그들의 사상은 민주를 바라는 일반 대중의 생각과는 달랐다. 따라서 좌우익의 대립이 생겼다. 경주 지방에도 그 영향이 심각하게 미쳤다.……새마을운동은 조국근대화의 발단으로 시작하였다……. 4·19혁명 이후 혁신 세력이 생겨나 풍전등화와 같고 무능과 부정부패가 심했다……. 5·16군사 쿠데타는 구국의 혁명이었다.[82]

나아가 『聞慶誌』의 경우, '5·16군사쿠데타'를 '5·16군사혁명'이라 지칭하며 군부 내 부패를 일소하고 군부 정화운동을 벌인 무혈혁명으로 서술하고 있다.[83] 이어서 "이는 사회불안의 척결과 경제 발전이 곧 민족국가 발전을 위해 최우선되어야 된다고 믿고 사회 안전에 힘썼다."고 서

---

80) 順川市史編纂委員會, 『順川市史』, 1997.
81) 慶州市史編纂委員會, 『慶州市史』 I, 2006.
82) 위의 책, 367·383·388쪽.
83) 聞慶市·聞慶誌編纂委員會, 『聞慶誌』, 2002, 264쪽.

술한 뒤 "경제개발 5개년 계획을 연속적으로 추진하여 경제자립의 기반을 확장하였음"을 강조하고 있다. 이에 반해 유신체제와 제5공화국에 관해서는 논평을 부가하지 않은 채 무미건조한 연표 형식으로 기술하였다.

한편, 이전 시기의 지방지보다 퇴보되는 경우도 적지 않다. 1992년에 편찬된 『南原誌』의 경우, 이전에 조성교가 편찬하였던 『南原誌』에 비해 내용이 보완된 측면도 있으나, 일부의 경우는 이전의 내용보다 부실해진 측면도 보인다.[84] 근대 이후의 경우, 지역사에서 거의 다루지 않는 시기구분론을 장황하게 언급하거나 갑오개혁기 지방제도 개혁과 일제강점기 지방제도 개편을 중점적으로 다루고 있는 데 반해 기존의 『南原誌』에서 구체적으로 서술했던 1894년 농민전쟁기 남원의 사정과 3·1운동기 4·3만세 시위 내용은 간략하게 서술하였을 뿐이다.[85] 심지어 해방 이후는 각론에서 단편적으로 언급하였을 뿐 이 시기 남원의 지역사는 대부분 누락되어 있다. 이는 자료의 발굴이 수반되지 않고 연구 성과를 충분히 활용하지 않는 가운데 기존의 성과마저 제대로 계승하지 못한 데서 비롯하였다.

이처럼 이 시기에는 이전 시기에 비해 기초 자료의 발굴과 정리, 연구 성과의 축적에도 불구하고 지역 정서 및 지리적 위치, 편찬위원회의 구성 방식에 따라 시군마다 편찬 방식과 서술 경향이 각각 달랐다. 그럼에도 일부 지방지에서 확인할 수 있듯이 기존 지방지의 편찬 체제에서 탈피하여 지역 주민의 시각에서 관련 자료에 바탕을 두고 자기 지역의 역사, 지역 주민의 삶과 의식 세계를 성찰함으로써 文化的 地域色을 드러내고자 하는 노력들이 나타나고 있음을 볼 수 있다.

---

84) 南原誌編纂委員會, 『南原誌』, 1992.
85) 위의 책, 312~325쪽.

VI. 맺음말

우리 역사에서 地方誌의 연원은 깊다. 비록 원본이 전해져 오지 않지만 『三國史記』나 『高麗史』의 地理志를 통해 그 편린을 추정할 수 있다. 그리고 조선시기에 들어와 지방지의 편찬은 활발하였다. 이는 중앙 정부가 지방을 통치하기 위해 각종 정보를 수집하고 관련 기록을 정리하여 집권력을 강화할 뿐더러 지방 재지 세력도 상호간의 연대의식을 강화하고 향촌지배 질서를 유지하는 데 지방지가 필요했기 때문이다. '安民善俗'은 이를 말한다. 따라서 조선시기에는 이러한 지방지가 국가 차원에서 전국적 지리지 형태로 편찬되거나 고을 차원에서 수령이나 재지 양반들에 의해 개별적 읍지 형태로 편찬되었다.

지방지의 이러한 전통은 일제강점기에도 지속되었다. 즉 일제 행정기관이나 일본인들이 많은 지방지를 편찬하여 그들의 조선 통치에 부응하고자 하는 가운데 향촌의 한국인 재지 세력도 이에 못지않게 지방지를 편찬하였다. 이는 이전 시기의 지방지 전통을 계승하는 측면도 있지만 향촌 사회에서 재지 세력이 지역을 둘러싼 집단 기억을 再構成함으로써 해당 지역의 역사를 專有하고 지역 주민들에게 내면화하고자 할 의도가 담겨 있다.

따라서 신국가 건설이 지상과제로 부각된 해방정국기에 지방지의 편찬은 이런 일제 잔재들을 청산하고 민인들의 자발적인 참여 속에서 국사의 체계화 및 민족문화의 정립과 함께 향토색 짙은 지방의 역사와 문화를 복원하는 것이었다. 이 점에서 1949년과 1950년에 각각 편찬된 『南原誌』와 『始興郡誌』는 이러한 노력의 성과물이었다. 비록 이들 지방지의 편찬 주도층이 각각 교육자들과 지방행정기관이었지만, 공히 일제에게 훼손되었던 민족 문화의 복원과 시대적 과제의 해결에 힘을 보태고자 할 의도로 열악한 여건 속에서 1차 자료의 발굴·수집에 온힘을 기울이고 지방의 역사와 문화를 정리하고자 했기 때문이다. '민주적 민족' 지방지의 편찬이었다. 물론 여기에는 지역 주민들의 기대, 지식인들의 노력 및 지방자치제의 실시라는 시대적·사회적 여건이 크게 작용하였다.

그러나 이러한 노력은 6·25남북전쟁으로 말미암아 시련을 겪어야 했을 뿐더러 1952년에 실시된 지방자치제마저 이승만 정권을 강화시키는 계기로 작용함으로써 수포로 돌아가고 말았다. 대신에 잠시 단절되었던 향촌 재지 세력 중심의 지방지가 삼남 지방을 중심으로 속속들이 편찬되었다. 그 중심에는 향교와 서원이 있었다. 그런데 이들 향교와 서원이 주도하여 편찬한 지방지는 재래의 읍지를 증보하거나 보강하는 형태에 그침으로써 지방 문화의 보전이라는 의의에도 불구하고 구래의 향촌 질서를 유지하고자 하는 의도를 다분히 내포하고 있었다. '復古的' 지방지의 부활이었다. 물론 일부 지방지에서는 반공주의 시각에 입각하여 일제강점기의 독립 운동과 함께 해방정국기의 좌우갈등과 대립, 인민군의 주민 학살을 서술하였다. 그리고 이러한 편찬 방식과 서술 경향은 1961년 5·16군사쿠데타에 따른 지방자치제 실시의 전면 중지로 말미암아 새롭게 조정되어야 했다.

1961년에 일어난 5·16군사쿠데타는 한국의 중앙 정치에도 강력한 영향을 미쳤지만 지방 사회에 미친 충격도 만만치 않았다. 이는 그나마 불완전한 지방자치제 속에서 다소나마 활동 공간을 확보했던 재지 세력들이 위축되는 반면에 지방행정기관들이 중앙 정부의 통제와 감독에 따라 일사불란하게 움직이면서 지역 사회에 영향력을 행사하기 시작했음을 의미한다. 따라서 이러한 파동은 지방지 편찬에도 그대로 전달되었다. 즉 중앙 정부의 시책과 지방행정기관의 자발적인 노력 속에서 많은 지방지가 편찬되었지만, 대부분의 지방지는 재지 세력의 타율적 참여와 학계의 피동적인 관심이라는 하향적인 편찬 방식에 입각하여 중앙 정부의 정치 선전과 정책 홍보 내용을 전달하고 있거나 박제화된 전통과 더불어 지방 주민의 삶과 유리된 집단 기억을 반복적으로 소개하였을 따름이었다. 특히 자료 발굴과 새로운 연구 성과, 지역의 개별적 고유성은 전혀 고려되지 않았다. '官治的' 지방지의 득세이다. 그나마 『南原誌』와 『始興郡誌』에서 볼 수 있듯이 이전의 전통을 계승해 온 몇몇 지방지에서 시군의 고유문화와 정체성을 확인할 수 있을 정도였다. 그리고 이러한 경향은 1995년 지방자치제의 부활에 가서야 새로운 변화를 맞기에 이르렀다.

1995년 지방자치제의 부활은 1970~1980년대 민주화 운동이 거둔 성과에서 비롯되었다는 점에서 일부 한계에도 불구하고 지역 사회가 새로운 방향을 모색할 수 있는 계기가 되었다. 지방지의 편찬에도 많은 영향을 미쳤음은 물론이다. 이 중에서 경기도 시군에서 편찬된 지방지의 경우, 편찬위원회에 학계 전문가들이 대거 참여함으로써 새로운 양상들이 나타났다. 우선 기존의 지방지와 달리 기초 자료의 발굴을 우선시하였고 관련 연구 성과를 반영하고 새로운 연구 방법론들을 강구함으로써 전문적 지방지로 발전할 수 있는 여건을 조성하였다. 이는 경기도의 일부 시군들이 여타 도의 시군들과 달리 지방재정의 안정성에서 우위를 점하고 있는 가운데 해당 지역 사회의 관심과 관련 전문가들의 적극적인 참여를 끌어냈기 때문이다. 또한 1960년대 이래 한국사 연구의 성과에 힘입어 국사가 체계화되는 가운데 1980년대 '민중의 재발견'이 지방사를 지역 주민의 처지에서 접근할 수 있는 단서를 제공하였다.

그러나 한편으로는 관념화된 民衆論에 갇혀 있거나 巨大 談論에 매몰되어 지역 주민의 생생한 삶과 경험을 역사에서 소외시킴으로써 文化的 地域色이 오히려 약화된 측면이 적지 않았다.[86] 더욱이 일부 지방지에

---

86) 이에 관해서는 백욱인, 「과학적 민중론의 정립을 위하여」, 『역사비평』 1998년 여름호 ; 허영란, 「민중운동사 이후의 민중사—민중사 연구의 현재와 새로운 모색—」, 『역사문제연구』 15, 2005 참조.

서는 기존의 편찬 체제와 작업 방식에 안주함으로써 地域的 政治色을 강화하거나 퇴행적인 경향을 보이기도 하였다. 그럼에도 일부 지방지의 경우에는 지역 사회의 역동성과 자율성에 힘입어 주민 개개인의 구체적인 삶과 의식 세계를 지역 역사 속에서 구체화하려는 노력도 경주되고 있다. 바로 여기서 1970~1980년대 이래 '民衆의 再發見'이 지방지 편찬의 방향과 구성 체제에 미친 영향을 추출할 수 있었다. 다만 이 글이 논지 전개상 지방지 편찬의 추이와 시기별 특징에 초점을 맞춤으로써 함께 다루고자 했던 지방지의 편찬 과정 및 집단 기억의 재구성 부분은 상대적으로 줄어들었다. 이는 추후 개별 지방 정치의 변동 및 여타 각종 지방사 단행본 등과 연계하여 그 의미를 검토하고자 한다.

제노사이드와 한국현대사
제노사이드의 정의와 적용을 중심으로

강성현

한성대학교 강사

Ⅰ. 제노사이드＝집단학살？

'제노사이드(genocide)'는 공론의 영역에서 그렇게 낯선 용어가 아니다. 한국전쟁 전후 자국민을 대상으로 한 민간인 집단학살 사건들의 진상이 언론, 학계 연구, 정부 조사보고서[1]를 통해 알려지고, 이러한 국가폭력의 불법성에 대해 국제법적으로 검토되면서 전쟁범죄, 인도에 반하는 범죄와 함께 제노사이드 범죄에 대한 관심이 환기된 결과였다.

그런데 용어는 익숙해졌지만, 단어가 지시하는 의미에 대한 이해의 차이는 여전히 존재하는 것 같다. 통상적이고 일반적인 이해는 국제법학자들이 제노사이드의 번역어로 사용하는 '집단살해'[2]이다. 외교부 원본 문서 역시 그렇게 번역 표기하고 있다. 일각에서는 더 협소하게 제노사이드를 '인종학살' 혹은 '종족학살'로 이해한다. 제노사이드가 어원적으로 인종 혹은 종족을 의미하는 그리스어 'genos'와 학살을 의미하는 라틴어 'cide'의 합성어[3]라는 사실에 주목한 것이다.

그러나 최근에는 제노사이드가 집단 성원들에 대한 집단학살과 같은 물리적인 파괴만을 지시하는 것이 아니라 집단의 삶의 토대 및 사회적 양식에 대한 사회적 파괴를 포함하는 것이라 주장하면서, 이를 표현할

---

[1] 진실화해를위한과거사정리위원회 등 각종 과거사위원회의 조사보고서를 말한다.
[2] 이 글에서 집단살해, 집단학살, 대량학살은 같은 의미에서 사용했다.
[3] Raphael Lemkin, 1944, Axis Rule in Occupied Europe: Laws of Occupation, Analysis of Government, Proposals for Redress, Carnegie Endowment for International Peace, p.79.

수 있는 적절한 번역어가 없기 때문에 발음 그대로 '제노사이드'라고 표기하자는 입장도 힘을 얻고 있다. 이러한 입장에 서 있는 연구자들은 학살이 궁극적인 파괴수단이기는 하지만, 학살만이 집단 파괴를 의미하는 것은 아니라고 주장한다. 집단 파괴는 삶의 방식과 사회적 연결망, 제도, 공동체의 가치에 대한 절멸을 목적으로 한다는 것이다.

실제 이 신조어를 만든 라파엘 렘킨(Raphael Lemkin)은 제노사이드가 집단에 대한 '즉각적인 파괴'를 의미하지 않는다고 강조했다. 그에 따르면, 제노사이드는 국민·민족 집단 자체를 절멸할 목적으로 그 집단 구성원들의 삶에서 본질적인 토대들을 파괴하기 위해 시도되는 다양한 행위들로 이루어진 공조가능한 계획을 의미하는 것이다. 즉 제노사이드의 목적은 그 집단의 정치·사회제도, 문화, 언어, 민족감정, 종교, 경제적 생존기반을 붕괴시키고 개인들의 안전, 자유, 존엄성과 생명(삶)까지 파괴하는데 있다.[4] 이에 대해 구체적으로 그는 나치 독일이 여러 점령국에서 행한 정치적·사회적·문화적·경제적·생물학적·물리적·종교적·도덕적 제노사이드 기법들(techniques)을 설명하면서 물리적인 집단학살은 제노사이드의 하위 범주에 해당하는 것임을 보여주었다.

그러나 렘킨이 제노사이드를 통해 부각시키려 했던 사회적 파괴의 다양한 차원과 의미는 유엔 제노사이드협약이 주조되는 과정에서 삭제되거나 대폭 수정되었다. 협약의 제2조는 제노사이드의 정의 및 이에 해당하는 행위들에 대해서 명시하고 있는데, 구체적인 내용은 다음과 같다.

> 제2조 본 협약에서 제노사이드라 함은 국민·인종·민족·종교 집단을 전부 혹은 일부를 파괴할 의도를 가지고 실행된 아래와 같은 행위를 말한다.
> ① 집단 구성원을 살해하는 것
> ② 집단 구성원에 대하여 중대한 육체적 또는 정신적 위해를 가하는 것

---

4) Lemkin, Ibid, 1944, pp.79~80.

③ 전부 또는 일부 육체적 파괴를 초래할 목적으로 의도된 생활조건을 집단에게 고의로 부과하는 것
④ 집단 내의 출생을 방지하기 위해 의도된 조치를 부과하는 것
⑤ 집단의 아이들을 강제적으로 타 집단에 이동시키는 것

협약의 정의는 사실상 '의도성'을 중심으로 제노사이드 행위를 규정하고 있다. 즉 집단을 파괴하려는 '특정 의도(specific intent)'를 제노사이드의 중요한 구성 요소로 삼고 있다. 그런데 제노사이드 가해자의 '의도'를 판별하는 것은 주관적인 '의미'의 이해 영역에 해당하므로 쉽지가 않다. 가해자들은 그 특정 의도를 전면 부인한다. 이러한 모호성은 '전부 혹은 일부', '아래와 같은' 문구들에도 계속되고 있다. 그리고 협약에서 명시된 제노사이드 정의는 렘킨의 정의와 비교해 볼 때 물리적·생물학적·문화적 제노사이드 범주만 간신히 살아남은 채 상당히 후퇴한 것이었다. 이에 대해 마틴 쇼(Martin Shaw)는 렘킨이 기획한 사회적 파괴로서의 제노사이드가 물리적 파괴로 축소되었다고 평가한 바 있다.[5]

서구의 제노사이드 연구는 협약을 비판하는데서 출발했지만, 그 방향은 렘킨이 가고자 했던 길의 반대쪽이었다. 제노사이드 연구자들 간의 제노사이드에 대한 '정의논쟁'과 '범위논쟁'이 거듭될수록 제노사이드라는 총괄적 개념(generic concept)은 물리적 절멸, 즉 학살로 축소된 채 폭력의 한 특별한 형태로 환원되어갔다. 즉 '홀로코스트' 개념의 유일무이성의 신화와 '민족청소(ethnic cleansing)' 개념의 실용주의적 활용 사이에서 제노사이드 개념은 상대적으로 입지가 축소되어갔으며, 동시에 협약의 정의에서 빠진 제노사이드적 사례들을 정의하기 위해 수많은 '-사이드(cide)' 용어들이 범람하게 되었다. 그 결과 서구의 제노사이드 연구가 한편으로는 중요한 진전을 이루었지만, 다른 한편으로 한계에 봉착

---

5) Martin Shaw, *What is Genocide*, Polity, 2007, p.27.

했다는 지적도 만만치 않게 제기되고 있는 실정이다.
 그리고 쇼는 제노사이드에 대한 학문적인 접근이 법과 역사 일부 영역에 한정되어 있다고 비판한다. 그에 따르면, 법학 분야에서는 구유고와 르완다에서의 임시국제형사법정을 경험하면서 전체적이면서 세부적인 것까지 아우르는 수많은 주제들이 연구되었고, 역사학에서는 홀로코스트에서 다른 제노사이드 사례들에 대한 연구로 확장되었다. 그러나 이러한 연구들 속에서 제노사이드 개념 자체에 대한 논의는 '의도', '집단', '파괴' 개념에 대한 법적인 담론에 결박되어 매우 협소하게 정의된 채 진전이 없는 상황이다. 이러한 상황에서 법률가를 포함해 많은 학자들은 1948년의 유엔 제노사이드협약의 정의를 사용하고 있으며, 이러한 이유로 최근 수단의 다르푸르(Darfur)에서 명백한 제노사이드 사건이 발생해도 그것이 제노사이드냐 아니냐를 둘러싸고 과거의 논쟁들이 반복될 수밖에 없는 것이다. 예컨대 10년 전 보스니아와 르완다에서 발생했던 '민간인에 대한 공격'을 제노사이드로 볼 것인지, 아니면 제노사이드가 아닌 '민족청소'로 볼 것인지, 그것도 아니면 단지 '더러운 내전'으로 볼 것인지에 대한 논쟁 말이다. 서구의 학계는 제노사이드 연구에서 쟁점으로 떠오르는 여러 개념들을 명확하게 하는데 성공하지 못했다.[6] 그러나 최근 쇼는 『제노사이드란 무엇인가?』(2007)라는 문제의 저작을 출판하면서 이러한 '정의논쟁'에 다시 불을 지피고 있다. 그는 방대한 양의 제노사이드 연구문헌들과 여러 논쟁들을 검토한 후 법적인 담론에 매여 협소하게 정의하던 제노사이드의 외연을 확장한다. 이런 시도에 대해 제7회 국제제노사이드 학술회의(2007년 7월 9~13일, 사라예보)에 참석했던 많은 제노사이드 연구자들 사이에서는 흥미롭고 진지한 논쟁들이 벌어지기도 했다.[7]

---

6) Shaw, Ibid, 2007, pp.3~4.
7) 김동춘, 「제7회 국제제노사이드학회에 다녀와서」, 한국제노사이드연구회, 『제노사이드 연

나는 쇼의 논의를 주된 자원으로 삼아 유엔 제노사이드협약의 정의와 그 유산들을 비판적으로 검토하고 그간 등한시되었던 렘킨의 총괄적 개념으로서의 제노사이드 개념과 그 토대들을 복구하는 방향으로 나아가고자 한다. 아울러 한국전쟁 전후시기에 민간인을 대상으로 한 집단학살을 제노사이드의 시각에서 바라보고자 한다. 이를 위해 나는 다음의 질문에 답하는 것으로 이 글을 구성할 것이다.

첫째, 유엔 제노사이드협약이 주조되는 과정에서 벌어진 논쟁은 무엇인가? 그리고 협약에 대한 학계의 논쟁, 즉 '정의 논쟁'과 '범위 논쟁'에서 제기된 쟁점과 비판은 무엇인가?

둘째, 제노사이드를 정의하는데 있어 핵심적인 '의도', '집단', '파괴' 개념에 대한 법적 접근의 한계는 무엇인가? 그리고 이 개념들에 대한 대안은 무엇인가? 이를 반영한 총괄적인 개념으로서의 제노사이드란 무엇인가?

셋째, 한국전쟁전후의 민간인 집단학살은 제노사이드에 해당하는가? 새롭게 정의내린 제노사이드 개념을 통해서 바라볼 때 그 의미와 의의는 무엇인가?

II. 유엔 제노사이드협약의 정의를 둘러싼 논쟁과 비판

1. 협약의 정의를 둘러싼 '정의 논쟁'

1948년 12월 9일 유엔 총회에서 통과된 「제노사이드 범죄의 방지와 처벌에 관한 협약」은 1946년 12월 11일 유엔 총회에서 렘킨의 주장이 주요 의제로 상정되어 만장일치로 채택된 이래 약 2년 동안 이해관계를

구』제2호, 선인, 2007, 293~296쪽.

달리하는 회원국들 간의 밀고 당기는 싸움 속에서 정치적으로 타협된 결과였다. 1948년 8월에 특별위원회(Ad Hoc Committee)가 채택한 초안이 총회에 제출되었지만, 총회에 제출된 협약의 최종 버전을 통과시키기 위해 법률위원회(제6위원회)에서 열린 51차례의 모임은 그 숫자가 말해주듯이 매우 격하고 감정적인 것이었다. 레오 쿠퍼(Leo Kuper)는 이때 부각되었던 쟁점을 다섯 가지로 정리한 바 있는데, 첫째로 어떤 집단을 '보호집단'에 포함시킬 것인가, 둘째로 제노사이드로 간주되는 행위들의 '범위'를 어디까지로 정할 것인가, 셋째로 '얼마나 많은' 사람들이 절멸되어야 제노사이드가 되는가, 넷째로 제노사이드의 '의도'를 어떻게 입증할 것인가, 다섯째로 협약의 실효성을 어떤 방법으로 거둘 것인가에 대한 것이었다.[8] 이를 정리하면 〈표 1〉과 같다.

〈표 1〉 제노사이드협약 주조과정에서의 쟁점과 논쟁

쟁점	주요 내용	논쟁 결과와 의미
정치집단 포함 여부 문제	보호집단의 기준은 영속적이고 불가피한 것으로 쉽게 구별 가능해야 하는데 정치 집단은 일시적이고 가변적인 특성을 갖기 때문에 배제(소련, 폴란드, 이란대표 등)	정치 집단은 특별위원회의 초안에는 포함되었지만, 법률위원회의 최종 결정에서는 배제 → 막후 실세들간의 합의 결과
	과거의 제노사이드 범죄가 인종·종교 집단에 자행되었더라도 미래에는 정치적 동기에 의해 자행될 것이 명백(프랑스 대표) 제노사이드는 항상 거의 항상 정부가 공모하며, 그 정부는 어떤 집단에 대한 절멸을 반란 진압이나 공공질서 유지를 위한 행위	

---

8) 레오 쿠퍼는 이를 정리하기 위해 UN Economic and Social Council, Official Records, Session 7, 26 August 1948과 UN Report of the Ad Hoc Committee on Genocide, 5 April-10 May 1948, 그리고 UN Legal Committee, Summary Records, and Annexes, Session 3, 30 September-29 November 1948 등의 방대한 1차 자료들을 참고했으며, 이 외에도 많은 2차 연구들을 참고했다. Leo Kuper, 2002[1981], "Genocide: Its Political Use in the Twentieth Century," Alexander Hinton(ed.), Genocide: An Anthropological Reader, Blackwell Publishers, 2002, pp.57~66.

	로 정치적 고려에 따라 지시했다고 내세워 법망을 빠져나갈 것이 분명하기 때문에 포함(아이티 대표)	
제노사이드의 범위 문제	제노사이드 행위 범위가 물리적·생물학적·문화적 제노사이드로 축소된 가운데 문화적 제노사이드 포함 여부 논쟁 문화 보호에 대한 항목을 제노사이드 협약에 넣을 것인가, 인권과 소수자 권리협약에 넣을 것인가의 문제로 구체화	협약 제2조 ⑤항과 민족적(ethnical)집단 추가 → 차별적 문화나 언어를 가진 집단 보호 요구를 반영
제노사이드의 규모 문제	구체적으로 '전부 혹은 일부' 문구 중 몇 명, 몇 퍼센트가 이 '일부'에 해당하는가를 둘러싼 논쟁	협약의 구속력을 약화시키지 않는 한에서 상당한 또는 두드러진 피해자수가 어느 정도인지 판별할 수 있는 구체적 기준을 마련하지 못함
의도의 입증 문제	의도된 과실과 의도되지 않은 과실을 명확하게 구분해야 한다는 법 논리에 따라 의도의 게재는 공감되었지만, 주관적 의도의 입증을 어떻게 할 것인가를 둘러싼 논쟁 양날의 칼의 성격을 갖는 의도성에 대한 강조	의도를 객관적인 척도로 대체하려던 시도 실패
강제와 처벌 문제	제노사이드 행위의 방지와 처벌을 위한 보편적 강제의 원칙(보편적 재판 관할권)의 포함 여부를 둘러싼 논쟁 '핵심 범죄'에 대한 보편적 관할권 주장과 국가주권 침해 주장의 충돌	협약 제5, 6, 7, 8, 9조 → 정치적 충돌과 타협의 결과 사실상 유명무실하거나 사문화된 조항 → 1998년 로마규정의 채택 이후 협약의 실효성이라는 측면에서 약간의 가능성 엿보임

이와 같이 유엔 제노사이드협약은 형성 과정에서부터 격렬한 논쟁이

벌어졌고 그 결과물인 협약은 매우 불완전하고 심지어 모순적일 수밖에 없었다. 특히 보호집단, 제노사이드의 범위와 규모, 의도 쟁점의 논쟁 결과는 협약의 제2조인 제노사이드 정의로 반영되었으며, 이에 대해 최호근은 제노사이드 협약이 사후약방문에도 미치지 못하는 문서로 전락하는데 결정적인 기여를 했다고 평가했다.[9]

그럼에도 불구하고 협약이 만들어지지 않았더라면, 제노사이드에 대해 이렇게 많은 이야기들을 할 수 없었을 것이라는 점은 분명하다. 그리고 개념적으로도 학자들이 이에 대해 논의할 수 있는 기초를 제공해 주었다는 점은 부인할 수 없는 사실이다.

나는 기본적으로 제노사이드를 '사회집단들에 대한 의도적인 파괴'로 이해할 수는 있지만 의도, 파괴, 집단과 같은 용어들을 (법적인 관점에서) 너무 협소하게 이해할 것이 아니라 보다 확장시키고 동시에 정교하게 만들어야 한다고 생각한다. 예컨대 협약은 국민·민족·인종·종교 집단으로 보호집단의 목록을 한정했지만, 이 목록을 보다 추가하거나 아예 포괄적인 정의로 바꿀 수도 있다. 그리고 학살과 물리적 위해가 주요한 행위라고 이해되는 것 역시 물리적 폭력이 없는 제노사이드를 인정하기 어렵다는 점에서 중요하지만, 렘킨의 제노사이드 개념에서 일관되게 나타나는 집단 파괴로 이어졌던 삶의 조건들에 대한 부과 역시 중요하다. 협약은 물리적인 파괴와 이 보다 넓은 사회적 파괴 사이의 관계를 충분히 다루고 있지 못하고 있는데 이 관계야말로 제노사이드를 이해하는 데 있어서 매우 핵심적이지 않을까? 예컨대 협약 제2조 ④와 ⑤항에서 출산과 아이들에 대한 통제가 제노사이드 범죄에 해당함을 기술한 것은 최근 성폭력 혹은 젠더화된 폭력을 강조하는 흐름과 함께 주목받고 있다. 비록 협약의 초안이 사회과학자가 아닌 외교관과 법률가에 의해 만들어지고, 정치적 논쟁과 합의의 결과 정부에 의해 승인된

---

9) 최호근, 『제노사이드: 학살과 은폐의 역사』, 책세상, 2005a, 43쪽.

것이 협약이지만, 협약은 지적으로도 강력한 개념을 준비했다. 이러한 이유로 쇼는 협약이 여러 가지 점에서 약점이 많지만, 그 영향력은 정치적·법적 비중만큼이나 현실적인 내부적 강점들을 보여준다고 평가한 바 있다.10)

그 동안 학자들에 따라 협약에 대한 이해는 매우 다양했다. 특히 많은 사회과학자들은 협약의 제노사이드 정의를 명시적으로나 암묵적으로 받아들이거나 거기에서 정치 집단이나 여러 사회 집단을 포함하는 확장된 정의를 사용했다. 이 과정에서 학계에서도 제노사이드 정의를 둘러싼 수많은 논쟁들이 벌어졌다. 그리고 이러한 논쟁들은 협약을 둘러싼 비판적 논쟁과 연동되어 진행되었다. 이러한 '정의 논쟁'에는 많은 제노사이드 연구자와 학자들이 참여하고 기여했지만, 여기에서는 대표적인 4명의 학자의 제노사이드 정의를 검토해보자.

〈표 2〉 페인, 초크와 조나슨, 차니의 제노사이드 정의

학 자	내 용
헬렌 페인	가해자가 집단 성원의 생물학적·사회적 재생산을 방해하는 것을 통해서 직접적·간접적으로 집단(성)을 물리적으로 파괴하는 지속되고 목적이 있는 행위이며, 이는 피해자가 위협이 되지 않거나 항복하더라도 지속11)
프랑크 초크 & 커트 조나슨	국가나 다른 권위(체)가 한 집단을 파괴할 목적으로 일방적으로 대량학살하는 형태로, 이때 그 집단과 성원됨은 가해자가 정의12)
이스라엘 차니	총괄적인(generic) 의미에서 피해자가 근본적으로 저항도 하지 못하고 도움도 받지 못하는 상황하에서 적으로 보이는 군사력에 대한 군사행동 중이 아닐 때 상당한 수의 인간을 대량학살13)

---

10) Shaw, op. cit., 2007, pp.28~29.
11) Helen Fein, Genocide: A Sociological Perspective, Current Sociology, vol.38, no.1, Sage Publications, 1990, p.24.

페인이 제노사이드를 "지속되고 목적이 있는 행위"라고 한 것은 제노사이드가 의도적 파괴 행위라고 명시한 협약과 일치한다. 그리고 집단의 "물리적 파괴"가 "직접적" 혹은 "재생산을 방해하는 것을 통해서" 수행될 수 있다는 생각은 협약에서 열거된 수단들을 반영한 것으로 보인다. 그러나 그녀는 세 가지 측면에서 협약의 개념을 수정했다. 첫째, 그녀는 보호집단을 일반적인 집단(성)이라고만 언급함으로써 협약이 국민·민족·인종·종교 집단이라고 제한한 것을 극복하고자 했다. 둘째, "물리적"이라는 단어를 넣어 제노사이드를 사회적 파괴의 측면에서 강조했던 렘킨의 생각을 협약보다도 협소하게 축소시켜 생물학적인 학살과 여타의 조치들로 엄격하게 제한했다. 셋째로 그녀는 "피해자가 위협이 되지 않거나 항복하더라도 지속된다"고 덧붙여 제노사이드가 전쟁과 분리되어 있음을 강조했다. 피해자는 군사적인 위협이 되지 못하더라도 파괴된다는 것이다.[14] 이러한 수정을 통해서 그녀는 자신의 정의의 포괄성이 협약이 갖고 있는 문제점들을 해결할 수 있다고 전망했다.

이와 달리 초크와 조나슨은 아예 협약의 정의 방식에 얽매이지 않는 제노사이드 정의를 제안했다고 볼 수 있다. 그들은 제노사이드가 일차적으로 "국가나" 국가의 후원 혹은 묵인하에 준군사단체와 같은 또 "다른 권위체"에 의해 자행되는 '국가범죄'임을 분명히 했다. 그리고 그들은 제노사이드를 페인보다도 더 협소하게 "대량학살"이라는 물리적 파괴로 한정시켰다. 이에 대해 페인은 초크와 조나슨이 의도적인 생물학적 파괴의 다른 형태들을 놓치게 되었다고 비판한 바 있다. 그리고 그녀는 그들이 국가를 가해자로 명기한 것이 불필요하게 제한적이었다고 지적

---

12) Frank Chalk & Kurt Jonassohn, The Hisotry and Sociology of Genocide, Yale University Press, 1990, p.23.
13) Israel Charny, "Towards a Generic Definition of Genocide," in G. A. Andrepoulous(ed.), Genocide: Conceptual and Historical Dimensions, University of Pennsylvania Press, 1994, p.75.
14) Shaw, op. cit., 2007, pp.29~30.

한다. 비록 국가가 제노사이드를 자행하는 주요한 행위자일지라도 정당, 식민개척자, 준군사기구 등 또한 그 범죄에 책임이 있다. 페인은 "다른 권위(체)"라는 단서 조항은 빠져나가는 수단이라고 혹평한다.[15]

페인의 혹평에도 불구하고 나는 초크와 조나슨의 정의가 매우 흥미로운 두 가지 논쟁거리를 제공하고 있다고 생각한다. 하나는 "피해자 집단의 성원됨은 가해자가 정의한다"는 서술이다. 이것은 가해자들이 '적' 집단에 대한 상상(때로는 공상적인 상상)에 따라 범죄를 정당화하며 자행한다는 것을 드러낸다. 이러한 생각은 피해자 집단이 반드시 객관적으로 존재한다거나 집단의 정체성이 집단 자신의 의식에 의해 정의된다는 가정, 즉 렘킨으로부터 시작해 유엔 협약과 페인에게도 전제되는 가정을 문제 삼고 있다. 쇼는 이런 점에서 초크와 조나슨이 피해자 집단에 대해 사고할 때 간과해서는 안 될 핵심적인 사항을 지적하고 있다고 주장한다. 대부분의 연구자들이 동의하는 것처럼 집단에 대한 의도적인 파괴가 제노사이드의 핵심이라면, 분명 가해자가 피해자 집단을 어떻게 생각하는가는 중요한 것이다.[16] 다른 하나는 "일방적"이라는 단어 사용이다. 이 단어를 통해 초크와 조나슨은 한 쪽이 다른 쪽에게 전투를 벌이거나 저항할 수 없다는 제노사이드의 특징을 잡아냈다. 이는 대량학살의 폭력이 조직적으로 무장한 군대와 비무장 민간인 사이에서 벌어진다는 이해와 같이 한다. 심지어 피해자들이 가해자에게 대항하기 위한 시도에 관여했더라도 그러한 절망적인 시도는 이러한 대량학살의 일방성을 강조할 뿐이다.[17] 그러나 제노사이드는 종종 전쟁과 같이 조직적으로 무장한 군대간의 충돌의 맥락에서도 일어나기도 하며, 종종 저항

---

15) Fein, op. cit., 1990, p.13.
16) Shaw, op. cit, 2007, p.30. 이에 대해 페인은 이러한 시각이 가해자의 관점에 너무 치우칠 위험이 있고, 피해자의 자기 인식도 인정할 필요가 있다고 반론한 바 있다.
17) Chalk & Jonassohn, op. cit., 1990, p.24. 예컨대 바르샤바 게토에서와 같은 고립된 시도는 가해자들을 무찌르기 위한 것이 아니라 피해자들의 연대를 확인하는 것으로 작용했다.

과 새로운 충돌을 야기해 일방적 학살의 제노사이드적 요소가 종종 양자간 혹은 다자간 충돌 및 폭력 상황의 일부가 되기도 한다. 일방적 학살로만 제한해 제노사이드를 정의하는 것은 이러한 사례들을 제노사이드가 아닌 것으로 배제하는 효과를 발생시키지 않을까?

차니 역시 이러한 경향을 되풀이하고 있는 것으로 보인다. 차니는 제노사이드에 대한 '총괄적인' 정의를 통해 렘킨의 시각을 반영하고자 했지만, 페인이나 초크와 조나슨보다도 더 제노사이드를 물리적 폭력으로 축소시켰다. 그는 "상당한 수의 인간"이라고 서술함으로써 렘킨의 생각과 협약에서 본질적인 '집단' 요소를 완전히 잃어버리고 말았다. 그리고 그는 제노사이드에서의 민간인 학살과 전쟁에서의 민간인 학살이 원칙적으로 다른 것임을 지적하고자 했으나, 그 차이를 "적으로 보이는 군사력에 대한 군사행동 중이 아닐 때"라고 정의한 순간 그는 잘못된 길로 나아갔다. 홀로코스트의 경우를 보더라도 렘킨이 인정한 바 있듯이, 나치스가 전쟁과 정복을 통하지 않고 어떻게 유대인을 통제할 수 있겠는가? 그리고 적으로 보이는 군사력에 대한 군사행동 중이 아니고서 어떻게 제노사이드적 폭력이 실행될 수 있는가? 폴란드에 대한 독일의 침공과 점령이 있었던 기간에 유대인들은 야만적으로 뿌리 뽑히고, 게토에 강제 수용되었으며, 굶주리고 과도한 노동에 시달렸다. 소련과 유고슬라비아에 침공했던 독일군과 동행했던 살인특무부대는 소련의 전쟁포로, 공산주의자, 여타의 시민과 함께 유대인을 살육했다. 그래서 쇼는, 제노사이드와 전쟁의 관계는 종종 너무 강력해서 전쟁의 맥락 외부에서 제노사이드를 정의하는 시도는 명백하게 잘못된 길로 나갈 수밖에 없다고 주장한다.[18]

쇼에 따르면, 차니의 접근은 제노사이드의 의미를 잘못 이해하고 있다. 만일 민간인에 대한 제노사이드적 살육이 군사행동 중에 발생한다

---

18) Shaw, op. cit., 2007, pp.31~32.

면, 그것과 병사들의 '보통의' 살인행위나 의도하지 않은 민간인에 대한 '부수적(collateral) 피해'로서 발생한 살인과의 관계를 어떻게 볼 것인가? 차니는 아무런 관계가 없다고 넌지시 비춘다. 그러나 그러한 입장은 분명 약점으로 보이는데, 예를 들면 나치스에게 유대인들 또한 (군사력은 없지만) 적으로 보이는 집단이었고, 유대인에 대한 최악의 범죄가 독일의 군사행동 중에 발생했기 때문이다. 그러므로 제노사이드는 전쟁의 맥락에서 자행되었을 뿐만 아니라 제노사이드 자체가 새로운 종류의 적(근본적으로 민간인 집단)을 수반했던 특별한 종류의 전쟁이었다고 볼 수 있다.[19]

지금까지 정리한 페인, 초크와 조나슨, 차니의 세 가지의 제노사이드 정의 외에도 학계에서는 수많은 개념 정의가 시도되었다. 그런데 최근에는 역으로 대량학살을 포함한 여러 정치적·사회적 폭력을 논의하는 장에서 '제노사이드'라는 용어가 상당히 회피되는 현상이 발생하고 있다. 그리고 이러한 현상의 이면에는 정치적 이유가 있다. 왜냐하면 제노사이드로 규정되거나 인정되면, 법적·정치적 조치가 이어지기 때문이다.

쇼는 이러한 현상이 제노사이드 개념을 둘러싼 이론적 혼란에서 나온 것이라고 주장한다. 그에 따르면, 제노사이드 용어를 회피하거나, 혹은 용어 사용에 혼란이 발생하는 것은 세 가지 이유가 있다는 것이다. 첫 번째 이유는 홀로코스트 연구자들이 '홀로코스트'만이 제노사이드의 기준에 해당한다고 말하면서 여타의 대량학살 사건들은 이 기준을 충족시키지 못한다고 주장하기 때문이다. 두 번째 이유는 '민족청소'라는 용어가 하위-제노사이드적(sub-genocidal) 폭력 개념으로서 위에서 거부된 사례들을 수용하기 위해 사용되고 있기 때문이다. 세 번째 이유는 '사이드(cide)'가 붙은 각종 용어들이 학술적·대중적 담론에서 증식되어 제노사이드의 다양한 유형들이 제노사이드가 아닌 다른 이름으로 인식되고

---

19) Shaw, Ibid, 2007, p.32.

있기 때문이다.20) 이는 결국 제노사이드의 범위를 둘러싼 문제이다.

2. 제노사이드 '범위 논쟁':
홀로코스트, '민족청소', '사이드(cide)'들

1) 홀로코스트와 제노사이드

나치시기에 탄생해 그 직후에 정의된 제노사이드는 현재까지도 홀로코스트의 그림자 뒤에 가려져 있다. 학문적인 관심에 있어서도 홀로코스트 주제는 제노사이드에 압도적일 뿐만 아니라 고등교육과 공론의 영역에서도 그렇다. 이러한 상황 속에서 나치의 유대인 학살은 배타적으로 유일하다는 의미를 내포하는 정관사 'the'가 붙은 대문자 'Holocaust'로 확립되었고, 이 개념은 렘킨의 의도와 달리 제노사이드로부터 분리된 채 유일무이한 것으로 강조되었다.21) 상황이 이렇다보니 학계의 논쟁들은 여타의 제노사이드 사례들, 예컨대 20세기 초의 아르메니아사건과 20세기 말의 르완다사건을 인식하기 위해서 오히려 홀로코스트와의 유사성을 찾는 역설적 상황이 벌어지게 되었다. 그 결과 홀로코스트의 의미가 상당히 왜곡되었을 뿐만 아니라 학계의 제노사이드 연구 역시 홀로코스트의 '유일무이성'과 '비교가능성' 논쟁으로 환원되었다.

홀로코스트의 '유일무이성'을 둘러싼 논쟁은 크게 세 가지 입장으로 나뉘어 있다. 한쪽 극단에서는 홀로코스트가 역사상 어떤 사건들과도

---

20) Shaw, Ibid, 2007, p.37.
21) 사실 나치 독일이 저지른 유대인학살을 가리켜 '홀로코스트'라고 명명한 것은 1948년 이스라엘 국가가 세워지는 날이었다. 그러나 이 표현은 그다지 주목받지 못했다. 그러다가 1961년 예루살렘에서 열린 '아이히만 재판'에서 이스라엘 정부가 외신기자들에게 영어로 브리핑 할 때 이 용어를 사용하면서 널리 알려지게 되었다. 이 용어가 영미권에서 완전히 자리 잡은 것은 1978년 미국 NBC 방송에서 방영한 4부작 드라마 〈홀로코스트〉가 엄청난 시청률을 기록하면서부터였다. 최호근, 『서양현대사의 블랙박스 나치대학살』, 푸른역사, 2006, 397쪽.

비교할 수 없으며 언어로 표현될 수 없는 "다른 행성에 속하는 것 유일무이하게 유일무이한(uniquely unique) 것"이라고 주장했다. 다른 한쪽에서는 홀로코스트가 "인간에 대한 인간의 잔인성을 보여준 극악한 사건임에도 불구하고 끔찍한 악행으로 가득한 한 세기에 또 하나 추가되는 사건"으로 간주했다.22) 전자는 유일무이성을 절대화시킨 입장이고, 후자는 유일무이성을 평범화시킨 입장이다. 그리고 양 극단의 입장 사이에는 유일무이성을 전적으로 긍정하거나 부정하는 식이 아닌 상대주의적 입장이 있다. 각각의 진영에 많은 논자들이 있지만, 여기에서는 유일무이성을 절대화시키는 입장에서 홀로코스트만이 제노사이드의 유일한 사례라고 주장하는 스티븐 카츠(Steven Katz)와 상대적 유일무이성의 입장에서 홀로코스트는 여타의 제노사이드 사건들과 비교될 수 있다고 주장하는 예후다 바우어(Yehuda Bauer)를 대표적으로 검토해보자.

〈표 3〉 카츠와 바우어의 제노사이드 정의 및 홀로코스트와의 관계

학 자	내 용
스티븐 카츠	한 집단 전체(그 집단은 가해자에 의해 규정된다)를 물리적으로 파괴하기 위한 의도가 현실화되었을 경우에만, 그리고 그것이 성공적으로 이루어졌을 경우에만 제노사이드라고 할 수 있다.23)
	홀로코스트와 함께 나치에 의한 집시학살 정도가 제노사이드 사례
예후다 바우어	한 국민·민족 집단에 대한 계획된 총체적 파괴
	초기: 홀로코스트는 제노사이드 후기: 의도된 총체적 절멸인 홀로코스트와 총체적 절멸 이하에 해당하는 제노사이드(예컨대 집시, 소련인, 폴란드인에 대한 잔인한 정책)를 분리

---

22) Alan Rosenberg, 「홀로코스트는 유일무이한 사건이었는가?」, 2005(1987); Michael Dobkowski & Isidor Wallimann(eds.), 장원석 외 역, 『현대사회와 제노사이드』, 각, 253~255쪽.

23) Steven Katz, *The Holocaust in Historical Perspective, vol.1: The Holocuast and Mass Death before the Modern Age*, Oxford University Press, 1994, pp.128~129.

대상 집단의 전체성, 물리적 파괴, 의도의 명증성, 성공적 실행이라는 기준을 동시에 만족시켜야한다는 카츠의 제노사이드 정의는, 유엔 제노사이드 협약의 정의보다도 더 엄격하고 제한적이다. 흥미로운 점은 그가 렘킨의 정의를 충실히 따르고 있다고 주장하는 점이다. 그는 책에서 렘킨의 제노사이드 정의를 인용하면서 다음과 같이 언급한다. "유대인에 대한 완전한 생물학적 멸종으로 이해되는 이것만이 오늘날 홀로코스트라고 부를 수 있다."[24] 그러나 카츠의 정의는 렘킨의 '국민·민족 집단에 대한 사회적 파괴'라는 보편적 개념을 유대인에 대한 생물학적 멸종으로 축소시키고 있다. 즉 그는 렘킨으로부터 떨어져 나왔을 뿐만 아니라, 나중에 본인도 인정한 바 있듯이, 렘킨을 엄청나게 오해했다.[25]

그리고 카츠의 홀로코스트에 대한 이해도 문제가 있어 보인다. 나치가 점령 지역에서 모든 유대인 하나하나를 전부 실제로 학살할 작정이었든 아니었든 간에, 나치의 일반적인 제노사이드적 정책은 피점령민들마다 매우 날카롭게 구분되는 서로 다른 태도들을 보였다. 이러한 차이들의 특성을 어떻게 기술할 수 있을까? 쇼가 설명하고 있듯이, 나치 정책의 스펙트럼의 한 쪽 끝에는 상대적으로 사람을 직접 학살하지 않는 경향이 있었다. 이들은 아리아인의 혈통과 관계가 있어서 독일화 될 수 있었다. 스펙트럼의 중간 범위에는 아리아인의 혈통에 연관 없는 사람들이 있고, 이들은 노예적 지위로 전락하거나 학살될 가능성이 있었다. 다른 쪽 끝의 유대인과 집시, 장애인들은 최종적으로 체계적인 대량학살의 대상이 되었다. 만일 우리가 이러한 유형들을 통해서 유의미한 구분을 할 수 있다면, 그것은 분명 집단을 사회적으로 파괴하기 위한 수단의 하나로서의 학살과 (체계적으로 물리적 절멸이 정책 목적이 되었을 때) 그 자체로 정책 목적으로서의 학살 사이의 구분일 것이다. 이러

---

24) Katz, Ibid, 1994, p.130.
25) Shaw, op. cit., 2007, p.39.

한 의미에서 볼 때, 장애인, 폴란드인 엘리트, 유대인, 소련의 전쟁포로, 집시들 모두 2차 세계대전의 다양한 국면에서 단순히 학살되었지만, 이 집단들을 향한 정책들은 나치 통치, 전쟁, 점령의 모든 국면에서 똑같이 학살적이지는 않았다. 적어도 나치의 반유대주의적 정책의 최종적 해결(Final Solution)의 국면과 그 이전 국면들을 구분해야 한다. 절멸 정책의 발전을 인식하는 것은 중요하지만, 그것은 긴 제노사이드 역사의 최종 국면이었다. 그리고 유대인 절멸은 이 최종 국면에 이르러서 체계적으로 극대화된 것이었다.[26]

이와 달리 바우어는 자신의 초기 저작[27]에서 홀로코스트는 제노사이드 범죄였다. 즉 개별 민족집단이나 인종집단의 모든 구성원들을 그 집단의 성원이라는 이유로 말살하려는 시도라고 언급한 바 있다. 즉 그는 렘킨의 제노사이드 정의를 사용하고 있으며, 이러한 언급에서 분명 홀로코스트와 제노사이드는 두 개의 다른 유형의 사건을 나타내는 것으로 보이지 않는다.[28] 그러나 그는 홀로코스트가 제노사이드 '연속체(continuum)'의 가장 먼 지점(혹은 최대치)에 있다는 초기 주장을 곧바로 포기했다. 그는 홀로코스트의 유일무이성을 손상시키지 않기 위해서 유대인의 절멸만을 의미하는 '홀로코스트'와 나치가 저지른 다른 대량학살들, 즉 제노사이드의 개념이 적용될 수 있는 학살들 사이를 구별하는 방향으로 나아갔다. 이를 위해 그는 '총체적' 절멸의 '의도'를 강조할 수밖에 없었고, 그럴수록 총체적(전체적) 절멸은 홀로코스트로, 그 이하의 절멸은 제노사이드로 분리된 채 위계화 되었다. 카츠가 그랬던 것처럼 바우어 역시 렘킨을 떠난 것이었다. 차이점이 있다면, 카츠는 홀로코스트만이 제노사이드에 부합하며, 따라서 다른 대량학살 사례들과 비교할 수 없다고

---

26) Shaw, Ibid, 2007, pp.39~40.
27) 바우어가 1973년에 출판한 『그들은 삶을 선택한다: 홀로코스트에서의 유대인의 저항』을 말한다.
28) Alan Rosenberg, op.cit., 2005(1987), p.264.

주장한데 반해, 바우어는 홀로코스트는 총체적 절멸이고 그 이하는 제노사이드이며, 따라서 다른 제노사이드 사례들과 비교할 수 있지만 홀로코스트만이 상대적으로 유일무이하다는 것이다. 이렇게 보면 카츠와 바우어의 입장은 분명 큰 차이가 있음에도 불구하고, 유일무이성에 대한 의식적이고 목적론적인 강조는 그 차이를 희석시키는 것으로 보인다.

  나는 바우어과 마찬가지로 홀로코스트가 제노사이드의 가장 극단적인 형태라고 생각한다.[29] 그러나 그 이유가 바우어가 제시한 것처럼 나치의 '총체적' 절멸 '의도'에 있다고 생각하지는 않는다. 그보다는 홀로코스트의 파괴적 특성이 보여준 다양한 과정, 기술, 방법들이 매우 특수하고 전례가 없다는 의미에서 홀로코스트가 제노사이드 연속체의 최대치에 해당한다고 생각한다. 분명 홀로코스트를 가능하게 했던 근대적 수단들은 다른 제노사이드 사례들의 그것들과 비교할 때 전례가 없는 것이었다. 즉 유대인을 박멸해야할 '해충'으로 인식시키는 극단적인 인종주의가 이데올로기적 선동에 그치지 않고 법 제도와 결합되어 합법적으로 작동되었다는 점에서, 광범위한 관료제 조직과 과학기술(전문가)의 결합은 효율적인 학살의 포드주의를 가능하게 했다는 점에서, 그리고 희생자들을 '대상물(objects)'이라는 가장 노골적인 물리적 특성으로 환원시키는데 이용된 다양한 심리기제들이 기능했다는 점에서 매우 두드러진다. 간단히 말해 홀로코스트는 20세기의 제노사이드의 한 극단적인 유형으로 다른 제노사이드 사례들과 비교할 때 가장 근대적인 특징을 구현하고 있다고 말할 수 있다.

  홀로코스트의 '유일무이성'을 둘러싼 논쟁들은 제노사이드를 물리적 절멸 혹은 생물학적 학살로 협소하게 정의하는 경향에 큰 영향을 끼쳤

---

29) 앞서 살펴보았듯이, 무엇보다 렘킨이 나치의 '이름 없는 범죄'를 목도하면서 '제노사이드'라는 이름을 붙였다는 사실을 기억할 필요가 있다. 당시에는 '홀로코스트'라는 단어는 존재하지 않았다.

다. 이 때문에 제노사이드 연구자들 사이에서 제노사이드가 대량학살 혹은 대량살해를 의미한다는 축소된 관점이 광범위하게 받아들여졌다. 앞서 검토한 페인, 초크와 조나슨, 차니는 물론, 거의 모든 제노사이드 연구자들이 이러한 관점을 취하고 있다. 문제는 제노사이드 개념이 이와 같이 협소한 절멸의 의미로 축소되면, 몇몇 극히 극단적인 제노사이드 사례들을 제외하고 대부분의 경우 사면되는 효과가 발생한다는 것이다. 이에 공무원들과 기자들, 그리고 학자들은 재빠르게 새로운 용어로 제노사이드를 재발명하고 있는데, 그 중 가장 폭넓게 쓰이는 용어가 '민족청소'이다.

2) '민족청소'와 제노사이드

'민족청소'라는 용어는 어원의 역사를 살펴볼 때 '청결'과 '정화'의 의미를 비판하기보다는 그것을 배태하는 가해자의 용어였으며, 따라서 특정 집단들을 그들이 살던 곳에서 제거하는 파괴적인 성격을 지시하기에는 역부족인 용어이다. 그런데 '추방'이나 '강제이주', 혹은 '제노사이드'라는 용어가 있음에도, 언론에서, 그리고 정치적·법적·사회학적 담론에서 왜 가해자의 용어를 사용해야 하는지 정말 의문이다. 문제는 이러한 의문에도 불구하고 이 용어가 현재도 지속적으로 확산되어 사용되고 있다는 데 있다. 구유고 지역에서의 여러 전쟁 이후 유엔 안보리의 문서와 여러 NGO의 문서에서 이 용어가 널리 채택되었다. 그리고 학계에서는 앤드류 벨—피아코프(Andrew Bell-Fialkoff) 가 처음으로 이 용어에 대한 학술적 정의를 제공한 이래, 마이클 만(Michael Mann)이 이 용어에 사회학적으로 승인해주었다. 우선 이 용어의 국제법 분야에서의 용법과 사회과학적 용법을 비판적으로 검토해보자.

현재적 의미에서 '민족청소'라는 표현은 1992년 8월에 국제기구들의 문서에서 등장하기 시작했다. 당시 이 용어는 유엔 안보리, 총회, 인권위원회, 경제사회이사회의 결의안에 인용부호(큰따옴표)가 달린 채 사용되었는데, 이 용어가 가해자의 용어임을 의식했기 때문이었다.30) 이들 기구들이 제출한 구유고 지역의 상황에 대한 수많은 보고서들은 각각 '민족청소'가 무엇인지를 정의하고 있는데, 조금씩 차이는 있지만, 공통적으로 민족적 동질성을 위해 특정 민족의 민간인 집단에 대해 체계적·강제적으로 재배치, 이주, 추방하거나 고문, 강간, 거주지의 파괴, 대량학살 등의 행위를 저지르는 것을 의미하고 있다.31)

이 새로운 용어를 사용했던 사람들은 종종 제노사이드와의 관계 속에서 정의할 필요를 느꼈다. 이는 국제법 전문가들에게도 매우 중요한 문제였다. 그들은 이 용어를 (긍정하든 부정하든 간에) 제노사이드와의 관계 속에서 정의했다. 1993년 유엔의 법률가들과 구유고법정의 판사단 일부는 검토 끝에 구유고 지역의 '민족청소'가 제노사이드협약 하의 제노사이드 범죄로 간주된다고 확인했지만,32) 구유고법정의 검사단은 '민족청소'를 제노사이드 범죄로 기소하는 것에 매우 심히 신중하고 조심했다.33) 이러한 조심은 '청소'와 제노사이드 간의 관계가 불확실하다고 생각한 결과였으며, 따라서 검사들은 엄격하게 적용해 제노사이드보다는 인도에 반하는 범죄로 기소하는 것을 선호했다.34)

'민족청소'라는 용어를 수용한 학자들 역시 검사단과 마찬가지로 이 용어와 제노사이드 간의 차이점을 강조하는 방향으로 나아갔다. 여기에서는 앤드류 벨-피아코프와 노만 나이마크(Norman Naimark)의 주장을 검토해보자.

벨-피아코프는 제노사이드를 '대량살해'와 동일시했고, 따라서 '청소'

---

30) William A. Schabas, Genocide in International Law, Cambridge, 2000, p.192.
31) Schabas, Ibid, 2000, pp.190~191.
32) Schabas, Ibid, 2000, pp.193~194·197~198.
33) Schabas, Ibid, 2000, p.199.
34) Shaw, op.cit., 2007, p.51.

와는 별개의 다른 항목이라고 생각했다.35) 나이마크 역시 동일한 입장에서 다음과 같이 주장했다.

> 제노사이드는 민족·종교·국민집단의 일부 혹은 전부에 대한 의도적 학살이다. 즉 사람들에 대한 살해가 그 목적이다. (그러나) '민족청소'의 의도는 특정 영토에서 이들의 모든 흔적을 제거하는 데 있다. 다시 말해 목적은 '외래의' 민족성, 민족·종교집단을 제거하고 그들이 이전에 거주해왔던 영토들에 대한 통제를 빼앗는 것이다.36)

나이마크는 제노사이드를 특정집단의 인적 요소를 절멸하는 것으로 보는데 반해, '민족청소'는 그것보다는 특정 지역의 요소에 초점이 맞춰진 것, 즉 실지회복(irredentism)에 기반을 둔 것으로 보고 있다.37) 그러나 '민족청소'가 단순한 실지회복에 그치지 않고, 회복한 영토에 대하여 권리를 제기할지도 모를 잠재적 경쟁민족의 제거를 의도하기도 한다는 점에서 제노사이드를 수반하는 경향이 있다. 그리고 특정 영토로부터 민족의 전체를 제거하고자 한다는 점에서 제노사이드보다 오히려 더 조직적일 수도 있다. 실지회복이라는 점에서 보더라도 예전에 실지로 점하던 영토이든, 상상이나 신화에 의해 점하던 지역이든 상관없이 민족·인종·종교집단에 대한 학살을 자행하는 경향을 보였다. 이러한 이유로 20세기의 '민족청소' 사례를 연구한 여러 학자들은 '민족청소'를 제노사이드의 완곡한 표현(euphemism for genocide)이라고 언급하기도 했다.38) 나이마크의 글 역시 전체적으로 검토해보면, 그 또한 '민족청소'와

---

35) Andrew Bell-Fialkoff, *Ethnic Cleansing*, Macmillan, 1996, p.1.
36) Norman Naimark, Fires of Hatred: Ethnic Cleansing in Twentieth-Century Europe, Harvard University Press, 2001, p.4.
37) 박정원, 「민족분쟁과 인도적 개입의 국제정치: 유고슬라비아에서의 인종청소를 중심으로」, 한국세계지역학회, 『세계지역연구논총』 제23집 2호, 2005, 62쪽.
38) Schabas, op.cit., 2000, p.194.

제노사이드의 경계가 매우 모호함을 인정하고 있었다. 그럼에도 불구하고 나이마크는 이 둘 사이를 구분해야 한다고 다음과 같이 강조한다.

> 한 극단에서 '민족청소'는 강제추방 혹은 '집단이동'이라 불리는 것과 가깝다. 사람을 이동시킨다는 생각과 수단은 합법이거나 반(半)합법일 수 있다. 그러나 다른 극단에서 '민족청소'와 제노사이드는 그 궁극적인 의도 면에서만 구분될 수 있다. 대량살해가 사람들을 땅에서 제거하기 위해 저질러지는 것처럼 '민족청소'도 제노사이드의 유형 속으로 진입한다.[39]

여기서 주목할 점은 나이마크가 "궁극적인 의도 면에서만 구분될 수 있다"는 단서를 두고 있다는 것이다. 그는 계속해서 "'민족청소'가 그 의도면에서 제노사이드적이지 않을 때조차 그 결과 면에서는 종종 제노사이드적이다"고 말한다. 나이마크는 왜 이렇게 구분에 집착하는 것일까? 이에 대해 쇼는 나이마크가 여기에서 무심코 비밀을 누설하고 있다고 통렬하게 지적한다. 즉 쇼는 이 구분에 대한 강조가 평화로우면서 비폭력적인(그러나 여전히 강제적일 수 있는) 집단의 이동(혹은 제거)이라는 관념을 성립시키기 위해서라고 주장한다.[40]

사실 20세기의 세계사에서 추방을 죄악시할 수만은 없는 상황이 있기는 하다. 나치 독일과 일본은 그들이 점령한 지역에서 직접 통치를 하든 괴뢰국을 세우든 간에, 그 지역에 엄청난 수의 자국 국민을 이주시켰고, 그들은 '일등 국민'으로서 온갖 이익과 해택을 보며 두 제국의 첨병 역할을 했기 때문이다. 따라서 이들에 대한 추방은 '원상회복'을 원하는 국가와 국민의 입장에서 보면 당연한 것이다. 실제 제2차 세계대전의 종전 직후 승전국의 지시나 묵인 하에 나치 독일과 일본의 국민들에 대한 추방은 비일비재했다. 그런데 문제는 당시의 추방이 우리가 생

---

39) Naimark, op.cit., 2001, pp.3~4.
40) Shaw, op.cit., 2007, p.53.

각하는 것 이상으로 상당히 유혈적이었으며, 제노사이드적 '청소'로 보인다는데 있다. 예컨대 동유럽에 거주했던 수백만 명의 독일인들은 일순간에 뿌리 뽑힌 채 서쪽으로 추방되었다. 연합국 측은 패전국의 이전 영토로의 변경을 명기하고 있는 포츠담선언에 근거해 그들을 '질서 있고 인간적으로' 이동시켰다고 밝혔지만, 실상은 그렇지 못했다. 추방 과정에서 2백만 명이 넘는 독일인들이 굶주림에 지친 채 아사하거나 병으로 죽어갔다. 주로 여자와 아이들, 노인들이 이런 상황에 취약했음은 물론이다.[41] 이 뿐만 아니라 피점령 국민들에 의한 보복 학살과 기나긴 이동 과정에서 폭격의 '부수적 피해'로 죽기도 했다. 이런 사실들은 언론에서, 심지어 독일 주둔 미군정의 정치고문에 의해서 보고된 것이기도 했다.[42]

대개 많은 사람들은 연합국이 묵인했던 소련, 폴란드, 체코슬로바키아 정부에 의한 독일인 공동체의 파괴와 나치 독일에 의해 수행된 유대인, 슬라브족, 여타 집단들에 대한 파괴가 당연히 다른 것이라고 생각해 왔다. 그러나 대규모 집단 이동이 원래 나치의 주요한 정책이었음을 생각할 때, 그 둘의 파괴를 동일선상에 올려놓을 수 있다고 생각한다. 히틀러가 유혈적이지 않은 수단으로 바람직하지 않은 인종을 고사시키려는 목적을 가졌듯이, 소련, 폴란드, 체코슬로바키아체제 역시 나치체제의 공범자들을 처벌하고 수백만 명의 독일인들을 독일로 몰아내고 싶어 했다. 이 둘 사이에는 집단이 거주하고 있는 땅에서 집단 존재를 파괴하려는 의도와 그 실천의 결과가 매우 유사했다고 말할 수 있다. 이러한 이유로 쇼는 홀로코스트와 '민족청소'가 그 동안 대립항, 하나는 극단적인 제노사이드로, 다른 하나는 충분히 제노사이드적이지 않은 것으로

---

41) Alfred de Zayas, *Nemesis at Potsdam: The Anglo-Americans and the Expulsion of the Germans*, Routledge & Kegan Paul, 1979, pp.103~104.
42) Shaw, op.cit., 2007, pp.54~56.

간주되어온 상황을 매우 아이러니한 일이라고 지적했다. '민족청소'가 나치의 용어는 아니었지만, 나치즘의 의료화된 언어에는 수많은 전례들이 있다. 인종 정화는 히틀러가 즐겨 쓰던 단어였다. 히틀러의『나의 투쟁』은 유대인을 역사의 암적 존재로 묘사하고 있다. 더 나아가 나치스는 유대인을 파괴되어야 할 해충으로 상상했고, 자주 바이러스, 기생충, 페스트의 이미지를 덧씌웠다. 이런 상황에서 나치 정책은 제3제국에서 유대인을 청소(judenrein)하는 데 초점이 맞추어졌다. '청소'라는 언어는 나치 독일이 점령한 영토에서 이루어진 독일군의 작전에도 스며들었다. 서부 폴란드는 폴란드인과 유대인들을 청소해 독일제국에 병합시켜, 그 땅에서 독일민족이 정주할 수 있도록 했다. 결국 '청소'는 제노사이드에 대한 나치의 완곡어법이었던 셈이다.[43]

비제노사이드적인 집단의 추방이란 허구적이다. 그러나 제노사이드 연구에서 추방의 문제는 철저하게 무시되어왔다. 제노사이드협약의 주조 과정에서도 초안의 작성자들은 처벌 가능한 행위 안에 '민족청소'의 현상을 포함시키려는 시도에 고의적으로 저항했다. 당시 초안에 대한 코멘트는, "한 지역에서 다른 지역으로의 대량의 집단 이동 혹은 퇴거는 제노사이드로 구성되지 않는다. 그러나 퇴거된 집단의 전체 혹은 일부가 죽는 방식으로 점령이 수행된다면, 제노사이드이다"라고 언급함으로써 추방과 제노사이드를 구분하고자 했으며, 결국 협약에 추방, 이동, 퇴거와 같은 의미계열의 단어를 언급하지 않았다.[44] 그러나 20세기의 전형적인 두 개의 제노사이드 사례라 할 수 있는 홀로코스트와 아르메니아 사례에서 추방이 물리적 파괴의 수단이자 전주곡이었던 것을 보면, 이러한 구분이 얼마나 허구적인가?

나는 제노사이드가 항상 영토적 추방·이동·퇴거를 수반한다고 생각

---

43) Shaw, Ibid, 2007, pp.56~58.
44) Schabas, op.cit., 2000, p.196.

한다. 제노사이드 가해자들은 일반적으로 영토 내의 자신들이 표적으로 삼은 집단들의 힘을 파괴시키면서 동시에, 혹은 순차적으로 그 영토로부터 추방하거나 제거한다. 제2차 세계대전 전의 나치스에게 독일에서 유대인의 힘을 파괴하는 것과 떠나게 하는 것은 동전의 양면이었다. 이후 나치스는 제3제국 내의 유대인의 힘을 파괴했고, 유대인을 게토로 집중시켰으며, 그 다음은 유럽 각지의 강제수용소로 추방했다. 그 마지막은 물리적인 절멸이었는데, 이러한 과정들은 유대인을 파괴하는 목적을 향해 나아간 서로 다른 수단들이었다. 결론적으로 '민족청소'는 제노사이드라는 '연속체'의 '또 다른 가장 먼 지점(최소치)'에 위치하는, 제노사이드에 대한 최소의 완곡한 표현이다.

3) '사이드(cide)'들

렘킨이 추구했던 제노사이드라는 총괄적 용어는 홀로코스트 개념의 신화와 '민족청소' 용어의 실용주의적 활용 사이에서 점차 물리적 학살로 축소되어갔다. 게다가 협약의 축소된 정의는 다양한 제노사이드적 사례들을 제노사이드로 포괄하지 못했다. 이러한 상황에서 몇몇 학자들은 제노사이드를 대신할 새로운 폭넓은 주인개념(master concept)을 찾고자 했다. 예컨대 마이클 만은 주인개념으로 '살인적 청소(murderous cleansing)' 개념을 사용했고, 청소와 폭력의 정도에 따른 여러 유형들을 등급화한 표를 작성했다.[45] 이 표에서 그는 '살인적 청소'의 가장 극단적인 형태의 하위 개념으로 엄격하게 제한해 제노사이드 개념을 사용했다. 루돌프 럼멜(Rudolph Rummel)은 '데모사이드(democide)'라는 개념을 만들어 주인개념으로 삼았다. 데모사이드란 정부에 의한 어떤 사람이나 사람들의 집단을 살해하는 것으로, 그는 제노사이드, 집단살해, 폴리티사이드

---

45) Michael Mann, *The Dark Side of Democracy*, Cambridge University Press, 2005, p.12.

(politicide)를 데모사이드의 하위 개념으로 포함시켰다. 여기서 제노사이드는 축자적으로 인종학살을 의미하는 것으로 축소되고, 폴리티사이드는 정치적 이유로 국가가 후원한 학살을 의미했다.46) 그는 개별적 죽음에 주목했기 때문에 사회적 과정을 설명하기보다 각 사건들의 사망자수를 측정하고 비교하기 위해 데모사이드라는 용어를 사용했다.

만이나 럼멜의 틀은 정치적 억압이나 폭력의 형태들을 기술하기 위해서 여러 학자들이 개발한 이차적 개념들을 통합시킨 것으로 보인다. 그리고 그들은 제노사이드 개념을 이 틀의 하위 유형으로 포함시키고 있다. 그러나 이러한 전략은 별로 유용하지 않을뿐더러 혼란만 부추기고 있는 것처럼 보인다. 나는 우선 개념의 증식 그 자체가 문제라고 생각한다. 렘킨도 많은 학자들이 제노사이드라는 주요한 총괄적 용어의 일부 기능적 측면만을 내포하는 용어를 사용하는 것에 비판적이었다.47) 다음으로 다양한 유형의 제노사이드를 설명하기 위한 유연한 언어가 필요한 것은 사실이지만, 이차적 차이에 대한 지나친 강조는 오히려 논의를 혼란스럽게 한다고 생각한다.

쇼는 수많은 새로운 '−사이드'들이 제노사이드의 일면들이라고 주장하는데, 나도 이에 동의한다. 이와 관련해 학계에서 가장 폭넓게 승인되고 사용되는 폴리티사이드(politicide), 에쓰노사이드(ehtnocide), 젠더사이드(gendercide) 등 대표적인 몇몇 '사이드'들을 검토해보자.

---

46) Samuel Totten & Paul R. Bartrop, *Dictionary of Genocide*, GP, 2008, p.106.
47) Lemkin, op.cit., 1944, p.80.

〈표 4〉 각각의 '사이드'의 내용

'사이드' 유형	학 자	내 용
politicide	Barbara Harff	특정 체제에 대한 정치적 반대 때문에 특정 집단이 학살
ethnocide	Raphael Lemkin	물리적 파괴와 함께 문화적 파괴 모두를 포함
	유네스코 선언	집단학살 없는 문화에 대한 파괴
gendercide	Marry Ann Warren	피해자가 남성이든 여성이든 간에 피해자의 젠더 때문에 체계적으로 학살
	Adam jones	젠더 선택적 대량학살
classicide	Michael Mann	계급의 적을 청산하기 위한 의도적인 대량학살
autogenocide	유엔 보고관	가해자 자신이 속하는 집단 성원에 대한 대량학살
urbicide	Martin Coward	도시성의 요소들인 빌딩과 도시 조직(fabric)에 대한 파괴

정치적 집단에 대한 학살은 제노사이드 논쟁에서 오래 동안 중심에 있었다. 렘킨은 한 집단의 정치적 제도들에 대한 파괴를 제노사이드의 일부로 바라본 바 있었고, 협약을 주조하는 과정에서도 정치적 집단의 포함 여부는 가장 논쟁적인 쟁점 중 하나였다. 이렇게 된 데에는 배후에 소련이 있었다. 소련은 스탈린이 벌인 대규모 정치적 학살이 쟁점화되는 것을 원치 않았다. 소련에 동조한 다른 나라의 대표들도 정치적 반대자를 탄압했던 전력을 국내정치의 성역으로 삼아 외부의 개입을 차단하고 싶었다. 그러나 이것은 실질적인 이유였고, 표면상으로 내세운 배제에 대한 논리적 이유는 정치적 집단의 '가변적' 성격이었다. 즉 국민·민족·인종·종교 집단은 태어나면서 소속되는 '공동체'이지만, 정치적 집단은 소속을 선택하는 '결사체'라는 것이다. 따라서 정치적 집단성의 가변적 성격은 쉽게 구별할 수 없는 주관적인 것이기 때문에 보호집

단의 기준으로 삼을 수 없다는 것이었다.

　나는 이러한 구분이 이상형적인 것이지 현실에서 영구적으로 견고한 구분이 아니라고 생각한다. 국민·민족·종교 집단은 종종 결사적 특성을 가질 때도 있으며, 반대로 정치체는 종종 공동체적 특성을 발전시키기도 한다. 정당과 운동은 종종 모든 종류의 공동체적 유대와 함께 정치적 선택을 강화하고 생활방식을 공유하는 공동체이기도 하다. 실제 역사적으로 제노사이드가 발생했을 때 정치엘리트와 활동가들이 제노사이드의 첫 표적이 되는 사례들이 많았다. 터키는 오스만제국 내 아르메니아인들을 본격적으로 강제이송·추방하고 대량학살하기에 앞서 아르메니아인의 정치엘리트들을 제거했다.[48] 나치스 역시 독일 내 유대인 공동체를 제거하기 전에 공산당과 사회당, 노동조합과 같은 정치적 반대 세력을 파괴했다. 폴란드를 점령했을 때에도 나치스는 폴란드의 정치 엘리트와 관료, 특히 군 관료, 사상적 엘리트들을 표적으로 삼았다. 르완다 제노사이드에서도 후투족의 내셔널리스트들은 투치 집단을 대량학살 하기 전에 우선 후투족 정치인을 포함한 정치적 반대 세력을 학살했다. 보스니아에서도 세르비아계 내셔널리스트들은 크로아티아계와 이슬람교도계 정당의 성원들과 엘리트들을 최우선으로 제거했다.[49] 이와 같이 제노사이드의 첫 국면으로 정치적 학살이 전개되는 이유는 정치적 엘리트들이 저항의 잠재적 구심점이자 조직자가 될 수 있기 때문이다.[50] 이와 관련해 지그문트 바우만(Zygmunt Bauman)은 흥미로운 지적을 했는데, 정치 엘리트들이 저항의 구심점이자 조직자가 될 수 있는

---

48) 최호근, 앞의 책, 2005a, 202쪽.
49) Shaw, op.cit., 2007, pp.70~71.
50) 이에 반하는 독특한 사례가 있다. 나치스는 유대인을 게토로 추방시킨 국면에서 유대인 엘리트들을 제거하기보다는 그들에게 게토 관리를 맡겼다. 이는 나치스와 유대인 엘리트 모두 각자의 입장에서 도출한 합리적 해결의 결과였지만, 결과적으로 본다면 유대인에게는 자기 파괴적인 행위였다.

것은 그들이 단순히 정치 지도자이기 때문이 아니라 공동체의 엘리트이기 때문이라는 것이다.51)

이렇게 볼 때 정치적 학살은 제노사이드의 여러 국면들 중 한 국면으로 구성될 수 있고, 한 양상이라고 말할 수 있지 않을까? 이러한 의미에서 나는 폴리티사이드를 제노사이드 일반 차원으로서의 정치적 표적화라고 생각한다.52)

다음으로, 에쓰노사이드는 렘킨이 『점령된 유럽에서의 주축국 통치』 9장의 한 각주에서 소개한 신조어로, 〈표 4〉에서 정리했듯이, 물리적 파괴와 함께 집단의 생활방식과 문화의 정치·사회제도들, 언어, 종교, 그 밖의 관습과 전통을 붕괴시키는 문화적 파괴 모두를 포함하는 용어였다.53) 그러나 이 용어의 현재 용법은 광범위한 폭력이나 학살을 수반하지 않은 문화적 억압으로 적용됨으로써 제노사이드와 구분되어 사용되고 있다.54) 물론 문화적·언어적 억압들이 집단의 파괴에 미치지 못하고 따라서 제노사이드로 고려될 수 없다는 점은 분명하다. 그러나 광범위한 문화적·언어적 억압은 집단에 대한 폭력적 공격으로 나아가거나 폭력적 억압이 발생하는 무장갈등으로 나아갈 가능성이 상당히 크고, 그 끝은 제노사이드로의 돌입이 될 것이다. 따라서 물리적으로 폭력적인 제노사이드와 구분되는 '문화적 제노사이드'로서 에쓰노사이드를 이해하는 것은 문제가 있다고 생각한다. 그보다는 쇼가 주장하는 것처럼 문화적 제노사이드가 모든 제노사이드적 공격에 없어서는 안 될 어떤 것으로서, 제노사이드의 문화적 차원이 될 수 있다고 이해하는 것이 더 설득력 있지 않을까?55)

---

51) Zygmunt Bauman, *Modernity and the Holocaust*, Cornell University Press, 1989, p.119.
52) Shaw, op.cit., 2007, p.71.
53) Totten & Bartrop, op.cit., 2008, p.137.
54) UNESCO Latin American Conference, Declaration of San Jose, 11, Dec. 1981, UNESCO Doc. FS 82/WF.32. http://unesdoc.unesco.org/images/0004/000499/049951eo.pdf 참조.

젠더사이드라는 용어는 매리 안느 워렌의 저작에서 처음으로 등장했다. 그녀는 젠더사이드라는 용어가 필요한 이유에 대해 성적으로 차별적인 학살의 피해자가 남성일 때에도 나쁜 것이기 때문이라고 밝힌 바 있다.56) 즉 그녀는 젠더사이드를 성 중립적인 용어로 구상한 것이었다. 이에 대해 아담 존스는 워렌이 이 용어의 문제의식에 걸 맞는 역사적 사례들을 들지 못했다고 지적한다. 즉 워렌이 여아살해, 중세 유럽의 마녀사냥, 인도의 미망인 화형, 여성의 성기 손상, 여성혐오 이데올로기, 아이들에 대한 성 선택에 초점을 맞추었지만, 이러한 사례들은 여성과 소녀에 대한 광범위한 폭력과 차별의 형태일 뿐 그것들 중 어떤 것도 사람의 범주로서 여성이나 여아를 파괴하려는 명확한 시도에 해당하지 않는다는 것이다. 결국 존스가 보기에 워렌은 성 중립적 용어로 젠더사이드를 적극적으로 활용하려고 했지만, 그러한 문제의식과 시도와 달리 분석은 '반여성적 젠더사이드'에 국한되었다.57) 이러한 한계를 극복하기 위해서 존스는 젠더사이드를 '젠더 선택적 대량학살'로 재정의했다. 목적은 당연히 남성에 대한 학살을 분석하는 데로 확장하는 것이었다. 왜냐하면 비전투원 남성들은 매우 빈번하게 대량학살과 제노사이드적 살육의 표적이 되었기 때문이다. 이를 예증하기 위해 존스는 1995년의 보스니아의 스레브레니차에서 여성이나 아이들, 노인들이 버스로 상대적 안전지대로 추방된 반면에 전투가능 연령대의 비무장 남성들은 대량학살되었던 사례를 들고 있다. 이러한 예들은 젠더화된 폭력을 거의 무조건적으로 여성에 대한 폭력으로 인식하는 상황을 바로잡는데 유용하다. 이렇게 보면 워렌의 불완전한 젠더사이드 기획을 존스가 완수하는 것으로 보인다.

---

55) Shaw, op.cit., 2007, p.66.
56) Mary Ann Warren, *Gendercide: The Implications of Sex Selection*, Rowman & Allanheld, 1985, p.22.
57) Adam Jones, *Gendercide and Genocide*, Vanderbilt University Press, 2004, p.3.

이에 대해 쇼는 워렌이 여성에 대한 광범위한 폭력에 주목했지만, 그러한 폭력이 제노사이드와 필적할 수 없다고 비판한다. 그리고 존스에 대해서는 피해자성의 젠더화, 특히 군이 민간인 남성들을 표적으로 삼는 경향에 주목했지만, 그것은 보다 폭넓은 제노사이드적 과정의 한 차원이었다고 비판한다. 물론 쇼도 젠더화된 사회적 역할과 관련해 여성과 남성이 특정 방식으로 표적화된다는 것, 즉 제노사이드가 젠더화된다는 것은 중요한 통찰이라고 평가한다. 그러나 그는 이러한 폭력을 통해서 가해자들이 젠더 집단을 파괴하고자 한 것이 아니라 자신들이 적으로 정의했던 민족·국민·여타의 집단을 파괴하고자 했다고 설명한다. 예를 들어 스레브레니차에서 남성들이 학살된 것은 그들이 이슬람교도 남성이었고, 이들이 민족적 공동체의 파괴에 저항할 수 있는 남성이었기 때문이라는 것이다. 그리고 르완다에서 후투족 내셔널리스트들이 여성을 강간하고 노예화했던 것은 그들이 그냥 여성이었기 때문이 아니라 투치족 여성이었기 때문이라는 것이다.[58] 나는 쇼의 견해가 보다 설득력이 있다고 생각한다. 이러한 이유에서 나는 젠더화된 폭력의 형태들을 이해하기 위해 젠더사이드라고 불리는 별개의 현상으로 보기보다는 제노사이드의 젠더차원의 관점에서 이해하는 것이 보다 도움이 될 것이라고 생각한다. 요점은 학살당한 존재가 누구인가가 아니라 사람들이 공동체의 일부로서 그들의 사회적 실존을 파괴하기 위해서 어떻게 젠더화된 개인들로 인식되었고, 그 결과 희생되었는가에 있기 때문이다.

이 외에도 〈표 4〉에서 정리한 것처럼 클래시사이드, 오토제노사이드, 어비사이드 등 많은 '사이드'들이 있다. 이러한 용어들은 '서술적 단어'이지 '설명적·분석적 개념'이 아니다. 나는 총괄적 개념으로서 제노사이드 개념을 만든 렘킨의 정신으로 되돌아가 지금도 계속 증식되는 이 '사이드' 용어들을 제노사이드 개념 안으로 통합해야 한다고 생각한다. 클

---

[58] Shaw, op. cit., 2007, p.69.

래시사이드는 제노사이드의 계급적 차원으로, 어비사이드는 제노사이드의 도시적 차원으로 이해하는 것이 보다 적절하지 않을까? 그리고 오토제노사이드는 제노사이드협약이 기준으로 삼고 있는 보호집단의 목록이 역으로 발목을 잡고 있는 상황을 역설적으로 보여주고 있다고 생각한다. 제노사이드 가해자들이 '국민·민족·인종·종교 집단'이라는 협약 기준을 악용해 예방과 처벌을 위한 법망을 피하고 있는 상황은 이를 반증한다. 네덜란드 법학자인 피터 드로스트(Piter Drost)는 이미 1959년에 제노사이드협약이 특정 집단만을 보호 대상으로 규정하면, 실제로는 그 집단조차도 보호할 수 없게 될 것이라고 경고한 바 있었다.59) 그렇다면 보호 대상의 목록 기준을 늘리는 것 대신에 제노사이드를 아예 '모든 민간인 사회집단'에 대한 파괴로 확장하는 것은 어떨까? 이에 대해서는 다음 장에서 검토해보자.

Ⅲ. 제노사이드에 대한 새로운 정의

1. '의도' 개념에 대한 법적 접근의 한계와 대안

제노사이드협약과 이에 대한 법적인 접근은, 제노사이드가 사회집단에 대한 파괴를 목적으로 하는 의도적인 행위라는 매우 근본적인 가정에서 출발하고 있다. 이 말은 제노사이드가 가해자의 의도, 즉 가해자의 주관적인 의미에 의해 정의된다는 것을 의미한다. 일각에서는 제노사이드가 법적으로 임의적 범죄가 아니라 조직적 범죄이기 때문에 의도의 입증은 시대착오적인 것이라고 주장한다. 르완다법정은 어떤 집단을 파

---

59) 최호근 재인용, 앞의 책, 2005a, 59쪽.

괴하기 위한 구체적인 계획을 입증하지 못하더라도 계획이나 조직 없이 제노사이드가 수행되는 것은 쉽지 않다고 선언하기도 했다. 그러나 이것은 매우 예외적인 사례였다. 보통 의도에 대한 주류의 법적인 접근은 피해자 집단에 대한 가해자의 파괴 계획과 그 결과에 대한 인식 여부의 판별과 입증을 요구하기 때문이다. 쉽게 말해 가해자가 특정 목적을 가지고 지휘·명령계통상에서 지시하거나 승인하고 결과를 보고받아 이를 주지하고 있음을 입증해야 한다는 것이다.

일반적으로 범죄는 범죄의 결과와 가해자의 마음 상태 간의 심리적 관계에 의해 특징지어진다.[60] 이것은 가해자의 마음 상태에 대한 증거를 요구하는 것으로 이해될 수 있다.[61] 그러나 공식적 기소 사례에서 의도에 대한 증거가 요구된 적이 있었는가? 기소는 일반적으로 피고인이 진짜 무엇을 의도했는지를 확정하기 위해 정신과의사를 전문가 증인으로 요청하지 않는다. 오히려 의도는 실질적인 행위 결과의 증거로부터 나오는 논리적인 연역이다. 형사법은 개인이 행위의 결과를 의도한다고 가정하며, 사실상 물리적 행위 그 자체의 증거에서 유죄 의도나 인식(mens rea)을 추론한다.[62] 그런데도 협약에 대한 법적인 접근은 의도의 일반적인 용법을 넘어서 불필요하게 엄격한 이해를 요구하고 있는 것이다.

게다가 법적인 접근은 협약의 의도에 대한 강조를 단 하나의 의도성을 가정하는 것으로 이해하는 경향이 있다. 이렇게 되면 특정 의도, 결정, 행위는 배후에 단일하면서 거대한 의도로 이해될 수 있는 어떤 계획과 연결되어야 한다. 그리고 이러한 가정은 제노사이드가 다수의 행위자들의 복잡하고 의도적인 행위라고 바라보는 연구를 결정적으로 저지

---

60) Schabas, op. cit., 2000, p.214.
61) Schabas, Ibid, 2000, p.218.
62) Schabas, Ibid, 2000, p.222.

한다. 그러나 여러 달 동안, 혹은 수 년 넘게 수행된 역사적인 제노사이드 사건을 단 하나의 의도, 결정, 심지어 동기로 설명하는 것이 타당할까? 제노사이드를 저지른 집단적 행위자들은 정치적·군사적 갈등에 관여하고 있다. 이 갈등 속에서 그들의 목적과 정책은 매우 복잡하며, 그들이 관계하고 있는 갈등의 급박한 상황에 따라 목적과 정책은 진화한다. 따라서 제노사이드 행위에 대한 동기들이 일관된다거나 행위자들의 가치와 이데올로기가 일관된다고 가정할 수 없다. 또한 행위자들의 가치와 이데올로기에서 특정 계획이나 의도에 이르는 일직선을 그릴 수도 없을 것이다.[63] 이와 관련해 만 역시 제노사이드 연구에 단 하나의 의도성에 대한 비현실적·절대적 버전이 만연하다는 것을 지적하며 다음과 같이 주장한다.

> 살인적인 청소가 가해자들의 본래의 의도는 아니다. ……살인적인 청소는 일종의 '플랜C'로, 민족적 위협이 실패하자 이에 대한 첫 두 가지의 대응 직후에 발전했다. ……그 결과를 이해하기 위해서 우리는 일련의 상호작용이 만든 단계적 확대의 의도하지 않은 결과들을 분석해야 한다.[64]

정리해보면, 제노사이드를 의도적 행위로 정의하는 접근들, 특히 법적인 접근은 그 '의도'를 판별해야하는 딜레마에 빠지게 된다. 특히 의도에 대한 인식이 있었다는 것을 객관적인 증거로 입증하라는 것은 거의 불가능하며, 때문에 현실에서는 명백한 제노사이드적 결과를 두고도 의도를 입증하지 못해 면죄부를 주게 된다. 이러한 이유로 몇몇 제노사이드 연구자들은 의도를 추론하는 모든 문제점들을 피하기 위해 의도를 기준에서 제거할 것을 제안하기도 했다.[65] 그런데 의도를 기준에서 제

---

[63] Shaw, op. cit., 2007, p.84.
[64] Mann, op. cit., 2005, p.7
[65] Fein, op. cit., 1990, p.15.

거하면 문제가 해결되는가? 의도가 결여된 제노사이드라는 것이 과연 상상가능한가? 나는 의도에 대한 모든 생각을 포기하는 대신에 그것을 적절하게 맥락화할 필요가 있다고 생각한다. 이를 위해서는 의도에 대한 법적인 개념을 사회학적으로 다룰 필요가 있다. 페인은 의도에 대한 법적 개념과 보다 넓은 이해 사이에 다리를 놓기 위해 목적이 있는(혹은 의도적인) 행위에 대한 사회학적 개념이 필요하다고 역설한 바 있다.66) 나는 막스 베버(Max Weber)의 사회학, 즉 행위의 의미와 사회적 행위의 관계들에 대한 통찰력 있는 분석이 시사적인 실마리를 제공한다고 생각한다.

베버는 사회학을 '사회적 행위'에 대한 종합적인 과학으로 파악했다. 그는 사회적 행위가 행위하는 인간들의 주관적 동기와 의미부여, 그것에 대한 상호이해와 해석을 통해 이루어진다고 보았다. 그리고 이러한 내면적 동기와 의미는 겉으로 잘 드러나지 않기 때문에 이를 직관적으로 통찰하고 해석적으로 이해해야 한다고 주장했다.

> 베버의 이해사회학은 사회적 행위를 해석적으로 이해하고, 이를 통해 그 행위의 과정과 결과를 인과적으로 설명하려는 과학이다. 행위에 포함된 주관적 의미가 다른 개인이나 집단과 관련을 맺게 되면, 그 행위는 사회적이라고 할 수 있다. 이러한 행위의 의미는 두 가지로 분석될 수 있을 것이다. 즉 특정의 한 행위자가 지니는 구체적 의미와의 관련 속에서 분석하거나, 혹은 가설적인 행위자에 대한 이상형적인 주관적 의미와의 관련 속에서 분석될 수 있을 것이다.67)

그렇다면 제노사이드 행위는 위에서 설명하는 '주관적 의미가 있는 사회적 행위'라고 할 수 있을까? 일단 제노사이드 행위가 주관적으로 의

---

66) Fein, Ibid, 1990, p.20.
67) Anthony Giddens, 임영일·박노영 역, 『자본주의와 현대사회이론』, 한길사, 1981(1971), 224쪽.

미(즉, 의도)가 있는 행위라는 점은 수긍이 간다. 그런데 제노사이드 행위가 사회적 행위인가 하는 점은 의문이 갈 수 있다. 앞서 살펴본 것처럼, 초크와 조나슨을 비롯한 몇몇 학자들은 제노사이드가 가해자들에 의해 희생자들에게 '일방적'으로만 행해지는 행위라고 정의했다. 즉 제노사이드 행위는 의미가 있는 행위이기는 하나 사회적 행위가 아니라는 것이다. 이와 달리 쇼는 제노사이드 행위가 이중적인 의미에서 타인들을 지향하는 사회적 행위라고 주장한다. 첫째, 가해자의 행위는 전형적으로 복잡한 사회조직의 일부이며, 개별적 행위는 동료 가해자의 행위에 지향되고 있다. 둘째, 가해자의 행위는 표적 집단의 행동에 지향되고 있다. 가해자는 표적 집단의 사회조직, 문화, 권력을 파괴하고, 파괴적인 정책에 맞추어 그 집단 성원들의 행동에 주의를 기울인다. 따라서 쇼는 가해자의 의도만을 바라보면, 제노사이드의 사회적 성격을 이해하고 설명하는 것이 불충분하다고 말한다.[68]

그리고 제노사이드적 행위에 포함된 의미(의도)를 이해하기 위해서는 위의 두 가지 종류의 의미에 대한 베버의 설명을 고려할 필요가 있다. 이를 제노사이드에 적용해 보자면, 전자는 가해자의 구체적 의도에 해당하고, 후자는 이론적으로 인식되는 주관적 의미(의도)의 순수한 유형, 즉 이상형적 의도에 해당한다고 볼 수 있다. 이렇게 보면 협약이 일반적으로 명시하고 있는 '의도' 기준은 이상형적 의도로 볼 수 있으며, 그동안 법학자·법률가들은 이 의도를 너무 협소하게 적용해 제노사이드 가해자의 구체적 의도의 입증으로 나아갔다고 이해할 수 있다. 분명한 점은 베버의 이상형(Ideal type)은 현실 어디에서도 경험적으로 찾을 수 없는 분석적 구성물로서 연구자가 구체적인 사례들 간의 유사성과 차이성을 확인하기 위한 척도의 구실을 하는 것이다. 즉 비교연구를 위한 기본적 개념 틀을 제공하는 방법론인 것이다. 따라서 이상형은 구체적

---

68) Shaw, op. cit., 2007, p.86.

인 현실과 들어맞지 않는다. 현실의 특정 요소들에 기초하여 논리적으로 구성되어 명확하고 통합된 하나의 개념을 형성하지만, 현실 속에서 그 예를 찾아볼 수 없는 것이다.[69] 따라서 베버가 제안했던 것처럼 가해자의 구체적 의도와 이상형적 의도는 구분하고, 이상형적 의도를 현실 속의 구체적인 제노사이드 가해자의 의도를 추론하고 비교하는 틀로 삼는 것이 더 타당하다고 생각한다. 협약의 목적은 제노사이드 가해자를 처벌하고 이를 방지하자는데 있는 것이지, 의도 기준을 협소하게 적용해 가해자들에게 면죄부를 주려고 했던 것은 아니지 않는가?

그런데 쇼는 의도에 대한 사회학적 고찰로 끝나서는 안 된다고 강조한다. 그는 베버를 통해 주관적 의미(의도)에 대한 이해를 확립하는 것이 불가피한 시작점이지만, 이는 개념화의 예비단계일 뿐이라고 주장한다. 그가 생각할 때 '의도성'은 완전히 포기되어서는 안 되지만, 그렇다고 제노사이드를 이해하기 위한 종합적인 분석틀을 제공해주는데 한계가 있는 개념이다. 따라서 그는 구조적인 개념의 형성이라는 본무대로 이동할 필요가 있다고 말한다. 이는 (가해자들 간뿐만 아니라 가해자와 피해자 간, 그리고 피해자들 간의) 전형적인 제노사이드의 사회적 관계를 이해하기 위해서 (가해자들의) 제노사이드적 행위의 주관적 의미에서 떠나 사회적 갈등의 구조로 이동하는 것을 의미한다.[70]

물론 일부 학자들은 제노사이드가 '관계'를 수반하는 것으로 보는 것에 저항할 것이다. 그러나 주관적 의미는 반드시 주어진 사회적 관계에서 상호적으로 지향되는 모든 집단들에게 반드시 똑같을 필요는 없다. 즉 상호성을 요구하지 않는다. 반대로 사회적 관계는 두 집단의 관점에서 객관적으로 비대칭적이다. 이러한 의미에서 쇼는 관계적 용어로 제

---

69) Louis A. Coser, 신용하 · 박명규 역, 『사회사상사』, 시그마프레스, 2003(1977), 272쪽 ; Giddens, 앞의 책, 1981(1971), 217~218쪽.
70) Shaw, op. cit., 2007, pp.81~82.

노사이드에 대해 논의해야 한다고 주장한다.[71] 저명한 홀로코스트 연구자인 라울 힐베르크(Raul Hilberg)도 "가해자와 피해자의 상호작용은 '운명적'이다"라고 말하지 않았던가? 피해자는 자신들을 공격하는 적(가해자)의 압도적인 힘에 자신들의 행위를 지향하지 않을 수 없다. 그러나 피해자의 행위들 역시 가해자의 행위들에 영향을 끼친다. 바우만이 예증한 바 있듯이, 게토에서 유대인 엘리트들은 나치스가 자신들을 이용할 수 있도록 했고, 그래서 나치스의 제노사이드적 정책의 성격에 영향을 끼칠 수 있었다. 그리고 나치스도 유대인 엘리트들을 파괴하는 대신에 그들의 '합리적인' 처신을 이용하는 것이 대량살인보다 훨씬 합리적인 해결책이었음을 알았다.[72] 그러나 장기적으로 보면 유대인 엘리트의 복종은 자신들과 유대인을 구원할 수 없었다. 비대칭적인 힘의 조건하에서 피지배자의 합리성은 좋기도 하고 나쁘기도 한 것이었다. 그것은 그들에게 이익으로 작동하기도 했지만, 그들을 그만큼 파괴하는 것이었다.[73] 그리고 홀로코스트 사례와 달리 르완다 사례는 정반대로 피억압 집단이 복종이 아닌 무장저항의 대응을 선택했다. 그러나 무장투쟁의 결과 역시 홀로코스트 사례와 다르지 않게 제노사이드를 촉진시키는 것으로 귀결했다.

이 두 사례는 두 가지를 생각하게 한다. 하나는 가해자와 피해자, 방관자를 포함하는 제노사이드의 관계적 과정들이다. 피해자와 방관자의 행위 지향은 가해자의 의도가 구체화되는 과정에 상당한 영향을 끼치며, 이들의 상호작용이 만든 단계적 확대는 의도치 않은 결과들을 만든다. 대량절멸이 결과적으로 발생한 상황에서 가해자의 의도가 절멸이었다고 단순하게 소급해 말하는 것보다 사건의 과정 속에서 각 행위자의

---

71) Shaw, Ibid, 2007, p.95.
72) Bauman, op. cit., 1989, p.139.
73) Bauman, Ibid, 1989, p.149.

상호작용이 최종적으로 어떻게 가해자의 절멸 의도로 귀결되었는지를 세세하게 분석하는 것이 필요하다.

다른 하나는 제노사이드적 관계가 정치적·군사적 갈등을 포함하는 구조적 맥락에 위치한다는 것이다. 그리고 이 맥락은 전형적인 가해자-피해자 관계를 넘어서는 것이다. 쇼에 따르면, 제노사이드의 관계적 성격에 대한 인식은 그것이 수반하는 일종의 구조에 대한 설명으로 이동시킨다. 일상의 대화에서 구조는 종종 '조직'이나 '제도'를 의미하지만, 사회학적으로는 그 보다 넓은 의미를 갖는다. 즉 구조는 시공간을 초월한 사회적 관계들의 일반적인 구조화로, 그 안에서 사회적 행위의 반복되는 유형들이 재생산된다.74) 제노사이드의 경우 이것은 갈등의 구조로, 근본적으로 무장군대와 비무장 민간인사회의 비대칭적인 갈등을 의미하지만, 또한 무장저항과 다른 무장군대와의 동맹의 가능성을 포함하는 것이다. 이러한 의미에서 나는 쇼와 마찬가지로 제노사이드는 행위자들 간의 일종의 특수한 관계에 의해 특징지어지는, 그리고 다른 갈등의 구조들과 유형적으로 연결되는 사회갈등의 유형이라고 생각한다.75)

2. '집단' 개념에 대한 법적 접근의 한계와 대안

제노사이드는 일반적으로 '집단(group)'에 대한 공격이라는 보편적 동의가 존재한다. 그러나 정작 협약을 주조하는 과정에서 집단에 대한 의미 있는 논의는 전혀 없었다(Schabas, 2000: 106). 공격받는 '집단'이 현실의 사회적 '실체(entities)'인지 '집단성(collectivities)'인지, 혹은 그 밖의 무엇인지에 대한 문제가 제기될 법도 했지만, 법적인 접근은 이에 침묵했

---

74) Anthony Giddens, The Constitution of Society: Outline of the Theory of Structruation, Polity, 1984, p.376.
75) Shaw, op. cit., 2007, pp.95~96.

다. 다만 1946년 유엔 총회의 결의안 96-I를 가지고 추측해보자면,[76] 특별위원회와 법률위원회의 각 대표들은 "집단이 개인들로 구성된다"는 관념을 공유하고 있었던 것으로 보인다. 이러한 '집단' 용법은 이후에도 인권 관련 영역의 여타의 국제기구에서 관행적으로 사용되었다.

제노사이드협약과 이에 대한 법적 접근은 집단 그 자체에 대해서는 침묵한 채 그것에 선행하는 네 개의 형용사, 즉 '국민적·민족적·인종적·종교적'이라는 목록을 확정하는데 힘을 쏟았다. 이는 객관적으로 피해자가 명확해야 한다는 법적 요구를 충실히 반영한 결과일 것이다. 형사법에서 피해자가 없는 범죄란 상상할 수 없을 테니까. 그러나 협약에 명시된 네 개의 집단의 존재가 실제 객관적으로 명확한 것인가? 나는 이 질문에 회의적인데, 왜냐하면 인종, 민족, 국민집단의 개념이 생각보다 선험적으로 불명확한 개념이고, 더욱이 현실 사례에 적용할 때 그 모호함은 더욱 가중되기 때문이다. 르완다 사례를 예로 들어보자. 르완다 국민의 구성은 다수인 후투(85%)와 소수인 투치(14%), 그리고 트와(1%)이다. 후투와 투치는 모두 이주민으로 알려져 있다. 투치는 15세기경 나일강 유역에서 남하해온 유목민의 후손들이고, 후투는 남부와 중앙아프리카의 반투의 후손들로 추정되고 있다. 경제적으로 투치와 후투는 각각 유목과 농경이라는 서로 다른 생활방식을 가졌다. 생물학적으로도 투치는 키가 크고 호리호리하며 뾰족한 코를 가진 반면에, 후투는 키가 작고 뚱뚱하며 납작한 코를 가지는 특징을 보여준다. 그러나 이러한 가설들은 매우 경직된 것이라는 비판이 계속 제기되고 있다. 그리고 이러한 차이보다 공통점이 더 크다. 투치와 후투는 같은 언어(키냐르완다어)를 사용하고, 같은 종교(기독교)를 갖고 있으며, 본질적으로 같은 문화(무냐르완다라고 부르는 문화공동체)를 갖고 있었다. 그들 간의 통

---

[76] "살인이 인간 개인들의 살 권리의 부정이듯이, 제노사이드는 전체 인간집단들의 존재의 권리의 부정이다."

혼도 일상적이었다. 따라서 그들 사이를 구분하는 것은 매우 어려워서 벨기에 식민통치자들은 신분증과 출생증명서에 '민족적 기원' 란을 만들었다. 흥미로운 것은 민족적 기원의 기준이 그 사람의 가족이 소유하고 있는 소의 수를 기준으로 했다는 것이다. 소가 많으면 투치가 되고, 적으면 후투가 되는 상황이 발생했다.77)

1994년의 제노사이드에 희생되었던 투치는 국민, 민족, 인종, 종교집단 중 어디에 해당하는가? 당시 대량학살되고 삶의 터전이 파괴된 투치는 후투와 마찬가지로 국적상 르완다 국민이면서, 문화적으로 무냐르완다 민족공동체에 속하고, 종교적으로 기독교인이었다. 생물학·유전학상 인종적 차이가 있다고 반론할 사람도 있겠지만, 통혼이 오래 동안 일반화된 상태에서 유전학적으로 어디까지 투치라고 말할 수 있는가? '아리아인'과 '유대인'을 범주적으로 구분하려고 시도했던 나치스도 이 딜레마에 봉착할 수밖에 없었다. 결국 나치스는 인종법으로 유대인을 정의해 유대인들을 낱낱이 세어가면서 계산했다. 왜냐하면 유대인성(인종)이라고 주장되는 기준에 대한 객관적인 지표가 없었기 때문이다.78)

물론 피해자 집단이, 그러니까 가해자가 표적으로 삼은 집단이 현실에 존재하지 않는다는 말은 아니다. 페인은 제노사이드협약에서 보호받는 집단, 즉 제노사이드 피해자들이 현실에 존재하는 집단들의 성원들이며, 그들 자신을 집단성이나, 인종, 계급, 그 무엇으로 상상하든 간에, 그들은 자신들의 존재를 인정한다고 강조하기도 했다. 그러나 더욱 중요한 것은, 앞서 초크와 조나슨이 강조한 바 있듯이, 피해자 집단과 그 성원됨이 가해자에 의해 정의된다는 사실 아닐까?79) 홀로코스트를 예로

---

77) Schabas, op. cit., 2000, p.109 ; 장용규, 2007, 「르완다 제노사이드: 후투와 투치의 인종차별과 갈등의 역사적 전개」, 『아프리카학회지』 제26집, 155쪽.

78) Fein, op. cit., 1990, p.14.

79) 페인과 초크와 조나슨의 입장 간의 차이를 근본적으로 과장하는 것도 위험하다고 생각한다. 페인이 생득적·귀속적 특성을, 초크와 조나슨이 집단의 구성적인 특성을 강조하는 것

들어 설명해보자. 나치즘이 무(無)에서 유대인성에 대한 생각을 그려낸 것은 아니다. 분명 이는 반유대주의 사상의 긴 역사의 토대 위에서 가능했던 것이다. 역사적 반유대주의와 나치스의 정책은 전통과 공동체에 대한 유대인의 생각과 상호작용했다. 모든 이데올로기가 그렇듯이, 제노사이드적 사상은 현실의 요소에서 그것의 공상들(fantasies)을 구성한다. 제노사이드 가해자들은 그들의 표적 집단에서 거의 존재하지 않았던 집합적 정체성을 종종 고취시킨다. 유대인의 공동체적 정체성은 이전보다 홀로코스트 이후에 더욱 강력해졌다. 그러나 현실성의 요소보다 더욱 충격적인 것은 모든 제노사이드적 사상의 공상적 성격이다. 하나의 사회집단을 사회적·물리적 파괴를 위한 표적으로 만들기 위해서 가해자들은 근본적으로 현실에서 떠나야 한다. 가해자들은 유사-분류라는 왜곡된 렌즈를 통해서 다양한 공동체에서 살아가는 개인들과 가족들을 덩어리로 보아야 한다. 이는 공동체의 개인들과 가족들을 일종의 집합적 '적'으로 전환시켜서 그들의 삶의 방식과 물리적 존재를 반드시 야만적으로 부숴버려야 할 것으로 만들기 위해서인 것이다.[80]

이러한 이유로 나는 협약과 이에 대한 법적인 접근처럼 집단의 성격을 규정하는 형용사들의 목록을 확장시킬 것이 아니라 '사회집단들'이라는 단어로 대체해 집단의 성격을 열어두는 편이 더 낫다고 생각한다. 다만 협약이 제노사이드 방지를 위한 국제법이고, 법이라는 것이 공격자 일방에 의해 정의되는 범죄를 인정하지 않고 피해를 입은 '사회집단들'의 객관적 존재를 요구하기 때문에 사회집단들의 공통적인 특징을

은 어디까지나 상대적인 것이다. 예컨대 페인은 정치·성·계급 집단이나 집단성이 민족·종교 집단성과 마찬가지로 공동체를 지속시키는 기본적인 요소들이라고 주장한 바 있다. 귀속적(유전적) 정체성과 선택·성취된 정체성 사이를 범주적으로 구분하지 않은 것이다. 둘 다 구성된 것이고 세대에 걸쳐 지나온 것이기 때문이다. 초크와 조나슨 역시 피해자 집단의 현실적 존재성, 즉 안정성과 영속성을 부정하지 않았다. 다만 '적', 혹은 '표적' 구성과 파괴에 대한 가해자의 논리에 분석을 집중했을 뿐이다.

80) Shaw, op.cit., 2007, pp.104~105.

드러낼 필요는 있다고 생각한다. 결론부터 말하면 '민간인 사회집단들'은 어떨까? 제노사이드의 피해자 집단은 가해자가 정의하고 문제 삼는 특정 정체성(앞서 말했듯이, 현실적이면서 공상적인 성격을 모두 갖는다)을 이유로 표적이 되었지만, 피해자 집단이 어떤 사회적 성격을 갖는 집단이 되었건 이들 모두는 '민간인(civilian)'으로서의 특징을 공유하고 있으며, 역으로 이 '민간인'이라는 정체성은 표적에 대한 제노사이드적 성격을 반증한다고 볼 수 있지 않을까? 물론 제노사이드 가해자들은 표적이 되는 집단 성원들이 민간인이라는 사실을 부정하고 공격적이면서 전투적인 적의 일부로서 간주한다. 그러나 이러한 부정은, 제노사이드 가해자들이 표적으로 사람은 집단 성원들이 민간인이었음을 인지하고 있었다는 결정적인 확증이지는 않을까? 따라서 나는 표적 집단 성원들의 민간인 상태를 중요하게 주장해야 한다고 생각한다.

3. 집단의 사회적 '파괴'로서의 제노사이드와 전쟁 간의 관계

렘킨의 의도가 어떠했는지는 정확히 알 수 없지만, '사이드(cide)'는 유아살해(infanticide)나 아버지살해(patricide)와 같은 단어에서 알 수 있는 것처럼 개인들에 대한 '살해'를 의미하는 것이었다. 따라서 사회집단에 대한 '파괴'는 사회집단에 대한 '살해'를 의미하는 것이라고 생각할 수도 있다. 앞서 나는 제노사이드 이론에서 파괴를 물리적이고 생물학적인 차원의 파괴로 축소하는 경향이 있음을 살펴보았다. 이러한 이론적 경향의 논리적 결론은 제노사이드를 단순히 '집단학살(집단살해)'로 파악하는 것이다.

그러나 나는 사회적 구성물인 집단이 집단의 개별 성원들의 '몸'을 통해서만 단순히 구성될 수도, 파괴될 수도 없다고 생각한다. 집단을 파괴한다는 것은, 살해와 같은 물리적 파괴도 중요하지만, 살해 이상의 많은 것들을 수반해야 한다. 렘킨 역시 사회적 파괴에 주목하지 않았던가?

제노사이드 이론에서 학살과 물리적 위해로 축소시키는 경향의 정반대의 극단에서는 집단 성원들에 대한 물리적 위해가 없는 문화 억압을 제노사이드로 바라보는 경향이 존재한다. 물론 문화 억압이 제노사이드의 전조로서 친화성을 갖는 것은 역사적으로 보건대 틀림없는 사실이다. 그러나 그렇지 않은 사례들도 훨씬 많다. 예컨대 일종의 문화제국주의 혹은 국민국가의 문화로 통합되는 과정의 문화 억압으로서 제노사이드와는 전혀 관계가 없는 사례들이 존재한다. 한 국가 내 많은 다양한 사회들에 대한 일반적인 근대적 균질화(동질화)와 제노사이드에서 발생하는 이러한 과정들의 극단적인 형태 사이에는 분명 근본적인 차이가 있다.[81] 따라서 페인이 사회정책의 결과 집단성을 손상시키는 모든 종류의 행위를 제노사이드의 의미로 확장시키는 연구자들을 비판한 것은 옳았다. 이렇게 되면 제노사이드는 무한해질 뿐만 아니라 진부해지기 때문이다.[82]

이렇게 볼 때 제노사이드는 민간인 사회집단을 대상으로 한 집단학살을 포함한 광범위한 사회적 파괴라고 볼 수 있다. 그런데 이렇게 되면 전쟁과 어떻게 구별되는가? 제노사이드와 전쟁의 관계 설정은 학자들마다 분분하다. 일부 학자들은 전쟁 자체가 곧 제노사이드를 의미한다고 주장한다. 전시 민간인들(비전투원들)에 대한 살상이 급증하고 있는 총력전의 실상은 이러한 주장을 뒷받침한다. 장 폴 사르트르(Jean-Paul Sartre)는 미국의 베트남전쟁을 제노사이드의 차원에서 해석한 바 있다.[83] 쿠퍼는 미국에 의한 히로시마와 나가사키 원자폭탄 투하, 연합국의 드레스덴과 함부르크 폭격도 제노사이드로 해석해야 한다고 주장했다.[84]

---

81) Shaw, Ibid, 2007, pp.106~107.
82) Fein, op. cit., 1990, p.17.
83) Jean-Paul Sartre, *On Genocide*, Beacon Press, 1968.

그러나 이러한 입장에 대한 반론도 만만치 않게 제기되고 있다. 초크와 조나슨은 전시폭격은 다른 범주라고 주장하면서 교전국가간 공중폭격으로 인한 민간인 피해를 제노사이드 피해로 파악하지 않았다. 앞서 살펴본 바 있듯이, 그들은 제노사이드의 '일방적' 대량학살의 차원을 강조했는데, 이는 기본적으로 조직적 무장군대와 비무장 민간인들 사이에서 제노사이드가 발생한다는 인식에 서 있다. 이러한 인식은 페인에 의해 다시 한 번 강조되었다. 그녀에 따르면, 전쟁은 두 세력 간의 대칭적 갈등인 반면에, 제노사이드는 조직화된 세력이 그렇지 못한 집단을 '일방적'으로 살육하는 비대칭성을 특징으로 한다. 그녀는 또 다른 글에서 현대의 총력전을 제노사이드와 동일시하는 입장을 비판하는 논거를 더 자세하게 제시하고 있다. 무엇보다 중요한 것은 제노사이드의 대상을 결정하는 것은 그 대상이 어느 곳에 있는가가 아니라, 그 대상이 누구인가 하는데 있다. 또한 총력전의 경우는 상대가 항복을 하면 공격을 멈추지만, 제노사이드는 항복의 의사표시와 상관없이 절멸행위가 지속된다는데 있다는 것이다.[85]

최근에는 제노사이드가 전쟁(총력전)과 완전히 같거나 혹은 완전히 다르다는 양 극단의 입장에서 벗어나 서로 수렴한 논의들이 주목을 받고 있다. 물론 이 흐름 안에서도 강조점의 차이에 따라 다양한 온도차가 존재하지만, 그럼에도 공통적으로 제노사이드 전쟁 사이에는 양자간의 경계를 분명하게 구획하는 것이 불가능하거나 무의미할 정도로 뚜렷한 친화적 관계가 존재한다는 것에 동의한다. 에릭 마르쿠센(Eric Markusen)은 제노사이드와 총력전 사이의 공통적 특징들을 다음과 같이 정리했다.

첫째, 제노사이드와 총력전 모두 인간에 대한 대량학살을 포함한다. 그들

---

84) Leo Kuper, *Genocide: Its Political Use in the Twentieth Century*, 1981, p.46.
85) Fein, op. cit., 1990, p.21.

대부분은 민간인들이다……. 둘째, 제노사이드와 총력전이라는 두 사례의 대량학살은 의도적이고, 계획적이며, 미리 고안되는 방식으로 수행되는 경향이 있다. 가해자나 수행자의 목표는, 본래의 목적으로든, 또는 다른 목적을 위한 수단이든, 분명히 엄청난 수의 사람들을 살해하는 것이다. 마지막으로 제노사이드와 총력전의 대량학살 모두 국가안보를 위한 조치로서 국가에 의해 착수된다……. 그리고 이데올로기, 관료주의, 과학기술은 제노사이드와 총력전을 용이하게 하는 주요 요소들로서 그 역할을 고찰해야 한다.86)

마르쿠센은 제노사이드와 총력전 사이의 예비적 비교를 통해서 둘 간의 차이가 많은 경우에 있어 모호해지고 있으며, 20세기의 전쟁이 점차 제노사이드적인 양상으로 변화해가고 있다고 결론짓는다.87)

최호근 역시 현대의 전쟁이 국가권력의 급속한 팽창, 특정 집단을 인간 이하의 존재로 격하시키는 이데올로기, 사회적 폭력의 강화, 희생자 집단의 고립을 수반함으로써 제노사이드의 온상이 되어왔다는 점에 주목하면서, 전쟁을 제노사이드가 발생하는데 필요한 가장 유력한 전제조건으로 파악했다.88) 그러나 그는 현대의 총력전이 제노사이드로 이어질 수밖에 없다는 주장에 대해서는 경계한다. 그는 군사적 목표에 대한 정밀폭격을 가능케 하는 신형 유도무기의 등장, 전투의 진행상황과 인적 피해를 실시간으로 전 세계에 전해주는 대중매체의 발달, 제노사이드를 감시하는 국제NGO의 활동 증가에 힘입어 적어도 국가간의 정규전에서는 민간인 희생 비율이 현저하게 줄어들고 있다는 상황적 근거를 들어, 총력전이 필연적으로 제노사이드를 유발한다는 입장에 거리를 두고 있다. 또한 그는 전시 민간인 대량학살의 원인이 전쟁 그 자체가 아니라 오래 동안 누적되어온 갈등과 국지적 폭력·학살 경험에 있으며, 이러

---

86) Eric Markusen, 「제노사이드와 총력전: 예비적 비교」, Michael Dobkowski & Isidor Wallimann(eds.), 앞의 책, 191~192쪽.
87) Markusen, 위의 책, 207쪽.
88) 최호근, 「전쟁과 제노사이드」, 부산경남사학회, 『역사와 경계』 제56호, 2005b, 8쪽.

한 것은 전쟁 상황에서 보다 용이하게 폭발하고, 결국 제노사이드로 발전한다고 주장하면서, 결국 전쟁은 제노사이드의 촉매이지 전쟁이 제노사이드적 성격을 갖는 것은 아니라고 결론짓는다.[89]

나는 전쟁이 제노사이드의 주요한 맥락이라고 생각한다. 사실 대다수 제노사이드적 사건들은 재래식 전쟁수행의 맥락에서 발생한다. 폴 바트롭(Paul Bartrop)과 쇼는 20세기에 전쟁의 맥락에서 발생한 대표적인 제노사이드 사례들을 표로 정리한 바 있다.[90] 쇼에 따르면, '적의 파괴'를 목표로 하는 '유혈적 갈등'으로서의 제노사이드는 개념적으로 클라우제비츠가 전쟁은 상호파괴에 지나지 않는다고 말했던 전쟁의 이상형과 관계가 있다. 그렇다면 제노사이드는 사회적 갈등의 한 형태일 뿐만 아니라 전쟁의 한 형태라고 말할 수 있지 않을까? 이상형적으로 전쟁은 무장권력조직 간의 싸움이다. 그러나 현대의 총력전은 무장한 군대들만으로 이루어지는 것은 아니다. 무장한 군대들은 항상 사회(집단들)로부터 지원을 받으며, 따라서 사회집단과 성원들은 비록 전투원은 아니지만 전쟁에 참여하고 있다. 때문에 대부분의 총력전 사례들에서 폭력의 투사는, 우연이든 계획적이든 간에, 일정 정도 무장한 군대를 지원하는 사회집단들로 확대되어 향하고, 그 결과 대량의 민간인 피해자가 발생하는 것이다. 쇼는 현대의 총력전의 이러한 성격 때문에 국가간 전쟁이 되었든, 게릴라전 형태가 되었든 간에, 현대전을 '타락한 전쟁(degenerate war)으로 바라본다. 그런데 타락한 전쟁은 여전히 전쟁인데, 왜냐하면 여전히 무장권력조직들 간의 갈등인 측면이 있기 때문이다. 그러나 타락하다고 표현한 이유는 민간인에 대한 표적이 전쟁수행에 절대 필요해 졌기 때문이다.[91] 나는 누가 적이 되는가와 관련해 이 타락한 전쟁과

---

89) 최호근, 앞의 글, 2005b, 17~18쪽.
90) Paul Bartrop, "The relationship between and genocide in the twentieth century: a consideration," Journal of Genocide Research, 4(4), 2002, p.525 ; Martin Shaw, War and Genocide: Original Killing in a Modern Society, Polity, 2003, pp.42~43.

제노사이드 간에는 분명 차이가 존재한다고 생각한다. 쇼도 주장하고 있듯이, 타락한 전쟁에서 적의 핵심은 여전히 반대편의 조직적인 무장군대이다. 그리고 적 민간인 집단은 상대방 국가와 군대를 이기기 위한 수단으로서 표적이 된다. 따라서 민간인에 대한 대량학살(예컨대 드레스덴이나 히로시마의 전시폭격)이 악하고 정당하다고 할 수 없지만, 그것은 전쟁의 한 부문으로 이해될 수 있다. 민간인은 적의 일부였다. 이에 반해 제노사이드는 통상 무장한 적에게만 적용되던 무장폭력의 대상으로 비무장 민간인 집단을 구성한다. 따라서 제노사이드의 충격은 단지 높이 쌓아 올려진 민간인 시체들에 있는 것이 아니라 민간인 집단에 대한 전쟁의 논리와 방법이 직접적으로 전환된 데 있다.92) 제노사이드는 민간인 집단에 대한 전쟁이라고 할 수 있지 않을까?

4. 마틴 쇼의 제노사이드 정의와 이에 대한 평가

지금까지 쇼의 논의를 중심으로 유엔 제노사이드협약상의 '의도', '집단', '파괴' 개념에 대한 법적 접근의 협소한 이해를 비판하면서 이에 대한 대안들을 제시해보았다. 이 내용들을 종합해 제노사이드를 정의하면 다음과 같다.

〈표 5〉 쇼의 제노사이드 정의93)

제노사이드	민간인 사회집단들을 파괴하려는 무장권력조직들과 이 파괴에 저항하는 그 사회집단 및 여타의 행위자들 간의 폭력적인 사회갈등의 유형 혹은 전쟁
제노사이드 행위	무장권력조직들이 민간인 사회집단들을 적으로 다루거나, 무장권력조직들이 그 집단들의 성원으로 간주한 개인들에 대해 살해와 폭

---

91) Shaw, op. cit., 2003, pp.23~26.
92) Shaw, Ibid, 2007, pp.111~112.

| | 력, 강제력을 이용해 그 집단들이 실제 가지고 있거나 가진 것으로 추정되는 사회적 힘을 파괴하려는 행위 |

즉 제노사이드는 가해자(무장권력조직들)와 피해자(민간인 사회집단) 간의 불평등한 사회적 갈등의 유형이며, 이는 보다 강한 쪽이 수행하는 행위 유형에 의해 정의된다고 볼 수 있다. 내가 생각하기에 제노사이드를 '갈등구조의 상황'으로 정의한 것은 지금까지의 수많은 제노사이드 정의와 차별적인 지점이 아닐까 한다. 그리고 이는 '일방적임', '무력함'과 같은 생각들과 근본적으로 결별하는 것이기도 하다. 이와 관련해 쇼는 다음과 같이 말한다.

> (나는) 무장한 집단적 행위자와 민간인 사회집단 사이의 근본적인 힘의 불평등은 인정하지만, 그렇다고 이 불평등을 절대적인 것으로 다루는 것을 거부한다. 제노사이드를 피해자 집단 및 여타의 행위자들의 저항과 대항적 권력의 가능성을 인정하는 방식으로 정의하고 싶었다. 나는 또한 제노사이드를 '갈등'으로 정의함으로써 제노사이드를 정상적 사회현상의 바깥, 예외로 다루는 개념과 결별하며, 어떻게 그것이 더 정상적인 갈등과 전쟁 현상에 연결되어 있는지를 고려하고자 했다.[94]

쇼의 제노사이드 정의는 이전의 여러 학자들의 정의와 비교할 때 앞서 밝힌 것 외에도 많은 중요한 변화들을 내포하고 있는데, 이를 간단히 정리하면 다음과 같다.[95]

첫째, 새로운 정의는 제노사이드를 단순히 파괴 '의도'로 정의하지 않고 특정의 폭력적 '사회갈등'의 유형으로 파악했는데, 이 사회갈등은 사회 파괴적인 목적과 폭력·강제력의 결합으로 특징지을 수 있다.

---

93) Shaw, op.cit., 2007, p.154.
94) Shaw, Ibid, 2007, p.155.
95) Shaw, Ibid, 2007, pp.155~156.

둘째, 새로운 정의는 가해자를 '무장권력조직들'이라는 용어로 표현했는데, 이 개념은 일반적인 정권에 대한 야심과 폭력을 산출할 수 있는 조직화된 무장력의 결합을 시사한다. 그러므로 무장권력조직들에는 제노사이드를 저지른 다양한 국가기구 및 유사국가기구들, 정당들, 군대, 준군사주의 운동 모두가 포함된다.

셋째, 새로운 정의는 가해자가 표적으로 삼은 피해자 집단을 '민간인 사회집단들'로 규정했다. 이는 표적들의 특정한 사회적 특성(인종, 계급, 국민, 민족성, 종교)이 아닌 비무장 민간인의 성격을 통해 정의하려 한 것이다. 공격받은 집단들이 자의식적인 집단인지에 대해서는 결정하지 않고 열어두었다.

넷째, 새로운 정의는 고의적으로 '무장권력조직'과 '사회집단'을 복수형으로 표현했다. 이는 가해자와 피해자 집단의 단일성을 가정하지 않으려는 것이었다.

다섯째, 사회집단들을 파괴하려는 목적은 그 집단들의 개별 성원들을 학살하는 것으로 환원되는 것이 아니라 경제적·정치적·문화적 의미에서 그 집단들의 사회적 힘을 파괴하는 것으로 이해된다. 이때 그 집단들이 이 힘을 실제로 가지고 있는지 가진 것으로 추정되는지에 대해서는 결정하지 않고 열어두었다.

여섯째, 무장권력조직들은 제노사이드에 저항하는 개인들을 자신들이 파괴시키려는 사회집단들의 성원으로 간주한다. 반대로 공격당한 사람들 역시 자신들을 그 사회집단들의 성원으로 여길 수도 있지만, 그렇지 않을 수도 있다.

일곱째, 새로운 정의는 파괴의 전제조건이 그 집단들을 군사적 의미에서의 '적'으로 정의하는 것임을 규정했다. '파괴하는 것'은 본래 폭력적인 것으로 이해되지만, 또한 개인들에 대한 살해, 폭력, 강제력으로 요약되는 권력 양식들의 범위를 포함하는 것으로 보았다.

쇼의 새로운 제노사이드 정의는 협약의 정의를 전제로 확대 수정하는 시도와는 멀리 떨어져 있다. 따라서 법적인 구속력이 없으며, 이 개념을 가지고 예방과 처벌은 더더욱 얘기할 수 없다. 그러나 나는 쇼의 제노사이드 정의가 제노사이드 현상에 대한 설명력을 높이는데 초점이 맞추어진 학술적 정의라고 생각한다. 이러한 시도는 협약을 수선하려는 시도와는 명백히 차별적인데, 왜냐하면 협약의 정의가 내포하고 있는 근본적인 한계들(주로 정치적 개입과 법적 요소로 인한 한계들)을 '수선'만으로 극복할 수 없다는 문제의식을 가지고 있기 때문이다. 나는 순수하게 학술적으로 설명력 있는 제노사이드 개념 및 이론 구성의 시도가 멀지 않은 장래에 협약의 개정이 논의될 시점에 새로운 협약의 정의의 토대가 될 것이라고 기대한다.

Ⅳ. 제노사이드 시각에서 바라본 한국현대사

'제주4·3사건', '여순사건', '예비검속사건'(예비검속자학살), '형무소사건'(전국형무소재소자학살), '국민보도연맹사건'(보도연맹원학살), '부역혐의사건'(부역혐의자학살), '군·경토벌관련사건'(공비토벌작전으로 인한 민간인학살), '미군사건(미군에 의한 학살)', '적대세력관련사건(인민군·좌익에 의한 학살).'

대한민국 정부수립 전후나 한국전쟁 전후에 발생했던 민간인을 대상으로 한 작전, 처형, 보복의 성격을 갖는 집단학살 사건들이다.[96] 이 중 제주4·3사건은 이미 제주4·3사건진상규명위원회에 의해 상당 정도 진실 규명이 이루어져 노무현 대통령이 당시의 국가폭력을 공식적으로 시

---

96) 김동춘, 『전쟁과 사회: 우리에게 한국전쟁은 무엇인가?』, 돌베개, 2000, 208~233쪽.

인하고 사과했다. 나머지 사건들도 진실화해를위한과거사정리위원회(이하 진실화해위)에 의해 진실 규명이 완료되었거나 진행되고 있다. 2008년 10월 21일 기준 진실화해위가 진실 규명을 완료한 사건은 진실 규명이 신청된 건 중 20.4%이며, 자세한 내용은 〈표 6〉과 같다.97)

〈표 6〉 신청 건 중 사건 유형별 분류 및 조사완료 현황

구분	예비검속	형무소	여순	부역혐의	미군폭격	보도연맹	군경관련	국민방위군	대구10월	소계	각하	총계
건	293	670	848	408	513	2,366	2,442	16	5	7,561	346	7,907
비율	3.9%	8.9%	11.2%	5.4%	6.8%	31.3%	32.3%	0.2%	0.1%	100%	-	-
조사완료	106	0	146	104	20	391	772	0	0	1,539		
비율	36.2%	0.0%	17.2%	25.5%	3.9%	16.5%	31.6%	0.0%	0.0%	20.4%		

현재 진실화해위의 조사절차는 피해자와 해당 유족의 사건 신청이 있어야 개시될 수 있는 신청인 중심주의에 기반하고 있다. 이러한 이유로 진실화해위가 조사하고 있는 사건 규모는 당시에 발생했던 실제 사건 규모에 빙산의 일각에 불과하다. 이는 진실화해위가 직권조사한 사건들에서 드러났다. 진실화해위는 신고주의에 기반한 진실 규명의 한계를 극복하기 위해 역사적으로 중대하다고 판단되는 사건들98)에 대해 직권조사를 결정했고, 그 중 국민보도연맹사건과 여순사건 조사를 개시했는데, 전체 피해규모가 신청 피해 건의 수배로 확정·추정되는 결과가 발생했다. 분명히 말할 수 있는 것은 학살 피해 규모에 대한 공식적 통계와 비공식적 통계 간의 간극이 상당히 크기는 하지만, 이 분야의 연구자들은

---

97) 김동춘, 「민간인 집단희생사건 진실규명 평가와 전망」, 〈민간인 집단희생사건 학술 심포지엄〉(2008년 11월 6일, 서울), 2008, 7·20쪽.
98) 국민보도연맹사건, 형무소재소자희생사건, 여순사건, 국민방위군사건.

대체로 당시 100만여 명의 민간인 피해자가 학살되었다고 인정한다.

그런데 이 집단학살 사건들이 국제법적으로 통용되고 있는 제노사이드에 해당하는가? 즉 우리에게도 제노사이드가 있었다고 말할 수 있는가?

제노사이드협약의 정의를 축자적으로 받아들인다면, 그리고 법적으로 엄격하게 적용한다면, 위 집단학살 사건들 중 논란의 여지없이 완전히 제노사이드에 해당한다고 주장할 수 있는 사례는 거의 없을 것이다. 우리가 경험한 사건들은 단지 쌓아올려진 민간인 시체들의 높이만을 나타내는, 카츠의 표현을 빌리자면, 제노사이드와 마찬가지로 비도덕적이고 악하지만 제노사이드와 동일시될 수 없는 'mass killing', 'mass murder', 'massacres'인 것이다. 이런 방식의 적용이라면, 앞서 살펴본 것처럼 전 세계적으로도 홀로코스트와 그에 근접하는 몇몇 사례들을 제외하면 우리와 마찬가지 상황에 처하게 될 것이다. 그러나 20세기의 숱한 제노사이드 사례들을 제노사이드로 파악하지 못하고 그 결과 가해자들에게 면죄부를 주는 협약의 한계를 되풀이하지 말아야 하지 않겠는가?

이와 달리 한국에서는 제노사이드를 집단학살 혹은 집단살해 정도로 이해되는 경향이 상당하다. 특히 상당수의 학자들은 제노사이드를 '국가폭력에 의한 집단학살'로 이해하는 경향이 있다. 즉 이들은 공통적으로 제노사이드의 핵심적인 특징을 국가범죄라는 점에서 찾고 있다.[99] 이러한 이유에서 이들은 한국전쟁 전과 전쟁 중에 발생한 집단학살 사건들을 제노사이드로 바라본다.

최호근은 이러한 입장에 다소 비판적인 입장을 취하고 있다. 유엔의 제노사이드협약에 너무 얽매이는 것도 문제지만, 그렇다고 해서 제노사이드 개념을 집단학살 일반과 같은 것으로 보는 것은 학문적 엄밀성 면에서 문제가 있다는 것이다. 그에 따르면, 모든 국가범죄가 제노사이드는 아니다. 가해자가 국가 및 국가가 후원하는 집단이라는 사실은 집단

---

[99] 최호근, 앞의 책, 2005a, 353~354쪽.

학살이 제노사이드로 인정받는데 있어서 중요한 필요조건이지 그 자체로 충분조건은 아니다. 학살된 사람의 수, 학살의 대상이 되었던 집단 구성원 가운데 실제로 학살된 사람이 차지하는 비율, 학살의 동기, 의도와 계획의 존재 여부, 관련 기관들 사이에 이루어진 공조의 정도, 탄압과 학살에 동원된 방법, 학살이 그 집단에 속한 사람들의 이후 삶에 미친 파괴력 정도 등이 검토된 후에야 어떤 집단학살사건을 제노사이드로 볼 수 있는지의 여부를 결정할 수 있다는 것이다.[100] 실제 그는 이런 과정을 거친 후 제주4·3사건과 국민보도연맹사건을 제노사이드로 규정하고 있다. 그는 협약의 정의를 확대 수정한 자신의 정의[101]에 입각해 가해자, 희생자, 이데올로기의 존재, 파괴의 방법과 결과, 또 하나의 쟁점인 지역과 민족의 차원에서 볼 때 제주4·3학살이 제노사이드였다고 주장한다.[102] 또한 한국전쟁 중에 발생한 다른 민간인 집단학살들과 비교할 때 보도연맹 학살이 갖는 특징으로 상당한 희생자 규모, 짧은 기간에 보여준 공권력과 준-군사조직의 학살집행과 동원 능력, 학살의 전국성을 들면서 보도연맹 학살을 전형적인 제노사이드로 규정하기는 어렵지만 제노사이드성 집단학살 수준을 훨씬 넘어서는 것으로 해석할 수 있다고 말한다. 위의 세 가지 특징들은 가해의 '의도'가 존재했고 상당한 파괴의 범위를 잘 보여주고 있다는 것이다.[103] 이러한 최호근의 시도는, 그의 표현을 빌리자면, "협약이라는 그물의 유효성을 인정하면서, 다만 그 그물에 나 있는 구멍을 메우고, 해진 그물코를 촘촘하게 수선하는 시도"[104]이다. 그는 일단 제노사이드라고 확인되면 발생하는 협약

---

100) 최호근, 위의 책, 2005a, 355쪽.
101) 최호근은 제노사이드를 국가나 그에 준하는 권력체의 대리인들이 국민·민족·인종·종교의 차이나 정치적·사회적 이해관계, 또는 경제적 이해관계나 성·건강·지역상의 차이를 이유로 특정 집단을 절멸하려는 의도에서 그 구성원 가운데 상당 부분 이상을 계획적·조직적으로 파괴하는 행위라고 정의했다. 최호근, 위의 책, 2005a, 73쪽.
102) 최호근, 위의 책, 2005a, 356~406쪽.
103) 최호근, 위의 책, 2005a, 423~427쪽.

의 법적 구속력과 강제력을 포기하지 못한 것이다. 분명 이런 입장은 현재 상설 국제형사재판소가 설립되어 활동하고 있는 상황에서 상당한 지지자를 확보하고 있기도 하다.

그러나 나는 제노사이드 정의에 학살 가해자와 학살 동기, 의도를 명시하고 보호집단의 대상을 확대한다고 해서 협약의 정의가 내포하고 있는 한계들(의도, 집단, 파괴 개념에 대한 법적 용법으로 인한 한계들)이 극복될 수 있다고 생각하지 않는다. 다시 말해 제노사이드를 가해자의 주관적인 의도적 행위라는 시각에서 비대칭적인 갈등관계적·갈등구조적 상황에서 발전하는 행위라는 시각으로 근본적으로 이동하지 않는 한, 가해자'들'에 의해 피해자'들'이 타자로 규정('낙인')되는 피해자집단의 공상적 성격과 현실적 성격, 그리고 이에 대한 피해자집단의 자기인식의 결과를 고려하지 않는 한, 물리적 파괴로 국한된 이해를 사회적 파괴로 확장시키지 않는 한, 또 다른 갈등구조인 전쟁이라는 사회갈등의 유형과 연결해 사고하지 않는 한, 협약의 정의의 확대 수정의 시도는 미봉책에 그칠 것이라고 생각한다.

그리고 최호근은 제주4·3사건과 국민보도연맹사건을 같은 시기 다른 집단학살 사건들과 비교해볼 때 구별되는 제노사이드 사건으로 파악하고 있다. 그러나 나는 이 두 개의 사건의 전체 배경과 맥락을 고려할 때 다른 집단학살 사건들과 매우 밀접히 관련지어 설명되어야 한다고 생각한다. 예컨대 제주4·3사건은 여순사건의 경우, 시기적으로든 사건의 성격으로든 독립적인 개별사건으로 분리해서는 결코 전모를 이해할 수 없는 사건이다. 이 사건들은 정부수립 전후 어떤 국가를 세울 것인가를 둘러싼 내전 양상의 사회갈등이었으며, 결국 집단학살로 귀결되었다. 더욱 중요한 것은 정부수립 전후 국면의 이 집단학살 사건들이 이후 한국전쟁 전후 국면의 집단학살 사건들로 연속된다는 점이다. 즉 에피소

---

104) 최호근, 위의 책, 2005a, 362쪽.

드적 사건으로서 제주4·3사건과 여순사건은 작전상 1949년 초쯤에 종결되었지만, 국면적 사건으로는 끝나지 않은 채 1949년에서 1950년으로 넘어가는 겨울에 벌어진 군경토벌관계사건으로 이어진다. 그리고 이는 전쟁이 터진 직후 거의 동시에 발생한 예비검속사건·형무소사건·국민보도연맹사건→적대세력관련사건→부역혐의사건과 전쟁 후 처음 맞는 겨울에 본격화된 군경토벌관계사건으로 악순환 된다.105)

여기에서 구체적으로 무엇이 이어지고 연속되는지 분명히 할 필요가 있어 보인다. 지금까지의 연구들은 집단학살 사건들을 관통하는 핵심적 특징으로 국가폭력이나 국가범죄의 성격을 주로 거론했다. 분명 위에서 언급한 집단학살사건들의 가해자들은 국가와 국가가 후원하는 준군사조직들이다. 구체적으로 적대세력관련사건을 제외하고는 모두 군경의 지휘·명령계통의 최고 정점에는 이승만 대통령과 내각 및 군경 최고 수뇌부들이 있으며, 그들은 학살을 지시·묵인하거나 보고된 학살 사실을 인지하고 있었다. 이러한 사실은 최근 진실화해위 조사보고서에서도 잘 드러난다.

나는 모든 집단학살 사건들을 관통하는 또 다른 핵심적 특징이자, 가해자들의 연속성 못지않게 중요한 것이 가해 논리인 학살 이데올로기의 형성 및 연속성이라고 생각한다. 집단학살에는 반드시 그 행위를 정당화하는 이데올로기가 존재하기 마련이다. 그리고 이데올로기는 그것을 확신하는 사람에게 학살의 동기를 제공하고, 학살을 주저하는 사람에게는 양심을 마비시키거나 위안을 줌으로써 학살에 가담하도록 돕는다.106) 이 이데올로기는 보통 가해자의 '적 창출'의 작업과 함께 '비인간화' 작업을 동반한다. 즉 학살의 대상이 '적'이면서 인간 이하의 존재로

---

105) '노근리사건', '마조리사건'과 같은 대면 집단학살사건, '산성리폭격사건', '이리역폭격사건', '곡계굴폭격사건'과 같은 비대면 집단학살사건 등 '미군사건'도 다수 있다.
106) 최호근, 앞의 책, 2005a, 389쪽.

믿게 만드는 것이다. 가해자를 사로잡고 피해자를 공포에 떨게 한 이 이데올로기, 즉 가해자의 피해자집단에 대한 타자 인식과 논리는 무엇이었을까? 구체적으로는 '빨갱이 논리'였다. 공산주의를 부정적으로 재현하는 시도는 일제시기의 '방공주의(防共主義)'에서도 이미 존재했지만, 공산주의자가 '민족의 적'으로 확고히 자리를 잡은 것은 여순사건을 전후로 한 시점이다. 이 시기에 내부 구성원의 지지가 미약한 이승만 정권은, 공산주의자 타자에 대한 적대적 인식과 이미지를 구축했고, 대한민국 '국민'의 정체성은 공산주의자를 부정적인 타자로 간주하는 것을 통해 형성될 수 있었다.[107]

이 '빨갱이 적'에 대한 규정은 낙인의 대상이 실제 그러한지 아닌지가 중요하지 않았다. 즉 공산주의자, 좌익, 빨갱이가 아니어도 낙인이 찍히면 좌익시(左翼視)[108] 되었다. 여순사건이 터진 직후 김구와 한독당을 남로당과 연계된 세력으로 낙인찍으려 했던 이승만 정권의 시도나 누구보다도 빨갱이를 때려잡는데 앞장섰던 조병옥이 이승만에 의해 정치적으로 제거될 때에도 빨갱이 간첩으로 내몰린 사실은 이를 잘 보여준다. 더욱 흥미로운 것은 이 빨갱이 적에 대한 규정이 그냥 낙인으로 끝나지 않았다는 것이다. 빨갱이 적에 대한 창출은 보통 비인간화 작업을 동반했으며, 이는 대체로 빨갱이와 그의 '종자(種子)', 가족 전체가 '귀축', '악마' 등의 부정적 존재로 이미지화되는 과정이었다. 여기에는 이념적 언어뿐만 아니라 유사―인종적,[109] 종교적,[110] 지역적, 문화적, 젠더적 차이를 드

---

107) 김득중, 「여순사건에 대한 언론보도와 반공담론의 창출」, 2007 ; 김득중·강성현 외, 『죽엄으로써 나라를 지키자―1950년대 반공·동원·감시의 시대』, 선인, 2007, 69~70쪽.
108) 따라서 이는 '좌익 사상의 보지'의 문제가 아니다.
109) 우리의 경우는 인종주의가 생물학적 '인종(race)'의 차이의 문제라기보다는 '인종화(racialization)'의 문제라고 할 수 있다. 즉 생물학적 인종 차이가 없는 곳에서 특정 집단을 '비인간화'하기 위해 '인종화'의 이데올로기적 과정이 발생한 것인데, 특히 적대적 '종자(種子)'로 재현되었다. 강성현, 「제주4·3과 민간인학살 메커니즘의 형성」, 역사학연구소, 『역사연구』 제11호, 선인, 2002, 207쪽.
110) 마찬가지로 종교 신앙의 차이의 문제라기보다는 종교적 언어를 통해서 차이를 드러내는

러내는 언어 등이 구사되었다. 중요한 것은 이러한 수사(rhetoric)가 정치적 반대 세력뿐만 아니라 정치와 이념에서 떨어져 사는 사람들, 심지어 전혀 무관한 사람들에게까지 덧 씌워진다는 것이다. 가해자에 의해 이러한 수사에 포박되고 정의되면, 그 사람들은 반드시 제거되어야 하는 '덩어리'로 재현된다. 앞서 쇼가 제노사이드적 이데올로기의 공상적 성격을 강조하면서 가해자들이 유사-분류라는 왜곡된 렌즈를 통해서 다양한 공동체에서 살아가는 개인들과 가족들을 '적'이자 제거해야할 '덩어리'로 본다고 강조하지 않았던가? 나치스가 유대인들을 박멸해야할 '해충'으로 간주했던 것도 같은 맥락이라 할 수 있다.

이렇게 가해자들에 의해 빨갱이 타자로 낙인찍힌 피해자집단의 공상적 성격을 고려할 때 현실 피해자집단의 연속성 역시 생각하지 않을 수 없다. 예컨대 제주4·3사건과 여순사건에서 생존한 사람들은 본인이 빨갱이가 아닐지라도 좌익시되어 '날림재판'을 받고 형무소에 복역하거나 국민보도연맹에 가입해야 했다. 이렇게 보면 예비검속사건이나 국민보도연맹사건, 형무소사건의 피해자들은 앞서의 제주와 여수·순천 및 전남 동부 지역에서의 피해자들과 밀접히 관계되어 있는 민간인 사회집단들이다. 그리고 이들은 운 좋게 전쟁 직전에 형무소에서 형기를 마치고 고향에 돌아가더라도 전쟁 중에 예비검속되어 학살되었고, 국민보도연맹사건에서 살아남은 사람들은 인민군과 국군의 '점령'과 '수복'에서 반복되는 부역혐의자 재판과 학살로 죽음을 피할 수 없었다.

나는 이 모든 집단학살 사건들이 국가 및 전쟁 형성 과정에서 발생한 하나의 제노사이드 사건을 구성하는 에피소드적 사건들이라고 생각한다. 역으로 말하면 당시 남한에서 발생한 제노사이드는 국가와 정부수

것을 말한다. '여순사건'의 진상조사를 위해 파견된 문인조사반과 종교대표단의 인식과 그들이 사용하는 언어 수사, 그리고 여러 신화들이 대표적인 사례이다. 김득중, 앞의 책, 2007, 93~115쪽.

립을 둘러싼 내전적인 사회갈등 국면의 집단학살사건들→한국전쟁 국면의 집단학살사건들로 전개되었다고 할 수 있다.111) 역사적으로 모든 제노사이드 사례들은 각각 그 안으로 들어가면 수많은 강제이주(추방)와 집단학살사건들로 구성되어 있다. 나치 독일이 저지른 제노사이드 범죄를 예로 들면, 인종법을 통한 차별→게토 및 수용소로 강제이주를 통한 축출과 감금→최종적 해결로서의 절멸 국면이 전개되었으며, 각 국면은 수많은 집단 차별, 폭력, 고문, 강간, 학살 사건 등으로 구성되어 있다. 그 대상 집단도 유대인뿐만 아니라 슬라브인, 폴란드인, 집시, 동성애자 등 다양하며, 그들 집단은 가해자(나치 독일)의 타자 인식에 기반해 규정되고 있다. 20세기 말 구유고 지역에서 발생한 제노사이드 역시 다양한 유형의 사회갈등과 분쟁 및 전쟁 상황에서 강제이주를 통한 축출과 감금, 그리고 집단학살의 국면이 전개되었으며, 마찬가지로 이 국면 안을 들여다보면 수많은 사건들이 존재한다. 예컨대 구유고 제노사이드의 최악의 집단학살사건 중 하나로 손꼽히는 보스니아의 스레브레니차 사건은 이 국면 안의 사건들 중 하나인 셈이다.

이렇게 볼 때 한국전쟁 전후의 집단학살 사건들을 하나하나 헤아리고 검토하면서 별개의 제노사이드로 규정하기보다 집단학살 사건들을 하나의 제노사이드로 구성해 바라보는 것이 학문적 엄밀성에 더 가까이 다가가는 것은 아닐까? 더 나아가 집단학살 사건들 및 죽음들 간의 위계를 방지하는 효과도 거둘 수 있을 것으로 기대한다.

---

111) 여기에 같은 시기 북한에서 발생한 집단학살사건들을 통합해야 한다고 생각하지만, 이 글에서는 여러 제약으로 통합해 다루지 못했다.

구로동맹파업과 노동자 자기역사쓰기

『아름다운 연대』, 『같은 시대 다른 이야기』를 중심으로

유경순
동양미래대학 강사

I. 들어가는 글

 이 글은 노동자가 역사서술에서 '발언 주체'로 서야한다는 생각을 바탕으로 하고 있다. 달리 말하면 이 글은 '노동자 자기역사쓰기[1]'의 한 유형으로 시도된 구로동맹파업(이하 '구동파')의 구술작업과 기록물, (개인)자기역사쓰기 작업의 경험을 돌아보고, 이후 노동자 자기역사쓰기의 방향을 새롭게 모색하려는데 목적이 있다.
 노동자들의 활동경험을 담은 기록이 출판되기 시작한 것은 1980년대 전반기부터였다. 노동조합이 주체가 되어 정리한 것으로는 『YH노동조합사』[2], 『동일방직 노동조합운동사』[3], 『민주노조10년 – 원풍모방 노동조합활동과 투쟁 –』[4]이 있고, 개인의 경험을 바탕으로 투쟁과 활동을 정리한 것은 『8시간 노동을 위하여』[5], 『공장의 불빛』[6]이 있다.
 특히 『공장의 불빛』과 『동일방직 노동조합운동사』는 같은 동일방직 노조의 활동과 투쟁 경험을 기록한 것인데, 전자는 개인의 경험을 중심

---

1) 노동자 자기역사쓰기란 '노동자가 주관적 관점을 갖고 자기 삶을 재구성해서 쓰는 것'이라고도 하나, 이 글에서는 노동자가 자신의 전체 삶을 말하는 경우(구술생애사)도 주관적 관점으로 삶을 재구성해서 말하는 것이기 때문에, 자기역사쓰기를 '말하기와 글쓰기'를 포함해 포괄적 의미로 사용한다.
2) 전 YH노동조합, 한국노동자복지협의회 편, 형성사, 1984.
3) 동일방직 복직투쟁위원회 엮음, 돌베개, 1985.
4) 원풍모방 해고노동자 복직투쟁위원회 엮음, 풀빛, 1988.
5) 순점순, 풀빛, 1984.
6) 석정남, 일월서각, 1984.

으로 구체적인 활동이나 생각 그리고 필자 주위의 여러 조합원들의 움직임이 생생하게 재현되어 있고, 1년 뒤 출판된 후자는 1970년대 시대 상황에서 노조의 공식적이고 집단적인 활동 전반을 체계적으로 정리한 것이다. 두 기록물은 집단의 움직임과 조합원 개개인의 움직임을 같이 이해하는데 상호 보완적이다. 이처럼 집단의 기록물을 남기는 것도 중요하지만 참여 주체들의 개인적인 시각으로 경험을 기록한다면, 집단과 개인의 활동을 아울러 이해하는데 도움이 된다.

　이러한 역사 기록물들이 구체적으로 어떤 작업과정을 거쳤는지 또는 기록 과정에서 주체들이 무엇을 배웠는지 판단하기는 어렵다. 그나마 확인이 가능한 것은 『YH노동조합사』인데 후기에 기록 작업의 목적, 원칙, 과정, 그리고 기록 작업이 자신들에게 미친 영향에 대해 간략하나마 언급하고 있다.[7] 우선 기록 작업의 목적은 YH노조의 경험에는 과거, 현재, 미래의 노조들이 겪을 모습이 들어있기에 그 경험을 드러내어 현실 노동자들에게 조금이나마 도움이 되려는 데 있다고 했다. 그러므로 기록 원칙도 "노동자들이 생각하며 읽을 수 있도록 쉽고 솔직하게 쓰는 것"이라고 했다.

　한편 기록 작업과정의 어려움에 대해서는 "머리에 생생하게 있는 생각과 활동내용이 말이나 글로는 충분히 표현할 수 없어 몇 번씩 좌절하기도 했다"며 노동자들이 경험을 글로 정리하는 것이 얼마나 어려운 일인지를 보여주고 있다. 또 제대로 된 기록을 하는데 더 큰 문제는 자료의 분실이었다. 갑작스러운 폐업으로 일부 자료만 남아있고 많은 자료들을 되찾지 못해, 구체적이고 풍부한 기록을 하는 것이 어려웠다고 했다. 이를 보완하는 방법으로 전국에 흩어져 있는 조합원들을 찾아다니며 사실을 복원하려 노력했다.

　다른 한편 주체들에게 기록 작업의 성과는 기록물을 남겼다는 것만이

---

[7] 전 YH노동조합, 한국노동자복지협의회 엮음, 앞의 책, 251~255쪽.

아니라 과거를 통해 새로운 방향을 고민할 수 있다는 것을 보여주었다. 주체들은 "기록 과정에서 조합원들과 함께 지난 기억을 더듬고 되살려 녹음을 하고 이를 정리하면서 간과되었던 문제들을 새롭게 발굴하고 분석해 낼 수 있었던 것이 귀중한 성과"라고 밝혔다. 우선 활동에 대한 반성으로는 조직보존논리, 체계적 인식의 부족, 활동가 양성을 소홀히 했다고 제기했고, 다음으로 현실 운동의 발전을 위해서 해결해야할 문제로 연대형성을 어떻게 할 것인가, 여성노동자들의 능력을 어떻게 지속적이고 체계적으로 결집할 수 있을 것인가를 고민하게 되었다고 했다.

이러한 1970년대 민주노조운동의 기록 작업은 이후 노동운동의 경험을 기록으로 남길 수 있는 길을 열어 놓아, 1980년대 이후 다양한 투쟁이나 노조활동 기록물들이 정리되어 나오기 시작했다. 특히 1990년대는 지역노조협의회와 전국노동조합협의회의 해체 과정에서 조직적 결의로 기록 작업을 진행하기도 했다. 보기로 전노협의 경우 활동주체와 후원회를 중심으로 백서 발간위원회를 구성하여 '총체성·객관성·구체성·연속성'이라는 서술원칙을 세워 전노협의 활동을 연도와 활동범주로 나누어 정리한 12권의 백서를 발간했다.

1990년대 단위 사업장의 활동과 투쟁을 담은 기록물 중에 돋보이는 것은 나우정밀 노동조합 10년의 역사를 기록한『영원히 꺼지지 않는 희망의 횃불로』[8]이다. 이 기록물은 노동자들 스스로가 역사를 기록해야 한다고 생각한 주체들이 기획에서 발행까지 의식적이고 체계적인 작업 과정을 거쳐서 나왔다.

우선 발간위원회는 정리의 목적을 "노동운동을 새로 시작하는 노동자들에게 도움이 되고, 이 기록 활동을 계기로 노동자의 역사나 이야기들을 스스로 써내려는 움직임이 활발해지는데 기여"하는 것이라고 했다. 제작은 노조해산과 더불어 노조에서 편찬계획을 갖고 독자적으로 추진

---

8) 나우정밀노동조합사 발간위원회, 1998.

하려 했으나, 기획과 집필 등 실무역량이 부족하여 구로노동자문학회와 연계해 연대발간의 형식을 갖게 되었다. 기획과정에서 내용과 형식에 대해 다른 사례집들을 검토한 결과 대중적으로 접근하기 쉽게 다양한 형식을 접목하는 잡지스타일로 구성하기로 했다. 자료수집과 전임간부 중심의 취재, 위원장단과 조합원 좌담 등을 진행하여 만들어진 책에는 조합원 좌담회, 조합10년사, 위원장단 좌담회, 노보 등에 실렸던 조합원들의 글, 일상 활동 사례, 조합원의 기억에 남는 사건을 다시 기록한 글 모음 등을 담았다.

이전에 나온 기록물과 달리 10년 노조역사를 중심으로 위원장에서 조합원의 목소리까지 과거의 기록형태나 현재의 기억을 담아 내용과 형식의 풍부함을 담아낸 것이 특징이다.

1987년 노동자대투쟁 이후 생산직 노동자 중심의 노동운동은 사무전문직, 공공부문, 비정규직 노동자들의 참여로 확산되어갔다. 여러 투쟁과 활동이 벌어졌고, 그런 활동을 기록한 백서나 투쟁기록물들이 나왔다. 그 가운데 재벌그룹에게 회사가 인계 되면서 노동조건악화 등을 경험한 공공부문 데이콤 노동자의 80일간 투쟁을 기록한 『투쟁은 계속 되고 있다』[9]는 투쟁 이후 현장에서 활동하던 주체들이 시간을 쪼개어 백서 작업을 한 것이다. 대부분의 백서나 기록물이 조직 활동이 정리된 뒤 나온 것에 비해, 일상 활동의 연장에서 투쟁경험을 기록해야한다는 필요성을 인식하고 이를 실천한 경우이다. 백서의 내용은 80일의 투쟁과정을 자세히 기록하였는데, 본문에서 살려내지 못한 조합원의 목소리를 살리기 위해 원문 그대로 CD로 제작하여 첨부한 것이 특징이다.

한편 자본의 일방적 폐업에 맞서 565일의 투쟁을 벌인 금강화섬 노동자들의 『공장은 노동자의 것이다』[10] 역시 중요한 기록물이다. 이 책은

---

9) 정보통신노동조합 백서발간위원회, 2005.
10) 민주노총 화섬연맹 금강화섬노동조합 지음, 삶이 보이는 창, 2006.

565일 간의 폐업철회투쟁을 노동운동의 정신인 '민주성, 자주성, 연대성을 바탕으로 계급적 관점'으로 정리했다. 투쟁과 활동의 정신과 원칙을 기록에도 녹여 내려했다는 점에서 의미가 있다.

1997년 말에 불어 닥친 경제위기로 다수가 비정규직 노동자가 된 현실에서 투쟁과 조직 활동의 중심도 정규직 노동자에서 비정규직 노동자에게 이동되었다. 그 결과 역사기록생산의 주체에도 변화가 나타났다. 한국통신 계약직 노동조합투쟁의 기록물인 『517일간의 외침』[11])은 노조와 노동역사자료실이 공동으로 작업한 결과물이다. 작업의 원칙은 "주체가 최대한 기록하자"는 방향에서 노조간부가 기획에서 마무리까지 책임지고, 자료수집과 구술을 통해 자기기록과 기억을 풀어내 조합원들이 기록의 주체로 나서서 작업한 결과이다.

또한 『노동자와 노동자-캐리어 비정규직노동자의 일기』[12])는 캐리어 비정규직노동자들의 조직과 투쟁을 담은 기록물이다. 이 책은 노조의 사무장이 노조결성부터 투쟁까지 쓴 일기, 자료 등을 모아 일기형식으로 쓴 자료집과 같이 출판되었다. 비정규직 노동자들의 시각으로 본청과 하청자본가들, 그리고 공권력의 태도, 정규직 노동자와 연대 단위들의 태도를 투쟁의 현장에서 적나라하게 보여 주고 있어서 지나간 역사가 아닌 현실에서 정규직과 비정규직 노동자들의 분리 현실, 민주노조운동의 현실을 다시 한 번 고민하게 한다.

이처럼 최근 노동조합의 활동과 투쟁의 기록 작업은 두 가지 방식으로 나타나는데, 우선 노조가 주체가 되어 작업지원자의 도움을 받아 기록하거나 노조가 위탁하여 연구자들이 노조역사를 기록하는 방식이 있고, 다음으로 투쟁과 활동주체들이 자신들의 경험을 직접 기록한 경우가 있다. 특히 투쟁 주체들이 직접 정리한 기록물들이 계속 나오고 있

---

11) 이운재·정경원 엮음, 도서출판 다짐, 2002.
12) 송영진·이경석 지음, 박종철 출판사, 2005.

는데, 이는 노동자 자기 역사 쓰기의 실천에서 많은 가능성을 보여주고 있다. 이런 노동현장에서 자신들의 투쟁과 활동을 기록하려는 관심과 움직임은 노동자들 사이에 서로의 활동과 경험에 대해 소통하려는 욕구가 늘어나고 다른 한편 기록과 역사에 대한 인식이 확산되고 있기 때문이라고 할 수도 있다.

집단의 역사기록과 달리 노동자 개인이 자신의 삶과 활동의 경험을 정리한 자기역사쓰기도 시도 되었다. 가장 먼저 나온 글은 1978년에 출판된 『어느 돌멩이의 외침』13)이고, 이어 1980년대는 『서울로 가는 길』14), 『빼앗긴 일터』15)가 출판되었으며, 1990년에는 이옥순의 『나 이제 주인 되어』16)와 『마침내 전선에 서다』17)가 출판되었다.

『어느 돌멩이의 외침』은 유동우가 소작농의 아들로 태어나서 노동자가 되어 노동조합 운동가로 성장한 삶과 투쟁의 역사를 돌아본 자기역사쓰기이다. 유동우는 1977년 1월에서 3월까지 3회에 걸쳐 월간 『대화』에 연재되었던 글을 1978년 묶어 단행본으로 출판했다. 필자가 글을 쓴 이유는 삼원섬유에서 겪었던 경험이 자신의 삶의 길잡이가 된 소중한 체험이었기에, 동료 노동자들과 공동의 체험으로 나누어 보고 싶다는 것과 개인적으로 좌절과 갈등을 정리해서 삶에 주는 의미를 재확인하고 싶었다고 했다.18)

송효순 역시 빈농의 딸로 태어나 대일화학공업주식에서 일하다가 노조활동을 하였고, 그 과정에서 해고되었는데 주변 동료들의 권유로 글을 쓰게 되었다.19)

---

13) 유동우, 『어느 돌멩이의 외침』, 청년사, 1978.
14) 송효순, 『서울로 가는 길』, 형성사, 1982.
15) 장남수, 『빼앗긴 일터』, 창작과 비평사, 1984.
16) 이옥순, 『나 이제 주인 되어』, 녹두, 1990.
17) 김미영, 『마침내 전선에 서다』, 노동해방문학사, 1990.
18) 유동우, 앞의 책, 5~7쪽.

한편 」장남수는 빈농의 집안에서 6남매 가운데 둘째 딸로 태어나 초등학교를 졸업하고 상경, 가게 점원으로 일하다가 1977년 원풍모방 노동자가 되었다. 노동조합을 알게 되면서 활동을 시작해 부활절사건, 1980년 정화 조치, 1982년 노조의 강제해산을 겪는 과정까지의 활동을 통해, 한 여성노동자의 생활과 의식의 변화를 드러낸 글이다. 이 글은 장남수가 평소에 썼던 일기를 우연히 문인인 황석영이 읽게 되고, 이를 출판하도록 권하면서 세상에 나오게 되었다.[20]

1970년대 활동했던 노동자들의 자기역사쓰기에서 드러나는 개인들의 삶과 활동의 내용은 대부분 가난한 농민의 자식으로 태어나 노동자가 되었고, 노동조합을 알게 되면서 노조활동가로 변화하는 과정, 그리로 노조 활동과 투쟁의 경험을 다루었다. 이들은 1970년대 노동조합 운동이라는 공통된 경험을 갖고 있으나, 각자가 속한 사업장의 상황과 특징에 따라 서로 다른 활동경험을 다루고 있다.

이러한 1970년대의 노동자들의 활동과는 다른 경험을 다룬 것은 이옥순과 김미영의 글이다. 이옥순은 1970년대 원풍모방노조활동 이후 서울노동운동연합 등 1980년대 중반기 정치적 노동운동의 경험을 했고, 김미영은 1980년대 정치적 노동운동 속에서 활동을 시작했다. 두 책은 모두 1990년에 출판됐는데 전자는 자신의 활동을 반성하며 과거경험을 바탕으로 이후의 활동방향을 모색하려는 시점에서 썼고, 후자는 필자가 정치조직운동의 주체로서 조직의 요청으로 서술하였다.

우선 이옥순은 1985년 서울노동운동연합 관련으로 3년 3개월의 수배생활을 마치고 삶의 글을 쓰기 시작했다. 글을 쓴 이유는 "수배생활 이후 무엇을 할 것인가를 고민하다가 먼저 자기 자신을 돌아보고 정리하고 그 위에서 새롭게 출발하자"는 뜻을 갖게 되었고, 그것이 계기가 되어

---

19) 송효순, 앞의 책, 208~209쪽.
20) 장남수, 2008 증언.

글을 쓰게 되었다고 한다. 그녀의 자기역사쓰기는 자신이 투쟁해 온 이야기를 중심으로, 일기를 활용하여 진솔하게 정리했다. 특히 당시 평가가 예민한 서울노동운동연합에 대해서도 비판적인 시각을 분명히 했다.

이와 달리 김미영의 글은 1989년 『노동해방문학』에 연재하던 수기 글을 모아 1990년에 출판한 것이다. 그녀가 글을 쓰게 된 것은 개인적인 동기보다는 그 시기 그녀가 관련했던 조직의 요구였던 것으로 보인다. 즉 정치조직 운동의 필요성을 조직원인 선진노동자의 삶과 활동을 통해 전파하려던 목적이었다. 이는 필자의 후기('이제 동지가 노동해방투쟁 전선에 나서야 할 차례입니다')에서 잘 드러나는데, 보기를 들면 "이 한 구절 한 구절은 나 개인의 기록이 아니라 전 노동자 계급의 삶과 투쟁의 생생한 기록이다. 혹시라도 그것을 손상시키지나 않을까 하며 조바심 쳤습니다", "선진노동자 동지들의 혁명 혼을 잘못 그려서는 안 된다는 수많은 결의를 하면서 글을 썼다"는 것이다. 이런 상황에서 쓴 글이기에 전반적으로 노동자의 정치의식과 정치조직의 필요성을 강하게 부각하는 시각으로 쓰여 졌었다.

개인의 자기역사쓰기는 1990년대 단절되었다가 최근 다시 나타나는데, 직접 글로 써낸 경우가 있고,[21] 새로운 접근 방법인 구술사로 노동자들의 자기역사를 드러낸 경우도 있다.[22]

위에서 살펴본 것처럼 민주노조운동의 역사 복원을 위해 시도된 노동자들의 집단적 기록 작업을 계승하고 변화시켜, 2007년 구로동맹파업의 기록물인 『아름다운 연대』가 쓰여 졌고, 단절된 개인의 자기역사쓰기를 복원하기 위한 시도로서 6인의 글과 3인의 구술생애사를 담은 『같은 시

---

21) 추송례, '어김없이 봄은 오는가', 『실업일기』, 2001.
22) 청계노조 노동자였던 민종덕의 삶과 활동을 담은 '구술로 살펴본 청계노조의 역사'(유경순, 『노동자 자기역사를 말하다』, 서해문집, 2005), 대우어패럴 노동자였던 강명자의 삶과 활동을 담은 '소작농의 딸, 봉제공장 미싱사가 되다'(유경순, 『굽은 어깨 거칠어진 손』, 소화, 2005).

대 다른 이야기』가 기획되었다.
 이 글은 두 책을 작업한 경험을 바탕으로 노동자들이 말하고 자기역사를 쓴 결과 또는 효과가 어떤 것인가를 살펴보려는 것이다. 이에 이 글은 다음의 두 가지를 중심으로 다루려한다. 첫째, 『아름다운 연대』를 작업하면서 47명의 노동자들에게 구술을 받았는데, 책에 실리거나 그렇지 않은 구술 자료를 기초로 노동자들이 '말'한 것이 갖는 효과가 무엇인가를 정리한다. 둘째, 자기역사쓰기의 두 가지 방법인 구술사와 글쓰기에 대해『같은 시대 다른 이야기』의 5인 글과 구술 자료를 비교해 그 공통점과 차이를 살펴보고, 그 효과가 무엇인가를 정리해 보려한다.

Ⅱ. 기억과 기록: 노동자가 왜 '자기 경험'을 말해야 하나
『아름다운 연대』의 구동파 구술 작업을 중심으로

1. 구술자, 구술작업에 대한 기본 정보

1) 구동파 이후 주체들의 상황과 관계

 1985년 구동파 이후 주체들은 사업장마다 개별적으로 또는 집단적으로 가끔 만나왔다. 구동파가 강제 해산 당한 뒤 지도부는 구속 되고, 대다수의 노동자들은 흩어지거나 정권과 자본의 통제아래 입을 다물었다. 소수의 선진 노동자들은 각 사업장에서 출근투쟁, 해고반대투쟁, 노조복구투쟁을 진행했으며, 이후 이들은 지역 정치 써클에 참여하기도 했다. 서울노동운동연합(이하 '서노련')이 결성되어 노동운동을 주도하던 1985~1986년, 남아 있던 다수의 선진노동자들이 서노련에 합류했고, 석방된 일부 노조간부들은 다른 움직임을 가져갔다. 이들은 구동파의 폭력적 해산, 사후 조직화와 평가의 부족으로 많은 상처와 갈등을 안고 있던 상황에서 구동파 1주년 행사를 치루면서 다시 상처를 입고 분리되었다. 이후 1986년 구로공단에서 진행된 정치 써클 운동의 흐름에 참여한 선진노동자들은 자신의 의식과 실천조건을 제대로 확보하지 못했고, 재취업을 시도하던 이들도 블랙리스트 때문에 공단 주변의 소규모 사업장에 취업했다가 해고되거나 일부는 노조결성과 활동을 했다.

다른 한편 구로동에 거주하던 봉제노동자들은 '공동체 한백'을 통해 만나거나 이후 봉제사업장을 중심으로 한 지역 조직인 '옷을 만드는 사람들'을 통해 만남이 이루어지기도 했다.

1990년대에는 구로동 인근에 살고 있는 몇몇 대우어패럴 노동자들의 일상적 만남이나 소규모 친목모임이 있었고, 가리봉전자 노동자들의 경우 결혼, 아이 돌 같은 행사 때 집단적으로 한두 번 만나고 그밖에 서너 명이 일상적 교류를 갖고 있었다. 효성물산의 경우도 몇몇이 마지막까지 남아있던 학생운동출신 활동가(이하 '학출활동가')를 중심으로 만나는 것 이외에는 다른 이들과의 소통은 단절된 상태였다. 선일섬유, 부흥사, 롬 코리아의 경우 만남 자체가 거의 이루어지지 않았다.

2005년 구로공단에서 노동운동하는 이들이 '구동파 20주년 기념행사'를 추진하면서 흩어져 있던 여러 사업장의 노동자들이 하나 둘 모이기 시작해, 50여 명의 주체들이 만나는 자리가 처음으로 만들어졌다. 행사 중 〈사람을 찾습니다〉라는 광고를 내기도 하고 방송을 통해 '만남'을 홍보하기도 했다. 행사의 일부였던 '증언대회'에서 처음 이들은 자신들의 입으로 그 시기 경험을 이야기하기 시작했다. 이후 주체들은 '구동파동지회'를 만들었고 주로 사업장 모임으로 만남이 이어졌다.

2) 구동파 주체들의 구술 작업

구동파 주체들이 한 구술의 특징은 20여 년 묻어둔 기억을 처음 꺼냈다는 데 있다. 노동운동에서 또는 노동운동사의 평가와 달리 주체들은 그들의 활동과 투쟁에 대해 공식적으로 발언해 본 적이 없었다. 또한 주체들 사이에서도 제대로 소통조차 하지 못했다. 왜 그랬을까. 그 이유는 앞서 살펴본 것처럼 첫째, 투쟁 지도부가 대부분 구속된 상황에서 상황을 수습하고 조직하고 소통을 가져갈 구심이 없었다. 둘째, 구동파 이후 본격화된 정치적 노동운동의 분파적 상황이 이들의 소통을 가로막고 있었기 때문이었다.

구술에 참여한 노동자들은 47명으로 그 구성은 학출활동가 14명(남성 2명, 여성 12명), 현장 노동자 33명(남성 8명, 여성 25명)이며, 이를 성별로 보면 여성이 37명이었고 남성은 10명이었다.[23]

구술질문지는 아래의 내용을 중심으로 구술과정에서 질문내용이 추가되었고, 학출활동가들 역시 관련 내용을 추가 했다.

1. 성장과정과 노동자 되기
- 출생년도와 출생 지역 — 부모의 직업과 경제조건, 가족관계 — 성장과정(꿈)
- 처음 취직하게 된 계기와 과정 — 처음 공장에서 느낀 점 — 거주조건과 생활비 쓰임

2. 노동조건과 현장 상황
- 입사과정 — 기술 습득과정과 작업 배치 — 노동시간과 작업방식, 임금 등 노동조건
- 일상의 노동통제방식과 노동자들의 모습 — 직장이동 경험과 그 이유 — 노동자들 여가 생활

3. 노동조합 활동 경험
- 노조결성 이전 모임 참여 경험 — 노동조합 결성 과정과 활동 경험
- 노조에 대한 인식 — 자신의 인식과 주변노동자들의 인식, 자본가
- 노조활동에서 가장 의미 — 보람 있었던 일 — 노조활동에서 가장 힘들었던 일

---

23) 유경순, 『아름다운 연대』, 메이데이, 2007, 487~489쪽.

4. 구로동맹파업의 참여와 영향
- 대우어패럴 간부구속사건 소식을 어떻게 들었으며, 처음 들었을 때의 느낌과 생각은?
- 간부구속사건에 대한 대응방식 결정 과정과 파업/연대투쟁의 결정이유
- 동맹파업/지지투쟁 과정에 대해-파업의 해산과정과 해산 이후?
- 구속, 구류, 해고를 거친 이후 활동이나 생활은(현재까지)?
- 구동파가 자신에게 남는 의미? 미친 영향은?

5. 노동자 의식의 변화 문제
- 현장초기-소모임이나 노동활동-동맹파업에 대한 생각-동맹파업 이후 활동-감옥생활
- 현재

6. '여성'으로 성차별의 경험 등

3) 구술자들의 반응이나 분위기

구술에 참여한 노동자들은 대부분 구술 작업에 적극적이었으며, 주위 동료를 찾아 연결해주려는 모습도 보였고, 구술을 거부하는 노동자를 직접 만나 설득하는 경우도 있었다. 연구자가 구술작업과 기록 작업의 의미와 취지를 설명했기에 그에 공감하는 어떤 이들은 이를 '이름 없는 사람'들의 자리를 찾는 작업으로 이해하며, 지지와 응원 문자를 보내기도 했다.

한편 구술작업에 소극적인 태도를 보인 이들은 최태임, 김미경, 서정호 같은 이였다. 최태임의 경우 초기 기록 작업이 굴절될 것에 대한 경계로 소극적인 태도를 보였다가 같은 사업장 동료인 김복실이 구술한 과정을 얘기해주자, 태도를 바꾸어 적극성을 보였다. 김미경 역시 대학 선배이자 구동파 동료인 서혜경의 권유로 구술을 했다. 서정호의 경우는 사업장 동료나 면담자의 요구에 "할 말 없다. 기억 안 난다"는 일관

된 태도를 취하다가 작업이 끝나갈 무렵 구술을 했는데, 그 까닭은 자신이 노조운동과 소모임 활동에 참여하도록 영향을 준 최한배의 역할이 묻힐까봐 안타까워서 증언에 나선 것이었다.

인터뷰를 거부한 경우는 정○○, 추○○, 정○○ 같은 이들이다. 이유는 조금씩 다르지만 3인 모두 운동과정에서 또는 그 이후 '상처'를 받았다는 공통점이 있었다. 정○○은 노조활동에서 적극적이었으나 구속 이후 학출 활동가들의 변신에 대한 분노, 배신감, 자신의 학력 콤플렉스가 작용했다. 정○○의 경우 같은 사업장 노조위원장과의 관계에서 '상처'를 안고 있었고, 추○○의 경우 구동파 이후 서노련과 비서노련 세력의 대립과정에서 서노련에 속한 같은 사업장 동료들에게 상처를 받았다.

운동과정에서 받은 상처들이 이후 삶의 과정에서 치유되지 않은 이들은 동료들과 친목 수준에서 같이 하지만 상처를 다시 건드리고 싶지 않아 공식적인 구술은 거부하였고, 면담자와 개인적 관계만 갖기를 원했다. 그 밖에 생활에 쫓겨 시간을 만들지 못한 경우도 있었고(롬 코리아), 대다수는 연락이 안 되어 구술을 못했다.

한편 개인의 구술을 받는 과정에서, 다른 동료들이 함께 하기도 했다. 그 까닭은 그동안 만나지 못한 사람들이 만나는 계기를 만들려는 것도 있었고, 또 면담자의 입장에서 집단 만남을 통해 기억을 복원하거나 이들 집단의 분위기를 알고 싶었기 때문이었다. 보기로 대우어패럴 민경옥의 구술 자리에 이전 소모임을 같이 했던 5인 노동자들이 서로 연락해서 참여했고, 선일섬유 정영희의 구술에 감옥 동기인 김준희, 서혜경이 같이 했다. 선일섬유는 4인의 편한 소통자리를 갖은 뒤 개별로 구술을 받기도 했으며, 대우어패럴 모임에는 면담자가 여러 번 참여해 집단의 분위기를 익히기도 했다.

구술 받은 6개 사업장은 각 사업장마다 분위기에 차이가 있었다. 봉제와 전자라는 업종의 차이, 모인 구성원들의 특성과 현재 상황의 차이,

구동파 전후 각 사업장의 경험 차이 같은 것이 그 이유인 것 같았다. 그 가운데 노조 지도부의 태도에 따라 구술 받는 분위기가 다른 경우는 가리봉전자와 효성물산 노동자들이었다. 가리봉의 경우, 지도부가 자기 반성적 태도에서 열린 태도로 조합원들의 경험과 상황에 귀 기울여서 구술자들은 자신들의 발언을 자연스럽게 표현한 반면, 효성물산의 경우에는 지도부 1인이 자신의 기억과 판단을 완강하게 고집하면서 다른 이들이 조심스럽게 구술을 하는 모습이 나타나기도 했다. 이런 차이 이외에 구술은 상호 개입 없이 개별적으로 자유롭게 이루어졌다.

한편 구술자들은 구술과정에서 자신의 상처를 드러내면서 격한 감정적 반응을 보이기도 하였으며, 면담자의 제언에도 귀를 기울이면서 자신의 상처나 상처준 이에 대한 분노를 다시 돌아보기도 했다. 어떤 이들과는 서로의 시각을 놓고 토론을 벌이기도 했다.

4) 면담자와 구술자의 관계

구술과정에 중요하게 영향을 주는 것은 면담자와 구술자의 관계이다. 서로의 공감과 친화력 정도에 따라 구술자의 표현이 달라진다.

면담자가 기록 작업을 하게 된 이유는 2005년 구동파 20주년 행사가 계기였다. 면담자는 2001년 구동파 논문을 쓰는 과정에서 그 시기 연락이 될 수 있었던 2인만 구술 받았다. 논문을 쓴 이후 면담자는 노동자들의 다양한 목소리를 찾아야한다는 과제를 갖고 있었다.

한편 면담자와 구술자의 관계는 20주년 행사를 통해 서로 얼굴을 익히거나 일부 노동자들은 행사를 같이 준비하면서 친해지기도 했다. 면담자가 행사과정에서 기록 작업을 할 것이라는 '공식성' 역시 구술자가 면담자를 신뢰하게 한 요인인 것 같다.

거기에 면담자 역시 1980년대 봉제공장에서의 활동경험으로 학출활동가나 노동자들에 대한 이해가 갖춰져 있었던 것도 구술자와 빠르게 공감형성이 되고, 구술과정에서 상호이해를 높일 수 있는 조건이었다. 논문을 썼던 것 역시 구동파에 대한 사전지식을 갖고 있었다는 점에서 전체 구도를 인식하는데 도움이 되었다.

한편 구술 작업과 기록 작업, 주체들의 자기역사쓰기 과정에서 면담자도 영향을 받았다. 시대와 개인의 삶에 대해 소통하지 못했던 개인적 감성을 다시 돌아볼 수 있었고, 특히 학출활동가들을 처음 구술하면서 면담자 개인의 경험과 판단 속에 있던 편견을 다시 돌아보거나 정정할 수 있었으며, 1980년대 노동운동이 개인에게 각기 다르게 자리매김한 현실을 새롭게 받아들이기도 했다.

구술 작업은 개인들이 경험한 역사의 다양한 모습들을 드러내어 현실에서 소통할 수 있도록 하는 일이기도 한데, 현실의 1차 대상자는 면담자라고 볼 수 있다.

2. 기억을 기록해야 하는 까닭

노동자들은 왜 자신의 경험을 말해야 하나

우선 사건을 기록한 많은 문헌 자료들이 제대로 보관되지 못하고 있기 때문이다. 특히 1980년대 폭압적 시기에 자료를 보관할 수 없었기 때문에 많은 사실들이 사라졌다. 거기에 문헌으로 남겨지지 않은 공개·비공개 활동도 있다. 구술은 이렇게 '사라진' 사실들을 일부 복원할 수 있다.

다음으로 '사실 복원'을 위한 것 못지않게 구술이 중요한 것은 주체들/개인들의 다양한 경험을 재현할 수 있다는 것이다. 남겨진 자료는 대부분 팸플릿이나 문건, 선전물, 노보 등인데 이를 바탕으로 역사를 재구성하면, 많은 노동자들이 활동에 참여한 동기나 구체적인 경험내용은 사라진다. 구술을 통해 개인의 경험을 듣는 것은 집단의 움직임 속에 개인들이 얼마나 다양한 동기와 시각으로 움직였는가를 제대로 인식할 수 있게 한다.

마지막으로 구술에는 어떤 수준에서든 개인의 의미부여가 들어가 있는데, 이는 개인들이 '그 시기 사건'에 대한 '해석'이기도 하다.

이처럼 구술을 통한 역사의 재구성은 개인의 여러 경험이 포함되므로, 그 결과 '집단과 개인의 역사'가 공존할 수 있게 된다. 거꾸로 자신들을 드러내지 못하던 노동자들이 자신의 경험을 발언하여 역사재구성의 방법과 해석에도 영향을 미치는데, 이는 역사기록의 민주화를 위한 길이기도 하다. 이러한 생각들이 구동파 주체들의 구술로 재구성한 역사기록물에 어떻게 드러났는가에 대해 구동파를 다룬 논문들과 비교하면서 살펴보도록 한다.

1) 기록과 기억의 '사실' 비교와 주체 경험의 재현

구동파에 대한 최초의 자료집은 『선봉에 서서』이다. 이 자료집이 없었다면 구동파의 재현은 거의 가능하지 않았을 정도로, 노조결성 이후 발행한 노보, 동맹파업일지, 선전물, 주체들의 간단한 기록 글, 구동파 직후의 평가 글이 실려 있다. 이 자료집은 가리봉전자의 유시주가 구동파 이후 전태일 기념관에 모여 활동하던 각 사업장 노동자들에게 노조자료를 모으고, 각 사업장 상황을 듣거나 쓰게 해서 묶어낸 자료집이다. 한편으로 투쟁을 전개하고 다른 한편 탄압받는 상황에서 자신들의 활동을 기록해 놓으려는 노력의 결과였다.

구동파에 대한 연구는 최창우[24], 유경순[25]의 글이 있다. 연구 논문이기에 연구자의 관점에 따라 재구성되었다. 두 논문은 문헌 자료를 바탕으로 몇몇 주체들의 구술을 받아 분석한 글이다. 최창우의 논문은 구동파의 발생 원인에 대한 정치학적 접근으로 그 시각은 '대중의 역동성'에

---

24) 최창우, 「구로동맹파업의 발생원인에 대한 정치경제학적 배경」, 1987, 고려대 정치학과 석사.
25) 유경순, 「1985년 구로동맹파업의 발생과 노동운동사적 위치」, 2000, 가톨릭 국사학과 석사.

방점을 두고 각 민주노조의 역량이 어떤 과정으로 형성되는지, 그 힘이 어떻게 동맹파업으로 작동했는지를 살펴보고 있다. 이에 반해 유경순의 글은 구동파가 가능했던 힘은 '활동가들과 노조간부들의 의식적인 연대 노력'이라는 시각에서, 노조결성과 일상활동, 어떻게 연대활동이 이루어져갔는지를 분석하고 있다.

이에 비해 『아름다운 연대』는 '주체들이 자신의 투쟁을 기록'해야 한다는 시각으로 주체들의 경험을 구술 받아 그 시기 활동과 투쟁을 재현한 역사 기록물이다. 구성은 문헌 자료와 구술을 통해 확인되는 사실들을 바탕으로 그 시기 상황에 대한 집단적 구도를 정리하고, 각 개인들의 다양한 경험을 구술로 받아 담고 있다. 특히 위의 글이나 책과는 달리 『아름다운 연대』의 경우 활동가들의 구체적인 상황, 비공개 활동, 노조결성 과정과 일상 활동, 구동파 결정과정과 전개과정, 특히 투쟁 이후 노동자들의 상황 같은 사실들을 주체들의 기억으로 풍부하게 복원해, 구동파의 전체 흐름을 새롭게 파악할 수 있게 했다.

다음에서는 자료를 중심으로 한 두 논문과 자료 및 구술을 바탕으로 한 『아름다운 연대』가 어떻게 '사실' 접근 수준에서 다르게 드러나는가를 살펴보겠다. 우선 논저에 다룬 내용을 소재별로 나눠 살펴보면 아래 도표와 같다.

구동파 관련한 소재 비교

소재	선봉에 서서	최창우	유경순	아름다운 연대
85년 이전 노동운동	X	X	지역정치 소모임	지역정치소모임의 구성과 활동 학생운동가출신의 현장이전과정 도산, JOC, 소모임 노출들의 분포
노조결성 과정	결성일, 참여 수	결성일, 참여 수	결성일, 참여 수	사업장별 활동상황과 구체결성과정, 노동자들의 노조 참여과정과 현장분위기
노조활동	임투, 일상 활동 소개 수준	3개 노조활동	3개 노조활동	- 6개 노조활동과 다양한 개인 활동경험 - 사업장 소모임의 경험 - 노조 간 연대활동과 주체들의 느낌 - 지역소모임 참여과정과 활동, 의미
구동파 결정과정	간략	간략	간략	- 노조지도부들의 연락상황 - 비공개 움직임 - 지역논의구조형성과정, 논의내용과 구동파 결정분위기
구동파 전개	날짜별 상황일지	동일	체계화	- 4개 사업장 주체들의 참여 상황. - 부흥사와 롬 코리아의 참여과정. - 주체들의 개인적 참여과정과 느낌
구동파 이후 상황	X	X	복직투쟁, 서노련과 노결추진 위 간단한 상황	- 전태일기념사업회, 주체들의 활동 - 투쟁 이후 각 사업장의 상황과 대응 - 7·23투쟁 - 노동자들의 지역 써클로 분리 흡수 과정 - 구속자, 재판과 감옥투쟁, 가족모임
주체 평가	X	X	역사적 평가	주체들의 삶에서 바라보는 구동파

(1) 구로공단의 노동운동과 활동가 상황

최창우는 구로공단 노동운동의 상황에 대해 1984년 이후 신규노조 건설운동을 중심으로 정리했는데, 대우어패럴, 가리봉전자, 효성물산, 선일섬유 4개의 민주노조가 건설되어 있고 그 밖에 1984, 1985년 구로공단의 노사분쟁 현황을 간단히 개괄하고 있다.

유경순은 1980년대 전반기 구로공단에는 학출 활동가들이 자취방 야학, 교회 내 야학, A지역 활동가그룹, 영등포 산업선교회의 소그룹 등을 통해 활동하면서 노동현장에 진입했다고 제기했다. 야학운동은 1983년 말 '야학사건'으로 많은 운동가들이 구속되고 수배되면서 활동이 위축되었으며, A지역 활동가그룹은 1980년 구로 지역에 진입한 이래 1983년 말경 대우어패럴, 가리봉전자, 롬 코리아 등 6~7개 사업장으로 활동을 넓혀나갔다. 이들의 활동은 공개적인 민주노조운동과 해고 노동자(주로 학생출신)들이 주도한 노동운동 단체들의 가두활동이라는 두 축으로 전개됐다. 이 글에서는 A지역 활동가그룹 이외에는 다른 활동가들의 상황이 확인되지 않았다.

그러나 『아름다운 연대』는 구로공단에 학출활동가들이나 노출활동가들이 서로 다른 경로로 들어와 활동하고 있다는 사실을 구술로 재현해냈다. 노출활동가로는 김준용, 강명자, 추재숙(대우어패럴), 김영미, 정필순(효성물산), 최태임, 안경환, 김복실, 이경자(부흥사), 윤혜련(가리봉전자) 등이 산업선교회나 JOC, 야학 등과 관련을 갖고 활동했다. 또 아래 표에 있는 학출활동가들의 구술에는 그들이 현장에 들어온 이유와 과정, 현장 활동이나 정치 써클 활동이 담겨있다.

구동파 학출 현황

	학교(학번)	현장진입		학교(학번)	현장진입
최한배	서울대(71)	개인	공계진	고대(80)	학내집단
정해경	서울대(76)	개인	민경옥	서강대(80)	개인
심상정	서울대여학생회(78)	3인	박민나	이대(79)	소그룹
장영인	〃 (78)	3인	강순옥	서울교대(79)	개인
서혜경	〃 (78)	3인	이선주	서울여대(79)	
김미경	〃 (79)	학내집단	우옥영	서울교대(83)	소그룹
유시주	〃 (80)	학내집단			
박경희	〃 (81)	학내집단			

학출활동가들은 세대나 대학의 학생운동 발전정도에 따라 의식과 현장이전 과정의 차이가 나타났다.

우선 1970년대 전반기 세대에 속하는 최한배(71학번)는 '노동자와 함께하는 삶'을 살기 위해 현장에 들어갔다. 그는 노조운동은 "노동자가 주체가 되어야 한다", "활동가들은 보조적 역할을 해야 한다"는 생각을 갖고 있었다. 정해경(76학번)은 직장생활을 하다가 노동자와 함께 하기 위해 단신으로 부흥사에 취업을 했고, 구동파 이후 서노련에 참여했다.

이처럼 1970년대 전·중반기 학번들은 유신체제에 대한 반독재 정치 민주화의 의식을 갖고 있었고, 일부는 '민중과 함께'라는 감상적 의식을 갖고 노동현장에 개인적으로 진입했다.

그러나 1970년대 후반기 학번들은 모호하지만 사회변혁의 차원에서 노동운동을 고민했으며, 노동자를 변혁운동의 주체로 조직하기 위해 현장이전을 하기도 했다. 특히 구로 지역은 여성노동자 중심의 섬유, 전자업체가 다수를 점하면서, 이곳으로 많은 여성활동가들이 현장이전을 했다. 그 가운데 구동파를 주도하는 그룹으로 부상한 세력은 서울대여학생회 그룹이었다. 이 그룹은 78학번인 심상정, 장영인, 서혜경이 참여하고 있었으며, 이들은 각자 야학 경험을 쌓고 1980년대 전반기 구로공단으로 개별적으로 현장이전을 한 뒤 집단을 형성했다.

그 뒤 이 그룹의 79, 80, 81학번 학생운동가들은 현장에서 만들어진 집단관계, 조직관계를 통해 구로공단으로 현장이전을 했다. 이 그룹에서 1980년 광주항쟁 세대로서 보다 뚜렷하게 사회변혁의식과 맑스주의 세례를 받고 현장이전을 한 경우는 80학번 유시주와 81학번 박경희의 경우이다.

여학생회 구성원들은 78학번에서부터 '사회주의'를 지향하며, 노동자계급의 계급혁명을 위해 노동운동을 하는 것으로 인식했다. 80, 81학번들은 역사유물론, 혁명사 같은 학습을 받았으며 현장이전 때는 78학번들의 활동에 기반해 집단이전을 할 수 있는 조건이 만들어졌다.

한편 고려대 80년 학번인 공계진은 학내 시위를 주동하고 구속됐다가 학내 관련자들과 현장으로 진입하는데, 이는 1980년 이후 학생운동의 정치투쟁론에 따른 운동 경로를 보여줬다.

이대 79학번 박민나는 학내 팀과 같이 현장이전을 하였고, 롬 코리아에 입사해 연대투쟁을 하다가 해고된 이후 학내선배의 연결로 서노련에 참여했다. 서강대 80학번인 민경옥의 경우, 다른 대학교 활동가들과 같이 현장이전을 했고, 대우어패럴에 다니다가 심상정을 만나 A지역 활동가 그룹의 핵심구성원으로 활동, 서노련의 핵심인물이 됐다. 서울여대 79학번인 이선주는 외부 팀과 같이 준비해서 현장이전을 해 부흥사에 입사했다. 학교선배를 통해 심상정을 만나면서 A지역 활동가 그룹에 참여, 구동파로 구속됐다가 석방 후 서노련에 참여했다. 이들도 공통적으로 '사회주의'를 지향하고 있었다.

      면담자: 그러면 현장으로 오신 게 1983년 초…… 현장운동을 할 생각을 하고 오실 때 준비는?
      이선주: 그 팀(공활 연대팀)이랑 계속 공부를 했던 거 같아요……. 하여간 1970년대 노조운동에 대해 공부한 기억은 나요. 그리고 노동법 같

은 것도 공부 좀 했던 거 같고······.
면담자: 1982년 1981년에 학생운동 안에서 사회주의에 대한 고민이 있었어요?
이선주: 사회주의에 대한 고민이 있었죠······. 구체적으로 생각을 안했지만 프롤레타리아 독재나 볼세비키 혁명에 관해서 토론을 했죠. 막연하지만 그 모델을 생각했죠. 프롤테라리아 독재에 대해서 생각했죠······.

서강대 79학번인 강순옥은 "현장에 가면 할 일이 있을 것이다"라는 막연한 이유로 단신으로 효성물산에 입사, 구동파 이후 노동자들의 뒷마무리를 하면서 자신도 다시 현장에 들어가 활동했다. 그녀는 1990년대 현장운동을 정리할 때까지 조직관계를 갖지 않았다.

제 개인적인 생각을 갖고 출발한 부분들이 많거든요. 앞으로 뭘 할 것이다. 조직해서 뭘 할 거다. 이런 거에 대한 청사진을 별로 없었던 것 같아요······. 일단 가야 된다는 생각이 컸어요······. 할 일은 가서 있다. 지금은 내가 가서 만나야 된다는 생각을 했어요······. 가서 내가 어떤 역할을 할까는 그 사람들이 정해줄 거란 생각을 했어요······. 내가······ 굉장히 충동적이고 또 감성적이고······ 1학년 때 내가 새로운 경험을 해보고 싶었던 호기심처럼, 현장을 선택한 것도 내가 살아온 것과는 전혀 다른 각도로 해보고 싶었던······.

이처럼 서울대여학생회 이외의 다른 대학 학생운동가들은 학생운동의 발전정도에 따라 개인적으로 현장에 들어오거나 학내 소그룹으로 들어오기도 했다. 고대 그룹과 같이 들어온 공계진, 학내그룹으로 들어온 우옥영은 이후 정파운동으로 분화과정에서 초기 현장관계가 그대로 정파운동으로 흡수되는 것으로 나타나고, 개인으로 들어오거나 혼자 남아 활동하던 활동가들은 인맥이나 다른 활동가들의 소개로 정치 써클에 참여하는 것으로 나타났다.

이러한 학출활동가들의 구술은 이들의 현장이전의 목적과 그 과정,

또 1980년대 중반기 정치 써클인 서노련, 남노련, CA, NL그룹이 어떻게 조직되기 시작했으며 어떤 목적에서 활동을 벌여나갔는지를 보여준다.

(2) 민주노조의 일상활동

최창우는 1984년 4개 사업장의 노조 결성에 대해서는 날짜, 참여자 수, 장소 정도를 파악하고 있었고, 회사 측의 탄압에 대항하여 노조가 정착하는 과정, 임금인상투쟁을 거치면서 조직역량이 강화되는 과정, 그리고 간단한 노조 간의 연대활동을 정리했다.

유경순의 경우도, 자료에 근거해 위의 노조활동을 정리하면서, 노조 일상 활동과 노조 간 연대 활동, 특히 지역소모임 활동에 대해 정리했다.

『아름다운 연대』에서는 조합결성 과정, 각 조합의 일상 활동, 특히 각 사업장의 소모임 활동, 지역연대 활동에 대해 개인들의 경험을 통해 보다 풍부하게 밝혀냈다. 특히 노조결성과정은 4개 사업장 모두 새롭게 밝혀졌다. 대우어패럴은 활동가 간의 관계가 형성된 속에서 '호롱불'이라는 핵심모임이나 소모임, 친목모임을 바탕으로 100여 명 이상의 대중 동원능력을 확보하고 본격적으로 노조결성을 했다. 그 과정에서 노동자들이 어떻게 참여했는지 개인들의 경험이 구체적으로 드러났다. 효성물산의 노조결성은 위원장 김영미가 이끌던 한마음 야학의 노동자들을 중심으로 이루어졌고, 선일섬유는 남아 있는 자료의 부족으로 기존의 연구에서는 간단하게 다루었는데, 『아름다운 연대』에서는 구술을 통해 노조결성을 주도한 위원장과 사무장이 야학출신이라는 것과 노조결성준비과정, 노조결성을 주도하는 위원장의 개인적 동기까지 엿볼 수 있다. 가리봉전자도 노조결성에 조금자라는 야간 학생이 앞장을 서게 되었는데, 그 이유는 계열회사인 롬 코리아와 가리봉전자가 노동조건에서 차별받는 것, 특히 가리봉전자에서는 야간 학생들에게 저녁식사가 제공되지 않는 문제가 계기였던 것으로 확인됐다. 다른 한편 롬 코리아 노조

위원장의 제안도 있었다. 조금자는 노조 결성을 위해 주위 사람들을 모으기 시작했고, 각자 활동하고 있던 서혜경, 윤혜련이 주위 사람들을 모아 참여하여 노조를 결성한 것이다.

노조 일상 활동도 핵심간부를 키워냈던 독서모임이나 산악회 같은 문화활동에 대해 그 운영방식이나 참여한 노동자들의 생각과 느낌까지 복원해냈다.

> 공장생활이 힘들어서 대학을 가고 싶어 하잖아요……? 그래서 갈라고 했는데 수옥 언니가 입사 동기니까 '독서회 같이 하자'고 해서 만나보니 사람들이 너무 똑똑한 거예요……. 독서회 하니까 '책을 열심히 읽어서 지식을 차겠구나' 그런 생각을 하면서. 『어머니』라는 책이 기억이 나고, 각자 자취집에서 그리고 밖에도 찻집에서도 만나고. 일곱, 여덟 명 되지 않았을까? 성훈화도 있었고 양명숙, 그 다음에 수옥 언니 같이 했고, 가리봉공장에 육순난이라고, 이름이 생각이 안 나네……. 양명숙은 독산공장이고 독산공장 두세 명 정도 되고, 구로공장 둘 셋 정도 되고. 책 읽고 자기가 독후감쓰기도 하고 자기가 느낀 점을 이야기하면서…… 공부 준비는 딱 결정지은 건 아닌데 생각이 거의 멀어진 거죠. 회사생활이 굉장히 재미있고 노조가 재미있고, 학교생각이 없었던 같아요. (장영선)

특히, 제대로 알려지지 않은 부흥사의 경우, 활동가 모임이 만들어지는 과정과 어용노조를 점차 민주화 시켜가는 과정, 일상투쟁이 새롭게 밝혀졌고, 롬 코리아도 활동가들의 현장 활동을 중심으로 어용노조 집행부에 간부로 참여하는 과정이나 대중기반 형성을 위한 산악회, 문학회 등의 활동들이 구술에 의해 대략이나마 밝혀져서, 이 두 사업장이 동맹파업과 지지연대투쟁에 참여하는 상황을 이해할 수 있게 했다.

각 사업장의 민주노조들은 사업장 활동을 바탕으로 지역연대 활동을 벌였는데, 노동자들이 다른 사업장 노동자들과 같이 참여한 문화공연이나 교육, 지역소모임 등에 대해 의식이 새롭게 넓혀지는 경험들이 생생하게 재현됐다.

한편 기존 연구에는 민주노조의 내부관계에 대해서 전혀 접근하지 못했다. 그 결과 민주노조의 활동은 일체화된 모습으로 읽혔다. 그러나 구술을 통해 확인되는 것은 활동가들 내부의 갈등이 있었다. 활동가들은 노조활동을 중심으로 공동 활동을 하기도 하지만 일면 갈등을 겪기도 했다. 이런 갈등은 노동자출신 활동가와 학출활동가 사이에 일어나기도 했는데, 서로 노조활동 경험이 적기 때문이기도 하지만, 그 이면에는 아직 드러나지 않은 활동방향에 대한 차이가 나타난 것이기도 했다.

우선 가리봉전자의 윤혜련과 서혜경의 경우, 노동조합의 필요 정도를 인식하며 활동을 시작한 윤혜련과 노조 경험은 없으나 1970년대 민주노조운동에 대한 한계에 대해 이미 비판적으로 인식하고 있었던 A지역 활동가 그룹의 구성원인 서혜경은 현장에서의 실천을 둘러싸고 초기 갈등이 많았다. 노조 사무실 구하는 방법, 단체협약, 임금인상투쟁 등을 둘러싼 이들의 갈등은 현실적이고 실용적인 판단으로 활동을 전개하던 윤혜련에 비해, 서혜경은 투쟁을 통한 노조의 주체역량강화라는 원칙적인 입장을 견지하거나 지역운동 속에서 노조 활동을 고민하면서 나타났다. 이들의 갈등은 논쟁으로 드러나지는 않았으나, 구동파 이후 윤혜련이 독자적으로 현장활동을 하는 모습으로 나타났다.

"뭔가 단결을 하고 우리 힘으로 이것을 성취했다"라는 경험이 조합 설립 자체 말고는 그 동안에 좀 평탄했기 때문에(없었고), 임투가 그런 걸 좀 할 수 있는 기회였고. 특히 '우리처럼 잘못해면 유약해질 수 있는 노조는 다른 데보다 조건도 좋고, 그런 거를 우리 힘으로 성취해가는 과정이 더욱 더 필요했다'라고 생각이 됐는데……. (서혜경)

활동하면서 하나하나 다 부딪혔어. 혜경 언니하고 나하고. 굉장히 과격하게 보였거든 언니가…… 우리 힘은 그렇게 되지 않는데 과격한 걸 자꾸 요구를 했어. 근데 나는 우리 주체적 조건과 객관적 조건을 다 봤을 때, "그렇게 해선 안 된다"라고 생각했는데…… 그때마다 부딪혔어…… 그게 이념 자체가 달랐던 거지. 그때 당시에는 선도투였거든. "몇 사람이 이거를 주도해서 끌어가면서 따라오게 돼있다"는 그런 선도투의 정신이었지…… 내가 그때 "도대체 혁명을 하자는거냐, 운동을 하자는 거냐" 혜경 언니한테 그래서 물어본 거였어……. "그럼 혁명이 좋겠네"라고 해서…… 학생출신들은 혁명을 꿈꿔왔던 거고, 근데 노동자 출신들은 사실 그거는 아니었어. 우리는 운동이었어……. (윤혜련)

또 이런 상황은 부흥사의 최태임과 이선주에게도 나타났다. 최태임은 박태연을 통해 노동운동에 대해 눈을 떴고, 어용노조가 있는 부흥사에서 "주체역량을 준비해서 천천히 조합간부들을 변화시켜야 한다"는 활동방향을 갖고 있었다. 학출활동가 이선주는 활동경험이 없어 초기에는 최태임의 입장을 지지하고 같이 활동하다가, 심상정 그룹을 만나면서 'A 지역 그룹'의 활동방향에 영향을 받아, 노동조합에 대한 인식변화를 한다. 그 결과 부흥사의 두 중심 활동가 사이에는 활동방식을 둘러싼 차이와 대립, 즉 역량을 준비하며 천천히 변화시킨다는 입장과 적극적인 활동을 통해 노조역량을 강화시켜 지역운동으로 발전시켜야한다는 입장차이가 나타났다. 이런 차이는 논쟁으로 발전될 정도의 활동노선으로 정립된 것이 아니라 '미묘한 활동 방식 차이'로 이해되면서, 활동가 간에 일정한 거리가 형성되었다.

태임 언니하고 나하고 많이 말을 맞추면서 조합을 해 갔던 거 같고…… 언제 시점인지를 모르겠네, 하여간 심상정 씨를 만나게 돼서 심상정씨한테 영향을 받기 시작했죠. 내가. 지역 차원에서 진행되는 여러 가지 사업이 있다는 걸 알게 됐고 그래서 그런 지역소식이나 이런 거…… "노동조합만 붙들고 있어가지고 되는 게 아니다" 이런 생각을 외부영향을 받으면서……했던 거 같애. 안에서도 그런 생각을 한 거지…… 그런 문제를 최태임 언니랑 갈등을 가졌던 거 같애…… 그래서 최태임 언니도 내가 조금 위험하지 않나 이렇게 약

간 그런 생각을 있었던 거 같고……. (이선주)

　쌓여있던 것도 아니고, 내 생각으로 "내부적으로 다져가야 한다" 그런 생각. 위원장이나 우리 간부들이 얘기하기를 또 외부강사 초청하는 걸 두려워하고. 아무리 내가 의식이 있다 하더라도 내 뜻대로 하는 게 아니라 간부들과 의논을 해서해야 하기 때문에, 간부들이 외부강사 통해서 하는 걸 부담감을 갖고 그랬기 때문에 아무래도 주위에 우리는 그런 새로 활동하는 사람들하고는 좀 방법이 차이가 있었던 것 같아요……. (최태임)

　위의 두 경우는 학출활동가나 노출활동가가 노조경험이 부족한 상태에서 후자가 노조를 중심으로 운동을 인식하고 활동하려 한 것에 비해, 활동가들은 학습과정에서 1970년대 민주노조의 경험을 조합주의라는 비판적 인식을 갖고 있었고, 노동운동을 노조 중심으로 사고하지 않고 지역운동의 시각에서 접근하면서 생기는 갈등이라고 볼 수 있다.

(3) 동맹파업의 전개 과정
① 동맹파업 결정과정

　최창우는 동맹파업의 결정과정을 다음과 같이 정리했다. 6월 22일은 효성물산노조가 숙박교육을 하는 날이었고, 이 교육은 선일섬유, 가리봉전자, 지역 해고노동자, 모두 90여 명이 참여 했다. 대우어패럴 간부 구속 소식을 들은 교육장 사람들이 '공동대처'를 결정했다. 이어, 숙박교육을 주최한 효성물산 노조 위원장이 대우어패럴 조직원과 만나 공동대처 문제를 논의했다고 제기했다.

　유경순은 다음과 같이 그 과정을 제기했다. 6월 22일 대우어패럴 노조지도부 3인이 구속되자 대우어패럴 조합원들은 4시 40분에서 5시까지 농성을 했다. 6월 23일 오후 1시 위원장 집에서 임시대의원대회를 개최하여 24일 출근 후 파업을 결행하기로 결정했다. 또한 노조 사무직원인

박경희는 심상정 등과 논의하여 효성물산 위원장을 만나 간부구속사건을 알리고 연대투쟁을 제기했다.

6월 22일, 안양 기독교 원로원에서 진행될 한국노총 지원의 "조합간부 합동교육"에 효성물산 노조, 선일섬유 노조, 가리봉전자 노조와 구로 지역 해고자 및 노동운동가를 비롯한 100여 명이 참석했다. 이 자리에 효성물산 노조 위원장을 통해 김준용 위원장 및 노조 간부구속사건이 전달됐다. 이들은 대책을 논의하여 연대투쟁으로 대응하자는 결의를 했다.

이어 23일 대우어패럴 부위원장, 청계피복 사무장, 효성물산 위원장, 선일섬유 위원장, 가리봉전자 위원장, 세진전자 해고자 1인, 심상정 등이 청계피복 노조사무실에 모였다. 이들은 대우어패럴 노조가 파업을 하기로 한 6월 24일 오후 2시를 기해 사회적 파급력인 큰 동맹파업을 벌이기로 결정하고, 연대투쟁위원회를 구성(연대투쟁위원장에 효성물산 위원장 김영미)했다. 이어 노조위원장들은 각 사업장에서 조합원들과의 토론을 거치기로 했다.

『아름다운 연대』에서 주체들의 구술을 바탕으로 확인한 사실을 다음과 같다. 6월 22일 대우어패럴 노조간부 3인 구속사건 이후 파업에 대한 결의와 준비는 세 방향에서 진행되었다.

우선 6월 22일 노조간부 3인 구속을 알게 된 조합원 150여 명이 사업장에서 농성을 했고, 이어 6월 23일 11시경 위원장 집에서 임시대의원대회를 열어 파업을 결정했다. 임시대의원대회 이전 심상정과 함께 노조 간부들은 각자가 속한 소그룹별로 파업을 준비를 했다.

두 번째 과정은 대우어패럴 앞의 사업장인 효성물산에 구속사건이 알려지자, 노조위원장은 선일섬유 노조위원장에게 연락한 뒤, 이날 있던 교육에 각 노조에서 최대한 인원을 참여시켜 대책을 모색키로 했다. 이날 교육에서 참가자들이 파업을 결의했다. 교육과정에 효성물산, 선일섬유 위원장은 가리봉전자 노조간부를 만나기 위해 서울로 왔다.[26]

세 번째 과정은 'A지역 활동가그룹'에서는 지역의 여러 모임을 통해 공동투쟁을 모색하였다. 그 가운데 심상정은 대우어패럴 파업준비를 했고, 가리봉전자의 부위원장 서혜경은 A지역 그룹을 통해 대우간부 구속사건을 듣고 공동투쟁으로 대처해야 한다는 결론을 내린 뒤, 가리봉전자 노조 간부들의 의견을 모았다. 또 부흥사의 이선주, 김미경, 정해경 등은 심상정과 모임을 가졌다. 롬 코리아에서 노조간부로 활동하는 장영인은 A지역 모임에서 상황을 듣고 롬 코리아도 투쟁에 참여할 수 있는 방법을 모색했다. 그밖에도 남성전기는 A지역 소그룹에 참여하며 노조민주화활동을 하던 김수경 편집부장 등이 그룹 사람들과 논의해 노조에서 적극 지지싸움을 조직하기로 했다.

이런 세 흐름은 6월 23일 오후 8시경 청계피복 노조활동가들과 같이 청계천 근처 봉제공장에 모여 공동대책을 모색하여, 동맹파업을 공식적으로 결정했다. 회의과정에 파업준비를 하던 대우어패럴 부위원장이 참여해 파업의사를 전달하고 동맹파업에 대한 결정을 공유했다. 이처럼 『아름다운 연대』에서는 4개 사업장이 어떻게 동맹파업을 결의했는지, 이후 부흥사의 동맹파업이나 롬 코리아나 남성전기에서 어떤 과정을 통해 지지연대투쟁을 했는지에 대해 새롭게 밝혔다. 특히 여러 주체들의 구술을 통해 논의 내용[27]과 판단 근거도 확인할 수 있었다.

② 동맹파업 과정

유경순은 동맹파업의 전개과정을 투쟁일지, 선전물 등을 참고하여 날짜별로 진행된 상황을 정리했다. 그런데 각 사업장에서 진행된 동맹파업과 지지연대투쟁에 참여한 노동자들은 모두 같은 생각, 같은 느낌을

---

26) 여기서 최창우, 유경순의 연구에서 합동교육에 가리봉전자가 참여했다는 것은 잘못 알려진 것으로 확인됐다.

27) 여기서 유경순의 연구에서 제기된 '연대투쟁위원회'(김영미의 주장)는 없었고, 책임소재를 정하기 위해 나온 것이라고 확인됐다.

갖고 싸웠을까.

이에 대해 『아름다운 연대』에서는 문헌 자료를 바탕으로 전체 진행과정을 정리하고 그 위에 주체들의 참여과정과 투쟁과정에서 겪었던 다양한 경험들을 기록해 놨다. 특히 단순한 상황 확인만이 아니라 구술자들이 투쟁과정에서 느꼈던 힘이 났던 일이나 힘들었던 것도 포함하여 투쟁과정이 좀 더 생동감 있게 전달된다. 아래의 구술은 대우어패럴 조합원이 파업 시 앞의 효성물산 노조에서 동맹파업을 하는 것을 보고 느꼈던 그 때의 감성을 알 수 있다.

> 효성은 그 앞에 이층인가, 베란다처럼 난간이 있었는데. 크게 넓진 않았는데…… 거기서 같이 해주는데, 진짜 지금도 전율이 막 확~ 느껴지는데, 와~ 그렇게 먹지도 잘못했지 그 상황에서…… 상대편 회사 조합에서 우리한테 힘 실어주는구나. 생각하니까 히~ 힘이 솟더라……. (이강희)

또 같은 대우어패럴 조합원이 파업과정 중에 가장 힘들었던 상황에 대한 구술에서도 공감과 동시에 구술자의 힘든 내적 상황을 잘 보여 준다.

> 가장 힘든 건, 이 이야기를 해야 하나, 사람마다 틀리겠지만 단전 단수 배고픔보다 가장…… 힘들었던 건…가족인 거죠……. 며칠인지 아버지가 오신 거 같아요……. 정문 못 들어오게 막고. 왔다 갔다 하시는 아버님 모습 보이더라고요. 내가 앞에 나가서 보진 않았죠. 그때까지만 해도 견딜만 했어요. 형도 왔다 간 것 같고. 그리고 어머니가 왔는데 가장 견디기 힘들었죠, 사실. 내가 일부러 저 뒤에 쳐 박혀서 안 나갔죠. 그게 제일 견디기 힘들었던거 같아요……. 하여튼 못 만나겠더라구요. 만나면 뭔 일이 일어날지 감당이 안 될 것 같았어요……. (강성운)

이러한 주체들의 감성과 내적 갈등은 본인이 아니면 확인할 수 없는 것이었다. 또 기록으로 확인할 수 없었던 각 노조의 투쟁결의과정이나 투쟁 상황이 새롭게 밝혀졌고, 전태일 기념관에 있었던 '상황본부'의 활동이나 역할, 효성물산의 이른 농성 해산과정과 노동부 중부지방사무소 농성투쟁과정, 가리봉전자의 폭력적 해산과정, 부흥사의 동맹파업 결정과정에서 있었던 내부갈등과 투쟁과정, 롬 코리아의 지지농성 참여과정 역시 처음으로 확인되었다. 그 결과 구동파의 전체적 전개과정을 보다 풍부하고 다양하게 재현할 수 있었다.

(4) 동맹파업 이후의 노동자 상황

최창우의 글은 구동파 이후 상황에 대해서 다루지 않았고, 유경순은 동맹파업 이후 각 노조의 조합원들은 해고자들을 중심으로 모임을 만들었다고 했다. 대우어패럴은 30여 명이 모임을 만들어 회사의 탄압에 대해 퇴직금 수령 거부운동, 해고무효 확인소송을 했고, 『대우어패럴 노동조합 소식지』를 재발간 했다. 가리봉전자, 효성물산, 부흥사, 선일섬유의 모임에서도 소식지를 발간하면서 노조복구를 위한 노력과 내부의 역량강화를 위한 학습을 했다. 그러나 동맹파업 이후 조합원들의 사업장 중심의 모임과 활동은 현장노동자들과 다시 결합되지 못하고 지역차원에서 '구로노동자 연대투쟁연합'을 발족했다. 이 모임은 이어 1985년 8월에 '구로노동조합민주화 추진연합', '노동운동탄압투쟁위원회', '청계피복노동조합', '한국노동자복지협의회 분리파' 등의 4개 단체와 함께 '서울노동운동연합' 결성에 참여했다.

이어 1986년 구속되었던 노조간부들이 석방되면서 동맹파업의 평가작업이 활기를 띠었다. 이들은 동맹파업에서 노조의 역할이 무엇보다도 중요했다는 점을 확인했다. 그 결과 효성물산 위원장, 가리봉전자 위원장, 사무장, 선일섬유 위원장과 지역노동운동가들이 중심이 되어 1986년 5월 '노동조합결성추진위원회'를 결성하여 구로 지역을 중심으로 다른 지역까지 노조에 대한 교육과 다양한 지원활동을 했다고 제기했다.
 그러나 『아름다운 연대』에서는 구동파 이후 보다 다양한 양상으로 활동하고 조직되었다는 것을 알 수 있다.
 우선 각 사업장 해고자들은 전태일 기념관을 근거지로 논의, 학습, 사업장 복직투쟁 등을 전개하다가, 각 사업장별 소모임으로 구성되었다. 각 사업장에서 일어났던 노동자들에 대한 회사 측 탄압은 자료에서는 전혀 확인 할 수 없는 다양한 모습이었고 이에 대한 노동자들의 대응 역시도 그렇다. 대우어패럴의 복직투쟁, 효성물산 노동자들의 폐업철회투쟁, 선일섬유 복직투쟁, 가리봉전자 노동자들의 복직투쟁과 노조민주화 활동, 심지어 부흥사의 복직투쟁이나 롬 코리아의 복직투쟁 등이 전개됐다. 전태일 기념관를 중심으로 벌어졌던 복직투쟁에서 최한배, 서혜경 등 구속되지 않은 활동가들은 7·23가두투쟁에서 '구로연대투쟁 노동자연합'을 결성하면서 동맹파업은 마무리됐다. 그러나 그 뒤에도 가리봉전자의 경우 사업장 안에 남아 있던 열성조합원들에 대한 회사 측의 탄압과 그에 대한 저항, 소수 노동자들의 노조민주화를 위한 움직임이 지속되었다. 이러한 투쟁은 이후 결성되는 서노련과 연계되어, 가리봉전자, 롬 코리아, 남아전자의 1986년의 투쟁으로 이어졌다. 구속된 조합간부들 역시 감옥투쟁, 재판투쟁을 벌여나갔으며, 이들의 가족이 모여 구속자가족대책위원회를 결성, 감옥 밖에서 가족들의 투쟁 역시 벌어졌다.
 이후 노동자들은 서노련으로 조직되거나 석방된 조합간부들을 중심으로 '노동조합결성추진위원회'에 참여하고, 일부는 개별 활동가들을 따라 여러 지역모임에 참여했다.
 이처럼 구술에서 구동파 이후 가두투쟁, 복직투쟁, 감옥투쟁과 재판투쟁, 가족투쟁 등으로 지속되었다는 것을 개인들이 처한 상황에서 여러 각도로 다양하게 드러냈다.
 다른 한편 노조간부나 활동가들은 구동파 이후 그 결과에 대한 후유

증으로 시달렸다. 또한 서노련의 배타적인 운동 모습은 다른 운동 세력과 갈등, 대립으로 나타났고, 그 과정에 서로 다른 조직에 포함된 구동파 주체들 사이의 대립과 갈등으로 나타나기도 했다. 그 움직임의 중심에는 구속된 노조간부, 노출활동가들이 있었다. 구속자들이 나오면서 효성물산 김영미, 김현옥, 진선자, 윤혜련은 소그룹을 구성해 학습을 하기도 했고, 구동파 평가회를 개최하기도 하면서 독자적 조직 활동에 적극 나섰다. 이런 움직임은 지역 내의(노조결성 추진위원회→서울 노련) 그룹과의 연계에서 진행된 것이었다.

이후 이들은 구동파 1주년 기념식을 주체들이 다 모여서 하려다가 논의과정에서부터 서노련 세력과 갈등했고, 그 결과 독자적으로 행사를 진행하려 했다. 그러나 행사 과정에서 구동파 주체들은 서노련 세력 대 비서노련 세력으로 나뉘어져, 서로가 구동파의 계승자임을 주장하며 행사장에서 격한 감정적 대립을 했다.

이 대립의 과정은 비서노련 세력에 속한 구동파 주체에게는 큰 상처로 남았다. 구동파의 연대정신이 일거에 무너지는 과정으로 기억됐고, 분파 운동에 대한 분노와 혼란으로까지 갔다. 한편 1주년 행사에서 '가해자'로 지목된 서노련에 소속한 구동파 노동자들은 그 상황을 제대로 기억하지도 못한다. 상처를 준 자와 상처를 받은 자의 기억 차이이거나 그들 역시 주체적 판단이라기보다는 '분위기'에 따라 감성적으로 행동했기 때문일 수도 있다.

> 우리가 1주년 집회를 한다고 하니까 그때 산선 사상 최고로 사람이 많이 모였다고…… 1,000명. 마당 밖에까지 죽…… 그래 마당에다 마이크 설치하고…… 그랬는데 이소선 어머님이 격려사를 하러 단상에 딱 서자마자…… 최○○씨 마누라가 "당신이 여기가 어딘데 왔어!" ……그래도 "지금부터 1주년 기념식을 시작하겠습니다"했는데, 김준희랑 강명자랑 "야, 니네가 뭔데 1주년이야" 막 난리를…… 또 대우어패럴 대표로 추재숙이 "오늘 이렇게 같이 못한

걸 아쉽게 생각 한다" 얘기 한 거에, 김준희랑 단상서 끌어 내리구 발로차구…… "니가 뭔데……어패럴야! 이 배신자!"……와 진짜 너무 서글픈 거 에요. 도대체 "같이 죽고 같이 살자" 그리고 보기만 하면 언니, 오빠, 동생해가면서 끌어안고 반가워하고 좋아라 하던 우리가…… 1년 지나 이렇게 되야하냐구……그러면서 내가 막 울었어요. (김현옥)

그러나 '상처'준 자로 지목된 이는 그 시기에 대한 기억이 거의 없었다.

    면담자: 1주년 행사 기억나요?
    김준희: 1주년 행사는 그것도 생각하면 종민이 언니에 의해서 참여를 한 거죠, 참여한 정도. 입구가 좀 시끄러웠던 기억은 나고, 영미 언니랑 어떻게 했다? 기억이 잘 안 나고, 약간의 실갱이 있었던 정도 밖에…… 어쨌든 산선 입구가 조금 시끄러웠던 기억이 나고 참여한 거 정도 밖에…….

서노련 1주년 행사가 있었던 1986년 6월은 서노련의 문제가 내·외적으로 드러나고 다른 정치적 입장을 가진 세력들이 조직을 만들어 나가던 상황을 반영하는 모습이었다. 구체적으로는 김영미, 김현옥 등의 구동파 주체들이 이후 NL경향을 갖는 서울 노련에 참여함으로써, '역사계승의 주체'를 둘러싼 주도권 싸움의 모습으로 나타난 것은 분파형성 과정의 단면을 보여준다.

2) '사실증언'을 넘어 '의미'가 있는 구술

『선봉에 서서』에는 주체들의 경험에 대한 소간담회, 수기를 통해 투쟁과정에서 느꼈던 노동자들의 느낌과 생각을 담고 있다. 그러나 일정하게 투쟁의 성과를 조직하기 위한 내용을 중심으로 담고 있다. 그밖에는 구동파에 대한 대별되는 두 개의 투쟁평가를 실어 구동파가 그 시기 노동운동 내부에서 어떻게 평가되었는지를 보여주고 있다.

두 논문에서는 연구자들의 의미평가만 있을 뿐이다.

그러나『아름다운 연대』는 사실의 복원에서 나아가 그 상황에서 느꼈던 감성, 생각과 판단 등 주체들이 갖는 '의미'가 들어있었다. 노조활동, 구동파, 그 이후 활동 등의 의미 또 주체들에게 그 시기 활동과 투쟁이 자신의 삶에 어떤 영향을 주었는가를 스스로 발언하게 하여 '역사적 사건'이 이후 개인들에게 어떤 영향을 주었는가도 일부 엿볼 수 있다. 다음에서는『아름다운 연대』와 그 밖의 구술내용에서 드러나는 주체들의 해석에 대해 살펴본다.

(1) 성장 과정

구술자들의 성장과정을 듣다보면 '사실' 자체로 있는 것이 아니라 스스로의 삶의 과정에 대한 자신의 선택과 해석이 결부되어 있는 것을 알 수 있다.

보기로 강성운의 경우 성장과정의 얘기에는 현재 자신의 시선으로 어린 시절의 내용을 선택하고 있는 것이 나타난다. 그는 1968년 월남한 아버지와 남한 거주자인 어머니 사이에서 태어났다. 그의 아버지는 특히 명절이 되면 고향에 대한 그리움이 강했고, 그런 분위기가 감성에 남아 있던 강성운은 학교에서 배우던 반공교육에 대한 거부감과 거리감으로 연결시켜 기억하고 있다.

> 면담자: 어렸을 때 자라면서 기억에 남는 거?
> 강성운: 부부싸움도 많았던 것 같고, 그래도 어렸을 때 는 지금보다 훨씬 명랑했던 것 같아요. 잘 뛰어 놀고…… 아버님이 인제 아까 말씀드렸지만 월남하신 분이라 이렇게 뭐…… 명절 때나 이럴 때 보시면 먼 허공에 시선을 두시고 보시는 게 되게 참 안 돼 보였어요. 어린 마음에.
> 뭐 그런 모습을 보면서 왜 그러실까 이런 의문을 가졌죠. 그리고

이제 뭐, 이산가족 이런 거죠. 그런 게 알게 모르게 저한테 영향을 미쳤어요. 소위 이야기하는 남북 문제나 민족적인 그런, 우리 때는 '똘이 장군'시대란 말이에요, 이런 거고 반공 글짓기도 하고, 늑대로 그려야 하고, 그런 세대였는데 그런 것들에 대해서 지금 인터뷰하는 거 거부반응 있듯이, 거부반응이 많았어요.

또 다른 경우로 심상정은 아래 구술에서 알 수 있는 것처럼 자신의 삶 전체를 압축적으로 해석하여, "가정에서부터 사회활동 과정까지 모두 비주류로 살아 왔기에, 독립적이고 자유로운 사고를 가졌다"고 해석하고 있었다.

    면담자: 성장과정을 말씀해 주신다면?
    심상정: 그러니까 가장 큰 특징은…… 집에서는 막내고 여자로서 돼있고. 대학에서도 서울대학교가 아주 남성 중심적인 학교에서 여성 운동권으로 커왔고. 그런데서 아주 치열한 문제의식 같은 게 많이 생겼던 것 같아요. 노동운동 할 때도 사실 내가 금속을 오랫동안 했는데 다수, 96%가 남성인 사업장에서 특히 남성 지도부들하고 주로 부딪히면서…… 돌이켜 보니까 커오는 과정에서 우리 사회의…… 시기 시기마다 어떤 주류보다는 비주류와 고립된 속에서 주류적인 가치나 주류적인 사고방식이나 주류적인 행태나 습관이라던지 비껴져 나왔던 것이, 오늘날의 내가 여기까지 오게 된, 다른 사람과 구별된 점이 아닌가 이런 생각이 들었고…….

(2) 노동조합 활동

이 시기 활동가들에게 노동조합은 새로운 대중조직이었다. 특히 학출 활동가들에게 노동조합을 결성하고 활동을 한다는 것은 여전히 '머릿속의 그림'이었다. 1984년 구로공단에서 다시 시작된 민주노조운동을 펼친 활동가들의 민주노조나 노조활동에 대해 생각은 다음 구술에서 볼 수 있다.

"조합이 있다"라는 게 얼마나 질적인 변화를 뜻 하냐면…… 당연히 합법적인 내용 자체는 어디서든지 할 수 있어야 되는데, 아무데서도 할 수가 없었던 건데, 조합이 있음으로써…… 숨통이 트인 거고, 정말 평계만 만들면 간부교육, 조합원교육…… 조합원 등반대회 뭐든지 할 수가 있었던 거죠. 조합이 있음으로써 계획할 수 있던 게 많아서 참 좋았었어요. ……우리가 노동조합 만들 때에는 "민주노조다" 는 얘기를 많이 했었어요.(민주노조라는 표현을?) 표현을 썼었어요. ……어쨌든 '민주화'라는 거에 대해서는 뭔지 다른 것, 지금 우리가 살고 있는 조건과는 다른 것이라는 어떤 '희망의 단어'였던 거 같고……. (서혜경)

또 노조활동에서 가장 중심이 됐던 소그룹활동에 대해서 여러 노동자들은 스스로 의미를 부여하며 참여한 것이 공통으로 나타났다. 이 과정에서 이들은 자신의 존재에 대한 인식, 현실을 인식하는데 의미를 두면서 검정고시를 통한 진학이나 대학진학에 대한 꿈과 미련을 버리고 노조활동을 한 것으로 구술에 나타났다. 그만큼 소모임 활동을 통해 노동자들은 강한 감성적 연대와 의식변화를 겪고 노조활동의 주체로 성장했다.

어느 날은 수옥이 언니가 "독서부를 해보자"고 해서…… 대화를 하면 통하고 토론하고 그러면서 정신적으로 변화가 많이 됐어요……. (학원은?) 못 다녔던 것 같아요. 왜냐면, "공부를 내가 해서 굳이 대학을 가야하나" 이런 생각이 많이 바뀌어서 독서부하면서. 그리고 나중에 노동조합 생겨서 활동하고 그렇게 되면서 "내가 어차피 대학을 가는 것도 삶의 질을 높이기 위한 건데, 내가 대학을 꼭 가야 되겠다."는 생각을 접었어요. "지금 이것도 의미 있다"고 그때는 생각했던 것 같아요……. (양명숙)

한편 사업장의 울타리를 뛰어넘어 지역 연대활동을 한다는 것은 활동가들에게 중요한 문제였다. 이들은 노조운동이 아니라 노동운동을 위해 현장에 들어갔고, (민주)노동조합은 지역연대나 전국 연대를 위한 기반으로 인식되어, 그 자체로 매몰되어서는 '조합주의'에 머문다는 의식을 갖고 있었다.

(활동가들의 연대의식은?) 그 당시 많이 썼던 말은 대중적으로는 '민주노조'라는 표현을 사용했고, 그 다음에 활동가들끼리는 "개별 사업장의 경험주의에 머물러서는 절대 안 된다. 그건 마치 죽음이다"라는 식으로…… 그런 표현을 꽤 자주 언급하면서, 그러니까 개별사업장에서 노조 만드는 게, 우리가 민주노조가 목표가 아니라는 것은 전제가 돼 있던 거 같아요. 그러니까 민주노조가 전체 연대라던지 지역의 어떤 운동의 활성화를 위해 굉장히 중요한, 확보해야 될 디딤돌이라고 생각을 했지, 그 자체가 궁극적인 목표라고 생각하지 않았기 때문에……. (서혜경)

또한 간부들에게도 민주노조들의 연대활동은 '당연한 일'이거나 '자연스러운 것'이었다. 역사적 경험에 대한 이해와 더불어 같은 시기, 같은 공간에서 민주노조가 만들어져 여러 활동을 공유할 수 있는 상황이었기 때문이다.

1970년대 노동운동사나 이런 것들을 조금씩 공부를 한 사람들도 있었고, 민주노조들은 다 깨졌었잖아요? "노동자의 권리를 찾으려고 노동조합 활동을 하려고 할 때는 제대로 한다"라는 것이 민주노조를 뜻한 거고, 제대로 하려는 민주노조가 많지 않다는 것도 알았고, 그래서 간부들은 "민주노조하고 교류하고 싶다", "우리 혼자 두렵기 때문에 이런 것들이 많이 모여야 된다"는 기대를…… 자연스럽게 했던 것 같고……. (서혜경)

대우, 선일 다 해서. 같이 교육을 많이 받으러 1박 2일로도 가고. 자기네 회사 돌아가는 상황 이야기도 하고. 대처방법도 하면서. 그러니까 가서도, 너네 회사, 우리 회사 이런 것도 없어요. 다 한 가족 같은 게 돼서…… 당연한 거라고 생각을 했어요. 서로 같은 입장이잖아요? 노조가 필요하고. 우리 희망찬 내일이 보이는 거니까. 우리가 요구한대로 다 되면 정말 좋은 세상이 올 것 같고. 재밌고 좋더라구요 그때는……. (나윤희)

이런 노조들의 연대활동은 조합원들이 사업장의 틀을 넘어 연대의식을 갖는데 중요했으며, 특히 지역소그룹 활동에 참여한 조합간부들은 노조 운동과 노동운동의 주체로 성장할 수 있었다. 활동가들도 지역 활동의 상을 좀 더 직접적으로 고민할 수 있는 과정이었다. 주체들은 이런 지역 활동이 구동파의 중요한 힘이라고 의미부여를 하고 있다.

> 노동자들도 여러 공장에서 모여서 "서로 같다"라는 사실이나 서로 각자의 공장 얘기들을…… 내놓고 소통하고 이러면서 노동자 계급의식이라든가 대사용자의 똑같이 대립되고 있는 단일한 전선이라든가 이런 거에 대한 생각이 확연히 들 거 아니예요? ……그 팀이 굉장히 많이 굴러갔다고 그게 연대투쟁에 밑거름이 됐죠. ……공단소식 밤에 돌리면…… 공단 분위기가 싹 달라져 있다. ……그게 피부로 즉각 즉각 느껴지는 거 같더라고 그야말로 '공단이 내 손안에 있는 거' 같은 그런 느낌이 들더라고……. (이선주)

(3) 동맹파업이 가능했던 이유

동맹파업이 결정되는 과정을 둘러싸고 주체들의 기억과 해석은 차이가 있었다. 이는 그 시기 각자의 위치에서 알고 있었던 정보의 제한 때문이거나 거꾸로 자신들의 위치에서 인식했기 때문이라고 보였다. 나아가 구동파 직후 여러 평가 과정에서 공유된 인식을 바탕으로 노동운동을 한 경험의 반영이기도 한데, 이는 결국 그 시기 구로 공단 노동운동의 분화모습을 반영하는 것이기도 했다.

구동파 직후 그 평가를 둘러싸고 주체들은 크게 두 가지 판단으로 나타났다. 우선 일부 활동가들에게는 동맹파업이 활동가들의 목적의식적 실천을 통해 조직되고 준비된 것이라는 주장이 있다. A지역 활동가 그룹에서 활동했던 활동가나 선진 노동자들의 판단이 이에 속한다. 이 그룹의 리더인 심상정은 활동의 목적과 조직 활동―지역소 그룹, 공단소식, 해고자단체 개입 등―을 바탕으로 지역운동차원에서 구로공단 공장에 여러 활동가들의 포진, 이후 동맹파업 과정에서 실제로 이 힘이 가동된 것이라고 했다.

> (동맹파업이 준비되었던 거다?) 그렇지. 그런데 그 문제와 관련해서 김영미 쪽에서 계속 제기하는 것은 '대중투쟁인데 왜 활동가 중심으로 하냐' 그러는데 활동가 중심으로 누가 이야기하는 게 아니라, 이 대중투쟁은 대중투쟁 자체가 갖는 역사적인 의미도 있을 테고, 이게 어떻게 조직화 됐나 라는 것도 있을 텐데. 조직화의 측면에서는 활동가들의 목적의식적인 실천을 통한 조직화임은 틀림없는 거죠. (심상정)

이 그룹의 장영인은 김준용이라는 대중지도자와 조직력, 지역조직망의 형성을 바탕으로 A그룹이 '정치투쟁'을 기획하고 준비했다는 것을 구동파의 가능요인으로 제기했다.

> 대우를 중심으로 우리가 한번…… "붙어본다"는 건 예정을 했었던 게 아닌가 생각되는데요. 그럴만한 소지가 있는 곳이고, 그 쪽을 조직했던 사람들 입장에서는 그걸 할만한 내부 지도자가 있었죠.……신임을 얻고 그 밑에서 같이 굴려갈 수 있는…… '기동대'라고 할 수 있을만한 조직을 김준용 씨가 우리 지원을 받아서 하고 있었던. 적절한……노동자 지도자가 있었고, 그걸 뒷받침해줄 수 있는 노동자 집단과 지식인들이 있었기 때문에. 제 생각은 그냥 조직화가 아니라…… "정치투쟁을 한 번 해볼 수 있는 곳으로 상정했던"게 아닌가 하는 생각이 들거든요……. 우연한 건 분명히 아니구요. (장영인)

이 A그룹은 구동파 이후 '동맹파업의 적자'임을 자임하고, 7월 23일 '구로연투노동자연합'을 결성하여 다른 세력과 힘을 모아 서노련을 결성했다. 그러나 다른 구술자는 이를 부정하며 '민주노조의 중심성'을 주장하기도 했다. 이 해석에는 A그룹에 대한 견제와 학출의 역할에 대한 평가가 담겨 있다.

면담자: 동맹파업을 조직하는 과정에서 학생출신의 역할은?
김영미: 동맹파업을 결정하는 데 학출들의 역할은 없었지요. 그래서 질문 자체가 잘못되었어요. 효성물산노조에는 한 명도 없었죠……. 선일섬유에는 학출이 한 명도 없었고, 가리봉전자에는 서혜경 씨가 학출이었는데 부위원장이니까 역할을 했을 수 있겠지요. 대우어패럴은 학출들의 역할이 어떠했는지 잘 모르겠어요.……그리고 당일 안양원로원에서 대우어패럴 노조탄압사건을 자세하게 설명하고 그 탄압의 의미를 점검하고 투쟁결의를 하는 장소에서 주도할 수 있는 학출들은 한 명도 없었어요…….
동맹파업의 직접적인 물적 토대가 되었던 것은 일상적 연대활동, 연합교육, 공동투쟁이었고 이런 일상활동 속에 학출들은 묵묵히 조합원 속에 녹아들어 활동하는 가운데 조합원들의 역량을 살찌우고 의식수준을 높이는데 기여했다고 봐요. 그런 관점에서 본다면 노조활동을 함께 했던 현장에 있었던 학출들의 역할은 분명히 있었죠. 다만 현장에 있지 않았던 학출활동가 중 극소수가 동맹파업에 참여·주도했다고 말하는 것에 대해서는 그 당시의 노조운동을 전혀 모르기 때문에 하는 소리라고 생각해요. 왜냐하면 구로동맹파업은 철저하게 민주노조 중심으로 단결하여 1984년 노조결성투쟁에서 승리, 1984년 단체교섭에서의 승리, 1985년 임금인상 투쟁에서의 승리를 몸소 경험하면서 얻어진 대동단결, 대동투쟁의 위력과 노동자의 힘을 바탕으로 이룩한 투쟁이기 때문이에요…….

우선 구술자는 학출의 역할에 대해 부정하는데, 그가 파악하고 있는 학출은 공개적인 노조활동에서 포착된 경우와 자신의 사업장, 구속된 부흥사의 활동가뿐이었다. 실제 공개적 활동을 한 학출은 롬 코리아의 회계감사와 조합원으로 2명, 부흥사의 교선부장과 조합원 3명이 있었고, 그 밖에 비공개로 대우어패럴 관련 4명, 가리봉전자에 부위원장과 조합원으로 3명 있었는데, 이들은 사업장뿐만 아니라 지역에서 연계를 갖고 활동을 벌이고 있었다.
이 구술은 일면 구술자 본인이 파악한 범주만을 전체로 판단하거나 아니면 학출들의 역할을 축소하면서 A그룹의 역할을 축소해서 봤다. 그 결과 노조의 역할이 부각되고 노조간부들의 역할이 중요한 것으로 부각된다. 이 구술자는 '민주노조 활동'을 중심으로 드러난 상황만을 '전체 또는 주도적인 것'으로 인식하고, 학출이나 지역의 비공개 활동에 대해 부정한다.

이 구술자는 구동파로 구속 이후 출감해서 A그룹이 주도하는 서노련에 참여하지 않고, 같이 출감한 노조 간부들을 모아 새롭게 평가회를 조직하고 '노동조합결성추진위'의 조직에 주도적으로 참여하여 활동했다.

한편 이와 비슷한 해석은 1970년대 전반기 학번의 활동가인 최한배도 했다.

> 초기에 자기가 조합을 하겠다고 한…… 선진적인 노동자들…… 이미 스스로 노동조합의 역사, 고난의 역사를 공부한 사람들이에요. 이 과정은 그니까 어떤 과정을 통해서든지 '무엇을 해야 된다, 연대를 해야 된다' 그런 것들이 상당히……자연스럽게 연대활동하고…… 또…… 이런 '대우어패럴 간부들을 구속 한다'하면 이게 인제 과거 원풍모방이라든지 동일방직이라든지 이런 다 사태 알잖아요? 그리고 다 자기네들한테도 막 바로 탄압이 들어온다는 것을 알고 있었다고…… 그것이 인제 본질은 거기에 있었다라고 봐야 되고…… 그러니까 스스로 토론을 조직한 거 아닙니까? 노동조합 단위로 토론을 조직하고 자기네들끼리 만나서 회의를 하고 그러니까 그것이 주류의 본질적인 모임이었다……. (최한배)

(4) 주체들이 바라보는 구동파의 의미

1980년대 중반기 노동운동내부에서는 구동파의 성격을 둘러싸고 본격적 정치투쟁, 정치투쟁, 조합주의적 정치투쟁이라는 주장들이 제기됐다. 더불어 한계로 사후 조직화의 부재를 가장 큰 문제로 제기했다. 유경순의 글은 구동파를 노동운동사에서 자리매김하면서, 의의와 한계를 제시했다. 그러나 주체들의 발언은 20년이 지나서야 처음으로 드러났다.

20년의 시간 속에 주체들은 여러 운동과 삶의 경험으로 대다수가 현실 운동에서 거리 두고 생활인으로 돌아간 상황이기에, 그 의미부여 역시 살아오면서 숱한 재해석을 통해 현재에서 나온 것들이다. 주체들이 부여한 투쟁의 이미를 살펴보면 다음과 같다.

① 활동가와 노조 간부

활동가나 노조간부들은 구동파에 대해 어떻게 평가했을까. 우선 A지역 활동가 그룹 성원들은 '준비된 정치투쟁의 시도나 계기'로 보는 시각이다. 다른 한편 다른 집단 또는 개인으로 처음 대중 활동을 경험한 학출활동가들(우옥영, 강순옥)은 양면적 해석을 갖고 있었다. 한편에서는 노동자들의 공동투쟁을 통해 '대중의 힘'을 경험하고 이후 활동에서 이 경험을 바탕으로 활동을 모색하려는 것과 다른 한편에서는 동맹파업의 결과로 노조가 해산되어 조합원들이 흩어진 결과를 놓고 투쟁 전술을 고민하기도 했다.

이런 평가와 달리, 박민나의 경우는 일부에서 '구동파에 대한 부정적이거나 축소된 평가를 하는 것에 대해 반감'을 갖고 있으며, 오히려 구동파를 적극적 연대투쟁으로 보고 같이 투쟁에 참여한 것에 자긍심을 갖고 있기도 했다.

또한 최태임처럼 구동파의 참여 자체를 '상처'로 안고 있는 경우도 있었다. 부흥사가 동맹파업에 참여하는 과정이 상황과 외부활동가들의 분위기에 밀려 결정한 것이라는 판단아래 투쟁으로 노조가 힘을 잃고 조합원들이 현장에서 이탈한 결과에 대한 책임의 문제를 제기하였다. 김미경의 경우도 비슷한 판단을 하면서, 당시 부흥사의 입장에서는 활동가들 중심의 투쟁방식이 바람직했을 것이라는 제기를 하기도 했다.

강명자의 경우처럼 조직화 결과에 대한 판단을 하는 경우도 있다. 구동파 이후 조직된 노동자들은 핵심들이며 다수의 조합원대중들을 조직하지 못한 것에 대한 문제제기를 했다.

② 일반 조합원

노조간부나 조합원의 경우 노조활동과 구동파에 대해 자긍심을 갖거나 자신이 적극적이고 긍정적으로 변화되는 과정 또는 세상을 보는 시각이 변화되는 과정으로 해석하고 있었다.

유화청: 몇 사람이 희생을 했지만 한국 노동운동에 좀 공헌을 했다는 뿌듯함이 있었어요…….

정옥순: 노동조합하고 살면서 내성적인 게 많이 대담해지고 그러면서 성격이 많이 바뀌었어요. 그때는 내 주장 할 줄이나 알았나요? 몰랐지…….

이풍우: ……어느 정도 가치관도 형성되고 나름대로 정신세계도 형성되면서, 인제 세상을 보는 관점이 상당히 넓어지고 객관화됐다는 거죠…… 반공이데올로기가 아니라, 한쪽으로 치우친 이념이 아니고…….

장영선: "노동자로 살아야 되겠다." 그리고 내가 노동자로 살면서 이런 일을(활동) 해야 되겠다 생각을 하게 된 계기가 된 거죠…….

양명숙: 눈에 보이게 그런 건 없구요, 평상시에…… 내가 진보적인 것 같기도 하고, 나태해지지 않으려고 나름대로 긴장하면서 살려고 하고, 그렇게 살고 싶은 게 다른 사람들하고는 조금 틀린 것 같아요…….

정영희: 나는 내 권리는 찾아야 된다는 생각을 해요……. 그전에는 경찰만 봐도 무섭고 그랬는데. 그 이후로는 경찰들이 우리가 내는 세금으로 먹고 사는데 지들이 시민한테 잘 해야지, 당당해지더라구요.

김혜숙: 인간을 만들었다는 생각도 들고. 한마디로 내 자아를 많이 키운 것 같아요. 내 주관을 세게 하고 좀 크게 말하면 내 철학을 가질 수 있게 만들고…….

김미성: 내 개인으로써 자랑스럽게 자부심을 갖고…… 어디 가도 당당하고, 자신 있게 잘 살았다고 이야기 할 수 있고. 하다못해, 정치 문제, 사회 문제에 대해 문제의식을 느낄 줄도 알고…….

양용자: 세상을 바로 보는 눈이 섰다는 거, 그리고 옛날에는 어떤 사건이

터져도 그걸 바로 해석하지를 못했는데 그런 게 바로 세워진 것 같아요. 저 나름대론 인생관도 많이 바꿨어요…….
나윤희: 가장 의미 있게 살았다는 생각해요. 그거 안 했으면, 시키는 대로 하고 흐지부지하게 결혼해서 살았을 수도 있는데. 나도 한때는 희망찬 세상을 만들어 보려고 투쟁도 해 봤고, 그런 게 있어서. 내 생각대로 생각해서 '자랑스러운 시절'이라고 생각해요. 가장 행복했던 순간이고…….

③ 활동은 의미가 있으나 그와 달리 남아 있는 상처들

그러나 가리봉전자나 롬 코리아의 노동자들은 '상처'를 갖고 있었다. 구동파를 계기로 그 이전의 즐겁고 활기찼던 노동조합이 일시에 와해된 것에 대한 아쉬움이 크지만, 상처 때문에 노조활동의 경험이나 구동파 자체를 부정하지는 않았다. 즐거웠던 활동과 힘든 투쟁과정, 그리고 상처에 대한 기억이 분리되어 기억되고 있었다.

　　전 지금 그 상황이 되어도 똑같이 할 것 같아요. 제가 "아니다"고 생각 한 거에 대해 "옳다"고 하는 건 절대 못하니까. 지금 생각해보면 그때보다는 더 크게, 나를 돌아보면서 더 많이 시야를 넓게 봐서 내가 하는 거에 대한 의미를 더 부여한다고 하면, 좀 더 잘 하지 않았을까 하는 생각은 해요…….
　　그런데 그 싸움 자체는 우리한테는 아픈 기억이에요. 꼭 필요하고 당위성은 인정이 되지만 그 안에서 한 사람 한 사람이 받은 상처는 승리가 아닌 거 같아요. 멀리서 봤을 때 승리였을지 모르지만 우린 아니었죠. 그렇지만 시간이 많이 흘러서, 그걸 멋있게 역사적으로 평가 해 준다는 건 고맙다고 생각해요. 그때 우리도 큰일이라고 하긴 했지만…… 동맹파업은 아픔과 상처로 남았어요……. (성훈화)

④ 상처로 기억을 지운 경우

이강순, 이지현처럼 운동과정에서 상처를 입은 경우는 그 상처 때문에 당시 활동의 기억 자체를 잊으려 했고, 실제 구술과정에서 경험이 구체적으로 재현되지 못하기도 했다.

> 이지현: 저도 의식적으로 잊어버리려고 노력했어요. 진짜 치명타 적인거만 안 잊어버렸지 나머지 기억은 많이 잊어 버렸어요. 의식적으로 잊어버리려고 노력해서 그런가…… 오래되다 보니까 기억이 잘 안나요. 제가 의식적으로, 그때 기억이 너무 안 좋아서 막 잊어버리려고 노력을 했어요. 살면서…….

이러한 주체들의 의미부여나 평가는 역사적 평가와 다르다. 역사적 평가는 구동파가 한국전쟁 이후 최초의 동맹파업이었고, 노동자도 정치투쟁을 할 수 있다는 자신감을 불러 일으켜 노동운동이 변혁운동의 중심이라는 것을 확인 시켜주었다는 것이며, 그 한계로 사후 조직화의 미흡을 제기한다. 그러나 위의 구술에서 나타나는 주체들의 평가는 각자의 경험과 삶에서 확인되는 평가로서, 긍정적인 경우도 있고, 또 투쟁과정에서 입은 '상처'로 씻기지 않은 경우도 있고, 투쟁 이후 활동하면서 제대로 소화되지 않은 경우도 있다.

이처럼 역사적 평가와 주체들의 평가가 다른 것은 당연하다. 노동운동의 역사라는 집단의 흐름 속에서 '구동파'를 바라보는 것과 개인 마다 처한 현실과 겪은 삶의 위치에서 구동파를 바라보는 시각이 다를 수 있기 때문이다. 그러나 개인들이 삶으로 겪은 평가 역시 '하나의' 역사 평가이다. 평범한 개인의 평가는 그동안 노동운동사에서 없었고, 그나마 있었다면 소수 지도부의 평가였다. 이들이 '말하는' 것으로 하나의 투쟁에 다양한 사람의 모습과 느낌, 그리고 평가가 드러나면서 역사는 보다 풍부한 모습을 담을 수 있다.

III. 노동자의 말하기와 글쓰기
『같은 시대 다른 이야기』의 5인의 구술 자료와 글을 중심으로

1. 노동자, 자기역사를 쓰다

1) 자기역사를 쓰는 과정
어떻게 시작 되었나
　활동 주체들의 자기역사쓰기는 연구자가 구동파 기록물 작업을 구상할 때 생각하고 있다가 주체들의 구술을 받으면서 가능하다는 판단을 했다. 2005~2006년도 구술 과정에서 몇몇 개인들의 의사를 타진하였고, 구술 작업을 마친 뒤 정식으로 개인들에게 제안하고 동시에 구동파 동지회에 공식제안을 했다. 필진은 5개 사업장의 안배, 여성사업장 중심이지만 남성노동자들이 활동하고 있었기에 그에 따른 성별 안배, 학출활동가와 노동자 출신 활동가, 노조결성 이후 활동을 시작한 노동자, 노조활동에서의 위치 같은 여러 상황을 아울러 가능한 여러 조건과 상황에서 활동한 이들의 삶과 활동을 드러내도록 구상했다.

주체들은 어떻게 받아 들였나
　자기역사쓰기를 제안했을 때 서태원, 공계진은 흔쾌하게 받아들였다. 이들은 현재의 삶에 대해 그리고 과거 삶과 활동에 대해서도 긍정적으로 소화하고 한편 자긍심도 갖고 있었기에 글쓰기에 부담이 없었다. 김현옥의 경우도 자신의 삶과 활동에 대해 노동단체 기관지에 쓰고 있었기 때문에 부담 없이 받아들였다. 서혜경의 경우 처음 제안했을 때 거절했다. 대신 주위 동료 가운데 쓸 사람을 찾다가 결국 본인이 쓰기로 어렵게 결정했다. 글을 쓰게 된 이유는 같이 한 노동자들에게 미안함을 전달하고 싶은 마음도 있었고, 다른 한편 활동가들의 '현실'에 대해 전하

고 싶은 듯 했다.

　나는 구동파 이후 동료들에 대한 책임을 소홀히 한 것에 대해 말할 수 없이 미안했고 그 이후 내 삶의 궤적이 이토록 멀어져 온 것에 대해 말하지 못해 미안했다……. 1985년 구동파로 구속되었다가 1987년 6월 항쟁 이후 석방되어 투쟁을 이어가느라 2~3년간 정신이 없었다 치더라도 1990년 전후해서 우리는 모임을 했어야 했다. 그때 자리를 마련해서 이야기를 해보았더라면…… 살아온 이야기를 써보라는 제의가 왔을 때는 내 안에서 반사적으로 "그건 할 수 없어"라는 반응이 튀어나왔다. 내 속에 나누지 못한, 그러나 나누었어야 할 이야기들이 있었지만 그것은 내 개인적인 삶의 고민들과 함께 뒤엉켜 있고 내 삶의 이야기를 전부 꺼내놓고 싶지는 않았기 때문이다. 15년 전쯤에 놓쳐버린 안타까운 기회를 늦었지만 잡아야 한다는 생각과 나의 개인적인 이야기를 밖에 내놓는 것은 한사코 싫다는 느낌 사이에서 왔다 갔다 하다가 눈 감고 뛰어내리는 심정으로 무슨 말이 나오는지 나도 한 번 보자는 심정으로 일단 시작을 했다. (2007년 8월 8일 설문지 답변)

김준희는 구동파 20주년 행사과정에서 운동에 대한 과거의 열정과 자괴감, 다시 활동하고 싶은 열망이 살아났으나, 15년 넘는 공백 기간과 가정경제를 책임져야하는 현실 때문에 고민을 하고 있었다. 이에 연구자가 자신의 고민에 대한 진지한 검토를 스스로 하기 위해 살아온 과정을 돌아보는 것이 필요하다는 생각에 제안했다. 본인 역시 이런 방식에 대해 동의하면서 힘든 글쓰기를 시도하게 되었다.

　한마디로 표현한다면 "내가 누구인가? 누구였던가? 현재의 나는 과연 어떤 생각을 갖고 있나?"를 정리해보기 위함이었다. 운동이 나를 견제해 주지 못한 건 별개로 나 스스로 점점 이탈해 왔음을 부정할 수 없다……. 글을 써본다는 그럴싸한 설레 임도 있었다. 자고 깨면 일만하던 나에게…… '일순이'인 내게 글을 쓴다는 것은 오랜 내 소망이기도 했다……. (2007년 8월 8일 설문지에 대한 김준희의 답변)

어떻게 썼나

글쓰기가 일상적인 것이 아니어서 어려웠던 경우는 김준희였는데, 그녀는 컴퓨터 사용이 익숙하지 않고 긴 시간 노동을 하는 조건에 있었다. 거기에 살아오면서 쌓였던 감성들이 살아나면서 그 자체의 해소가 쉽지 않았다. 그러나 본인이 자신의 삶을 객관화 해보고 싶은 의욕이 있었기 때문에, 메일로 소통하거나 블로그 사용방법을 알려주어 기억나는 과정들을 시기별로 기록하면서 얘기하는 방식을 취했다. 이렇게 기록한 글을 가지고 서술방식이나 자신의 고민에 대해 연구자와 토론을 하면서 정리했다.

김현옥의 경우 살아온 시기를 나누어서 전국불안정노동철폐연대 기관지『질라라비』에 연재를 하면서 그 글을 모아 다시 정리하는 방식을 취했다. 내용을 시기별로 나눠썼기 때문에 크게 힘들지는 않았으나, 글을 써본지 오래 됐고 컴퓨터 사용하는데 어려움이 있었다.

한편 서태원은 처음 자기역사쓰기를 과거 자료를 가지고 시간별로 정리하는 방식으로 이해했다. 그는 일기, 투쟁일지, 월급봉투 같은 과거의 자료가 풍부한 편이었고, 글쓰기에 대한 자신감도 있었기에 정리방식만 얘기한 뒤 초고를 받았다. 그러나 자료 배열을 넘어서는 자기역사쓰기의 의미에 대해 토론을 다시 거쳐야 했다.

그 밖의 서술자인 서혜경, 공계진의 경우 글쓰기가 익숙한 경우여서 글쓰기 취지와 서술방식-전체 틀 거리 잡기 등에 대해 이야기 한 뒤 완성된 글을 갖고 좀 더 고민해서 보충하는 과정을 가졌다.

연구자의 역할

연구자는 제안자로서 그 취지와 의미에 대해 제기하였고, 삶의 기점을 나누어 살펴보는 방법을 제시하였다. 삶의 전환 기점으로 공통적으로 제시한 것은 성장과정, 노동자가 된 경우 또는 학생운동이나 노동운동을 하게 된 시기, 노조활동과 동맹파업 과정, 구동파 이후 삶의 모습 등이었다. 이를 기초로 각자의 삶의 과정에서 구체적인 시기나 정리방식은 주체가 고민해서 정리했다. 글 쓰는 과정에서 연구자는 글 쓰는 이들의 삶을 구술 받아 이해하고 있었기에, 주체들과 삶의 과정이나 시대 상황에 대해 토론을 하기도 하고 서술방법의 안내자 역할을 했다. 초고가 나왔을 때 이해되지 않는 서술이나 맥락과 연결되지 않는 부분에 대해 제기하고 같이 얘기했다. 마무리 과정에서는 출판이라는 형식 때문에 본인들의 의도나 표현방식, 감성을 훼손하지 않는 수준에서 일부 교열, 교정을 보았다.

쓰고 난 뒤 어떤 반응이나 효과가 있었나

책으로 출판이 된 이후 글쓴이들에게 또는 그 책을 읽은 이들에게 여러 반응이 있었다. 우선 글쓴이들 가운데 서혜경의 경우 글을 쓰고 난 이후 "말할 때와 달리 자신을 좀 더 객관화시킬 수 있었다"고 얘기했다.

오랫동안 혼자 머릿속으로 웅얼거리던 얘기를 소리 내어 말했다. 쓰고 보니 자신을 객관적으로 볼 수 있는 거리가 생겨서 읽을 때는 덜 아팠다. 처음부터 끝까지 주-욱 한 술기로 정리해본 것은 처음이라 후련한 느낌도 들었다……. 쓰고 보니 그것은 지나간 기억일 뿐만 아니라 나 자신을 만들어온 중요한 순간들이었으며 결국 잘 돌보지 않았던 나의 일부분이었다. 저 구석에 처박아 두어서 눅눅했던 것에 바람을 쏘이니 조금 가벼워지고 더 건강해진 느낌이다. (2007년 8월 8일 설문지 답변)

또 그녀는 옛 후배들과 구동파 노동자들이 책을 읽고 연락을 해오면서, 그 과정에서 자기역사쓰기가 '자기와의 대화'라는 것과 글이 갖는 특징에 대해 스스로 재인식하기도 했다.

생각지도 않았던 후배가 전화를 걸어 소감을 얘기해 주었다. 자기도 지난

과정을 생각해보았고, 나라는 사람에 대해 뒤늦게 이해되는 면도 있었나보다…… 그래…… 당시 나는 다른 사람들 보다 좀 더 많이 끙끙댔지. 온갖 문제가 뒤엉켜 설명하기도 힘들었지. 이런 식으로 한 번 정리하면 참 좋을 것 같다는 얘기도 했다. 그렇다. 그 전에도 혼자서 생각은 해 왔지만 글은 남과 소통되는 언어로 써야 하고, 자신을 객관적으로 봐야만 하고, 많은 것들 중에 꼭 말하고 싶은 것을 선택해야 하므로 자기 자신과 솔직한 대화를 하게 된다. 오랜만에 거울을 보는 것과 같다. 잘 몰랐던 부분을 발견하게 될 수도 있고 자신의 보기 싫은 모습도 받아들이게 된다. (2007년 8월 8일 설문지 답변)

김준희의 경우 가장 힘들게 글을 썼기에 글을 마친 것 자체가 의미 있는 결실이었다고 했다. 그러나 자신의 삶의 과정을 뒤 돌아보면서, 현재의 삶의 방향을 찾아보고 싶었던 그녀는 글을 쓰면서 자신의 과거와 현재를 확인했으나, 여전히 해결되지 않은 현실이 무겁게 남아 있다고 했다.

내 능력으론 어쩌면 가장 힘들었던 자기역사쓰기를 마치고 우짜든 써내서 뿌듯했고…… 글을 쓰기 시작하면서는 나와 같이 그냥 살아가는 사람들과 같이 고민하고 풀 수 있는 길은 없을까 생각했고, 그 고민의 정도가 글에 나타났으면 했는데 한편 시간 탓에, 글 쓰는 능력의 한계로 다른 한편으론 머릿속에 현실을 제대로 말할 능력이 없어서, 가장 솔직히 본인의 고민의 접점과 해결점이 없기에…… 가슴을 짓누르고 있기도 하다. (2007년 8월 8일 설문 답변)

그녀 역시 출판 이후 고향 친구들에게서 여러 반응을 보았다. 그 반응이 그녀에게 두 가지로 다가왔다고 했다. 우선 그녀는 고향 친구들에게 덧씌워진 자신을 솔직히 드러내면서 노동자로 살아가는 자신에게 자긍심을 느꼈고, 다른 한편 노동운동을 했던 것에 대한 여러 격려에서 현실에서 운동하지 않은 자신의 모습에 대한 자괴감도 같이 느꼈다.

나는 내 고민의 하나를 풀고자 했다. 내가 중학교만을 졸업하고 노동자 생활을 했고 노조활동을 했기 때문에…… 사실을 모르는…… 인간관계에서 내가 노조운동을 했던 노동자라는 사실을 알게 하고 그들이 아는 번지르한 직업의 소유자가 아니라 미싱사라는 것을 알게 하는 것. 그래서 내가 여전히 갖고 있는 열등감을 부수고 다시금 노동자라는 자부심을 갖는 계기로 삼고자했다. 그런데 사람들이 너무 훌륭한 일을 했고, 마치 내가 무슨 엄청난 일을 해낸 것처럼 그렇게 대해주었다. 내가 노조운동을 한 것은 젊은 날의 한 때일뿐, 지금은 자신이 서 있는 위치조차도 모르고 있는데도, 수많은 사람에게 격려와 따뜻한 메시지를 전달 받았다. 지금 내가 그러한 일을 하고 있는 것처럼, 그래서 나는 더욱더 부끄러운 사람으로 살아가고 있다. (2007년 8월 8일 설문 답변)

한편 자기역사쓰기는 주체들과 그 주위 동료들뿐만 아니라 현실 노동자들에게도 여러 반응이 있었다. 1980년대부터 활동하던 한 공공연맹 활동가는 그 시대를 다시 돌아보는 계기가 되기도 했고, 개인의 삶을 통해 드러나는 시대 글이었기에, '그때 그 시기' 자신은 주위 동료들에게 어떤 책임을 져 왔는지를 자문하는 계기가 되었다고 했다. 1970년대부터 1980년대 활동했던 청계피복과 원풍모방 노동자들은 시대의 차이는 있지만, 글쓴이들의 삶이나 활동과정에서 대해 "우리도 그때 그랬다"는 깊은 공감을 표현하기도 했다.

여성활동가들은 선배 여성 노동자들의 삶과 활동을 통해 시대는 다르지만 여성으로서 겪었던 문제에 공감하며 더 많은 '선배 여성노동자들의 자기역사쓰기'가 나왔으면 좋겠다는 바람을 얘기하기도 했다. 어떤 활동가들은 사업장 소모임의 노동자들과 같이 '역사와 삶'에 대해 쓰려면 어떻게 해야 하는지 문의를 하기도 했다. 구로 지역의 '삶이 보이는 창'이나 구로시민센터 같은 단체에서는 연구자와 같이 자기역사쓰기를 시도하기도 했다.

2. 말하기와 글쓰기의 비교

노동자가 자기 삶을 글로 쓰는 것과 말로 하는 것에 차이가 있을까.

차이가 있다면 자신의 정체성을 드러내는 내용에서 차이인가 아니면 경험 또는 사건선택의 차이인가, 또는 경험이나 사건을 다루는 방법에서 나오는 차이가 있는 것일까.

이를 확인하기 위해『같은 시대 다른 이야기』5인의 글과 구술 자료를 비교해 보자. 구술은 활동과 삶 전반을 다루면서도 노조 활동이나 구동파 상황을 보다 집중적으로 접근했고, 글쓰기는 삶 전체를 다루면서 활동부분은 개인경험 중심으로 접근했다. 두 자료를 직접 비교하기에는 다소 무리도 있지만, 양쪽 모두 주체들의 삶 전체를 다룬 것이기에 비교할 수도 있다고 본다.

검토하려는 내용은 첫째, 두 방식은 개인의 삶과 정체성을 제대로 파악할 수 있는가 둘째, 두 방식은 '사건이나 소재'를 선택하는데 차이가 있는가 또는 사건이나 소재를 다루는 방법에는 어떤 차이가 있는가 이다.

1) 말하기와 글쓰기, 모두 개인의 정체성을 드러내는데 적합한 것인가

여기서는 구술이나 글이 개인의 정체성 드러내기에 유효한가를 김준희와 서혜경을 중심으로 검토하겠다. 그 이유는 두 사람 다 삶을 돌아보는 과정에서 진지했으나 정리방식에는 차이가 있기 때문이다. 우선 김준희의 경우는 자신의 삶에서 주요한 경험들을 사실적으로 정리하는 방식인데, 이는 이전에 출판된 노동자들의 삶의 기록방식과 비슷한 특징을 보여주고 있다. 이와 달리 서혜경의 글은 '시대상황과 개인의 삶', 그리고 자신의 내면 특질과 사고를 잘 드러내고, 무엇보다도 현재 시각으로 과거를 재해석한다는 점에서 자기역사쓰기의 특징을 잘 보여주고 있기 때문이다.

우선 김준희의 경우를 먼저 살펴보면, 그녀는 성장과정에서 배움의 기회를 박탈당한 '한' 때문에 배움에 대한 갈구가 강했다. 다른 한편 그녀는 현재 20대의 '세상을 바꾸려던 가치와 욕구'가 다시 표출되면서 삶의 방향에 대한 갈등을 겪고 있었다.

성장과정

구술에서 김준희는 6남매 가운데 둘째이자 장녀로서 가정이 어려워 집 안 일을 하며 학교생활을 했다고 말한다. 특히 고등학교 진학을 못하자 일에 몰두해 아버지에 대한 원망을 갖지 않으려 했다. 그러나 진학을 못한 것에 대한 미련과 아픈 마음은 구술에서 반복적으로 표현되고 심지어 몸으로도 나타나 두통, 가을 마음 앓이 등으로 나타났다. 이런 자신에 대해 구술자는 '철이 일찍 들어……' 또는 '순응적'이었다고 했다.

글에서는 집안 설명을 노동 상황으로 묘사하면서, 노동에 치인 자신의 모습과 다른 한편 문학소녀를 꿈꿨던 학창시절을 기억했다. 구술보다는 자신의 상황과 내적 욕구를 잘 드러냈다. 한편 진학을 못한 원망은 어머니에 대한 연민으로 대체되어 억압된 것으로 드러냈다.

노동자가 되어

구술에서 그녀는 돈을 벌어 공부할 마음으로 서울에 올라와 가정부생활, 봉제공장에서 노동자 생활을 시작했다고 말한다. 처음 노동자생활을 하면서의 노동 상황, 공부에 대한 의지, 한편 힘든 공장생활에서 벗어나기 위해 "밭을 주면 농사 짓겠다"고 아버지에게 간절한 편지를 여러 번 보냈으나 거절당한 것을 표현하고 있다. 그 뒤 그녀는 부산 대우공장에 야간 특별학교가 있어서 공장을 옮겼다. 그 과정에 공부를 못하자 가슴앓이 하던 일, 검정고시반 참여, 연애과정에 '공순이'라고 무시당한 것에 충격 받고 자살시도, 대학진학을 목표로 세우고 서울로 온 과정이 얘기되었다.

글에서 그녀는 남의 집 살이와 봉제 공장생활을 간단히 다루고 부산 대우실업에 입사, 봉사활동을 하면서도 자신의 처지를 비관하다가 23세에 검정고시반에서 공부를 시작한 것, 연애를 실패하고 대우어패럴에 입사해 일과 방송통신고등학교에서 공부를 하기 시작한 과정을 정리했다. 특히 글에서는 현장의 노동 상황, 갈 길을 놓치고 사는 자신의 감성을 잘 드러냈다. 이 시기까지 그녀는 '공부' 또는 '대학진학'이 삶의 목표였다고 했다.

대우어패럴 노조활동과 구동파

구술에서는 일을 열심히 했고, 방송통신고등학교를 다니며 공부를 한 것을 얘기했다. 한편 노조신고필증이 교부되는 날 교육에 참여해 그동안 자신의 처지를 사회 속에서 다시 인식하면서, 노조간부로 참여하는 과정을 이야기했다. 노조활동으로 QC사건, 야유회, 농성, 특히 소모임을 하면서 "노조 운동은 인간성 회복운동"으로 이해했다고 말했다. 그밖에도 임금인상투쟁, 노조1주년행사, 구동파 상황을 구체적으로 기억하고 있었다.

글에서는 노조신고필증이 교부되던 날 노조위원장에게 끌려가 받은 교육이 그녀를 노조활동에 참여하게 하는 계기였다고 썼다. 교육에서 '운명극복-대학'이라는 자신의 생각이 잘못됐다는 것과 자신이 하는 노동의 가치를 새롭게 이해했다. 그녀는 QC사건(노조에 대한 악선전에 분노, 폭력에 분노)과 가평야유회(구사대 폭력)를 거치면서 회사에 대해 남아 있던 기대를 버리고, 공부에 대한 미련도 접었다. 노조 활동과 구동파를 경험하면서 그녀는 근로자의식이 점차 노동자의식으로 바뀌어 갔다고 했다. 글에서는 이런 자신의 의식변화를 잘 표현하고 있으며, 또 구동파 이후 노조간부로서 조합원들을 돌보지 못한 것에 대한 부채의식도 드러냈다.

석방 이후 활동과 현재

구술에서는 서노련 활동, CA에 참여해 '과학적 세계관'을 학습하고, 이어 서해복투, 서울지역노동조합운동연합추진위원회 위원장를 거쳐, 다시 성수동 여러 사업장에서의 노조결성 활동을 하다가, CA와의 조직 관계가 단절되면서 그녀는 홀로 남는다. 이 시기 그녀는 노조활동 때의 권리의식에서 벗어나 사회주의 학습 ' 과학적 세계관'을 거부감 없이 자신의 삶과 노동생활 경험과 연관해 이해하면서 수용했다. 그 뒤 직장생활, 여동생의 죽음, 조직 관계의 단절, 결혼과 생활을 책임져야하는 상황을 말했다.

글에서는 감옥생활, CA활동, 서울지역노동조합운동연합추진위에서 굶주리며 과학적 세계관의 학습 경험을 구체적으로 이야기 한다. 그 뒤 그녀는 해외무역(해고), 성수동 공장 노조결성 실패, 유림, 영신교역 노조결성을 했다. 이 시기에는 학습과정에서의 자신의 생각이나 느낌 그리고 가치가 구술보다 좀 더 잘 표현되어 있다. 그 뒤 결혼을 하고 생활을 담당하는 생활인으로 돌아간 과정을 돌아보며, 무엇 때문에 운동을 정리했는지 다시 고민을 한다. 2005년 구동파 20주년 행사를 계기로 억눌려 있던 '과거'의 감성과 가치가 강하게 표출되면서, 현재 자신의 삶의 조건과 활동욕구에 대한 갈등을 한다.

김준희의 말하기와 쓰기는 자신의 정체성을 성장과정에서 쌓인 '한', 활동하던 시기에 가졌던 열정과 분노를 사실경험을 통해 드러내고 있다는 것이 공통적이다. 그 때문에 그녀의 구술과 글에는 여러 활동에 대한 현재의 재해석보다는 눌린 감성을 털어 내면서 살아온 경험을 기록하거나 말하는 성격을 띠었다. 차이가 있다면 구술에서는 그 시기의 감정이 강하게 표출되기도 하고 보다 직설적이기도 해서 그녀의 현재의 정체성이 과거 운동시기와 혼재되어 나타났다. 그러나 글쓰기는 감성적 부분이 많이 자제된 편이고 오히려 삶의 과정에서 겪은 사건을 소재로 한 사실적 묘사가 중심이 되어 일정하게 과거와 거리두기가 드러나면서, 과거의 경험이 좀 더 객관적으로 드러났다. 약간의 차이가 있었으나, 두 가지 다 자신의 정체성을 드러냈다.

한편 서혜경은 1990년대 시대상황과 개인의 삶에 대해 고민하다가 노동운동을 정리한 뒤, 현재 개인 삶의 소중함과 사회변화에 귀 기울이며 살아가고 있다.

성장과정

구술은 어려운 집안 환경 속에 장녀로서의 책임감이 많았고 책 읽는 걸 좋아하고 다른 한편 현실적이지 못한 성격, 중학교의 자유로움과 고등학교의 권위적인 분위기에 사춘기적 반항의 모습을 통해 자신의 성향을 언급했다.

글에서는 가정환경 속에 규정받으며 형성된 모습과 자신의 타고난 성향을 일정하게 구별해서 표현했다. 전자는 "어려운 집안의 장녀로서 어머니에 대한 걱정, 초등 1, 2학년, 대학 진학이유" 등을 통해 설명했다면, 자신의 내면의 특질에 대해서 "사변적이고, 중학교의 자유로운 분위기에 비해 고등학교의 권위적인 분위기에는 저항"하는 모습으로 나타냈다.

학생운동시기

구술에서는 사회과학 써클을 참여했고, 전태일이 남긴 글의 충격은 "무엇을 위해서 어떻게 살아야 하느냐"의 강한 기준이 되었다고 했다. 안 해본 것에 대한 도전으로 농활, 야학을 경험하고, 1980년 5월 국면 이후 현장진입을 했다. 모호하나마 사회주의를 지향했다.

글에서 써클의 참여 이유, 전태일의 글이 준 충격과 의미 등을 통해 점차 운동의 주체로 성장하면서, 20대 자신의 정체성 변화에 대해 현재의 시각으로 재해석해서 서술했다.

노조활동과 구동파

구술은 노조와 구동파 관련한 활동이 집중되어 그 내용이 자세하고 구체적이다. 특히 노조결성과정, 부서구성과 소그룹조직, 지역소그룹 활동, 구동파 등이 생동감 있게 얘기됐다. 이 시기 서혜경은 대중에게 지지받는 노조지도자가 되었다. 구술에서는 자신의 생각이나 활동모습도 드러나지만, 주위 조합원들의 모습을 생동하게 전하기도 한다.

글에서는 한편에서는 극복해야 할 자신의 "자유주의적 사고, 계급적 품성과 감성의 부족인 계급적 징표-원죄"에 대한 갈등과 고민을 언급하면서도 현재 시각으로 '개인을 개조한다거나 그런 희망을 젊은 날의 무지 탓'으로 해석했다. 다른 한편 가리봉전자의 노조결성과정, 연대활동, 임투, 구동파와 그 속에서 활동하고 투쟁하는 자신에 대해 간단하게 서술했다. 구동파 이후 노동자들이 겪었던 피해에 대한 그녀의 현재 감성이 강하게 드러났다.

이후 활동과 현재

구술은 서노련 사건으로 다시 구속 되었다가 87년 8월에 출감, 달라진 정파운동 분위기 속에서 달라진 세상에서 자신의 판단이 서기를 기다리며 정파운동에 참여하지 않았다고 했다. 그 뒤 그녀는 전국노동운동단체협의회와 노동인권회관에서 활동하였으나, 사회주의권의 몰락으로 혼돈상태를 겪다가 개인의 삶으로 돌아가 지나온 시간을 소화하며 지냈다.

글에서는 1986년 출감 후 서노련 사건으로 다시 구속되면서, 고문 받는 과정에서 자신의 이념적 정체성에 대한 근본적인 제기와 수감생활 가운데 운동 전반에 대한 사상적 검토의 문제, 그 뒤 전노협 결성과 사회주의 몰락 등의 시대상황에 대한 고민을 중심으로 운동을 정리하는 과정, 그리고 현재 자신이 세상을 보는 시각을 드러내고 있다.

위에서 구술 자료와 글을 가지고 살아온 각 시기마다 정체성이 드러나는 부분을 간단히 개괄했다. 우선 구술은 면담자와의 개입으로 이야기가 진행됐기에 구술 목표였던 구동파 전후 사건에 대해 많은 비중을 두고 있었지만, 그 가운데서도 구술자의 성장과정과 현재 삶을 다루면서 사건에 대한 생각이나 판단, 이념이나 감성을 담았기에 구술자의 정체성이 드러났다. 이와 달리 글은 전체 흐름에서 우선 자신의 내면특징, 즉 개인 성향을 우선 주목한다. '사건'은 삶의 소재로서 그 과정에서 '타고난 성향'이 어떤 모습으로 변했는지, 또 당시 자신의 내적 고민과 판단 근거, 그리고 각 시점에서 가졌던 판단 근거에 대해 현재의 시각으로 재해석해서, 자신의 삶=정체성 드러내기로 충실하게 쓰였다. 결론지어 말하면 양쪽 모두 개인의 정체성을 드러냈다고 본다.

2) 소재 선택에 차이가 있는가 또는 소재를 다루는 방법의 차이인가

사건이나 소재선택의 문제를 보면, 아래 표는 5인의 구술과 글에 드러난 사건이나 소재들이다. 구술이나 글에서 사건이나 소재 선택은 대부분 공통적이고 일부 차이는 같은 상황의 다른 측면을 드러내거나 같은 사건이라도 다루는 방식이 다를 뿐이다.

『같은 시대 다른 이야기』 5인의 글과 구술에 드러난 소재 비교

		성장과정	노동자/학생운동	노조와 구동파	구동파 이후 활동	현재
김준희	구술	6남매 중 둘째, 장녀, 집안일과 학교생활, 고등학교 진학 못한 이유	가정부, 봉제공장조건, 탈피시도와 실패, 대우부산공장취업, 검정고시반, 연애실패, 대우어패럴 취업, 일과 회사충신	노조참여, QC사건, 야유회와 농성주도, 학출과소모임, 임투, 1주년행사, 구동파	서노련과 CA참여, 서해복투, 서울노동조합추진위원회, 삼진섬유, 영신교역노조, 조직단절, 직장생활, 여동생죽음, 결혼, 방송대,	봉제업

						미싱사 생활 현재의 갈등	
서혜경	글	집의 노동상황과 문학소녀, 진학포기, 어머니, 농사일	가정부, 봉제공장, 부산 대우실업, 봉사활동, 검정고시반, 연애 실패, 대우어패럴 입사, 일과 방통고	야유회, 교육과 노조참여, QC사건, 가평야유회, 단협투쟁과 활동, 지역소모임, 구동파	감옥생활, CA활동, 서울노동조합운동연합추진위, 해외무역, 삼진섬유, 유림, 영신교역노조, 돈벌이, 결혼과 육아, 남편지원, 현재갈등	주부
	구술	가정환경, 학생시절, 대학진학 이유	써클참여, 전태일 글의 충격, 농활, 사적유물론과 사회주의,야학, 엠티와 현장 결단, 1980년 5월 시위, 광주항쟁, 현장준비	현장초기, 노조결성, 민주노조와 운동에 대한 인식, 현장과 지역 소그룹활동, 노조 내 갈등, 구동파 결정과정, 파업과정, 해산과정	서노련사건 구속, 1989~1991년 이념적 갈등, 인권회관과 신문활동, 결혼과 공부, 현재	
	글	장녀, 중학교와 고등학교 시절의 차이, 대학진학 이유, 기질	써클, 전태일의 글, 농활, 야학, 사적유물론과 사회주의, 자신의 특징, 노동운동투신, 5·15광주, 20대의 정체성	현장초기 내적갈등, 노조결성과 연대활동, 임투, 구동파	1986년 출감 후 서노련 재구속, 사상적 고민, 87대투쟁과 전노협, 사회주의 몰락, 현재 자신의 위치와 삶의 관점	
공계진	구술	장남, 소아마비와 놀림, 고등학교 때 몸 아픔	엠티사건과 데모사건, 학생운동의 문화	구직어려움, 현장상황, 활동가 관계, 구동파와구속	남노련사건 구속, 산선활동, 안산, 금속연맹, 민주노동당 등 활동변화 과정	활동가
	글	소아마비, 아버지의 한계와 원망, 고등학교 때 병치레의 고통	학생운동 시 학습내용, 술 문화, 여자 후배 이야기	몸 상태와 노동운동 참여갈등, 부흥사노동의 고통, 구동파와 재판투쟁	남노련사건 구속, 고문악몽과 조직운동의 피해의식, 산선, 안산, 자총련-금속연맹, 시화공단, 민노당활동 등 변화와 선택근거. 정치적 입장, 결혼과 가족경제	
서태	구술	장남, 화목한가정,	취업은 독립, 성실한 노동자모습,	노조참여, 회계감사, 지역소모임, 심장판	서노련의 편집부와 소그룹담당, 학출에 대한 피해의	봉제

		남성 노동자들의 생활	막중, 노조활동과 구동파	식, 옷만사, 한백, 현재 모둠삼방	
원	취업이유				업
	글	화목한가정, 자연과 놀이, 새마을운동, 고등학교시절, 취업	대우어패럴의 노동조건, 기숙사생활과 남성노동자의 문화	친목과 학습모임, 노조결성, 한국노총과 민한당사농성, 지역소모임, 임투, 구동파	서노련의 편집부와조직부, 서노련비판, 옷만사, 결혼과 생활, 경제공동체 한백과 문제들, 모둠삼방	
김현옥	구술	가족상황과 배고픔, 학교 성추행과 폭력, 굶주림	봉제공장취업, 노동조건, 기숙사생활, 어머니 사망과 방황, 영등포야학과 선일섬유입사.	노조결성과 임투, 총회와 1주년행사, 구동파	구동파 평가모임, 1주년 기념식. 정파모습. 서울노동조합운동연합, 연애, 상도노조결성, 결혼과 울산	비정규직
	글	행복한 가족과 배고픔, 학교 성추행사건, 서울 이사와 가난	봉제 공장취업, 어머니의 사망과 방황	야학과 노조결성, 첫 연설, 단협체결, 성폭력사건, 임투, 연대활동, 구동파	구동파 평가회와 1, 2주년 기념행사, 정파들의 프락션과 혼란, 서울노동조합운동연합과성수지역지도책, 상도섬유 노조, 울산생활	

아래에서는 5인의 구술 자료와 글을 비교해서 그 특징이 무엇인지 확인해 본다. 우선 구술 자료를 중심으로 쓴 글과 비교해 보면 다음과 같은 특징이 보인다.

첫째, 구술은 글보다 '사실 기억이 구체적이고 상세하다'.

아래는 가리봉전자 공장파업이 관리자들의 폭력으로 해산되는 과정에 대한 서혜경의 구술과 글이다. 구술은 관리자들의 폭력적이고 거친 상황, 여성노동자들의 불안한 감정과 두려움이나 한편 용감한 모습, "긴박한 상황"에서도 학출(구술자)을 보호하려던 조합원들의 모습을 잘 드러내고 있었다. 구술은 위급상황이 생생하게 그려지고, 조합원들의 태도가 이해가 되는 상황 속에서 조합원들과 구술자가 종합적으로 묘사됐다.

이에 비해 글은 당시 상황이 압축적으로 정리되어 상대적으로 긴박함이나 생동감이 떨어지며, 그 상황에서 나에 대한 노동자들의 태도와 나의 느낌으로 정리되어 있다. 즉 사건의 시각이 '나'에게 맞춰 있다.

> 면담자: 바깥소식은 모르고 회사 측의 폭력으로 풀었던 과정에서 기억에 남는 건?
> 서혜경: ……몇 번이나 그렇게 하다가 고비를 넘겼는데 드디어 바리케이트 친 거를 깨부수고 막 남자들이, 술 먹인 거 같아요. 욕설을 막 하면서 꽝꽝~ 차면서 위협적인 기세로 깨고 들어오니까, 굉장히 두렵고 어쩔 줄을 몰라서 막 여자들끼리, 그랬는데 용감하게 또 바리케이트 위에 올라가서 소화기를 또 들고 싸운 친구들도 있었어요……. 나도 생각을 못했는데 소화기를 들고 와가지고 막 쏴 대가지고…… 결국은 다 깨고…… 들어와서 우리를 포위했을 때…… 스크럼을 짜고, 또 가운데 나를 집어넣고, 그때 또 내가 학출이란 게 드러났어요.
> 면담자: 학출이란게 내부에 밝혔어요? 선배가 먼저?
> 서혜경: 파업을 시작하면서 내가 먼저…… 상황 정리 좀 되고, 나가서 "내가 개인적으로 여러분한테 밝힐 일이 있다"하면서 밝혔었는데…… 내가 붙잡혀 가면 분명히 큰일 난다고 생각을…… 해가지고 가운데 다 나를 넣고 스크럼을 짜가지고 〈흔들리지 않게〉를 불렀는데, 뭐 정신없이 불렀어요. 눈물 콧물 흘리면서 막 부르는데, 끝이 안 나는 거예요……. 숫자가 꽤 많으니까……. 둘러싸고 있으니까 포위만 하고 그날 하룻밤을 또 보냈어요……. 그런데 바로 옆에서 우리가 까무룩 까무룩 하고 있는데 거기다가 입에 담을 수 없는 욕을 하는데 다들 치를 떨었던 거 같아요. 나도 그렇고. 같이…….
> (구술)

> 관리자들이 바리케이드를 부수고 농성장에 진입하여 우리를 둘러쌌을 때 남아있던 120여 명은 반사적으로 어깨동무를 하고…… 뭉쳤다. 서로서로 몸을 꼭 붙잡아 폭력 해산에 저항하기 위한 것이었다. 눈물로 범벅이 되어 〈흔들리지 않게〉를 수십 번 부르면서. 그런데 앞으로 나서려는 나를 이 손 저 손이 나와서 대열 한가운데로 잡아끌면서 감싸고도는 것을 느꼈다. 조합원들이 독산공장 파업책임자인 나를 우선 보호하려는 것이었다. 가슴이 뭉클했다. 그만한 신뢰와 기대를 받을 자격이 있었을까. (글)

둘째, 구술은 글보다 '상황을 생생하게' 잘 드러낸다.

김현옥은 구동파로 구속되었다가 나온 뒤 석방된 노조간부들과 모임을 만들어 구동파 1주년 기념식을 했다. 이때는 정파운동이 몰아치던 시기였다. 그 과정에서 정치적 학습이나 노선이 없던 김현옥은 정치운동의 분위기에 휩쓸리는 상황을 겪는다.

구술에서는 1주년 행사를 치룬 뒤 선배들에게 칭찬 받다가 노조위원장으로 알려지면서 정치노선을 묻거나 모임으로 끌고 가려할 때 '자신 없고 혼란스러웠던' 상황을 말했다.

글에서는 '몸만 왔다 갔다'하며 알지 못하는 노선에 대해 포장하기 시작하는 자신의 모습과 그 과정이 힘들었다는 것을 표현했다.

> 그 날(1주년 기념식) 행사 끝나고 산선 지하에 넓은 강당에 거기에 사람들이 소위 서노련을 못마땅하게 여기는 사람들이 다 모였어. 허, 그래가지고는 막 칭찬이 이어지기 시작했어요. "김현옥이 사회를 그렇게 잘 보는 줄 몰랐다"는 둥 "너희들이 서노련에 안 들어간 줄 몰랐다." "너희들이 기특하게 이런 걸 할 줄 몰랐다"는 둥 우리가 갑자기 선배들의 사랑스런 후배가 되서. 막 칭찬을 받고, 이젠 그날까진 좋았지. 다음 날부터 "선일섬유 위원장님, 정치노선이 뭐예요? 투쟁노선이 뭐예요? 경제노선이 뭐예요?" 진짜 완전 돌아버리는 줄 알았어. 그 전에는 나는 못 배운 공순이니까 몰라도 당연한데 했지만, "선일섬유 위원장님"하는데 진짜 환장하겠더라고. "난 몰라요" 할 수 없더라구…… 운동을…… 진짜로 해야 하는데, 우리 혜숙이나 애 네들이 너무 벅차고 힘면서도 서노련이 하라는 대로 쫒아 다녔듯이, 나도 그때가 그런 상황이었지. "여기 모임하니까 와라", "저기 모임와라" 그럼 가고 가서도 무슨 말인지 못 알아듣고……. (구술)

나는 연대투쟁 1주년, 2주년 집회에서 사회를 보게 되어, 선일섬유 위원장이라는 게 알려진 모양이었다. 문건들을 들고 와 읽어야 된다고 하고, 노선이 뭐냐며 토론하자고 하는 사람들이 많아지면서 노동조합하며 행복했던 모든 것들이 두려움으로 다가오기 시작했다. 나도 모르게 알지도 못하면서 아는 척 나를 포장하기 시작한 것 같다. 정말 너무 힘들었다. 지금도 기억하고 싶지 않을 만큼, 그 때 내 모습은 내가 아니라 무엇엔가 떠밀려 다니면서 몸만 왔다 갔다 했다는 생각이 든다. (글)

셋째, 구술은 글보다 '상황과 연계된 감정'이 더 잘 표현된다.
김준희의 성장과정 중 고등학교 진학을 못한 일에 대해, 구술에서는 집안의 경제상황을 얘기하면서 고등학교를 안보내주는 아버지의 모습을 말하고 그 때문에 몸과 마음이 아팠으나 철이 일찍 들어 내색하지 않고 일만 했다고 말했다.
글에서는 집안의 노동 상황(김양식일에서 가족의 역할, 자신의 노동)을 먼저 서술하고 그 속에서 어려운 집 상황에서 아버지가 진학을 안 시킨 것으로 표현했다.
이처럼 같은 사실이어도 구술에서는 '상황과 연계된 감정'이 더 잘 표현되고 글에서는 상황이 압축되어 표현되고 그 결과 감정전달은 적다.

중학교 3학년 돼 가지고는 고등학교 가야 될 때가 온 거야. 진로를 정해야 되는데…… 선생님이 "교복……책값만 내라" 이렇게 얘기를 했는데도 아버지가 결국 고등학교를 안 보내주셨어요……. 그때부터는 진짜 몸으로 일을 했어요. 김하고…… 큰 물동이 두 개 양쪽 어깨에 일을 하고, 리어카에 고구마 가득가득 실어가지고…… 몸을 다 바쳐서 일을 했던 거 같아요. 다 잊어버리려고. 그때부터 머리가 굉장히 많이 아팠고…… 너무 일찍 철이 들어서 문제였던 거 같은데, 아버지가 덜 괴롭도록 일을 열심히 도왔고…… 그때부터 약간 가을병을…… 가을만 되면 머리가 너무 아프고……. (구술)

중학교를 졸업할 즈음 담임선생님이 집에 오셔서 아버지에게 "애를 고등학교에 보내자", "책값은 내가 대주고 교복만 맞춰 입히시라"고 했으나…… 오빠를 가르치기에도 버거우신 아버지는 끝내 고개를 저으셨다. 어머니도 대책을 세울 수 없으셨던 거 같다…… 그 때문에 어머니는 평생 내게 미안하다고 말씀하신다……. 고등학교에 갈 수 없는 내 처지를 잊기 위해 머슴처럼 일을 했

다. 겨울에는 고구마가 주식이어서 가을걷이를 하는데 리어카에 고구마를 가
득 싣고 비탈길을 끌고 다녔다. 정말 미친 듯이 일을 했다. (글)

넷째, 구술은 글보다 '즉각적이고 반복적인' 표현으로 그 시기 판단과
감성을 드러낸다.

서혜경은 1990년대 겪는 사회변화와 자신의 삶에 대한 혼란 상황을
겪었다. 글에서는 차분하게 이념의 혼란, 시대의 한계 속에 무기력한 자
신의 삶에 대해 존재를 부정하거나 생존의 힘이 고갈된 느낌을 표현하
면서도, 솔직하게 자신을 대면하려는 모습을 썼다.

이에 반해 구술은 "굉장히 안 좋은", "살고 싶지 않은"이라는 반복적인
표현에서 그 시기의 혼란하고 어두운 상황이 드러났다. 그에 대해 "현실
에서 배우자", "그냥 살아보자"이라는 반복적인 표현에서 가치와 방향을
상실한 인간이 원점으로 돌아가 다시 삶을 생각해보려 안간 힘을 쓰는
모습, 즉 혼란한 감성과 고민, 판단 등이 글보다 더 잘 드러났다.

1989년, 1990년 또 왜 사회주의권이 무너지면서 그 지향점이 굉장히 모호
해졌죠……. 개인적으로 많은 고민과 생각의 변화가 있었고……사실은 굉장
히 깜깜하고 저 개인적으로는 굉장히 안 좋은 시기였었죠……. "뭐하면서 살
까, 살고 싶지 않다" 이런 생각도 하고……. 그 이전까지 내가, 정말 배타적인
의미를 두고 매달려왔던, 인생을 걸었던 일이 짧은 시간 안에 굉장히 지평이
바뀌어 버리면서 그 의미를 똑같이 두기도 어렵고, 그 다음에 또 역시 외적으
로 사회주의권이 무너지면서 사상적인 지주였던 것도 역시 이전과는 생각이
달라질 수밖에 없었고, 그래서 그야말로……. 정말 혼돈 상태였던 것 같아
요……. 어쨌든 그때 내가 우선적으로 생각했던 것은 '나 자신한테 정직하자,
내가 할 수 있는 일, 그러니까 배워야한다'. 그리고 "사람이 이렇게 살아야 된
다"라고 생각했던 당위나 지향점들을…… "예전에 생각했던 것처럼 단순하게
생각할 수가 없는 건 현실이다"라는 것을 받아들였고……그래서 그것을 가지
고 고민은 계속 하면서 살아야 되지만, 그것을 버리거나 잊어먹거나 할 생각
은 없지만, 일단 "나 자신한테 정직한 게 가장 우선이다." 그렇게 할 때……

저질러왔던 오류나 이런 것들을 뭐 그나마 피할 수 있을 거다, 이런 생각들을 했었고…… 아무것도 없었는데, 일단 개인적으로…… 살아봐야 되겠다……. 이를테면 왜 우리가 그전에는 굉장히 옳았다고 생각했던 것들이 옳지 않은 것들이 있었고 우리가 굉장히 독선적인 면도 있었고 그렇기 때문에 현실에 대해서 겸허하게 배울게 있으면 배워보자…… 무엇을 하든지 안 하든지 간에 살아보겠다……. 그 다음에는…… 개인적인 차원에서…… 내가 할 일은 그것을 잘 소화시키는 일이다 생각도 들었고. (구술)

학생출신 활동가들이 도덕적 또는 과학적이라고 믿었던 이념과 실천을 되새김질 하며, 누구도 탓하기 어려운 시대 정황과 젊음이 보인 맹목에 눈물을 흘렸다. 지난 세월 활동가라는 사람들이 기여한 것보다 잘못한 것이 더 크게 보였다……. 그보다 "살고 싶지 않았다"는 게 정확한 표현이다. 내가 부분적으로 옳았건 틀렸건 시대 한계 속에서 철저히 무력했다는 사실이 나를 망연자실하게 했다……. 희망과 용기는커녕, 최소한의 생명력마저 고갈된 느낌이었다……. 십년 만에 다시 나 개인의 삶으로 돌아가기로 한 것이다……. 살면서 그냥 마음에서 우러나는 소리에 귀 기울여보기로 했다……. 자신을 벌하지 않고 스스로 정직하게 생각할 수 있을 때까지 기다려 줄 참이었다. 그리고 그 생각이 어디에 이르건 수용할 생각이었다. 있는 그대로의 나 자신을……. (글)

다섯째, 구술은 면담자의 개입으로 내용이 좀 더 확장되기도 한다. 반대로 내용 전개가 전환되기도 한다. 아래는 서태원의 '노조 참여과정과 개인의 성격'에 대한 구술과 글이다.

글은 자신의 성격을 중심으로 모임에 참여하면서 노조를 알게 된 것으로 쓰여 있다. 그에 반해 구술에서는 면담자의 질문에 답하는 방식으로 구술자의 행적을 따라가다 보니 노조결성 전에 남성노동자들이 몰려다니는 상황이 드러나고, 그 과정에서 노동조합을 익히는 사람들이 있다는 사실도 확인됐다. 또 면담자의 질문으로 소모임들이 많이 있었다는 것도 확인이 되며, 구술자의 성격도 드러났다.

면담자: 노조는 어떻게 참여하게 되요?

서태원: 뭐 노동조합을 알게 됐던 거는…… 내가 이걸 꼬옥 어떻게 한다 이런 것들 보다는, 친구 따라 강남 갔던 거 같애요. 그리고 위원장님이…… 줄곧 그런 작업들을 하셨는데, 우리는 그게 노동조합인지 몰랐죠. 그 때는…… 전태일 이런 기념식에도 데려가고

면담자: 아, 그런 데도 다니셨어요? 모임이 있었어요?

서태원: 많이 데려 갔는데, 특별나게 그런데 관심을 갖고 사람들이 막 쫓아다니고 그런 건 아니니까…… 형이 가자니까 가고 기숙사에 또래끼리 다 모여서 가니까 안 빠지고 그냥 가고, 이런 형태였어요……. 위원장님이…… 남자들 모임을 구성을 했는데…… 거기서 핵심 역할을 아니지만 보조 역할은 항상 하고 있었고…… 노동조합에 대해서 조금씩 알았던 건 아닌가 싶거든요……. 마땅히 해야 될 꺼 아닐까 싶었죠…….

면담자: 소모임이나 이런 건 안하셨어요?

서태원: ……다른 친구들이 똘망똘망해서 소모임도 많이 하고 그랬는데, 저는 똘망똘망하지 못했어요. 정말 지금도…… 내성적인 면이 있겠지만, 남들한테 뛰어나지 않고 항상 그냥 조용히 주변에 말 한마디도 안 할 때가 더 많으니까. 그땐 그랬다고, 초기에는…… 허허허~ (구술)

나는 내성적이어서 사람들 앞에 나서는 것보다 묵묵히 자기 일을 하는 스타일이었다. 그래도 사람들과 같이 어울려 다녔다……. 친구가 좋아 어울려 다녔는데, 어깨 너머로 들은 노동조합은 내 마음 속에 서서히 자리 잡아 가고 있었다……. 김준용 위원장이 중심인 남자들 모임이 있었다. 이 모임은 재단반을 중심으로 진행됐으며, 인원은 20명 정도였다. 함께 몰려다니며 술을 마시거나 등산을 하고, MT도 가면서 친목을 다졌다……. (글)

글로 쓴 것

이 구술 자료 보다 더 잘 드러낸 경우는 다음과 같다.

첫째, 글은 구술에서 표현하지 못한 억압했던 '고통과 원망의 감성'을 잘 드러낸다. 아래 인용문들은 공계진의 성장과정에 대한 구술 자료와 글이다. 공계진은 성장과정에서 소아마비를 앓으면서 나타난 신체장애

로 고통 받았다.

이에 대해 구술에서는 신체조건에 대한 부모님의 반응이나 친구들의 놀림, 학교 문제를 언급했으나, 자신의 신체 문제에 대해서는 가볍게, 스치듯이 표현했다. 마치 주어진 상황이어서 아무런 원망도 없는 것 같았다. 그러나 글을 썼을 때는 소아마비 증상이 나타났을 때 아버지가 제대로 대응하지 못해 병이 더 깊어진 것에 대한 원망이 몇 차례 나타났다.

> 공계진: 제가 3살 때 인가 소아마비 걸렸다고 해요. 그래서 집안에 우안 거리고 된 거죠. 어렸을 때니까 기억은 안 나고, 크면서 소아마비니까 애들한테 놀림 당하고 했던 기억은 나요. 하하. 아팠을 때 기억은 안 나고. 우리 아버지가 굉장히, 끔찍이 생각을 했죠……. 초등학교 때 9살에 들어갔어요. 원래 8살에 (취학통지서가)나왔는데 아버지가 내가 혼자 다니기 힘드니까 그, 바로 밑에 연년생 동생이랑 같이 다니라고 한 학년을 꿇린 거지. 하하하(웃음) ……아홉 살에 들어갔고, 고등학교는 정상적으로 입학을 했는데…… 다리가…… 더 고장이 나가지고 잘 걷지를 못해가지고 목발이 있어야 걷게 됐어요. 허허……. (구술)

세 살경에 원인모를 병에 걸려 부모님의 애간장이 탔다……. 아버지는 병든 아들의 치료를 위해…… 좋다는 약은 물론 다 먹이고, 용하다는 무당에게 치성을 드리기도 하고, 이마저 듣지 않자 급기야 교회를 다니기 시작했다. 아버지는 자식 사랑 때문에 독실한 기독교 신자가 되었다……. 그러나 그것이 아버지가 가진 한계였다. 아버지는 병든 아들을 도시에 있는 큰 병원으로 데리고 갈 생각을 하지 못했다……. 사춘기 시절뿐만 아니라 그 이후에도 장애인으로서 힘든 일을 겪을 때 나는 아버지를 원망했다. 세 살 때 걸린 병은 소아마비였기 때문에 만약 아버지가 큰 병원으로 데리고 가서 치료를 받게 했다면 장애정도가 지금보단 훨씬 덜했을 텐데……. (글)

둘째, 글은 구술보다 '자신의 내면상태'를 보다 충실히 드러낼 수 있다.

서혜경의 의식화 계기에 대한 구술과 글을 보면 다음과 같다. 구술은 전태일의 글을 읽은 충격으로 자신의 삶을 비판적으로 돌아보며 이후 "무엇을 위해서 어떻게 살아야 하느냐"의 중요한 기준이 되었다고 언급했다. 즉 구술은 충격 상황은 전달되지만 구체적으로 자신의 무엇을 부끄럽게 여겼는지 등의 내용이 빠져있다.

이와 달리 글에서는 전태일의 글이 영혼을 흔들었다고 그 충격을 언급하면서, 자신이 그동안 가졌던 보편적 가치(감성적 인간애)가 한국사회에서 비현실적이라는 것과 대학문화가 실천적이지 않다는 것 등에 대해 자기비판의 내용이 제기되고, 전태일은 '의식과 삶'의 전형으로 자신에게 위치하게 되었다고 썼다.

> 서혜경: 그때는 『전태일 평전』 나오기 전인데 낱장 자료로…… 「인간 최소한의 요구입니다」라는 걸로 제목을 해가지고 복사한 거였어요. 그거를 보게 됐는데. 그게 굉장히 나한테는 큰 전환점이 됐었어요.
> 면담자: 그걸 봤을 때의 느낌과 고민을 구체적으로?
> 구술자: 굉장히 놀랍고 충격적이고 "너무 부끄럽다." ……꿈을 갖고 뭔가 더 옳은 것이나 더 좋은 것에 대해서 관심을 가져왔긴 한 거 같아요……. 지금 우리나라 내 시대에 이러한 일들이 있고 이렇게 그 사람이 노력한 과정이 굉장히 눈물이 나도록 훌륭해 보였어요……. "이렇게 말만하면 뭐해"라던가 뭐 인간의 문제를 "그럼 어떤 방식으로 바꿀 수 있단 말이냐"……회의나 의문을 밀어버릴 만큼 그때 느꼈던, 그러니까 "무엇을 위해서 어떻게 살아야 하느냐" 하는 문제에 대해서 강렬한 기준이 됐던 거 같아요. (구술)

그러다가 「인간 최소한의 요구입니다」라는 제목을 단 복사된 자료를 보게 되었다……. 아무튼 이 자료는 내 의식이 아니라 영혼을 흔들어 놓았다. 술 마시며 시대를 한탄하거나 시위를 하고 감옥에 가는 것 밖에 몰랐던 내게 의식과 삶이 일치하는 전형이 제시된 것이다. 이런 사람이 있는 줄도 몰랐다니!(어릴 때 읽은 위인전에 이 사람이 있었어야 해!) 눈물과 온 몸이 후들거리는 감동에 이어서 부끄러운 생각이 나를 엄습했다……. 내가 추구하던 보편적 가치들은 한국 사회현실 속에서 관념적인 것에 불과하며, 현실 변화에 기여하지 않는 어떤 삶도 뿌리가 없는 것이란 생각이 들었다. 나는 처음으로 내 자신과 가치관을 뒤집어 보며 뼈아픈 반성을 했다. 내심 나 자신이 방향감각이 있다고 믿고 살아왔는데…… 근본적인 회의가 몰려왔다……. 학교 밖에서 하던 영어회화클럽을 그만두었다……. (글)

셋째, 글은 구술보다 '현재 시각으로 과거에 의미의 재구조화'가 잘 드러난다. 아래 인용은 서태원의 성장과정에 대한 구술과 글이다. 구술에는 집안 내력, 형제조건, 집의 경제상태 등을 언급하며 가족 간에 우애 깊고 화목한 분위기에서 애정 받고 성장했다고만 언급했다. 글에서는 화목한 가정의 분위기에 대한 기억은 같으나 시골 자연 속에서 마을행사와 전통놀이 등으로 즐거운 성장기를 보냈던 것을 아주 다양하고 풍부하게 기억하며 그런 영향이 현재 '자연과 공동체를 지향'하는 감성을 배웠던 것으로 해석하고 있다. 이러한 해석은 현재의 시각에 따른 것이다. 현재 그는 살아온 경험을 바탕으로 '문화공동체'를 만들 것을 꿈꾸고 있다. 이는 어려서의 자연과 공동체의 영향을 받으면서 그 생각의 기초가 만들어졌다는 것이다.

> 태어난 데는 경상남도 하동에서 태어났거든요……. 우리 그……동네가, 허 허~ 산이 있는데 호랑이 꼬리 부분에 위치한 마을이었어요……. 아주 짝은 마을이죠. 앞에는 정말 말마따나 시냇물이 흐르고, 뒤에는 산이 있고 그런, 그리고 가운데 정말 딱 이렇게 집이 들어가 있는…… 거기서 태어나서…… 열아홉 살까지 별 탈 없이 그냥 아주 잘 살았구요. 가족은 2남 4녀 중에 장남이었거든요. 누나가 둘이 있고 밑에 동생이 넷이 있는데…… 아버지가 3형제였는데 같이 사시면서 아주 화목한 가정이었던 같애요. (구술)

> 우리 마을은 82가구 정도로, 네 일 내 일을 가리지 않고 오순도순하게 같이 살고 있었다. 봄이면 온 동네 사람들이 함께 보리타작과 모내기를 하고 가을

이면 또 함께 벼 수확을 하는 정감 있는 곳이었다. 마을 골목길에는 아이들이 재잘거리는 소리가 끊임없이 흘러나왔다……. 나는 어린 시절 자연과 함께 지내고 그 고마움을 느끼며 자랐다……. 내가 자연 속에서 놀았던 느낌들을 아이들에게 되돌려주고 싶다. 내가 어린 시절을 자연 속에서 보낸 덕분에 '자연과 공동체'를 지향하는 감성을 배울 수 있었다. (글)

3) 말하기와 글쓰기의 공통점과 차이

위에서 살펴본 말과 글, 두 방법이 개인의 정체성을 드러내는 데 어떠한 공통점과 차이 또는 특징이 있었는지 정리해 본다.

우선 공통점을 살펴보면 다음과 같다.

첫째, 위에서 살펴본 것처럼 5인의 구술과 글은 주요한 역사적 사건 또는 경험을 전후로 해서 자신의 삶을 다루고 있다. 구술과정과 글 쓰는 과정, 두 가지 다 자신이 살아온 시간을 돌아보는 과정이자, 자신의 현재의 정체성을 드러내는 과정이다. 또 자신을 타자에게 드러내는 과정이기도 하다. 결론은 개인의 정체성을 확인하거나 드러내는 것이 두 가지 방법 다 가능하다는 것이다.

둘째, 구술 과정이나 글을 쓰는 과정에서 주체들은 대부분 과거의 '경험'을 말하면서 그 시기의 '감성'이 되살아났다. 즉 경험에는 현재 시각이나 감성이 개입되어 있다.

셋째, 또한 정도의 차이는 있지만, 구술과 글에서 모두 자신에게 의미 있는 주요한 경험을 드러내는 '소재'의 유사성이 있었다. 선택된 소재의 부분적 차이는 그 경험의 다른 측면을 드러내어 같은 이야기를 하는 방식으로 보였다. 곧 두 가지 방법 모두 경험한 사실에 대한 기억을 유사하게 기록하고 있다.

말하기와 글쓰기의 차이나 특징을 살펴보면 다음과 같이 정리할 수 있다.

우선 확인해야할 것은 구술의 경우 구술자와 면담자의 관계 문제이다. 구술은 구술자와 면담자의 관계가 편할 때 또는 구술과정에서 상호

공감이 일정하게 형성될 때, 시간과 공간이 자유로울 때, 구술자는 다양한 기억 조각들을 자유롭게 꺼내놓을 수 있다. 위의 구술자들은 보통 3~5시간 이상 구술을 했으며, 구술자와 면담자의 관계 역시 행사를 통해 이미 서로 알고 있었고, 특히 김준희, 서태원은 그 과정에서 개인적 소통을 이미 한 경우였다. 김현옥은 개인 구술이전에 사업장의 집단 구술이나 같이 어우러지는 과정이 있었고, 서혜경이나 공계진은 구술을 하면서 오히려 더 밀착된 관계이다. 3인은 면담자의 집에서 구술을 했고, 2인은 각자의 근무처에서 했다. 5인의 구술과정은 구술자와 면담자의 관계, 시간이나 시공간이 크게 문제가 되지 않았다.

이런 조건에서 이루어진 구술의 특징은 다음과 같다.

첫째, 구술과정은 면담자의 개입과 공감을 바탕으로 '자신의 삶을 돌아보는 과정'이기 때문에 두 사람이 상호작용하는 과정이기도 하다.

둘째, 구술은 면담자의 개입으로 사실에 대해 글보다 좀 더 구체적이고 풍부하게 드러내고 있다. 반대로 면담자의 개입이 구술자의 감성이나 이야기 흐름을 바꿔놓기도 한다.

셋째, 구술과정은 면담자의 공감을 받으면서 기억되기 때문에 어떤 사실의 감정에 대해 직접적으로 드러나기도 하고, 그 사실과 관련된 다양한 이야기를 좀 더 풍부하게 할 수 있다.

넷째, 과거 경험에 대한 자신의 판단에 대해 좀 더 즉각적으로 나올 수도 있다.

다섯째, 말은 좀 더 생생하게 당시 상황과 느낌을 드러내는데 비해 글은 정리된 방식으로 드러나 생동감이 덜한 편이다.

한편 글쓰기의 상황을 살펴보면, 글은 전체 기획에서 분량의 제한 때문에 구체 사실을 선택하거나 기록하는데 양적으로 제한이 있어서 압축적으로 정리해야 했다. 글 쓰는 기간은 각자가 충분한 시간을 가졌다. 구술을 통해 과거를 한번 재현해본 상태였고 녹취록도 주어진 상태여서 좀 더 차분히 자신의 삶의 경험을 생각하고 선택하여 서술할 조건을 갖췄다고 본다.

이런 조건에서 이루어진 글쓰기 특징은 다음과 같다.

첫째, 구술과정에서 말로 하는 것보다 과거의 기억들을 되새기면서, 그 속에 빠지기도 하고 거꾸로 일정한 거리를 두고 돌아볼 수 있는, 자기 확인의 시공간을 보다 충실히 쫓아갈 수 있는 과정으로 나타났다. 즉, 글을 쓰는 것은 자신과의 대화를 통해 삶의 전체를 돌아보는 과정이라고 할 수 있다.

둘째, 글쓰기는 많은 '경험' 속에서 스스로가 '기억'을 선택할 수 있는데, 그 가운데 타자에게 직접 표현하기 어려운 '고통과 원망' 같은 내밀한 감성을 자연스럽게 드러내기도 한다.

셋째, 또한 어떤 수준에서든 자신의 의미화를 한다. 구술과정보다는 자신의 '의미부여'나 삶의 전체적 맥락 또는 정체성을 드러내는데 더 유효하다. 그 과정은 현재의 자신이 지나온 시간을 의미화하여 자신의 삶을 재구조화하는 과정이고, 그 결과는 다시 현재 자신의 정체성을 확인하는 과정이다. 한 개인이 어떻게 사회와 관계하며 주어진 시대를 살았는지 드러내는 과정이기도 하다.

이처럼 각 개인의 글이나 구술 자료 모두 삶의 정체성을 표현하는데, 그 가운데 구술보다는 글에서 보다 분명하게 드러난다.

사실의 선택에 관한 문제도 본인의 삶의 경험을 바탕으로 접근하는 것이기에 부분적인 차이—강조, 기억의 구체성 여부, 같은 상황에서 다른 측면의 기억 등—가 나타나지만, 대체로 각 시기 처한 상황에서 겪었던 주체의 경험이기에 큰 차이는 나타나지 않는다.

그럼에도 구술과 글의 차이를 놓고 판단해 볼 때 '드러내어 소통하기'라는 것에 목적을 두면 개인의 특성, 구술방식 등을 고려해서 구술생애사의 방법으로 접근할 수 있고, 주체가 자신의 정체성을 확인하고 돌아보는 과정에 중심을 두면, 글쓰기가 더 효과가 있다고 본다.
 한편 글쓰기에서는 살아온 이야기쓰기와 자기역사쓰기가 다른 것인지 같은 것인지를 고민하게 한다. 살아온 과정을 '있는 그 자체'로 드러내는 것을 자기역사쓰기라 할 수 있는가 하는 문제이다. 결론은 자기역사쓰기의 현재적인 방식이 '살아온 이야기쓰기'라고 본다. 일반인들의 경우 역사를 '몸'으로 체험하면서 시대의 '상식'이라는 의식을 자신의 가치로 내면화하기도 한다. 이처럼 개인이 시대상황 속의 '삶의 경험'과 그 과정에서 획득된 '의식'을 그 자체로 드러내는 것이 자기역사쓰기의 출발이라고 본다.
 '경험' 드러내기의 단계를 넘어서는 '경험의 의미화' 과정은 자신의 경험과 삶에 대한 인식까지도 거리 두고, 시대상황 속에서 자신의 삶을 재인식하는 과정을 경유하면서 긴 시간으로 역사화 하는 것이라고 본다. 개인의 자기역사쓰기 과정은 곧 역사의 재경험화, 역사의 재인식과정이라고 할 수 있다.

IV. 나오는 글

 본문에서 구동파 주체들의 구술작업과 자기역사쓰기 작업을 중심으로 노동자가 말하고 쓴 결과에 대해 살펴보았다.
 노동자들이 자기 경험을 '말한다'는 것은 첫째, 기억으로 복원한 '사실'은 문헌 자료의 한계를 뛰어넘어 '새로운 역사구성'이 가능한데, 그 내용은 새롭고 다양한 사실을 복원하는 것에서 나아가 그 과정에 있었던 수많은 노동자 개인의 여러 경험을 드러낼 수 있다는 것이다.
 둘째, 기억으로 복원한 '구술 자료'에는 사실만이 아니라 각각의 행위에 대한 주체들의 여러 수준의 의미화, 즉 감성, 판단, 현재적 해석 등이

들어가 있다는 것을 확인했다.

　다음으로 자기역사쓰기의 두 가지 형태인 '글쓰기'와 '말하기'에서 나타나는 개인의 정체성에 대해 검토했다. 그 결과 두 가지 방법 다 개인의 정체성을 드러내는데 유효하다고 결론지었다. 그러나 '말한 것'과 '글로 쓴 것'은 약간의 차이가 있었다. '말한 것'은 사실을 구체적이고 풍부하게 드러내기, 상황을 생생하게 표현하기, 상황과 연계된 감정묘사, 즉 각적인 표현효과 등에 효과적이었다. '글로 쓴 것'은 공표하기 어려운 고통과 원망의 감성 드러내기, 자신의 내면상태를 충실히 드러내기, 의미의 재구조화 등에서 유리했다. 이는 '말과 글'의 일반적 특성이 두 작업과정의 특성이 반영된 것이기도 하다.

　여기서는 노동자들의 자기역사(글)쓰기에서 나타난 두 가지 어려웠던 점에 대해 살펴보겠다. 하나는 노동자들이 '글쓰기'가 어렵다는 것이다. 시간을 내어 집중하기 어려운 것도 있지만 '글쓰기' 자체가 어려운 것이 더 크다. 다른 하나는 자신이 살아온 경험과 실천 자체에 대한 고민은 있지만, 시대상황을 다시 돌아볼 기회도 적고, 시대상황을 전체 역사의 맥락에서 볼 수 있는 안목이 부족해 자신의 삶을 해석해 내기가 쉽지 않다는 것이다. 구동파 주체들의 경우 개인이 '시대상황'을 소화한 수준이 서로 다른 상태에서 진행했기에 일부의 글은 시대상황과 자신의 삶의 관계를 충분히 돌아보지 못하기도 했다. 자기역사를 쓰는 과정은 그 자체가 '역사를 재인식하는 과정'이기 때문에 '객관적 시대상황'을 인식할 수 있는 기본조건을 갖출 필요가 있다.

　이를 위해서는 노동자들의 자기역사쓰기에 역사연구자의 역할이 필요하다고 본다. 글쓰기를 지원하거나 역사와 사회에 대한 이해 폭을 넓혀 나가도록 지원하는 역할이다. 노동자 자기역사쓰기는 주체에게 '역사와 나'를 재인식하기 위해 노력하는 과정이어야 하며, 연구자도 그들이 갖고 있는 지식 자원을 투여해서 이 과정을 지원을 해야 한다. 이런 의미에서 노동자 자기역사 쓰기는 '노동자들의 주체적 역사인식을 위한 하나의 실천'이고 그 과정을 만드는 것이 '운동'이라고 본다. 또한 연구자들의 역할은 의식적으로 노동자들이 자기역사쓰기를 발굴, 지원해서 그 결과 많은 이들이 자신도 쓸 수 있다는 가능성을 알리는 일이라고 본다.

앞에서 제기한 두 가지 문제에 대한 현실에서 대안모색을 위한 움직임을 살펴보면 다음과 같다.

우선 노동자들의 글쓰기지원의 한 방법으로 2007년 〈삶이 보이는 창〉에서 주최하여 2개월에 걸쳐 진행한 '제4기 여성노동자 글쓰기교실 — 여성노동자, 우리 삶을 우리가 쓴다(8회)'를 들 수 있다.[28]

다음으로 '역사와 사회' 속에서 자신을 돌아보기 위한 방법의 하나는 2008년 구로시민센터에서 진행한 〈역사와 함께하는 삶의 글쓰기〉(유경순, 8회)를 들 수 있다.[29]

---

28) 1강 생활글쓰기1(안미선): 생활글 소개와 삶에서 글감 찾기
   2강 생활글쓰기2(안미선): 글 구성과 내용완성: 익히기와 쓰기
   3강 생활글쓰기3(안미선): 단락 나누기와 문장쓰기, 교정: 익히기와 쓰기
   4강 여성노동자 자기역사쓰기1(유경순): 여성노동자 자기역사쓰기가 왜 중요한지와 방법을 말한다.
   5강 여성노동자 자기역사쓰기2(유경순): 역사와 내 삶 말하기: 현대 노동운동사 속에서 내 삶 돌아보기
   6강 여성노동자 자기역사쓰기3(유경순): 쓰기와 이야기 나누기
   7강 비정규 여성노동자의 투쟁과 기록(연정)
   8강 우리가 쓴 글 나누기(안미선, 유경순, 연정): 발표와 함께 느끼기, 그리고 서로 북돋우기
29) 1강 여성의 자기 역사, 왜, 써야하고 어떻게 쓸 것인가
   2강 1950년대 한국사회와 나: 이승만 독재 정권과 원조경제, 내가 태어난 가족이 처한 조건
   3강 1960년대 한국사회와 나: 박정희 군사독재와 경제개발의 그늘, 내가 태어난 가족이 처한 조건
   4강 1970년대 한국사회와 나: 유신체제와 민주화운동, 성장기 나의 10대
      시대속의 인물 — 다큐멘터리 보기 '어머니의 힘, 이소선'(KBS, 인물 현대사, 2004.5.21)
   5강 1980년대 한국사회와 나: 전두환 정권과 1987년 6월 민중 항쟁, 나의 20대
   6강 1990년대 한국사회와 나: 문민정부 등장과 신자유주의, 나의 30대 그리고 현재
   7강 전체 마무리하기: 토론과 글 마무리

다른 한편 1970년대부터 시작된 노동자 역사기록을 위한 움직임이 2008년 '역사 대중화'를 내걸고 노동자 스스로 역사를 기록하고, 그를 지원하기 위한 집단적 움직임으로 현장에서 나타났다. 2008년 노동자 역사 '한내[30]'의 창립이다. 한내는 그동안 노동운동역사자료실을 위한 움직임과 노동자 자기역사쓰기에 관심을 갖거나 지원하던 연구자들이 모여 집단적 시도를 하려는 데 의미가 있다.

이러한 움직임은 노동자 자기역사쓰기를 대중화 시켜나가기 위한 시도로서, 이후 보다 다양한 방식과 내용의 모색 그리고 여러 경험의 체계화가 필요하다고 본다.

8강 발표: 서로의 삶, 돌아보기

30) 1999년 운명을 달리한 김종배동지를 추모하기 위한 김종배 열사추모사업회에서 그 정신을 계승하려는 사업으로 2001년 '노동운동역사자료실'을 열었다. 이 단체는 자료수집 등을 하다가 재정 문제로 2003년 문을 닫고 연구용역 사업만을 추진하다가 2007년 8월 복원해서 새롭게 사업을 추진, 2008년 1월 노동자 역사 '한내'를 발족했다. 한내는 노동운동의 자료를 노동자 스스로 보관하면서, 노동운동역사의 알기 주체로, 나아가 미래 건강한 노동자 주체의 형성을 목적으로 하고 있다. 주요 사업은 노동자역사자료실 운영과 노동조합이나 투쟁주체의 역사정리지원, (개인)자기역사쓰기의 지원 사업이다(노동자 역사 http://www.hannae.org/ 홈페이지 참조).

# 3부

종합토론

역사학연구소 창립 20주년 심포지엄

위기에 선 역사학:
민중사의 새로운 모색

종합토론

○ 일시: 2008. 11. 22 (토), 16:30~18:00
○ 장소: 한국방송통신대학교
○ 사회: 김무용(역사학연구소)
○ 토론: 김성보(연세대), 이용기(성균관대 동아시아학술원),
   전명혁(한국외국어대), 박한용(민족문제연구소),
   배항섭(역사문제연구소), 임경석(성균관대), 장훈교(성공회대),
   허영란(울산대), 최규진(역사학연구소)

김무용 : 오늘 토론을 시작하겠습니다. 저는 오늘 종합토론 사회를 맡은 김무용입니다. 현재 역사학연구소 연구원이고요, 진실화해위원회에서 지금 근무하고 있습니다. 제가 종합토론 사회를 맡으면서 부탁받은 부분은 오늘 오전 오후 발표 및 토론시간에서 발제자나 토론자들이 문제제기한 부분이 충분히 논의되지 않았고 좀더 토론이 필요하다는 요청입니다. 이러한 사항은 종합토론에 반영하도록 하겠습니다. 그리고 진행은 시간이 짧은 관계로 토론이 불충분했던 점을 고려해서 주제를 한 세 개 정도 나눠서 토론을 할까 합니다.

첫 번째 주제는 민중사학의 의의와 한계를 제대로 좀 짚어보는 측면에서 토론 주제를 이끌어내도록 하겠고요. 두 번째는 민중사학의 내용에 대해 토론했으면 좋겠습니다. 우리가 민중사학하면 대개 운동사로, 민중운동사로 등식화시키는데, 실제로 이러한 인식이 타당한지, 또 구체적으로 민중운동사의 어떤 부분이 민중사학과 관련되고 어떤 부분이 잘못되었거나 의의가 있는지에 대해 제대로 논의된 적이 없거든요. 오늘 이 자리에는 발표자, 토론자로 참여하신 분만 아니라 지금 청중석에서도 민중운동사 연구에서 많은 업적을 남기신 분들이 많습니다. 그래서 토론과정에서 필요하다면 해당 분야에 대한 저자의 이름을 거명해서라도 어떤 점이 문제이고 또 어떤 의미가 있는지 지적해 주시면 토론이 좀더 활성화되지 않을까 생각합니다.

저는 개인적으로 성격이 통합보다는 분열이나 대립을 좋아하기 때문에 (좌중 웃음) 토론자 여러분들도 입장이 다른 부분에 대해서는 적극적으로 의견을 개진하고, 또 적극적으로 참여해주시면 고맙겠습니다.

세 번째로 마지막으로 검토할 주제는 민중사학의 대안 부분입니다. 민중사학의 대안 부분, 민중사의 미래나 대안에 대해서는 오늘 특히 장훈교 선생님의 주제도 중요한 이슈가 될 것 같습니다. 그러나 장훈교 선생님의 이런 주제만이 아니라 예를 들면 지방사 서술이라든가 집단 기억문제라든가, 이런 주제도 과연 대안이 될 수 있는가. 예를 들어 지방사라 하면 될 텐데 굳이 민중사라고 표방하려는 이유는 무엇인가, 이런 문제제기들이 나올 수 있을 것 같거든요. 이런 부분도 하나의 토론 주제로 삼기로 하겠습니다.

그러면 먼저 토론을 시작하겠습니다. 오늘 토론자 중에서 김성보 선생님하고 이용기 선생님은 오전 오후 토론에 참가하지 않았어요. 그래서 토론의 형평성 차원에서 두 분에게 오전 오후에 논의된 주제에 대해서 먼저 발언할 기회를 주고 토론을 진행하도록 하겠습니다. 그리고 시간 배분도 토론석하고 청중석 관계없이 하고, 질문이 나오는 대로 바로 진행하고, 필요하면 제가 호명해서 발언하도록 하겠습니다. 그러면 먼저 김성보 선생님께서 오늘 토론된 주제에 대해 평가해 주시죠.

김성보 : 먼저 역사학연구소 20주년을 진심으로, 정말 진심으로 축하드리고요. 오늘의 심포지엄을 계기로 해서 역사학연구소가 민중사 연구의 세계적인 중심 기지가 되리라 믿고, 저도 옆에서 열심히 성원하겠다고 말씀드리고 싶습니다. 저로서 참 감개무량한데요, 제가 오전 발표의 구분에 의하면, 민중론의 제 2세대 끝자락쯤에 있는 것 같습니다. 그렇게 호명됐으니까 그 위치에 다시 돌아가서 이십 년 뒤의 오

늘의 이 논의에 대해서 어떤 소감이랄까 그런 것을 좀 말씀을 드리면서 시작을 하고자 합니다.

민중사학의 의의와 한계에 대해서 먼저 사회자께서 말씀해 주셨는데, 저는 이 민중사학이라고 하는 것이 나중에 어떻게 개념화되었건, 그 출발점은 바로 우리의 현대사의 현장 속에서 만들어진 것이라는 점을 강조하고 싶습니다. 단순한 민주주의 시민의 의식을 넘어서서 역사의 주체가 민중이라고 발견한 것은 당시의 남북분단과 냉전, 독재의 규정성 속에서 그것은 그 자체가 하나의 혁명이었던 것이고, 그러한 민중사학이라고 하는 것이 주창되면서 역사적인 맥락 속에서 민중을 구체적으로 이해할 수 있게 되었다. 그것은 사회과학계에서 관념적으로 규정하고 있는 민중과는 다른, 역사학에서 구체성을 확보하고 있었던 민중사학으로서 저는 여전히 중요한 의미를 지니고 있다고 생각을 하고요. 말하자면 민중사학은 어떠한 도그마가 아니라, 그 안에 엄청난 열린 가능성을 가지고 있었던 것이고, 그 가능성이라고 하는 것이 여전히 남아있다고 하는 점, 저는 그 생명력을 강조하고 싶습니다.

그리고 여기서 예를 들어서, 그 민중사학이라는 것도 발전주의라든가 근대주의에 매몰되지 않았느냐, 그런 지적이 있을 수 있습니다만, 분명히 그러한 요소들이 있습니다만, 그 시기에 민중사학이라고 하는 것은 당시에 주어져 있는 현실을 어떻게 부정하고 극복할 것인가를 고민했던 것이지, 결코 근대 속에 닫혀져 있었던 것은 아니라고 하는 점, 말씀드리고 싶고요.

그렇다면 그러한 문제의식이 왜 90년대 이후에 제대로 계승되지 못하고 있는지, 그런 것을 저 자신의 연구와 관련해서 먼저 간단하게 말씀드리고 싶습니다. 제 얘기를 해서 좀 죄송스러운데, 저는 이제 북한현대사를 주로 하게 되었고, 그것이 민중사라고 할 수는 없지만 그 속에서 나름대로의 고민이 있었습니다. 과연 역사발전의 주체로서의 민중이, 실제로 그 민중이 주체가 된다는 북한의 역사 속에서 도대체 어디에 위치하고 있는가, 그런 것이 저로서는 고민 중의 하나였던 것이고, 그 고민 속에서 민중이 추구하고 있는 세계는 분명히 운동권이라든가 정치인들이 추구하고 있는 세계와는 분명히 다르다고 하는 점, 민중의 일상 속에 바탕을 두고 있는, 민중이 추구하는 세계라고 하는 것이 밝혀지는 것이 참 소중하다는 것을 확인을 했고, 또 한편으로는 그러한 민중이 자신에게 주어지는 체제 속에서 어떻게 대응해 나가는가 하는 것이 굉장히 역동적으로 밝혀져야 된다.

여기서는 뭐 '호명'이라는 표현도 나오고 그랬습니다만 저는 북한에서 민중이 단순하게 '인민'(人民)으로 호명되었다고 보지 않습니다. 물론 국가에서 인민으로 호명되지만 그것에 대응하는 모습을 보면 참으로 다양한 모습을 보입니다. 예를 들어 적극적인 동의를 하기도 하고, 때로는 그에 반발을 하기도 하고, 때로는 태업을 하기도 하고, 그러한 다양한 반응 속에서 자신들의 세계를 만들어 갔다고 생각합니다.

북한은 아직 존속하고 있지만 소련과 동유럽의 현실 사회주의 체제는 결국 붕괴되었는데, 그것은 결국 민중이 그 체제를 결국 거부한 것이죠. 저는 그것이 또한 민중의 힘이라고 생각합니다. 그것을 누구는 예를 들어서, 사적유물론에서 소유욕이라고 하는 것을 등한시했기 때문에 그것이 안 됐다는 식으로 얘기를 하는데, 예를 들어서 인센티브 제공이 잘 안 됐다고 하는. 저는 그것은 지나친 우민관이라고 생각을 하고요. 단순하게 개인의 소유욕을 경시했다는 그런 차원이 아니라 민중이 추구하는 세계를, 그것을 제대로 소화해내지 못하고 있는, 그 억압구조에 대한 전면적인 태업, 사보타주였다고 저는 생각합니다. 그런 속에서도 여전히 민중의 자발성과 능동성은 중요한 것이고, 다만 그것은 그 독자적으로 실현되는 것이 아니라 결국은 국가와의 관계 속에서, 그 역학 관계 속에서 형성되고 지양되어간다고 하는 것을 생각하고 있습니다.

제가 너무 길었는데, 딱 한 마디 더 말씀드릴 수 있으면, 아까 배항섭 선생님이 얘기를 하신 것에 대해서, 제가 좀 이어서, 송찬섭 선생님과 같은 맥락에서 말씀드리고 싶은데요. 프랑스혁명 같은 경우에, 그 시기의 농민은 결코 우리가 생각하는 근대를 지향하지 않았습니다. 그런데 따지고 보면 농민 뿐만 아니고 그 시기의 어떠한 다양한 계층도 오늘날 우리가 알고 있는 근대를 정확하게 지향한 적이 없습니다. 저는 부르주아도 그렇지 않았다고 생각합니다. 부르주아의 상당수는 귀족적인 세계를 추구했던 것이지요. 결국은 그러한 다양한 세계관이 주관적으로 있는데, 그런 것이 역동적으로 사회구성체와의 관계 속에서, 그리고 당시의 정치적인 조건 속에서 오늘의 근대를 만들어 나간 것이지, 농민의 세계 속에서 근대라거나, 근대가 아닌 또 다른 것을 찾아낸다는 것은 어렵다. 결국 민중의 세계관은 그 자율적으로 존재하지만 실제로 어떠한 사회로 가는가 하는 것은, 그 시기의 사회구성체, 사회경제, 정치와의 역관계 속에서 형성된다고 하는, 그러한 역동적인 관계를 중요시할 때만 비로소 관념화된 민중사에 빠지지 않을 수 있지 않는가, 그렇게 저는 말씀드리고 싶습니다.

김무용 : 예, 말씀 잘 들었습니다. 김성보 선생님의 요지는 민중은 국가권력 또는 위로부터 포섭된 존재만이 아니라 아래부터 존재하는 어떤 점에서는 능동적이고 자율적으로 발생하는 한 부분이다, 이런 뜻으로 이해됩니다. 이 부분은 나중에 민중사학의 대안 부분에서 다시 논의될 예정이기 때문에 여기서 더 논의를 진행하지 않겠습니다.

이어서 이용기 선생님께 말씀 부탁드리겠습니다. 여기에서 부탁드릴 게 있다면, 오늘 오전 토론 주제에서 민중사학의 전반적인 흐름 또는 문제의식을 토론하는 과정에 민중사에 대한 비판적 입장의 하나로서 역사 주체로서 민중의 해체에 대한 얘기가 나왔습니다. 말하자면 주체를 해체해서 주체를 다양화·다변화시키는, 예를 들면 기존의 노동자·농민만이 아니라 비정규 노동자, 이주 노동자, 또는 성적 소수자까지 포괄하는 형태로 주체를 다양화시켜서 민중사학을 재구성하는 논의들이 제기됐어요. 이럴 경우 실천적인 연구에서 어떤 변혁의 힘 또는 세력으로서 민중의 재구성이 가능한가, 또 그런 문제의식들을 역사 연구에서 과연 형상화시켜 낼 수 있는가, 이러한 문제제기가 있었는데, 이 부분도 의견 있으시면 같이 말씀해 주셨으면 고맙겠습니다.

이용기 : 예, 지금 소개받은 이용기입니다. 아마도 저를 여기 오늘 종합토론에 나오라고 한 이유는, 전명혁 선생 발표문에도 있었지만, 제가 역사문제연구소 민중사연구반에서 공부를 하고 있어서 저희 반의 논의를 공유하겠다는 생각에서 불러주신 것 같습니다. 의례의 말씀이 아니라, 오늘 오기 전에는, 오늘 이 새로운 민중사의 모색이라는 게 얼마나 어필이 될까, 이런 걸 약간 걱정을 하면서 왔는데, 아침부터 상당히 많은 분들이 열띠게 자리를 지켜주고 계시고, 또 오늘 20주년을 맞이해서 역사학연구소가 또 이런 문제를 이렇게 시의적절하게 잘 포착했다는 생각이 듭니다. 일단 20주년을 축하드리고, 저도 많이 고무를 받았다는 말씀 드립니다. 오전 발표에 대해서는, 종합토론 시간에서 전체적인 얘기보다는, 일단 오전에 했던 발표 중에서 좀더 논의를 하겠다고 하셨기 때문에 거기에 대해서만 그냥 간단하게 먼저 말씀을 몇 가지 드려보려고 합니다.

장훈교 선생님 글에 대해서는 상당히 재미있게 봤습니다. 또 전명혁 선생님 발표문에는, 저희 역사문제연구소 민중사반을, 일종의 장 선생님 분류에 따르면 신세대 민중사로 분류되는, 그런 경향으로 이해를 하고 계신데, 크게 보면 틀린 얘긴 아닐 것 같습니다. 저희 민중사반에서 전통적인 방식을 고집하시는 분이 배항섭 선생님이신데, 배항섭 선생님도 그 정도는 맞다, 그렇게 하시니까 그렇게 불러주셔도 좋긴 합니다. 그런데 장훈교 선생님의 글을 보면서 크게 느낀 점은, 문제의식의 출발이 1, 2 세대라고 했던, 더 정확히는 80년대 계급적 민중론이라고 선생님이 표현을 하셨던, 그런 민중론을 넘어서서 새로운 민중사를 기획을 하는데, 선생님 표현을 빌리자면, 본질주의적인 민중인식으로 이해를 하시는 것 같고, 그 다음에 거기에 대해서 다양한 비판을 제기하면서 이러저러한 글들을 쓰는 경향을 이제 다원주의적이라고 인식을 하시는 것 같습니다. 이렇게 본질주의와 다원주의를 둘 다 경계한다는 입장에서 어떻게 민중론을 구성할 수 있을까 하는 생각을 하고 계신 것 같습니다. 그러다 보니 제가 생각할 때에는, 상부/하부라는 은유라든가, 내부/외부로 그 공간적 은유를 바꾸자고 말씀을 하시는데, 80년대의 민중사학의 성과를 발전적으로 계승하자라는 것에 어떻게 보면 조금 발목이 잡히신다고 할까요. 그래서 저는 읽을 때 외부/내부의 개념도 그렇고, 또 실천, 정치성을 말하는 부분도 그렇고, 민중과 계급을 이야기하려는 부분이, 과거와의 어떤 연장선 속에서 이야기를 끌어내다 보니 논리적으로 읽기가 조금 부담스러웠다는 말씀을 먼저 드리고 싶습니다.

우리가 새롭게 민중사를 하자는 여러 가지 부류가 있을 텐데, 제가 생각할 때에는 정치성을 탈각하고 민중사를 하자는 것이 새로운 민중사는 아니라고 봅니다. 그리고 민중운동사를 넘어서 민중사를 하자는 것도, 마찬가지로 민중운동사를 폐기해야 된다든가 아니면 민중운동사를 통해서 민중사를 할 수 없다는 것이 아닙니다. 과거에 우리가 민중운동사에 상당히 제한된, 영역적으로도 그렇고, 민중을 바라보는 관점 자체가 민중 운동을 하는, 더 직접적으로는 변혁을 하는 주체라고 생각하는 차원에서 일단 전제를 하고 민중을 바라보기 때문에 민중의 다양한 측면들을 보지 못하고, 자꾸 변혁에 나서는 측면만을 강조해서 봤기 때문에 우리가 역사의 주체라고 말하면서도 실제로는 어떤 구조에 의해서 만들어지는, 구조에 의해서 주조되는 민중, 또는 지도에 의해서 이끌어져야 될 민중, 이런 식으로 민중을 봐 온 것이 아닌가 하는 생각입니다. 그랬을 때 오히려 우리는 민중을 새롭게 재발견하기 위해서는 일상성이라 할지, 그들의 삶의 현장에서부터 다시 민중사를 해 나가자는 것이 제가 이해하고 있는, 민중운동사를 넘어서서 민중사를 모색해본다, 또는 민중사학을 넘어서 새롭게 민중사를 해 보자는 것이라고 생각합니다. 그런 경향이 다성성이라든가 중층성을 이야기한다고 해서 정치성을 탈각한 민중사를 추구하는 것은 아니라고 보거든요. 그래서 일단 새로운 민중사를 제기하는 경향에 대해서, 이게 비정치적이라든가, 그냥 다원주의적이라고 보시는 점에 대해서는 저는 생각을 조금 달리한다는 말씀을 드리고 싶습니다.

또 하나는, 선생님 모델 속에서 처음에 상부/하부 이야기할 때에는 단일한 국가로 이렇게 제한되는 것들을 비판하시면서, 내부/외부 이야기할 때에는 국가의 경계를 넘는 부분을 상당히 고려하고 계시다고 봅니다. 글에서 탈경계적인 이야기를 하고 계시기는 한데, 실제로는 민중에 대해서도 결국은 계속 국가와 어떤 관계 속에서 말씀을 하시면서, 국가에서 구성되는 어떤 존재 또는 현상으로 보시는 게 아닌가 해서 그 부분을 말씀드리고 싶습니다.

마지막으로는, 민중을 이야기할 때, 실체론과 구성론, 이런 얘기를 하잖아요. 저는 구성주의적인 입장에 서고 싶습니다. 그런다고 했을 때 민중을 발견하거나 규정하는 어떤 지식인과, 또는 그 민중을 바라보는 어떤 역사가일 수도 있죠. 그것과 우리가 대상이라고 이야기하는 민중과의 관계를 어떻게 봐야 될 것인지에 대해서 선생님이 앞에서 굉장히 재미있게 말씀을 하셨는데, 그 부분을 좀 밀고 나가서 이야기를 해 주시는 게 본인이 하려고 하시는 바를 더 명확하게 드러내지 않을까, 그 정도 일단 먼저 말씀드리겠습니다.

김무용 : 예. 이용기 선생님 말씀은 민중에서 다중 주체를 강조한다 하더라도, 여전히 그 정치성을 주장해야 된다는 점을 지적했습니다. 특히 장훈교 선생님이 발제문에서 제기했던 정치, 민중의 재정의라는 표현을 강조하고 지지하는 입장이고, 여기에 결합해서 민중의 생활세계, 일상성을 결합시켜서 논의를 보강해야 된다는 주장입니다. 뒷 부분에서 얘기한 부분은 세 번째 주제와도 겹치기 때문에 그때 다시 얘기하기로 하고요.

그럼 먼저 첫 번째 제1주제로 제시된 민중사학의 성과와 한계, 또는 의미와 한계에 대해서 한 번 살펴보는 시간을 갖도록 하죠. 첫 번째 주제와 관련해서 전명혁 선생님이 오늘 발표에서 민중사학의 전반적 흐름에 대해 파악하고 정리했는데요, 제가 그 발제문을 봐서는 입장이라든가 평가가 빠져 있는 것 같습니다. 무엇보다 현재의 시점에서 과거 민중사학에 대한 평가가 결여되어 있고, 또 한편 그러한 평가가 빠져 있으면 연구자 개인의 정체성이 애매하다고 의심받을 수도 있기 때문에 이 부분에 대해서 좀 더 입장을 가지고 먼저 얘기를 해 주시기 바랍니다.

전명혁 : 입장이 빠졌다는 점에 대해서는, 제가 그동안 이십 년 간에 걸친 성과들을 쭉 한 번 정리하면서, 아까 발표에서도 말씀드렸지만 여러 가지 착잡한 마음들, 제 개인사적인 측면도 있었고, 그렇기 때문에 여러 가지 감정들이 교차되어 있었습니다. 제가 글을 정리하면서 분명하게 표현은 안 했지만 그 행간의 의미를 보면 저의 뜻을 분명히 밝힌 부분이 많습니다.

저는 과거로 돌아가자는 것은 아니지만, 그리고 지금 역사문제연구소의 작업들, 그런 것들이 나름대로 의의가 있고, 그런 것들을 인식하고 그런 탈근대주의적인 문제인식들, 그런 것들이 상당히 새롭게 어떤 역사인식이라든가, 앞으로 서술될 그러한 새로운 어떤 역사서술, 그게 민중사가 될지, 저는 민중사라고 하는 말 자체의 의미에 대해서, 민중사로 불릴 수 있는 것이지만 꼭 민중사여야 한다, 이렇게는 얘기하고 싶지는 않습니다. 어쨌든 우리 시대의 민중사는 끊임없이 만들어질 수 있는 것이다, 이렇게 생각을 하는 것입니다. 그 시대의 가장 첨예했던 모순 속에서 서술되었던 역사, 그것들이 오늘날에도 그러한 부분들이 분명히 존재하고 있기 때문에, 바로 이제 그러한 측면들을 분명히 표현은 안 했지만 결론에서 약간 언급을 했던 것입니다. 다시 또 얘기를 하도록 하겠습니다.

김무용 : 예. 지금까지 논의된 민중사학의 어떤 성과와 한계, 문제점으로 일반적으로 지적되는 부분은 대개 민중사학이 연구와 실천을 지향하거나 양쪽의 어떤 결합을 지향하는데, 현실에서는 양자가 분리되고, 또 과거 구로역사연구소라든가 역사학연구소 같은 경우는 실천에 경도돼서 연구성과가 없다는 것 등인데요, 사실 이러한 혹독한 비판들을 많이 받았어요. 물론 현실적으로 또 그런 측면이 상당수 있습니다. 여기에서 과연 민중사학에서 연구와 실천의 결합이 가능한가 하는 근본적인 문제가 제기되는 데요, 오전에 토론했던 이세영 선생님 같은 경우는, 연구와 실천의 결합은 연구자가 전문연구자의 지위를 포기해야만 가능하다, 이런 주장을 하기도 했어요. 현실적으로 상당히 맞는 측면이 있다고 보입니다. 이러한 점도 현실적으로 우리가 한 번 따져봐야 되고요. 또 민중사학의 인식론 내지 방법론, 이론적인 측면에서 많이 얘기되는 것 중 하나가 민중사학이 자체의 이론적 원천이라든가 자양분이 없이 80년대 중후반 이후에 보급된 맑스-레닌주의나 북한의 역사인식 등에 영향을 많이 받은 게 아닌가 하는 점인데, 이러한 주장도 일정 부분 사실이란 말이죠. 현실적으로 볼 때 민중사학이 맑

시즘이라든가 북한의 역사인식과 분리되는 차별적이고 독자적인 어떤 인식론과 방법론을 과연 가지고 있는가. 아주 더 근본적으로는 민중사학이 사적 유물론이라든가 변증법적 유물론에 근거하는 인식론과 방법론에서 자양분을 공급받아야만 생존이 가능한가 하는 이런 문제가 제기될 수도 있다고 봅니다.

다음으로 또 민중사학의 한계로서 많이 얘기되는 부분이, 민중에 대한 어떤 신뢰, 민중의 진보에 대한 무오류성, 곧 역사에 대한 부당전제라 할 수 있는 민중에 대한 오류를 추호도 의심치 않는 태도들, 이러한 부분도 민중을 제대로 인식하지 못하고 있다는 비판을 받았습니다. 또 하나 더 추가한다면, 민중사회라든가 민중의 현실을 획일화해서 위로부터 역사를 재단한다는 비판도 받았어요. 이런 점과 좀 관련해 가지고 토론석이라든가 청중석 관계없이 의견이 있으신 분들은 먼저 발언해 주시면 고맙겠습니다. 먼저 준비가 되시면 남지대 선생님 좀 얘기해 주실 수 있나요? 아, 그러면 저기 박한용 선생님 지금 준비하고 계시는데, (좌중 웃음) 말씀해 주시죠.

박한용: 일단 저는 역사학연구소나 한국 역사학의 위기가 민중사학이 위기에 처했기 때문이 아니라고 봅니다. 그건 제가 볼 때, 현실 진단이 잘못된 것이며, 민중사학이라는 그 개념을 정확하게 잡지 못해서가 아니라 그러한 개념에 충실한 실천을 해 왔느냐 그러지 못했느냐가 오히려 더 문제였다고 보고 있어요. 지금 와서 민중사학의 개념이나 내용을 바꾸면 문제가 위기가 해결되나요? 아까 '연구와 실천은 별개'라는 어느 분의 이야기는 동의하지 않습니다, 굳이 두 가지 면으로 분리해야 할 것은 아니죠. 연구와 실천을 대립시킴으로써 연구는 연구, 실천은 실천으로 분리해 자신을 연구에만 가두는 합리화가 될 수 있죠. 연구 자체가 실천일 수도 있고요.

그리고 또 민중사학을 얘기할 때, 민중 개념을 말씀드리면, 이제 와

서 새삼 그 개념을 바꾸려고 하지 말고 사회구성체론적 민중개념에 충실하라고 합니다. 다만 그 부분에서 우리가 주목할 부분이 있어요. 제가 옛날에 이런 얘기를 많이 했어요. 맑스주의 역사에서 사회구성체론은 본질환원론이나 계급결정론에 빠질 수 있다는 얘기지요. 다 같은 공룡이라고 해도 스미소니언박물관에 있는 공룡하고 영화〈쥬라기공원〉의 공룡은 달라요. 스미소니언박물관의 공룡은 뼈대만 있습니다. 공룡이 움직이는 계통을 잘 이해할 수 있지만, 그것이 공룡 전체는 아니지요. 사람들은 오히려 영화〈쥬라기공원〉에서 공룡을 실감하고 열광합니다. 뼈만이 아니라 살이 붙어있고 감정이 있는 살아있는 총체로서의 공룡에 더 실감을 느낍니다. 법칙성의 해명이 법칙 그 자체에 머물면 안되는 것이지요. 경제학에서의 경제사와 역사학에서의 경제사 서술은 차이가 있어야 합니다. 경제학이 인간의 삶을 숫자로 표현한다면 역사학은 그것을 다시 인간의 이야기로 풀어내어야 한다고 생각합니다. 사회구성체론도 그러한 과정이 필요했다는 겁니다.

다시 말해서 역사의 법칙 해명이라는 입장에서 역사 사실을 본질적으로 해명하는 과정도 필요하지만, 이러한 본질환원에 머물지 않고, 그런 수많은 본질적인 과정들이〈쥬라기공원〉의 공룡으로 재현해내는 즉 역동성을 가지도록 설명해 내는 과정이 아울러 필요합니다. 너무 사회경제사 중심으로 가면서 법칙의 해명이라는 뼈대에만 치중해 일상사의 풍부한 영역을 사회구성체론 안에 스스로 포함하지 못했던 그런 당대의 경직된 분위기가 문제라고 생각을 하고 있습니다. 사회구성체론 자체는 토대/상부구조론 같이 단순하게 얘기할 문제가 아니죠. 사회구성체론은 그 안에 다양성이 있다는 전제를 안고 있는 풍부한 개념이라고 저는 봅니다. 그런 부분을 우리가 충실하게 못 봤던 초기 이론 또는 사상 수준의 학습단계에서 바로 연구로 가 버렸다고 봅니다.

지금 1980년대 중후반의 논문들을 보자면 특히 일제시대 운동사의 논문들의 경우 서술 틀이 정해져 있지 않습니까. 문건 몇 개 가지고 논문 썼지 않습니까. 저 역시 마찬가지이지만 좀 더 역사학 논문답게 치밀하게 연구하고 더 풍부하게 서술하지 못한 문제가 있었죠. 그런 수준에 머물다가 갑자기 소련이 무너진 겁니다. 이제 막 사랑에 눈뜰 사춘긴데 세계사는 이혼에 대한 문제를 낸 것이죠. 그리고 우리는 갑자기 빨리 늙어 버렸어요. 너무 빠르게 이동한다는 것입니다. 그래서 저는 민중사학에 대해서는 과거 김성보 교수도 그 전에 썼고 충분하게 얘기도 되었습니다. 민중사학 개념에 대해서는 진작에 나올 만큼 나왔으니, 그렇다면 역사학연구소가 그 개념에 입각해 얼마나 구체화하는 연구와 실천을 했는가를 먼저 판단·평가해야지, 개념에 대한 재해석을 얘기한다 해서 위기에 대한 대안이 나오겠느냐, 하는 생각이 듭니다.

즉 일단 과거에 정립한 민중사학이 맞든 틀리던 그 개념과 취지에 입각해 어떤 실천을 했는지부터 정리를 해야 하지 않겠어요? 그런 것은 아예 없이 개념만 또 재구성하고 실천을 하지 않다가 나중에 개념을 바꾸면 문제가 해결되느냐는 거죠. 그런 원인 중에 하나가 제가 볼 때에는, 학술연구단체의 조직방식에도 문제가 있지 않나 하는 생각을 가져봤어요.

역문연(역사문제연구소)이나 한역연(한국역사연구회)이나 역사학연구소의 설립 취지나 방향이 기존의 역사단체(학회)와 다른 것 같아도 사실 같아요. 연구자들이 갖는 일반적인 조직원리를 벗어나고 있지 못하다는 생각이 들어요. 세미나-논문쓰기라는 방식이 중심이 되고, 실천도 이에서 크게 벗어나지 못하죠. 물론 기존의 학회와 달리 그 내부에 분과별로 일상적 세미나팀을 가동시키는 재생산구조를 갖고 있다는 점은 크게 차이가 납니다. 그런데 요즘은 재생산도 힘든 것 같아요.

저는 각 단체별로 운동 노선에 맞는 특색을 지니거나 사업의 집중점을 가졌으면 좋겠다는 생각을 가졌어요. 시대사 아니면 연구주제별로 분과들이 나열되어 있는데, 민중사학이면 민중사학에 맞는 실천적 과제가 뭐냐, 정확히 정해놓고 그것을 돌파(실천)하는 데 걸맞는 조직과 운동양식을 가져야 한다는 것이죠. 다들 세미나해서 책 내는 방식만 답습하고 있으니, 이론 이전에 자신의 노선에 맞는 실천구조를 창출하지 못한 실제적인 문제가 있지 않느냐는 겁니다.

일본의 학자 경우를 보면, 학술연구만으로 운동한다고 보기는 어려운 경우가 많습니다. 대부분은 일정한 목표를 가진 단체에서 전력투구하고 평생 연구 외에도 다양한 실천활동을 하고 있어요. 야마다 쇼지 같은 선생은 관동대진재에 대해서 전문적인 연구활동과 실제 시민운동을 하고 있습니다. 지금 이른바 역사연구 3단체는 개인 실적과 결합되는 논문쓰기나 프로젝트 수행방식을 좀처럼 넘어서지 않아요. 예를 들자면, 저는 그것이 꼭 옳다는 게 아니지만, 역사연구 3단체가 네트워크를 형성해 특정 이슈에 대해 힘차게 싸우는 모습도 보고 싶어요. 물론 네트워크는 자칫하면 오히려 방만해져서 큰 힘을 발휘하지 못하는 단점도 있지만요.

우리 역사3단체를 아까 '한내'라고 하는 노동자 글쓰기 조직의 실천과 비교를 해 보면 됩니다. 역사학연구소가 과거 노동계급과 역사학을 결합하는 새로운 실천을 주창했는데, 노동자 '한내'와 같은 개성있는 실천을 창출했는지 의문시됩니다. 학술연구자의 조건 자체에 제약되어—스스로 한계지어—연구라는 축에서만 조직이 굳어져 있어 그런 구조 자체에 이미 상당하게 민중과 결합이나 전투적 결합들을 저해하는 요소도 있을 수 있다는 것이죠. 차라리 실천 과제를 명확하게 도출해서 과제에 접근하는 것이 오히려 현실적으로 맞지 않느냐, 이런 생각을 해 봅니다.

또 말이 길어질까 봐 끊어야 되겠는데, 그리고 제가 아까 못했던 얘기를 한 마디 하자면, 연대의 문제는 중요한데, 역사문제연구소 같은 경우에는 독일의 해외 단체와 교류하고 있다고 내세웁니다. 교류 그 자체가 성과는 아니지요. 그런 교류는 기성 학회나 기관에서도 하고 있거든요. 그런 교류를 해서 어떤 운동적 성과를 낳았는가 하는 게 평가의 출발이죠. 우리끼리 열심히 실천해도 됩니다, 또 예를 들면 한국과 일본의 역사교류단체들이 요즘 세미나를 많이 합니다. 특히 한일 과거사 현안에 대해서 그러하죠.

이 한국의 세미나 참가 연구자 상당수가 정작 그러한 한일과거사와 관련된 국내의 피해자단체나 관련 시민단체와는 거의 관계를 안 해요. 그들이 투쟁하고 만들어낸 현안에 대한 과실을 세미나 형태로 자기의 성과로 전유해 버립니다. 그리고 일본 학자등과 세미나하면서 서로 명함 주고받고 서로 유명해지는 거죠. 정작 재일조선인문제라든지 강제동원 피해자 이런 대중들은 그 세미나에서 소외돼 있어요. 이렇게 자기네들끼리 심포지움 하고 돈 몇 천만원씩 쓰고 가 버려요. 저는 그런 방식들을 계속 해 왔기 때문에 안 된다. 과학적 실천적 역사학 또는 민중사학이라고 표방한 연구단체가 이른바 연구자는 연구로만, 또는 현실과 일정한 거리를 두어야만 한다는 명목으로 연구와 실천을 분리시키면서, 그 실천의 과실을 자기 논문으로 전취하는 그러한 방식이 연구와 실천이라는 이분법 구도 속에서 정당화되는 것은 아닌 지 우려스럽습니다.

제가 일하고 있는 기관과 연결되어 있는 예라서 잘했다는 그런 뜻은 아니지만, 일본과 네트워크를 어떻게 하고 있는 지 설명을 드리고자 합니다. 일본의 단체들과 네트워크를 구축할 때만 명확한 목적을 잡아요. 그래서 2010년이 식민지 합병 100년이고 이에 맞춘 역사운동을 한일 공동으로 전개할 필요가 있다고 생각하고, 먼저 국내의 한일 과거사관련 시민단체, 피해자단체, 학술단체들과 함께 국치100년사업 공동추진위원회를 조직했습니다. '국치'라는 말이 학술적으로는 대단히 논란이 되지만 대중적 감성에 맞추어 '경술국치'라는 말을 쓴 거죠, 이와 별도로 민족문제연구소의 경우 3년째 『재일조선인단체사전』편찬작업을 진행하고 있어요. 『재일조선인단체사전』을 통해서 20여 명의 일본인 연구자들하고 네트워크를 구축하고 있습니다. 그런데 이 네트워크는 그냥 단체사전을 만드는 게 아니라 이 과정 속에서 일본의 연구자들을 재일조선인문제 해결을 위한 실천적 과제나 문제의식과 연결시킨다는, 하나의 과정으로 생각합니다. 단체 사전 편찬에 그 목적이 멈추는 것이 아니라는 얘기죠. 그리고 이와 별개로 야스쿠니신사반대운동을 위해 이와 관련된 일본시민단체와 야스쿠니반대공동행동위원회를 조직했습니다. 이 조직을 축으로 야스쿠니 무단합사 취하소송을 하죠. 또 이것 외에도 일본의 몇몇 시민단체나 연구단체와 교류협약을 체결해 항구적인 연대의 틀을 만들려고 합니다. 이것만으로 부족하기에 현지 거점으로서 민족문제연구소 도쿄지회를 만들었습니다. 민족문제연구소도 연구소이기 때문에 연구 기능이 중요하지만, 이것을 실천과 접맥할 수 있는 통로를 만들어 연구와 실천이 상호 침투할 수 있는 조직적 틀을 만들어 낸다는 데 연대의 원칙을 두는 것입니다.

 이 말씀을 왜 드리냐 하면, 민중사학의 위기란 사론의 부재에서라기 보다 이런 실천들이 수반되지 않은 결과 아니냐는 거예요. 사론은 실천의 성공 또는 시행착오라는 토대 위에서 구축되어야지 이론 그 자체의 속에서 재생산되는 것은 아니라는 얘기입니다. 학술교류는 언제나 있어온 것입니다. 왜, 무엇 때문에 하느냐가 중요하지요. 따라서 민족문제연구소의 경우 2010년의 연대실천의 중심은 2010년 '경술국치' 100년을 연구자만이 아니라 한일 양국 민중들이 어떤 역사적 의미를 부여할 것이며, 어떤 목표를 매개로 해서 만나서 실천할 건가라는 그러한 실천 프로그램 속에서 제시됩니다. 그런 맥락에서 네트워크가 필요한 것이지, 네트워크 그 자체는 우리가 실현할 목적이 아니라는 것이죠.

저는 그런 면에서 좀더, 아까 민중 개념에 대해서 동적이냐 계급적이냐, 다 얘기했고 저도 그런 언급을 당연히 존중하고 경청합니다. 그러나 오히려 평가 또는 반성의 출발은, 역사연구 3단체가 제창했던 과학성, 실천성, 대중성의 지향이라는 모토는 왜 평가에서 빼고 민중사학이라는 개념만을 줄곧 문제 삼느냐는 것입니다. 이런 것도 함께 짚고 얘기하면서 반성하는 것이 옳지 않겠느냐, 이렇게 생각합니다.

김무용 : 예, 수고했습니다. 박한용 선생님께서는 민중사 연구에서 일상사 연구나 주체 문제에서 다중성 등을 포함시켜 연구 영역이나 분야를 확대하면, 민중사 연구의 역사상을 풍부하게 재구성하거나 구체화할 수 있고, 민중사학의 위기나 한계를 일정하게 극복할 수 있다는 말씀을 해주셨습니다. 또한 학회나 연구자 조직의 측면에서는 현재 종합적인 분과별 체제로 되어 있는 연구소 학회 조직을 과제 중심으로 단일화, 집중화하고, 연구와 실천, 연대를 결합시켜 나갈 때, 민중사 연구에서 나타나는 연구와 실천의 괴리를 일정하게 극복할 수 있다는 대안도 제시하셨습니다.

그럼 잠깐 진행 말씀을 드리고요. 현재 시간이 다섯 시인데, 몇 시까지 종합토론이 가능하나요? (플로어에서 시간 관련 답변) 아, 지금 약 30분 정도 남았군요. 그럼 지금까지 민중사학의 연구의 일반적인 의의와 성과에 대해서는 대략 검토되었다고 생각됩니다. 시간 관계상, 두 번째 주제, 민중사학의 구체적 성과 문제로 넘어가도록 하겠습니다. 대개 민중사학 하면, 곧 운동사로 치환되고 등식화되는 측면이 있는데요, 이는 실질적으로 민중사학 연구가 운동사 중심으로 집중되어 온 측면을 일정하게 반영하고 있습니다.

그럼 여기에서 그 동안 민중사학을 운동사로 이해하고 또 운동사로 연구해 온 문제점을 검토해 보도록 하겠습니다. 이 부분에 대해서는 여러 가지 측면에서 살펴볼 부분이 있습니다. 무엇보다 민중사학에서 운동사적 접근이 여전히 위로부터의 접근이라는 문제점, 예를 들어 사회주의 운동이나 노동운동을 연구하거나 좌파적 시각의 접근이라 하더라도 여전히 위로부터 일정한 역사상을 전제하고 접근한다는 지적을 많이 받았습니다. 또한 대부분의 노동운동사나 사회주의 운동사 연구가 당대 지식인 또는 주의자들의 언어나 개념, 논리를 옮겨 놓는 방식이었고, 아래로부터 민중의 삶과 의식을 재구성하지 못한다는 비판을 많이 받았습니다. 이러한 측면에서 먼저 배항섭 선생님께서 그동안 농민항쟁, 농민운동에 대해 많이 연구를 해 오신 경험을 바탕으로 민중운동사에서 나타나는 문제점, 그리고 이에 대한 대안 등이 있으시면 말씀해 주시면 고맙겠습니다.

배항섭 : 예, 저는 민중운동사에 대해서 많이 하지는 않았습니다. 그리고 아까 이세영 선생님 말씀 중에 제가 제일 마음에 드는 것은, 오십 대가 되면 자기 하고 싶은 말을 한다, 이러셨는데 저도 지금 그 경계선에 있으니까 그 비슷한 흉내를 좀 내도 될 것 같은데요. 제가 아까 송찬섭 선생님이 언급을 하셨고, 그 다음에 김성보 선생님이 좀 언급하신 그 문제를 이렇게 받아서, 민중운동사에 관련된 얘기를 좀 드려 보겠습니다.

저는 우선 전근대쪽이랄까요, 1894년에 일어났던 농민전쟁을 연구를 했기 때문에 김무용 선생님께서 주문하신 그 사회주의 운동, 이런 쪽하고는 좀 거리가 있습니다. 그러나 뭔가 같이 연결될 수 있는 고민거리가 되지 않을까 싶어서 말씀드리겠습니다. 제가 그 발전론적인 역사인식의 문제점에 대해서 지적을 했는데, 거기 대해 김성보 선생님은 서구에서도 농민들은 물론이고, 프랑스혁명 당시에 부르주아들까지도 근대를 추구한 것은 아니다, 오히려 귀족적인 것을 추구했지만, 그러나 그 당시의 사회적인 제반 조건들이 결국은 근대 사회로 귀결시켰다는 점을 지적을 하셨습니다. 그런 점에 대해서는 저도 충분히 공감을 하고 있고, 무슨 말씀인지 잘 알고 있습니다.

그러나 중세 말기, 혹은 근대 이행기의 민중운동의 지향점을 근대로 미리 설정을 하는 것과는 큰 차이가 있다고 봅니다. 어떤 점에서 차이가 있는가 하면, 저는 이제 근대주의적이랄까요, 어떤 발전론적인 역사인식이 가진 가장 큰 문제는 근대를 상대화하고 객관화하는데 어쨌든 간에 한계가 있다, 이런 생각을 하고 있습니다. 이게 제대로 된 생각인지 아닌지는 몰라도. 그래서 이 근대라는 것이 그 끝이 결국은 오늘날 신자유주의라고 저는 생각을 하고 있고요. 그랬을 때, 연구자가 역사 발전 과정에서 근대라는 것은 대단한 뭔가 지위를 가지는 것처럼 인식할 가능성이 굉장히 많은 것이 발전론적인 어떤 역사인식이라고 했을 때, 그 근대를 객관화시키고 상대화시킬 수 있는 방법 중의 하나가 그 근대란 것이 말로만 그런 것이 아니라 실제로 민중들에게는 자신들의 삶에 반하는 그런 과정이었다는 것을 드러내는 것, 저는 그런 부분들이 대단히 중요하다고 봅니다. 그랬을 때 지금까지 민중운동사 연구라는 것은 사회경제구조, 사회구성체적인 어떤 그런 논법에 입각해 있었다. 이용기 선생님도 아까 얘기했지만은, 구조적인 어떤 그런 것에 의해서 축조된 어떤 것으로, 그러니까 사회적인 객관적인 조건이 이렇고, 그 모순이 이러니까, 혹은 대외적으로 민족적인 과제가 있으니까 민중이란 존재는 그러한 모순을 담당해야 될 그 무엇으로.

아까 말했듯 저는 예속적 주체라고 보는데, 그랬을 때는 그 민중들이 가지고 있던 다양한 가능성들, 이런 부분들 중에는, 제가 보기에는 근대를 비판할 수 있는 어떤 그 계기가 될 수 있는 여러 것들이 있다고 봅니다. 그런데 그 근대라는 것을 미리 설정해 버리는 순간에 민중들이 가지고 있던 비근대적이고 반근대적인 점들은 자연히 연구자들의 고민 대상에서는 삭제가 돼 버린다, 라는 그런 점들을 이제 지적을 했던 것이고요. 다만 근대 이후의 민중운동에서 나타나는 그 민중들의 모습이랄까 이것을 보면, 저는 대단히 비균질적인 어떤 그런 모습을 보인다고 생각합니다. 경제적으로는 예컨대, 아직 연구를 해봐야 되겠습니다만, 반자본주의적이었다, 그러나 정치적으로는 근대적이었다, 이런 어떤 모습을 보여줄 수 있다는 것이죠. 그러나 주관적으로는 민중 어느 누구도 근대를 지향하지 않았다. 다만 그들은 어떤 가지고 있던, 일상생활 속에 녹아 있던 여러 가지 생활 감각이나 어떤 사상들, 이념들, 거기에 더해서 뭔가 좀 바람직하다고 생각되는 무엇을 지향하겠지만은 그것이 객관적으로는 반자본주의적일 수도 있고, 친자본주의적일 수도 있고, 친근대적일 수 있고 비근대적일 수도 있고, 이런 요소들이 상당히 있었다는, 그런 가능성을 열어놔야 된다고 생각을 합니다.

왜 그런가 하면, 저는 오늘 장훈교 선생님의 첫 번째 발표에서 결론적으로 내리는 얘기들이 상당히 국민국가론적인 논법하고 유사한 측면이 있는 것이 아닌가, 이런 생각을 했었는데요. 국민국가론 같은 경우를 보더라도 제가 생각하기에는 국민국가의 어떤 그 억압성, 폭력성, 이런 부분들을 얘기하는 과정에서 민중이란 존재는 어디까지나 객체입니다. 민중이란 존재는 지배엘리트에 의해 만들어진 혹은 덮어씌워진 국민국가에 동원되는 대상이다 라는 것이죠. 저는 그런 부분들에 대한 어떤 경계를 한달까, 반대를 할 수 있는 근거도 민중들이 가지고 있는 그 비균질적인 다양한 어떤 가능성들에서 찾을 수 있다라는 것이죠.
　그러니까 민중들이 전면적으로 반근대적이었다고 했을 때에는 근대국가, 국민국가라는 것은 위로부터 덮어 씌워지는 것이죠. 민중들이 정말 원하지 않았는데, 지배엘리트에 의해 그냥 덮어 씌워지는 것이고, 민중들은 거기에 그냥 동원만 되는, 그런 어떤 수동적인 존재로 남지만, 그들의, 어떤 생활감각 속에서 나오는 지향들이 객관적으로는 근대를 지향했다고 할 때에는 얘기가 달라진다는 것이죠. 국민국가라는 것이 가지는 역사적 의미도 민중의 시각에서 바라볼 때, 그냥 덮어 씌워지는 것이 아니라 민중의 시각에서 봤을 때 새롭게 바라 볼 수 있는 가능성도 열어놓을 수 있다. 그래서 결론적으로 저는 민중운동사라는 것을 객관적인 어떤 사회경제적인 조건이라든가 모순들에 의해 규정이 된, 모순들을 이렇게 증명해 주는 그런 것으로 지금까지 바라봐 온 경향이 있었고, 그런 점들이 어떻게 보면은 우리가 새로운 대안들이랄까요, 새로운 가능성을 생각하는 데에도 상당히 좀 장애가 되지 않을까, 이런 생각 해 봤습니다.

김무용 : 예, 배항섭 선생님의 말씀은 근대 이후 민중운동의 연구에서 근대를 전제로 접근하는 것은 많은 문제점이 있으며, 민중들이 가지고 있는 다양한 가능성들을 열어놓고 접근해야 한다는 주장으로 생각됩니다. 또한 이러한 민중들의 가능성 속에서 근대라든가, 근대 국민국가를 극복할 수 있고 지향할 수 있는 힘들을 찾을 수 있다는 의견으로 요약됩니다. 그럼 여기에 대해서 김성보 선생님의 의견을 들어 보도록 하겠습니다.

김성보 : 이 대립구도가 갑자기 배항섭 선생님하고 설정이 되었는데, 저는 배항섭 선생님의 논법이 좀 위험하다고 생각합니다. 왜냐하면 민중을 근대의 밖에다가 설정을 해 놓는다는 것이죠. 그러면 도대체 근대는 누가 만듭니까? 저는 민중이, 근대라고 하는 객관적인 대상이

떨어져 있어 가지고 그것을 찬성하고 반대하는 것이 아니라, 그러한 근대를 만드는 과정 속에 이미 민중이 들어가 있고, 따라서 그 민중이 근대를 만들며 동시에 근대를 비판할 수 있고 극복할 수 있는 그 소지 자체가 근대 안에서 만들어진다고 저는 생각합니다. 그렇게 봐야만 민중과 근대의 관계를 단순하게 선택의 문제가 아니고, 그 역동적인 관계를 파악할 수 있다고 생각을 하고요. 저는 민중이 무오류적이라는 그러한 식의 생각을 만약 80년대에 가지고 있었다면, 그런 부분이 분명히 있긴 합니다만, 그거는 분명 비판받아야 되지만 저는 결국은 민중이 역사를 만들고, 따라서 민중이 역사에 책임을 져야 된다고 하는 것에 대해서는 저는 지금도 그런 소신을 가지고 있고요.

그래서 그 다음에 이제 그 본래 화두였던 민중사를 운동사 중심으로 서술하는 것의 문제를 생각한다면, 저는 그것이 운동사를 버리고 생활사나 일상사로 가서 해결되는 문제가 아니라 운동사의 의미가 재규정될 필요가 있겠다는 생각이 됩니다. 그 운동사라는 것이 전위가 지도하고 무엇을 바꾸는 그런 운동이 아니라, 민중 스스로가 자기를 활성화하고 역사의 주체로서 전면에 등장해가는 자기의 구성의 과정, 그 자체가 운동사의 핵심이어야 한다, 그렇게 놓고 보면 민중의 개개의 일상의 삶까지도 그 운동사 영역에 포괄될 수가 있다고 전 생각이 되고요. 그렇게 된다면 굳이 일상사 생활사와 전위 중심 운동사라는 게 이분법적으로 파악하지 않아도 해결될 수 있는 문제라고 봅니다.

그리고 민중의 다성성 얘기가 그것과 관련해서 나오는데요. 민중은 분명히 다성성을 가지고 있지만, 그 다성성을 갖는다는 것이 민중에게 굉장히 고통스러운 과정이라는 걸, 좀 저는 역사학자가 알아야 한다고 생각을 합니다. 예를 들어서, 내가 미국인이 아니라 흑인이라고 하는 그러한 소수자로서의 자각을 한다거나 '나는 일본인이 아니라 자이니치(在日)야', 그런 자각이라고 하는 건 굉장히 고통스러운 과정이에요. 본래 대체로의 민중은, 대중은, 나는 국민이다, 나는 민족 속에 있다고 큰 바운더리(boundary) 속에서 자기의 정체성을 확인함으로써 그 안에서 불안감을 해소해 나가는 것입니다. 그러한 민중의 심리라고 하는 것이 빠진 속에서 민중은 그런 거대담론에 포획될 수 없는 다양한 존재라는 것만 강조한다면 민중의 심성을 이해할 수가 없다고 하는 점. 오히려 그 거대담론 속에 민중이 자기를 실현하고, 그러면서 또 한편으로는 예속되고, 또 한편으로는 극복해 나가는 그런 과정이 있다고 하는 것을 우리가 봐야만 되지 않을까, 그런 생각을 좀 했고요.

어차피 이번에 얘기하면 더 이상 차례가 돌아오지 않을 테니까 한 마디 더 말씀드리겠습니다. (좌중 웃음) 저는 역사학자가 민중을 대변하겠다는 말은 안 했으면 좋겠습니다. 80년대도 그렇고, 지금도 그렇고 앞으로도 결코 역사학자는 민중을 그대로 대변할 수 없습니다. 그거는 자기 환상입니다. 다만 민중을 고민하고, 민중을 통해서 자기의 역사학을 체계화할 뿐이죠. 그 거리감을 분명히 둘 때에만 우리는 비로소 민중 앞에 겸손하게 자기의 연구를 할 수 있지 않을까 그렇게 생각하고 있습니다.

김무용 : 예, 여기에서 두 분의 아주 미묘한 차이가 포착되었기 때문에 논의를 더 진전시키기 위해서 계속 진행했으면 좋겠는데, 시간관계상 제약이 있어 매우 아쉽게 생각합니다. 그럼 이 논의는 여기에서 여러분들이 각자 이해하는 방식으로 정리하도록 하겠습니다. (좌중 웃음) 한편으로 민중사학과 운동사의 한계나 의의와 관련하여, 아직 제대로 얘기가 안 된 부분이 사회주의 운동사입니다. 사회주의 운동사 부분도 민중사학의 중요한 성과 중의 하나였습니다. 여기에서 임경석 선생님을 근대적인 방식으로 호명해서 사회주의 운동사와 민중사학의 관계, 그리고 이 주제와 연관된 민중사학의 성과와 의의에 대해 말씀

을 들어보는 시간을 갖도록 하죠.

임경석 : 사회를 보시는 김무용 선생님 주문대로 좀 각을 세워서 토론하겠습니다. 각을 세우면 모가 날 터인데, 모난 돌이 정맞는다는 속담도 있고 그러니까 여러 사람이 아니라 한 사람에게만 각을 세우겠습니다. (좌중 웃음) 이용기 선생님은 근래에 민중사에 관해서 새로운 제언을 해 왔고, 그를 통해서 학계 내부에 긴장감 있는 논의를 유발하셨습니다. 제가 기억하기에도 여러 번 그러한 역할을 맡아 오셨습니다. 수년 전에 한국역사연구회 내에서 그러한 문제제기를 했었고, 『내일을 여는 역사』 지면을 통해서도 민중사 연구에 관한 자신의 의견을 제시한 바 있습니다. 이용기 선생님의 문제제기에는 주목할 만한 요소가 포함되어 있다고 생각합니다. 그의 견해에 찬성을 하든 반대를 하든 상관없이, 민중사 연구의 새로운 진전을 도모하기 위해서는 반드시 검토해야만 하는 그런 주장을 담고 있다고 판단합니다.

이용기 선생님에 따르면, 그동안의 민중사 연구가 운동사 위주의 박제화된 역사상을 만들어왔고, 민중을 대상화하고 소외시키는 결과를 낳았다고 합니다. 실제 민중은 다양한 정체성을 갖고 있으며 구체적인 삶 속에서 끊임없이 재편되고 유동하는 존재이며 복합적이고 중층적인 존재라는 것이죠. 그런데도 불구하고 연구자들이 도식적인 관점에서 연역적인 이미지 속에다가 민중을 끼워 넣었다고 비판하셨습니다. 옳은 대목이 없지 않습니다. 하지만 이선생님의 민중을 보는 시선에는 동의하기 어려운 점이 있습니다. 왜냐하면 이선생님이 말씀하신 민중의 다양성, 유동성, 중층성은 역사 속의 어느 일정한 시기에 주로 발현되는 속성이기 때문입니다. 이선생님이야말로 민중을 정태적으로 파악하고 있습니다. 민중의 존재형태를 역사적 맥락 속에서 동태적으로 관찰해야 합니다. 혁명적 시기와 일상적 시기의 민중은 존재 양상이 다릅니다. 사회 구성원들의 이해관계 대립이 격렬하게 분출하는 혁명적 시기에는 민중은 역사를 이끌어가는 기관차로서 등장합니다. 민중은 거대한 구체제를 휩쓸어버리는 폭풍우같은 존재로서 명료하게 자신을 드러냅니다. 그런 양상은 예를 들어서 갑오농민전쟁이나 3·1운동, 4월혁명, 5월민주혁명, 6월항쟁 같은 시기에 잘 관찰할 수 있습니다.

역사가 항상 혁명적 시기로 지속되지는 않습니다. 장마다 꼴뚜기가 서는 것은 아니죠. 혁명적 열정의 시기가 지나면 지배체제가 안정화되는 일상적 시기가 도래합니다. 그런 시기에는 민중의 존재 양상은 달리 나타납니다. 민중은 다양하고, 모순으로 가득 찬, 유동적인 존재로 자신을 드러냅니다. 이러한 것을 구별할 필요가 있습니다. 민중을 어떻게 관찰할 것이냐를 고민할 때에는 구체적인 역사적 조건을 숙고해야 하겠습니다. 지배 시스템이 안정화되어 있는가, 아니면 위기에 처해 있는가. 사람들의 혁명적 열정이 고조되어 있는가 그렇지 않은가. 이러한 변동을 야기하는 인과관계는 무엇인가. 이에 대한 고민없이 민중을 일률적으로 규정하신 점에 대해서는 동의하기 어렵습니다.

민중의 존재양식을 다양성, 유동성, 중층성의 관점에서만 관찰하게 되면, 결국에 가서는 민중이라는 기표를 포기하는 것으로 나아갈 수밖에 없습니다. 왜냐하면 그것을 굳이 민중이라고 지칭할 이유가 없어지게 되기 때문입니다. 다양한 정체성을 가지고 있고, 구체적인 국면 속에서 끊임없이 재편하고 유동하고, 내부에 다양한 차이와 균열이 있고, 그와 동시에 연대와 통합의 계기가 작동하는 것은 인간 사회의 보편적 특성을 지칭하는 것과 다름없습니다. 이런 방법으로 민중을 이해하게 되면, 아마 곧 민중사 깃발을 내리게 될 것으로 예견됩니다. 굳이 민중이라는 말로 그를 지칭할 이유를 찾기 어렵기 때문입니다.

혁명적 열정의 시기는 비교적 짧습니다. 그에 반해 체제 안정기는 굉장히 길어요. 십년, 이십년, 아니 그보다 더 길수도 있습니다. 전쟁과 혁명으로 점철된 유럽역사에서도 1871년부터 1914년까지는 장기간의 안정기를 구가했습니다. 지금 우리 사회도 민주화 덕분에 체제 안정기에 접어들었습니다. 제 생각으로는 1991년 이후가 그렇습니다. 지금도 그러한 시기입니다. 민중사 연구의 초점이 일상사나 생활사 쪽으로 기우는 것은 현 정세의 반영으로서 어느 정도 불가피한 점이 있습니다. 자연스런 추세라고 볼 수 있습니다. 그러나 민중사 연구를 그러한 속성에만 한정하려는 시도는 결코 자연스럽지 않습니다. 그것은 지배체제 안정의 장기 지속 가능성 때문에 현기증을 겪는 것이나 다름없습니다. 현기증이 지속되면 과거에 가졌던 방향감각을 상실하게 될 것입니다. 과거에는 가슴 설레던 첫사랑과 같았던 민중이 이제는 초라하고 초췌한 모습으로 비칠 것입니다. 본인이야 그렇지 않다고 말씀하실지 모르지만, 머지않아 첫사랑을 버리게 되지 않을까 그런 의혹이 있습니다.(좌중 웃음)

과거 민중사 연구경향에 문제가 없다는 것은 아닙니다. 반성과 성찰이 필요하다는 지적에는 동의합니다. 다만 이용기 선생님이 제안하신 방향으로 나아가는 것에는 문제가 있다고 생각합니다. 역사를 어떻게 형상화할 것인가, 민중의 삶에 내재하는 서사와 서정을 어떻게 묘사할 것인가. 민중의 혁명성과 일상성의 모순을 어떻게 종합적으로 이해할 수 있는가. 이런 문제들에 대한 깊은 사유가 필요할 때입니다.

김무용 : 예, 수고했습니다. 임경석 선생님의 발언요지를 정리하면, 첫째는 민중사 연구에서 다양한 어떤 주체들, 예를 들어 그 주체들은 어떤 지방민이 될 수 있고, 일반 민이 될 수 있고, 주민이 될 수 있는데, 그 민들에 대한 연구를 굳이 민중으로 호칭할 필요가 있는가 하는 점에 문제를 제기하셨습니다. 둘째는 민중사를 민중생활사나 일상사로 전환하게 되면 민중의 어떤 혁명적 역량들을 제거하는 것이 아

닌가 하는 점을 지적하셨는데요, 저도 아주 같은 생각이 들어요. (좌중 웃음) 그럼 이 부분에 대해서 이용기 선생님이 좀 얘기해 주시면 감사하겠습니다.

이용기 : 예, 그 질문에 대해서 말씀을 드려야 되는데, 먼저 사실 이 종합토론이 어떻게 될까 감이 안 잡혔었는데요. 아까 맨 마지막에 하신 말씀, 그러니까 사론도 대단히 중요하다고 생각이 되는데, 그것도 중요하지만 지금 역사학연구소나 역사문제연구소나 여기 모인 모든 분들이 작품을 만들어서 이야기를 해야 한 단계가 업그레이드가 될 텐데, 어떻게 보면 비슷한 얘기를 계속 이렇게 할 수밖에 없는 그런 상황인 것 같아서, 종합토론 올라오면서도 논의를 어떻게 해야 되나 계속 고민을 했습니다. 그런데 이런 말씀을 해 주시니, 혁명적 시기와 일상적 시기에 대해서 말씀을 해 주신 건데, 제가 아까도 장훈교 선생 토론에 대해서 말씀드릴 때, 그 정치성을 탈각하자는 것이 아니다, 이런 말씀 드렸는데, 저는 오히려 임경석 선생님이 말씀하시는 그러한 사고방식을 좀 문제 삼고 싶습니다.

　다시 말해서 혁명적 시기에는 뭔가 역사적으로 의미가 있는 일이 벌어지고 있고, 뭔가 무슨 대립관계가 격렬하게 일어나고, 다시 말해서 정치가 발휘되고 있다는 생각. 그런데 일상적인 시기에는 어떻게 보면 안정되어 있다고 표현을 하셨는데, 오히려 일상으로 들어가면 일상 자체가 안정되어 있지 않다는 걸 봄으로써 지배의 양상이나 새로운 어떤 저항의 가능성들을 더 발견할 수 있다고 생각합니다. 그러니까 누구 말대로 생활 자체가 전쟁이고, 일상이 전쟁이기 때문에 그 혁명적 시기에는 뭔가가 민(民)이 움직이고 있고 격렬하게 분출되고, 일상적 시기에는 퇴영적인 또는 지배에만 그냥 수동적으로 이끌리는 존재로 살아가는 그런 것들이 아니라 혁명적 시기와는 다른 방식으로 저항과 실천과 정치를 하는 것 아닌가.

그런데 우리가 과거에 너무 변혁주의적인 어떤 것, 또 아까 발전관이라고도 말씀하셨지만, 그러한 발전을, 궁극적으로는 인간이 변혁을 통해서 해야 된다고 생각을 했고, 거기에 우리가 초점을 맞추다 보니까는 오히려 거꾸로 일상에서 벌어지는 그 전투행위들에 대해서 우리가 오히려 눈 감음으로써, 역사를 굉장히 구조적으로 해석한다는 것이죠. 왜 이렇게 특정한 시기에 조용히 살던 사람들이 갑자기 움직이는가에 대해서 설명이 안 되니까, 그건 그냥 원래 이렇게 모순이라는 게 있는 거고, 민중은 본질 자체가 모순을 못 견디는 사람들이기 때문에 계기가 주어지면 일어선다는, 그러한 논리 이외에 우리가 어떤 것으로서 그 엄청난 혁명적인 움직임을 설명해 왔는가 생각하면, 저는 오히려 그 일상으로 바라본다는 것 자체가 운동을 보지 말자는 차원이 아니라 사실 눈에 잘 포착되지 않는 미세한 어떤 갈등과 저항의 흔적들이 어떻게 해서 집합행동으로 나타날 수 있는가를 설명하는 전제이기도 하고 고리가 된다고 생각합니다. 그러니까 일종의 저항, 정치, 실천 이런 개념 자체를 좀 새롭게 다시 보자는 그런 말씀을 드리고 싶습니다.

민중이라는 말을 굳이 안 써도 되지 않냐, 그럼 뭐 사람 사는 거 아니냐, 라고 말씀하시는데, 이거는 저 개인 생각이니까, 저는 그렇게도 생각이 들 때가 사실 많습니다. 이게 뭐 사람 사는 걸 이렇게 얘기하면 되지, 굳이 민중이라고 하는가. 그런데 일단은 민중이라는 개념을 꼭 써야 되는가. 가령 다중(多衆) 얘기도 하고, 장훈교 선생님은 '민(民)/중(衆)', 이렇게도 개념을 정립하시고 그랬는데, 꼭 민중이라는 개념을 써야 되는가는 또 다른 차원의 얘기지만, 우리가 역사에 있어서 주체 형성의 문제를 분명 도외시할 수는 없다고 봅니다. 그러니까 주체의 형성을 이야기하는 순간, 어떤 발전의 주체로 인식되기 때문에 주체 형성이라는 말과 그 개념도 상당히 고민을 해 봐야 되는 부분이기는 하지만 역시 우리가 민중사다, 또는 그러한 개념을 붙들고 있다는 것은 주체 형성의 문제를 놓지 않으려는 입장이 아닌가 생각됩니다. 굳이 민중이란 개념을 저는 꼭 붙들고 싶은 마음은 없거든요. 그런데 별로 제가 대안적으로 할 얘기가 없기 때문에 일단은 민중사라는 개념을 가지고 작업을 하고 싶다는 정도 말씀드리겠습니다.

김무용 : 예, 수고했습니다. 이 부분은 제가 정리 안 해도 다 이해가 되겠죠? (좌중 웃음) 잠깐 정리를 한다면, 첫째는 민중의 생활세계나 운동을 설명할 때, 혁명적 시기와 일상적 시기로 구분하여 대립적으로 설명하는 방식은 너무 도식적이라는 지적입니다. 다시 말해, 혁명적 시기가 아닌 일상적 시기에도 민중의 정치 행위나 운동은 계속 존재하고 이루어지고 있다는 주장입니다. 또 하나는, 민중이나 민중사라는 개념을 쓰지 않고 사람들이 살아가는 모습을 설명하는 것이 가능하지만, 현재로서는 어떤 대안적 개념이 없기 때문에 일반적으로 민중사라는 이름을 쓰고 있다는 지적을 해주셨습니다.

그럼 여기에서 제가 잠깐 청중석에 계신 분들한테 의견을 묻고 싶은 것이 있습니다. 현재 토론을 끝낼 시간이 됐습니다만, 마지막 제일 중요한 주제가 시간이 모자라는 관계로 아직 토론에 포함되지 않았습니다. 여러분들이 만약 동의해서 토론시간을 한 삼십 분 정도 연장하면, 오늘 토론이 원활하고 아주 훌륭하게 끝날 수 있을 것 같습니다. 그럼 여러분 말씀이 없기 때문에 침묵은 동의로 알고(좌중 웃음), 토론을 연장해서 마지막 주제를 진행하도록 하겠습니다.

오늘 마지막 토론 주제는 연구소 20주년 심포지엄의 가장 중심 주제가 될 수가 있습니다. 바로 민중사학 또는 민중사에 대안이라든가, 또는 미래는 있는가 하는 점입니다. 여기에 대해서는 우리가 다양한 측면에서 논의할 수 있다고 생각합니다. 여러분의 이해를 돕기 위해 오늘 오전 오후 토론에서 정리된 내용들을 아주 단순하게 기능적으로 나누면, 대안으로는 크게 세 가지로 나올 수 있을 것 같습니다.
　먼저 첫 번째 하나는 장훈교 선생님의 발표로 대표되는데요, 기존의 좌파이론을 재해석하고 재정리해서 민중사학의 이론과 방법론을 수정하고 보강하는 입장이라고 볼 수 있습니다. 두 번째는 예를 들면, 김태웅 선생님이라든가 강성현 선생님 등 몇몇 분이 발표한 논문이나 문제의식에서 찾을 수 있습니다. 곧 지방사라든가 미시사, 집단 기억, 제노사이드 등의 주제나 분야로 민중사의 영역을 확대하는 경향이 있을 수 있다고 생각됩니다. 마지막 하나는 기존 운동사 중심의 접근을 끊임없이 계속하는 방식들, 예를 들면, 송찬섭 선생님의 논문으로 대표되는 것이 아닌가 생각됩니다.(좌중 웃음) 아니 주제로 볼 때 그렇다는 뜻입니다. 제가 이해를 돕기 위해서 이렇게 언급했습니다만, 실제로 그렇다는 뜻은 아니고요.
　크게 보면, 이렇게 세 가지로 분류할 수 있는데, 먼저 장훈교 선생님이 발제에서 얘기했던 핵심을 제가 단순화시켜 요약한다면, 민중의 다양성과 정치성을 확보하는 것, 이 두 가지로 요약된다고 생각합니다. 여기에서 다양성은 기존 민중 중심의 주체 개념들을 다른 소수자 집단으로 계속 해체시켜 중심을 다변화·다원화시키는 방식으로 생각됩니다. 이러한 점에서 전통적 의미의 민중은 역사에서 복원될 수 없는 거죠, 두 번째 정치성은, 여전히 정통 맑시즘이나 변혁이론에서 대안 체제를 지향하는 정치적 전망들을 여전히 민중사학에도 유지하는 것이라 생각합니다. 이 두 가지가 핵심이 아닐까 생각하는데요, 먼저 문제는 예를 들면 역사에서 민중이 어떤 운동이나 혁명과정에서는 어떤 변혁의 가능성을 갖고 있는데, 혁명이나 국가건설 이후에는 그 역할이 부정되고 체제에 통합되었습니다. 계속 순환과 악순환이 이어졌습니다. 이러한 상황에서 민중의 변함없는 정치성이나 전투성을 계속 강조하는 것이 합리적인 설명인가 하는 의문이 듭니다. 이것은 어떤 점에서 과도한 본질주의, 또는 민중에 대한 도덕적 순결주의에 입각해 있는 게 아닌가 하는 생각이 들어요. 그러한 민중이 역사에서 어떻게 존재할 수 있는가 하는 문제제기가 있을 수도 있다고 생각됩니다.

또 하나는 이주, 이주노동자, 디아스포라 문제가 현실화되어 있는 유럽사회와는 달리, 한국에서는 노동자 농민을 중심으로 한 기층 조직 노동자가 운동에 힘을 발휘하고 있는 상황입니다. 물론 사회적으로 비정규직이나 다른 소수 집단이 저항성을 가지고 있지만, 현실의 어떤 힘으로는 등장하지 못하고 있습니다. 여기에서 민중의 중심성을 해체하고 다른 소수집단의 저항성이나 중심성을 강조하는 것이 현실적으로 가능한가, 적용에 문제가 없는가, 이런 점들이 중요한 문제의식일 것 같습니다. 그럼 먼저 장훈교 선생님이 이 두 가지 점을 중심으로 말씀을 해 주시면 고맙겠습니다.

장훈교 : 제가 비판받은 게 열 페이지가 넘는데요. 어떻게 답변을 하는 것이 좋을지 솔직히 모르겠습니다. 우선 부족한 글 읽어주셔서 너무 감사드려요. 일단 하나만 먼저 말씀드리면, 일상성과 정치성 사이에 그어지는 대립은 잘못된 것이라는 생각을 갖고 있습니다. 그 부분에 대해서는 이용기 선생님이 말씀하신 부분에 전적으로 동의를 하고 있어요. 단지 제가 정치성을 통해 포착하려 했던 것은 민중의 일상 안에서 왜 다양한 권력관계들이 나타나냐는 것이죠. 다르게 말한다면, 왜 민중들이 다양한 권력관계 속에 존재할까 하는 것입니다. 당연하게 보이는 이 문제부터 시작해야 한다고 생각을 했어요. 왜냐하면 다양한 권력관계를 통해 민중이 출현하는 것이라면, 그러한 권력관계의 복합성으로 인해 민중 안에 다양한 목소리들이 출현하는 것일 테니까요. 단지 사회경제적 지위가 달라서, 사회경제적 구성이 달라지기 때문에 다양한 목소리를 내는 것이 아니라 다양한 목소리를 내는, 다양한 목소리를 조직해 내는 무언가가 있는 것이겠죠.

모든 주체들은 권력의 구성 효과라고 보는 입장에서 기존의 민중사가 갖고 있던 문제점을 하나만 꼽으라고 한다면, 자신이 대항하려고 했던, 그 대항하려고 했던 지배세력, 내지는 지배체계에 대항하는 과정에서 민중을 지배세력에 의한 희생의 단일한, 보편적 희생자로 호명을 한다는 것이죠. 즉, 민중을 희생이라는 단일한 정체성을 가진 집단으로 호명을 한다는 것이고, 바로 그 과정에서 민중사가 드러내려고 했던 민중을 구성하는 어떤 존재들의 목소리를 감추게 되는 역설이 발생하는 것 같아요. 권력, 지배권력을 드러내는 가시성의 역사를 쓰려고 하지만 반대로 민중을 단일한 정체성으로 구성해 내는 과정에서, 즉 보편적 희생자로 호명을 함으로써 민중을 구성하는 다양한 존재들의 목소리가 은폐되거나 또는 어떤 의미에서는 억압되는 문제가 발생을 하는 것이라고 할 수 있습니다. 가시성과 은폐성을 민중사학의 내적 모순이라고 이야기했던 것은 바로 그것입니다.

바로 이 부분에서 그 민중사, 민중을 구성하는 다양한 내적 목소리들을 등장시켰을 때, 과연 민중이라고 하는 개념이, 민중이라고 하는 집합적 주체성이 존재할 수 있을 것인가? 라는 질문이 제기될 수 있다고 봅니다. 이 문제는 이용기 선생님도 제기하셨던 문제라고 생각을 하고 있습니다. 이용기 선생님의 말씀을 빌려 표현한다면 다원주의와 본질주의의 문제라고 하셨던 바로 그 부분인데요. 개인적인 생각으로 이 문제는 조금 여러 가지 논의들이 복잡하게 좀 결합되어 있다는 생각이 듭니다. 하나는, 집합적 주체성 전반을 부정하는 흐름들이 있습니다. 구성적인 관점에서 민중을 보는 것을 넘어서, 일반적 의미의 모든 집합적 주체의 구성 가능성 자체를 거부하는 흐름들이 있는 것이죠. 여기에선 '민중'뿐만 아니라 '인민'과 '여성'과 같은 집합적 주체성의 범주 그 자체를 부정합니다. 따라서 실체적인 관점에서 민중을 바라보는 관점을 비판한다고 하더라도, 집합적 주체성 일반을 부정하는 데까지 나아갈 필요는 없다는 입장이 가능합니다. 즉 새로운 형태의 집합적 주체성으로서의 민중을 이야기하는 것과 실체 혹은 본질을 지닌 대상으로서의 민중, 그리고 모든 형태의 집합적 주체성을 요청하지 않는 입장들은 세심하게 구별되어야한다고 봅니다. 제 입장은 집합적 주체성이 필요하다는 입장이고, 민중이란 집합적 주체성의 구성을 잉태하는 구조와 조건에 대한 고찰이 필요하다는 입장입니다.

우리가 흔히 다양한 목소리를 '복수성'이라는 개념을 통해 접근하는데, 개념으로서의 '복수성'은 제 생각에 그 안에 어떤 공통성도 찾을 수 없는 이질적인 것들의 파편적인 배치를 뜻한다고 봅니다. 그래서 제 생각엔 복수적 존재로 등장한다고 할 때에는 이미 집합적 주체성을 명시적으로 포기하지 않더라도, 굳이 집합적 주체성의 범주를 요청하지 않아도 되는 과정으로 나아가는 것 같습니다. 그런데 이렇게 이론이 나가게 되면 아까 말씀하셨던 것처럼 현실에 존재하는 다양한 존재들의 목소리가 어떻게 연대할 수 있고, 연대의 근거가 무엇이며, 그들이 사회적-자연적 실재를 만나면서 만들어가고 있는 다양한 공통성과 연대성들을 설명할 수 없게 됩니다.

이론이 기존에 은폐되어 있었던 어떤 것을 드러내게 되지만, 실제로 현실에서 그들이 자신들의 문제를 풀어나가는 과정에서 나와 다른 존재들과 만나가면서 만들어내는 다양한 공통성과 연대성들을 이론 자체가 부정하게 되는 것이라고 보입니다. 왜냐하면 현실화되고 있는 집합적 주체성의 구성 과정 자체를 부정하는 그 자체 과정 자체가 어떤 은폐와 폭력 내지 억압의 과정으로 이해가 될 수밖에 없기 때문입니다. 따라서 현실에 존재하는 다양하고 이질적인 형태의 복수성을 모든 목소리들의 결정적인 분리와 파편화로 치닫게 하는 것이 아니라, 그 목소리들의 연대와 공통의 구성과정을 포착할 수 있는 어떤 집합적 주체성이 가능하고, 그러한 주체성을 구성케 하는 구조와 조건들이 실재한다는 방향으로 나가는 것은 무엇일까를 고민해야 한다고 생각합니다. 하지만 이런 방향이 타당하다고 하더라도 여전히 풀리지 않는 문제는 그런 집합적 주체성의 범주가 필요하고, 현실에 존재한다고 하더라도 그것이 굳이 '민중'이라는 범주이어야 하는가? 역사의 무게를 지니고 있는 민중이라는 집합적 주체성이 그러한 역할을 여전히 떠맡아야하는가라는 질문이 가능하다고 봅니다.

질문을 바꿔보겠습니다. 우리가 현실에서 만나는, 배제된 자들이 만들어가는 모든 연대성과 공통성의 형식들을 우리가 모두 '민중'이라고 이야기할 것인가? 저는 이것은 아니라고 봅니다. 우리는 민중과 어긋나는, 민중과 동일시될 수 없는, 다양한 형식의, 다양한 이름의, 혹은 이름 없는 공통성들이 존재한다고 저는 말을 해야 한다고 봅니다. 이름 없는 공통성들과 나란히 존재하는 민중이라는 집합적 주체성의 범주에 대한 사고는 이미 보편적인 해방의 주체로서의 민중이나 보편적인 희생의 담지자로서의 민중과는 결별한 형태의 민중입니다. 이것은 특정한 형태의 구조와 조건으로부터 출현하는 구체적이고 특수한 형태의 집합적 주체성을 뜻하게 될 것입니다.

좀 더 풀어서 이야기한다면, 민중 자체가 어떤 하나의 보편적인 집합적 주체인 것처럼 사고할 수 없고, 우리는 늘 그 집합적 범주를 구성하기 위해서 배제될 수밖에 없는, 다른 이름 없는 공통성과 이름 없는 타자들이 존재해야 하고, 존재할 수밖에 없다고 말을 해야 된다는 것입니다. 민중을, 어떤 예전 시기의 어떤 보편적 해방의 주체로 이해를 하는 것이 아니라, 민중 스스로가 어떤 존재들을 배제하고 있는, 민중의 외부가 존재하는 존재로서 민중을 이해할 필요가 있다고 봅니다.

그렇다면 민중이라는 집합적 주체성과, 민중으로부터 배제된, 혹은 민중이라고 이야기할 수 없는 다양한 공통성이나 다양한 집합적 범주들과 민중을 우리는 어떻게 구별할 수 있을 것인가라는 문제가 발생을 하는데요, 저는 그 부분이 국가와 맺는 관계 속에서 '민중'이 파악될 수 있다고 보는 것이죠. 현실에 존재하는, 혹은 역사 속에 존재하는 다양한 존재들이 있습니다. 다양한 존재들과 구별되는 민중이라는 집합적 주체성의 공통의 기반이 국가와의 관계를 통해 정의된다는 점에 있다는 것일 뿐, 국가와는 다른 형태의 종속과 억압을 생산해내는 대상과의 관계에서 정의된다면 그것은 민중이라는 이름으로 정의될 수 없는 것이라고 봅니다. 그렇게 되면 민중은 모든 종속과 억압 혹은 지배의 문제를 포괄하고 있는 보편적인 주체가 되는데, 이것은 어떤 형태로든 과거로 되돌아가는 형태가 됩니다.

제 생각에 우리는 민중이 모든 억압받는 존재들을 포괄하는 것으로 나아가는 것을 막을 수 있는 개념적인 장치가 필요하다고 봅니다. 저는 이것이 굳이 아까 유럽 얘기를 하셨다면, 굳이 유럽에서 1960년대 이후에 한나 아렌트나 토크빌 르네상스 이후에 전체주의 논쟁으로부터 한국 역사학이 배울 수 있는, 굳이 역사학만이 아니더라도, 배울 수 있는 부분이라고 생각합니다. 모든 존재, 모든 해방을 감당하려고 하는 그런 주체로서의 민중은 가능하지도 않고, 바람직하지도 않습니다. 민중이 하나의 집합적 범주인 한 그 외부는 늘 있게 마련이고, 그 외부와 맺는 관계는 어떤 관계가 될지 저는 알 수는 없다고 봅니다.

다시 처음의 질문으로 돌아가서, 오해를 무릅쓰고 제가 민중의 정치성을 강조했던 것은 바로 민중을 형성하는 구조와 조건 그 자체에 내재된 정치성을 포착하기 위해서였습니다. 민중의 공통의 존재기반이 국가와 맺는 관계일 때, 국가 운동이 필수적으로 요청하는 어떤, 제 표현을 쓴다면 그 국가의 '외부'라고 하는 곳이 있습니다. 저는 구성적 외부라는 표현을 선호합니다만. 국가를 구성하기 위해 필수적으로 요청되는, 포함의 형태로 재생산되는 배제의 구조와 조건들이 있습니다. 하지만 여기는 국가의 외부라는 형태로 배제된 공간이기는 하지만, 배제라는 형태로 주권권력과 관계를 맺는 공간이기 때문에 다양한 권력들이 구성되는 공간인 동시에 주권권력과 역설적인 형태로 관계를 맺는 공간입니다. 저는 이 공간이 민중이 관계하는 공간이라고 생각합니다.

민중을 국민국가와의 관계 속에서만 정의하는 전통적인 관점이 아니냐는 질문에 대해서는 두 가지를 생각해볼 수 있다고 말씀드리고 싶습니다. 하나는, 단일한 보편적 희생자로서의 민중이라는 그 개념을 깨뜨릴 때에는 동시에 단일한 기계적인 동일성으로서의 지배라는 개념도 같이 깨뜨려야 되는 것이죠. 민중을 크게 보아 경제라는 토대로부터 추출하는 방법과 달리 민중을 국가와의 연관에서 정의하는 제 입장은 정치적 지배라는 개념을 중심 개념으로 부상시킵니다. 왜냐하면 민중의 가장 기초적인 정의는 정치적 피지배자 일반을 가리키는 개념으로 존재한다고 보기 때문입니다. 지배의 대상으로 존재하는 모든 존재들로부터 구별되는 특정한 형태의 민중을 구별하기 위한 최소 규정은 민중이 정치적 지배의 대상이라는 사실입니다. 이것까지 포기하고 현실에 존재하는 이들로부터 민중의 개념을 추론한다고 하는 것은 제가 볼 때 불가능합니다. 현실에 존재하는 다양한 사회적 관계들과 권력들에 노출되어 있는 개인이나 집단들이 존재하겠지만 그들의 '이름'이 무엇인가에 대한 논의로 들어가면 다시 처음의 문제로 들어가기 때문입니다.

개념은 외적 규정과 동시에 내적인 구조가 필요합니다. 외적 규정을 포기한 채 규정 그 자체에 대한 반대로 나아가서는 우리는 인식을 얻을 수 없습니다. 문제는 우리들의 정치적 지배에 대한 인식의 심화 및 구체적인 관계들의 발견과 관계가 있습니다. 민중이 정치적 피지배 집단 일반의 이름으로 정의되는 한, 정치라는 경계를 따라서 민중의 구성이 달라질 수밖에 없거든요. 자신이 보고자 하는 것이 달라질 수밖에 없습니다. 그 부분에서 민중사는 복수적으로 존재할 수밖에 없다고 봅니다.

민중사가 단일한 목소리를 가진 집단적 주체성이 되어 있었다면 그러한 주체성이 출현하기 위한 전제는 그것이 대응하는 지배 자체도 단일해야한다는 점을 말했습니다. 연결되어 있는 것이니까요. 따라서 우리들이 국가를 다양한 전략들이 교차하는 어떤 매트릭스적인 존재로 본다면, 그 국가의 외부에 존재하는 자들 또한 다양한 전략이 교차하는 공간일 수밖에 없다는 생각을 했던 것입니다. 그리고 이런 관점이 아까 이용기 선생님이 말씀하셨던, 그 일상에 존재하는, 다양한 권력관계들이 어떻게 존재하는가를 조금 더 잘 설명할 수 있지 않을까 하는 방향에서 고민을 했던 것입니다. 제 고민은 그랬습니다.

김무용 : 장훈교 선생님의 토론을 들으면서 우리가 민중이나 민중사를 말할 때, 청중들이 이해할 수 있는 언어와 개념을 정리하여 설명하는 일도 필요하다는 생각이 들었습니다. 제 나름대로 정리한다면, 장훈교 선생님의 문제의식은 민중의 다양성을 인정한다 하더라도, 민중이 운동 과정에서 공동의 연대라든가 투쟁의 목소리를 낼 때 나타나는 집합적 정체성을 상호 어떻게 결합시키고 분리시키냐 하는 것이 중요하다는 것으로 요약됩니다. 예를 들어 가지고, 민중이 어떤 집합적 정체성에 근거해서 공동의 어떤 목소리를 낼 때에는 그 목소리 자체가 전복의 힘을 가지기도 하고, 또 다른 어떤 국면에서 다양한 주체로서 목소리를 낼 때에는 부정의 대상이 된다는 뜻으로 이해됩니다. 이 주제는 앞으로 민중사학의 연구에서 계속 해결해야 과제로 남겨야 될 것 같습니다.

그럼 전체적으로 같은 범위에 포함되지만, 토론의 지점을 약간 이동해서 계속 진행하겠습니다. 지금 청중석에 토론에 참여하신 허영란 선생님이 계신데, 오늘 또 토론 주제 중에 하나가 민중사의 영역을 확장하는 차원에서 얘기된 분야가 지방지 편찬, 집단 기억, 미시사 등입니다. 여기에서 이러한 분야의 연구가 민중사로 포괄될 수 있는가? 지방사 등으로 하면 되지 굳이 민중사라고 호명하는가? 하는 점인데요. 저 개인적으로도 좀 이해가 안 되는 부분입니다. 이 점에 대해서 허영란 선생님께 말씀을 부탁드립니다.

허영란 : 제가 처음에 『역사문제연구』라는 잡지, 저희 역문연(이하 역사문제연구소)에서 나오는 잡지에, 일본 쪽, 일본어 연구하시는 분들하고 저희가 잠깐 교류가 있어서, 그때 발표했던 글을 정리해서, 한국의 민중사를 소개하는 계기가 있었습니다. 그래서 한국 민중사라는 것이 어떻게 민중의 개념이 어떻게 형성되었고, 민중운동사가 어떻게 연구되었는가를 정리를 해서 소개할 기회가 있었습니다.

제가 역사학 공부를 시작하고 대학원을 들어갔을 때가 80년대였기 때문에 삶과 연구 그 자체가 뜨거웠던 시기였죠. 굉장히 운동사 연구도 많았고, 저 역시도 그런 문제의식 속에서 한국사 연구를 시작했는데, 2천년대 초에 운동사를 쭉 정리하다 보니까 연구 자체가 존재하지 않는 현상을 발견했습니다. 또 한편으로는 아무런 얘기가 없는 거에요. 하자, 말자, 옳다, 그르다, 그런 얘기조차도 거의 보이지 않는 것을 발견하고, 왜 이렇게 됐을까, 라는 의문에서부터 저는 인제 출발을 했고요. 그래서 제가 「민중운동사 이후의 민중사」라는 짧은 글을 썼던 방식은 분야로서의 민중운동사가 아니라 민중사와 그런 민중운동사를 도외시했던 것이, 그런 상황들이 낳은, 그 당시의 어떤 상황에 대한 약간 성찰적인 관점으로서 제기를 한 것이었고, 그것에 대한 제 의견은 지금 많은 선생님들이 이미 말씀을 많이 하셨습니다. 일단 혁명적 열정에 굉장히 주목했던 부분들, 그래서 또 그것이 어떤 구조적인 모순 때문에 당연하다고 생각했던 것. 그렇기 때문에 혁명적 열정이 보이지 않거나 어떤 구조적 모순의 극복의 주장이 잘 보이지 않는다고 했었을 때, 그것에 대해서 아무런 말을 할 수가 없게 되는, 그런 문제들이 생긴 것이 아닌가. 그렇다면 실제로 그 어떤 역사 속에서 우리가 발견하려고 하고, 인식론적으로 구성해 내려고 하는 민중이라고 하는 사람의 존재를 어떻게 볼 것인가, 하는 그런 고민들을 하게 됐고, 그런 과정 속에서 여러 가지 연구의 영역이 확장된 것 같습니다.

 그런 면에서 저는 아까 그, 아까 지방사 말씀을 하셨기 때문에 거기에 대해서 말씀을 드리면, 제가 민중의 다성성이라는 용어를 사용한 것에 대해서, 과거에 제가 박사논문에서 그 용어를 썼다가 약간 지적을 받았던 기억이 있습니다. 그런데 그런 것에 대한 문제의식, 많은 분들이 그렇게 뭐 늘어놓아 가지고 도대체 민중이 보이냐, 이런 말씀을 많이 하시는데, 그것은 어떻게 보면 민중의 다양한 모습을 우리가 말하지만, 그것을 단순히 묘사하는 문제로 인식하고 받아들이는 게 아닌가, 우리가 민중이 다양하다 하면, 다양하게 묘사하는 걸로 저들은 민중사 연구를 하려고 하는구나, 이런 염려를 하시는 것 같아요. 그런 문제의식의 출발에 들어가 보면, 아까 운동사 말씀을 드렸습니다만 구조를 해명하면 운동을 설명할 수 있다고 봤던 관점 때문에 구조의 해명에 굉장히 모순된 어떤 사회구성체론적이라고 말씀하셨는데, 그런 것도 그 중에 하나죠. 그런 구조의 해명만으로 운동을 설명할 수 있다고 생각했는데, 그것이 가지고 있는 약점이 있다는 거죠. 구조를 해명하는 건 아주 중요하지만 그 구조 속에서 실천이라고 하는 문제를 어떻게 위치시킬 것인가. 즉, 구조적 모순으로부터 민중의 실천은 저절로 나오지 않는다는 것이죠. 또는 민중이 아니더라도 어떤 모순의 담지자들, 그런 구조적인 모순의 담지자들의 실천이 저절로 나오는 건 아니기 때문에 그 구조와 실천의 관계를 어떻게 설정할 것인가 하는 문제라고 생각이 되고요. 그 실천을 구체적으로 보는, 보려고 하니까 자본주의 모순, 이런 걸 보는 건 참 중요한데 이 주체들이 다양하게 직면하는 모순의 구조라는 게 또 굉장히 미시적으로 갈리더라는 거죠.

지방민은 사실 굉장한 박탈감을 느끼죠, 중앙에 대해서. 스스로 저는 요즈음은 어떤 생각이 드냐 하면, 제가 지방민이라고 하는 게 굉장한 자기 주장일 수도 있겠다는 생각조차도 들 때가 있거든요. 그러니까 그런 방식으로 우리가 구조적인 문제라고 하는 여러 가지 구조적인 모순이 구체적인 국면에서 또 맥락 속에서 발현되는 또 하위구조가 있는 거죠. 중앙과 지방의 모순으로, 남자와 여자의 문제로, 정규직과 비정규직의 문제로, 그런 식으로 다양한 하위구조로도 나타나기 때문에 그 맥락으로 들어가서 그 안에서 나타나는 관계와 실천을 보자고 하는 그런 방식이기 때문에 어떤 분야는 민중사학이고, 어떤 분야로, 굳이 왜 민중사로 확장하려고 하느냐 하는 이런 측면보다는, 그런 관점에서 그 영역을 바라보려고, 구성해 내려고 하는, 자기 인식론적인 대상으로, 그런 구조적인 문제 속에서 실천하는 주체로서 민중을 구성해내려고 하는 관점 속에서 보기 때문에 민중사적이라고 하는 방식으로 논의를 바라보려고 하는 게 아닌가, 하는 것이 저의 생각입니다.

김무용 : 허영란 선생님의 말씀은, 민중사에서 중요한 것은 단순히 어떤 분야에서 민중의 다양한 모습을 그려내서 민중사로 분류하는 것이 아니고, 구조와 실천, 관계 속에서 민중들의 구체적 모순이 발현되는 과정을 재현하는데 있다는 뜻으로 생각됩니다. 특히 이러한 과정 속에서 민중이 실천하는 주체, 인식론적 존재로서 구성되는 측면을 파악해야 한다는 점을 강조하는 것 같습니다. 그럼 이어서 청중석에 계신 분 가운데 오늘 발표나 토론에서 나온 내용 중, 반드시 얘기하고 싶다거나 비판할 부분이 있으신 분은 발언을 신청해 주시기 바랍니

다. 아, 그럼 최규진 선생님의 말씀을 듣겠습니다.

최규진 : 네, 많이 배웠습니다. 역사학연구소의 최규진이라고 합니다. 늦어서 죄송합니다. 여러분들의 이야기를 들으면서 참으로 어렵네요. 역사를 제가 이십 몇 년간 공부를 하면서 이렇게 어려울까, 하는 생각을 했습니다. 모든 것이 꼬일 때에는 저는 단순하게 생각합니다. 80년대 민중사는 설익은, 또는 아직 수줍은 맑스주의 역사라고 저는 생각합니다. 민중사에 위기가 오고 새로운 방안들을 이렇게 모색하시는데, 맑스주의 역사를 재구성할 수 있는가, 여기서부터 많은 문제를 풀어야 한다고 생각합니다.

또 한편에서 어떤 사람이 이렇게 얘기하는 걸 들었습니다. 역사학자야말로 역사적 전망을 전혀 하고 있지 못하다, 우리들에게 아무런 얘기를 못해주고 있다. 그래서 우리가 민중이 어떻고, 뭐가 어떻고 얘기하기 이전에 우리 역사학자 스스로를 칼날 위에 세워야 한다고 생각합니다. 아직도 당신들은 변혁을 꿈꾸십니까? 이 대답에 답변을 해야 합니다.

자, 그 다음에 생활사 좋습니다. 저도 생활사 하려고 합니다. 나날의 생활의 변혁이 진짜 변혁입니다. 그렇습니다. 해야 됩니다. 생활사, 일상사, 소재 갖고 우리가 얘기하면 안 됩니다. 무엇을 위한 연구인가? 다시 한 번 무엇을 위한 연구인가, 이 지점에서 우리 역사학 세 단체[1], 우리까지 포함해서 참되게 반성할 것이 있다고 생각합니다. 우리 스스로 이익집단화하지 않았는가. 이른바 호명(呼名)이라는 얘기를 자꾸 하시는데, 민중을 호명해서 강단에 진출도 하고, 역사가로서 명망도 날렸습니다. 다시 그들은 어디에 있습니까? 그 호명에 다시 자기 스스로를 칼날 위에 세워서 지금이야말로, 아까 어느 선생님이 얘기하셨잖아요. 다시금 변혁을 얘기할 때는 왔고, 다시금 역사학

---
[1] 한국역사연구회, 역사문제연구소, 역사학연구소 3단체를 가리킴.

자들이 이 시대의 부름에 응답해야 할 때가 되지 않았는가, 이렇게 생각합니다. 마치겠습니다. (일동 박수)

김무용 : 예, 최규진 선생님께서 전체적으로 오늘 발표와 토론을 격려하는 차원에서 연구자들의 현실인식을 비판하는 다소 비장하기도 하고 좀 섭섭한 얘기를 해 주셨습니다. 이해해 주시기 바랍니다. 오늘 종합토론은 20주년 행사도 있고 시간관계상 마치려고 합니다. 비록 시간이 부족했지만, 전체적으로 중요한 문제의식과 쟁점들이 토론과정에서 제기되고 짚어졌다고 생각합니다. 저희들이 오늘 토론으로 만족할 수는 없지만, 오늘 제기된 주제나 쟁점은 앞으로 계속 연구하게 될 과제이고, 또 이러한 과정을 거쳐 논의를 진전시킬 수 있을 것이라 생각됩니다. 오늘 종합토론은 전체적인 내용을 다시 정리하지 않기로 하고요, 다만, 민중사학에 대한 문제의식과 고민은 계속 계속 발전시키고 논의되어야 한다는 점은 모두 동의하고 확인할 수 있는 자리였다고 생각합니다. 오늘 종합토론은 여러분의 적극적인 참여 덕분에 분위기도 좋고 잘 진행된 것 같습니다. 여러분 수고 많았습니다. (일동 박수와 함께 토론 마침)

찾아보기

【ㄱ】

가라타니 고진 42
가리봉전자 296, 300, 302, 304, 305, 309, 311, 313, 314, 317, 327, 331, 347
강만길 20, 21, 30
강명자 305, 329
『江西郡誌』 208
강성운 321
강성현 398
강순옥 308, 329
姜希孟 206
『같은 시대 다른 이야기』 294, 295, 339
개령 158, 159, 172
거창 158, 172, 172
계토 236, 249, 262, 283
경술국치 384
『慶州市史』 217
고려대학교아세아문제연구소 120

『高麗史』 183, 219
고부농민항쟁 161
고중세사연구자협의체 126
고중세사연구자협의회 127
곡산농민항쟁 157
곡산 160
곡산사건 157
『谷城郡誌』 198, 199
곡성군지 201
곡성향교 200
『谷城鄕校誌』 200
공계진 307, 308, 333, 335, 353, 358
공동납제 147
공동체 한백 296
공산주의 281
『公山誌』 198
『공장은 노동자의 것이다』 290
『공장의 불빛』 287

공주 158
公州郡 儒道會 198
公州郡誌 198
公州郡誌編纂委員會 198
공주향교 198
관동대진재 382
광주민주항쟁 113, 123, 307
구동파(구로동맹파업) 287, 294, 295, 296, 299, 300, 301, 302, 306, 308, 311, 317, 318, 319, 320, 325, 326, 328, 329, 331, 332, 333, 334, 336, 339, 341, 349, 360
구로공단 296, 304, 305, 306, 307, 322
구로노동자 연대투쟁연합 317
구로노동자문학회 290
구로노동조합민주화 추진연합 317
구로시민센터 362
구로역사연구소 23, 24, 25, 32, 118, 126, 129, 130, 131, 132, 133, 378
구로역사연구회 110
구로연대투쟁 노동자연합 318, 326
『龜城郡誌』 207, 210
구유고 228
국가보안법 22
국가재건최고회의 202
국민보도연맹 275, 276, 278, 282
국민보도연맹사건 279
『群山府史』 204
『群山市史』 204

軍役田 170
軍布契 170
均賦均稅 170
균역법 170
근대화론 38
금강화섬 290
金健烈 193
금구 158
金順性 사건 154
衿陽雜錄 206
금정향교 198
『金堤郡誌』 197
기든스 67
起鬧 157
김건렬 194
김구 281
김대중 108
김득중 40
김령 174
김무용 32, 369, 373, 377, 378, 385, 386, 389, 391, 392, 394, 397, 405, 408, 410
김미경 298, 315
김미영 293, 294
김복실 298, 305
김선경 168
김성보 31, 370, 373, 381, 386, 387, 389
김세균 36
김수경 315

김영미 305, 309, 314, 319, 320
김영삼 108
김영진 206
김용섭 155, 163, 164
김인섭 174
김정 35
김제향교 명륜당 198
김준용 305, 314, 326
김준희 299, 334, 335, 337, 339, 342, 350, 358
김진균 20, 22, 26, 30, 36
김태웅 398
김현옥 319, 320, 333, 335, 349, 358
김호일 206

【ㄴ】

『나 이제 주인 되어』 292
나가사키 268
나우정밀 노동조합 289
『나의 투쟁』 248
나이마크(Norman Naimark) 244, 245
나주군 197
『羅州郡誌』 200
나치 226, 238, 240, 241, 246, 283
나치스 236, 237, 248, 249, 252, 262, 265, 266, 282
나치즘 266

남노련 309
남로당 281
남북역사학자교류협회 138
남성전기 315
남아전자 318
남원 189, 204, 218
남원공립초등학교 187, 191
『南原誌』 187, 194, 204, 218, 219, 221
남지대 379
『내일을 여는 역사』 392
내재적발전론 122, 147
네그리 73, 74, 76
노동운동탄압투쟁위원회 317
노동인권회관 344
노동자대투쟁 130
『노동자와 노동자 - 캐리어 비정규직노동자의 일기』 291
노동조합결성추진위원회 317, 318, 328
『노동해방문학』 294
노무현 108
농민반란 160, 162, 163
농민운동 162, 163, 167
농민전쟁 147, 156, 386
농민항쟁 147, 152, 154, 155, 156, 157, 162, 163, 164, 167, 169, 171, 173, 174, 386
농활 343
뉴라이트 41, 110, 112

뉴레프트 37

【ㄷ】

다르푸르(Darfur) 228
단성 155, 172, 174
대동법 170
대우어패럴 296, 299, 304, 305, 307, 309, 313, 314, 315, 316, 317, 318, 327, 341
대일화학공업주식 292
대한신지지 189
데리다 57
데모사이드(democide) 249
데이콤 290
도결 147
도덕경제론 150, 152
도회 173
독일 236, 247, 252
『동일방직 노동조합운동사』 287
洞布法 170
동학농민란 156, 162, 189
『동학사』 162
동학혁명 156
두레 147
드레스덴 268
드로스트(Piter Drost) 256
등소운동 154, 163, 167, 169

【ㄹ】

라이트 58, 60, 62, 63
라클라우 35
랑시에르 50, 71, 91
럼멜(Rudolph Rummel) 249, 250
렘킨(Raphael Lemkin) 226, 227, 229, 232, 234, 236, 238, 240, 241, 249, 250, 251, 253, 255, 267, 268
롬 코리아 296, 299, 305, 307, 309, 310, 315, 317, 318, 327, 331
『루이 보나파르트의 브뤼메르 18일』 42
르완다 228, 238, 252, 255, 256, 262, 264, 265

【ㅁ】

마르쿠센(Eric Markusen) 269, 270
마르크스-레닌주의 47, 55, 82
마르크스주의 61
마르크스주의 역사학 34
『마침내 전선에 서다』 292
만(Michael Mann) 243, 249, 250
맑스 42, 136
맑스주의 42, 57, 58, 61, 107, 136, 137, 307, 380, 409
맑스주의 역사학 107, 111, 121, 135, 136
맑시즘 398
망원한국사연구실 23, 110, 118, 123,

126, 127, 177
메이데이 131
무페(Cnantal Mouffe) 35, 66, 69
『聞慶誌』 217
『文獻備考』 189
문화공보부 205
미국 268
민간인 집단학살 225, 229
민경옥 299, 307
민란 156, 157, 160, 161, 162, 163, 164, 165, 167, 169
民鬧 157
民變 157, 158, 160
民撓 157
民擾 157
민요 158, 160, 161, 162, 163, 167
민족문제연구소 384
민족사학 35, 121
민족주의 31, 37
민족청소 227, 228, 237, 243, 245, 247, 249
『민주노조10년 — 원풍모방 노동조합활동과 투쟁』 287
민주노조운동 322
민주주의 94
민중 19, 21, 22, 23, 26, 27, 28, 29, 30, 31, 32, 33, 37, 39, 40, 42, 47, 48, 49, 50, 51, 52, 53, 54, 59, 72, 73, 74, 76, 77, 78, 79, 80, 81, 82, 83, 84, 88, 89, 90, 91, 92, 95, 96, 97, 98, 99, 100, 103, 149, 178, 372, 374, 376, 379, 388, 389, 390, 391, 393, 394, 396, 397, 398, 399, 400, 401, 402, 404, 407
민중문학 79
민중사 19, 39, 47, 49, 50, 51, 52, 53, 54, 78, 83, 88, 99, 100, 148, 149, 177, 371, 373, 374, 375, 376, 378, 385, 390, 392, 394, 397, 400, 405, 406, 408, 409
민중사관 22, 30
민중사학 19, 23, 24, 30, 30, 32, 33, 39, 41, 82, 130, 132, 134, 369, 370, 371, 373, 374, 375, 377, 378, 379, 381, 383, 385, 386, 391, 397, 398, 408, 410
민중운동 163, 177
민중운동사 145, 146, 147, 148, 149, 152, 164, 173, 177, 178, 369, 375, 386, 387
민중주의 31, 59
민중항쟁 163
민회 147, 169, 173, 175

【ㅂ】

『바로보는 우리 역사』 131
바우만(Zygmunt Bauman) 252
바우어(Yehuda Bauer) 239, 241, 242

바트롭(Paul Bartrop) 271
박경희 307, 314
박규수 173, 175
박민나 307, 329
박원순 20, 22
박정희 81, 202
박태연 312
박한용 379, 385
박현채 30
방공주의(防共主義) 281
배성준 35
배항섭 155, 373, 375, 386, 389
베버(Max Weber) 61, 259, 260, 261
베트남전쟁 268
벨―피아코프 243, 244
벨기에 265
변경사(border history) 86
변증법적 유물론 379
보스니아 228, 252, 254, 283
『鳳城誌』 189
부안 158
『扶安郡誌』 198
부흥사 296, 305, 306, 307, 310, 312, 315, 317, 318, 327, 329
북한 68, 372, 378, 379
『汾督公彙』 153

【ㅅ】

사라예보 228
사르트르(Jean-Paul Sartre) 268
祠廟 187
사발통문 163
四方之志 184
事變 157
사적유물론 32, 379
사회구성체논쟁 35
사회구성체론 27, 380
사회주의 42, 307, 343
산업선교회 305
『山淸郡誌』 200
『三國史記』 183, 189, 219
『三國遺事』 189
삼원섬유 292
삼정 147, 154, 159
삼정책문 171
상주 154, 158
〈삶이 보이는 창〉 362
새마을운동 203
서관모 35
서노련 295, 299, 306, 307, 309, 318, 319, 320, 326, 342, 344
서발턴 38
서병호 198
서울노동운동연합 293, 294, 295, 317

서울대여학생회 308
『서울로 가는 길』 292
서울사회과학연구소 35
서울지역노동조합운동연합추진위원회 342
書院 187, 201, 220
서정호 298
서태원 333, 335, 352, 356, 358
서혜경 298, 299, 306, 310, 311, 315, 318, 333, 335, 336, 339, 343, 344, 347, 351, 355, 358
『선봉에 서서』 302, 320
선산 158, 166, 169
선일섬유 296, 299, 304, 309, 313, 314, 317, 318
『城南市史』 212
성주 160, 172, 174
『星州民擾時前吏房徐宅鉉辨巫錄』 153
세진전자 314
소련 35, 236, 241, 247, 251, 381
소요 161
송찬섭 373, 398
송효순 292
쇼(Martin Shaw) 227, 228, 229, 233, 236, 240, 246, 247, 250, 255, 260, 261, 263, 271, 272, 273, 275, 282
수단 228
수탈론 38

『淳昌郡誌』 198
순천 158, 192, 282
순천군 191
순천군노농청년동맹 192
순천군농민위원회 191
순천산업별노동조합연합 191
『順川市史』 216
『순천의 경제상황』 191
순천중학교 191
순천프로예술동맹 192
슈미트 67
슐츠 151
스레브레니차 254, 255, 283
스콧 150
스탈린 251
시민 96
시흥 206
『始興郡誌』 187, 193, 194, 205, 212, 216, 219, 221
시흥시 216
『始興市史』 215
식민사학 120, 121, 122
신자유주의 108, 387
신채호 81
실증주의사학 121
심상정 306, 307, 312, 314, 315, 322, 325

【ㅇ】

아감벤(Giorgio Agamben) 67, 74, 76
아렌트 403
아르메니아 238, 248, 252
『아름다운 연대』 294, 295, 303, 305, 309, 314, 315, 316, 318, 321
아리스토텔레스 72
안경환 305
안창호 209
알튀세르 35, 55, 56, 96
애국당 191
야마다 쇼지 382
야스쿠니반대공동행동위원회 384
야학 306, 343
야학운동 305
『어느 돌멩이의 외침』 292
어비사이드 256
에쓰노사이드(ehtnocide) 250, 253
여수 282
여순사건 201, 217, 275, 276, 279, 280, 281, 282
『역사문제연구』 125, 406
역사문제연구소(역문연) 30, 39, 110, 111, 118, 124, 126, 128, 129, 131, 134, 374, 377, 381, 383, 395, 406
『역사비평』 111, 124, 125
『역사연구』 132

역사유물론 37, 307
역사학연구소 40, 110, 127, 130, 133, 134, 146, 369, 370, 374, 378, 381, 382, 395, 409
역사학회 119, 120
연산 158
영등포 산업선교회 305
『영원히 꺼지지 않는 희망의 횃불로』 289
『영호민변일기』 158
예비검속 282
오지영 162
오토제노사이드 255, 256
外史 184
요호부민 147, 165
『龍城誌』 189
『龍湖閒錄』 153, 161, 172
우옥영 308, 329
『雲峰史料』 189
울산 155
워렌 254, 255
원풍모방 293, 338
월간 『대화』 292
유경순 302, 303, 305, 309, 313, 315, 317, 328
유계춘 166, 169, 174
유고 244, 283
유고슬라비아 236

유동우 292
유물론 57
유물사관 135
유시주 302, 307
유신체제 69, 81, 218, 306
유신헌법 202
유엔 제노사이드협약 226, 228, 229, 240, 272
유엔 총회 264
윤소영 35, 36
윤택림 59
尹宅重 189, 190
윤한택 32
윤해동 38
윤혜련 305, 310, 311, 319
은진 158
邑誌 184, 185
읍회 174
의병전쟁 147, 156
이강순 331
이건필 161
이경자 305
李啓哲 198
이기동 33
李起弘 188, 191
『이론』 36
이만열 29
李明奎 206

이명박 110, 112
이명윤 174
李茂影 194
이병도 119
이병천 28
이삼현 160, 174, 175
李㙖器 204
이선주 307, 312, 315
이세영 26, 28, 36, 378, 386
이승만 220, 280, 281
이승만정부 196, 202
이옥순 292, 293
이용기 19, 39, 370, 373, 374, 377, 387, 392, 394, 395, 399, 400
이원조 174
이인명 160
이정복 206
이지현 331
『利川市誌』 213
李夏銓 사건 154
이회 173
이희승 206
익산 158, 159
인동 154
인민(popolo) 76
인민주의(populism) 28
인종학살 225
『日省錄』 153

임경석 391, 392, 394, 395
『壬戌錄』 153, 173
임술민요 161
『任實郡誌』 198
임지현 86

【ㅈ】

『자본론』 42, 136
자본주의맹아론 120, 122, 171
作亂 160
작뇨 163
作鬧 157
作變 157, 158, 160, 163
장남수 293
장영인 306, 315, 326
장현식 190
장훈교 370, 374, 375, 395, 396, 398, 399, 405
장흥 158
『재생산에 대하여』 55
齋室 187
『前校理李命允謹再拜上書于按·閣下』 153
전국강사노동조합 118
전국노동운동단체협의회 344
전국노동조합협의회 289
전국불안정노동철폐연대 335

전노협 344
전두환 202
전명혁 374, 377
전범조 166, 169
전석담 162
전태일 343, 355
전태일 기념관 302, 317
『점령된 유럽에서의 주축국 통치』 253
精舍 187
정소 165, 167
정소운동 157, 166
정약용 157, 160
정영희 299
정용욱 33
鄭寅權 198
鄭寅普 194
정창렬 20, 21, 29
『정치학』 72
정필순 305
정한순 166, 168
정해경 306, 315
제2차 세계대전 249
제5공화국 218
제노사이드(genocide) 63, 225, 226, 227, 228, 230, 232, 233, 234, 235, 236, 237, 239, 240, 241, 242, 244, 246, 248, 249, 251, 252, 253, 255, 257, 258, 259, 261, 263, 265, 266, 267, 268, 268, 270, 271,

272, 273, 274, 275, 277, 278, 282, 398
「제노사이드 범죄의 방지와 처벌에 관한 협약」 229
『제노사이드란 무엇인가?』 228
제노사이드협약 248, 256, 264, 265, 277
제주 158, 161, 172, 282
제주4·3사건 275, 278, 279, 280, 282
제주4·3사건진상규명위원회 275
젠더사이드(gendercide) 250, 254
조경달 149, 155, 163, 166
조금자 309, 310
조나슨 234, 235, 236, 237, 243, 260, 265, 269
조동걸 34
조만식 209
조명훈 191, 192
趙秉悳 151
조병옥 281
『조선 고금명현전』 189
『조선 승무제현』 189
조선공산당 순천위원회 192
『조선문학전집』 189
『조선문화사』 189
조선민주당 210
『조선민중운동의 전개』 155
조선소년군동부대군연대본부 192
조선인민공화국 인민위원회 191
조선인민당 순천지부 191

조선종교사 189
『조선후기 민중운동과 동학농민전쟁의 발발』 155
趙成敎 188, 204, 218
조영래 20, 22
조장희 151
조정환 78, 79
조합주의 323
조희연 95
존스 254
종족학살 225
주요한 208
주한미군 214
중국 156, 183
地方自治法 187
지방자치제 186, 202, 211, 212, 220
지방지 183, 184, 185, 186, 191, 192, 193, 194, 196, 197, 199, 200, 203, 204, 205, 210, 213, 218, 219, 220, 222, 406
지역노조협의회 289
지역사(local history) 87
진단학회 119, 120
진선자 319
진실화해를위한과거사정리위원회 276
『晉陽樵變錄』 153, 158
진주 154, 155, 158, 159, 160, 166, 167, 168, 172, 174
『晉州民變錄』 153

『晉州樵軍作變謄錄』 153, 158
『질라라비』 335
집단살해 225, 249
집단학살 225

【ㅊ】

차니 236, 237, 243
청계피복 314, 338
청계피복노동조합 317
청안 158
체코슬로바키아 247
초군 147, 168, 175
초변 158
초크 234, 235, 236, 237, 243, 260, 265
『蟲營錄草』 153
총력전 269, 270, 271
최갑수 36
최규진 409, 410
최창우 302, 304, 309, 313, 317
최태임 298, 305, 312, 329
최한배 299, 306, 318, 328
최호 206
최호근 270, 277, 278, 279
추재숙 305
춘향전 189, 204
친일인명사전 138

【ㅋ】

카츠(Steven Katz) 239, 240, 241, 277
쿠퍼(Leo Kuper) 230
클라스트르 68
클래시사이드 255

【ㅌ】

태평천국의 난 156
터키 252
토크빌 403
『투쟁은 계속 되고 있다』 290

【ㅍ】

『坡州郡誌』 213
파환귀결 154, 170
페인 234, 235, 236, 237, 243, 265, 269
평안도 농민전쟁 156
포스트 맑스주의 35
포스트모더니즘 37, 135
포츠담선언 247
暴徒 161
暴動 161, 163
폭력운동 163, 166, 167
폭력투쟁 165
폴란드 236, 241, 247, 248, 252

폴리티사이드(politicide) 249, 253
프랑스혁명 373, 387
프랜시스 후쿠야마 42
被誣事實 153

【ㅎ】

하트 73, 74
학술단체연합회 116
학술단체협의회 26
학술진흥재단 108, 111, 138
『한국근대농업사연구 3-전환기의 농민운동』 155
『한국근대민중운동사』 23
한국근대사연구회 23, 24, 126
한국근현대사연구회 127
한국노동자복지협의회 분리파 317
한국노총 314
한국민주당 순천지부 191
한국민중사 20, 22, 26, 27, 28, 29
한국민중사 사건 20, 22, 41
한국사연구회 120, 122
한국역사연구회 23, 25, 110, 118, 124, 126, 127, 128, 129, 130, 131, 134, 381, 392
한국전쟁 67, 225, 229, 277, 279, 283, 332
한국통신 291
한내 363, 382

한독당 281
한림대학교 한림과학원 33
한마음 야학 309
한승헌 20, 22
한신대학교 제3세계문화연구소 29
한일회담 120
함부르크 268
함평 158, 159, 160, 166, 169
함흥 158, 160
함흥농민항쟁 161
『해방전후사의 재인식』 40
향교 197, 198, 199, 200, 201, 210, 220
향회 147, 169, 173, 174, 175, 197
허영란 39, 405, 408
『현실과 과학』 36
호롱불 309
戶布法 170
戶布制 170
홀로코스트 227, 228, 236, 237, 238, 238, 240, 241, 242, 247, 249, 262, 265, 266, 277
홉스 69
홍경래 난 156
홍성우 22
황산대첩 189
황석영 293
황현 161
회덕 158

효성물산 296, 300, 304, 305, 308, 309, 314, 316, 317, 318, 319
효성물산노조 313
히로시마 268
히틀러 248
힐베르크(Raul Hilberg) 262

YH노조 288
『517일간의 외침』 291
『8시간 노동을 위하여』 287
『YH노동조합사』 287, 288

【기타】

1862년 농민항쟁 145, 146, 153, 162, 172, 177
1894년 농민전쟁 21, 132, 189, 204
『20세기 역사학 21세기의 역사학』 129
3·1운동 21, 147, 156, 189, 204, 206, 218, 393
4·19혁명 22, 202, 393
5·16군사쿠데타 186, 217, 220
5월민주혁명 393
6·25남북전쟁 119, 132, 186, 195, 200, 204, 206, 213, 220
6월항쟁 26, 28, 118, 123
6월투쟁 130
BK 109, 111
CA 309, 342
HK 109, 111
IMF사태 94
JOC 305
NL 309, 320